团队建设

党员队伍

信息技术研究团队

畜牧业经济研究团队

巾帼队伍

《草食家畜》期刊编辑团队

交流与合作

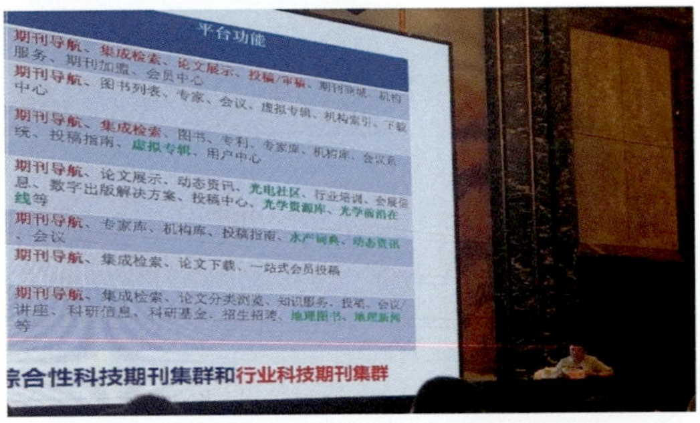

李捷主持 2020 年大数据联盟专题报告会议

中国农业技术经济学术会考察安吉鲁家两山学院

中国林牧渔业经济学会 2017 年年会暨学术研讨会

李捷在中国林牧渔业经济学会 2017 年年会暨学术研讨会上作报告

全国农业大数据与监测预警学术研讨会

2016 年李捷在 CIARD 和农业科学数据挖掘与应用研讨会上进行学术交流

中国农业科学院海外农业研究中心签约仪式

中国农业科学院农业经济与发展研究所
新疆畜牧经济研究中心挂牌

中国农业科学院农业经济与发展研究所
新疆畜牧科技查新工作站挂牌

农业科学数据共享中心新疆畜牧共享服务中心挂牌

中国农业科学技术出版社工作站挂牌

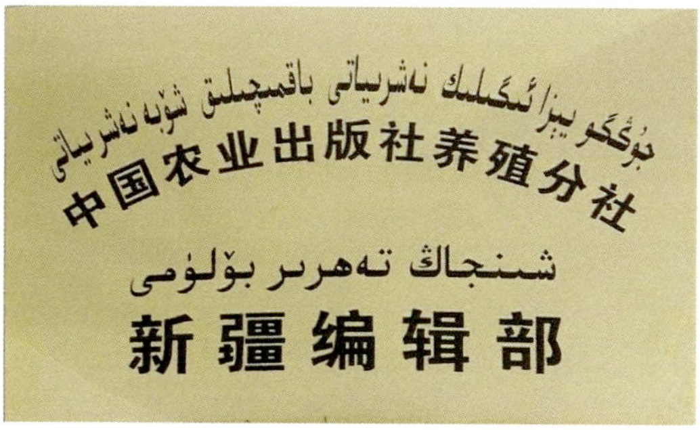

中国农业出版社工作站挂牌

2017 年王惠（右）获聘中国农业出版社养殖分社新疆编辑部主任

培训、技术服务、项目研讨

肃南县 2017 年农牧特色产业人才赴新疆培训

2017 年新疆少数民族科技骨干特殊培养
“特色畜种养殖”专家服务团活动

中国农村微观经济数据调查指标修订会

2020 年官方兽医师资培训班

新疆维吾尔自治区农牧民补助奖励政策
信息管理系统录入培训

农村微观数据采集一对一培训

2016 年经信所为 12 村电子商务中心送去
计算机 6 台并开展培训

内蒙古农业大学经济管理学院调研

蒙羊牧业股份有限公司调研

课题组到阿图什市调研畜牧业生产情况

巴州养殖户养殖情况调研

福建省农业科学院农业经济与
信息研究所调研

塔城地区蒙哥尔肉类开发有限公司调研

青海永旺牛羊养殖合作社调研

民族团结“一家亲”“访惠聚”与支教

“一家亲”成员合影

看望“亲戚”

与 12 村幼儿园小朋友在一起

“一家亲”篮球赛

“一家亲”联谊活动

入户宣传党的惠民政策

喀什地区支教工作

学习中国传统文化——学写对联

慰问 2017 年所“访惠聚”工作队员

阿克苏地区支教工作

圆满完成“访惠聚”驻村工作

工作队员入户走访

支教老师和学生们

深入基层了解农业生产情况

职工双语学习

部分荣誉与成果

中国农林核心期刊

收录证书

《草食家畜》：

被评为“中国农林核心期刊”（2020版）（B类），

特颁此证。

中国农业科学院农业信息研究所

中国农学会农业科技期刊分会

中国农学会图书情报分会

2020年12月31日

核心期刊收录证书

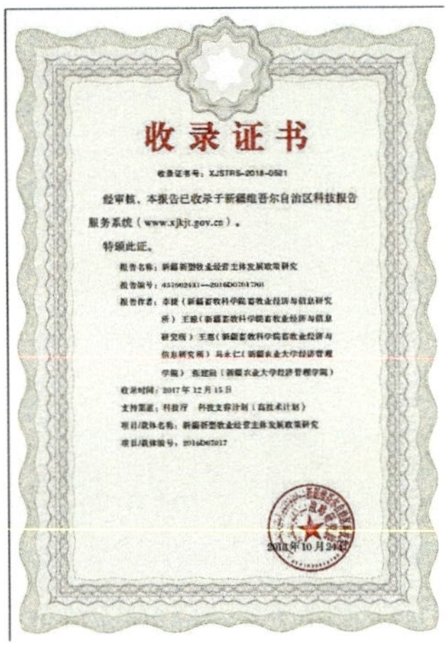

科技报告收录证书（一）

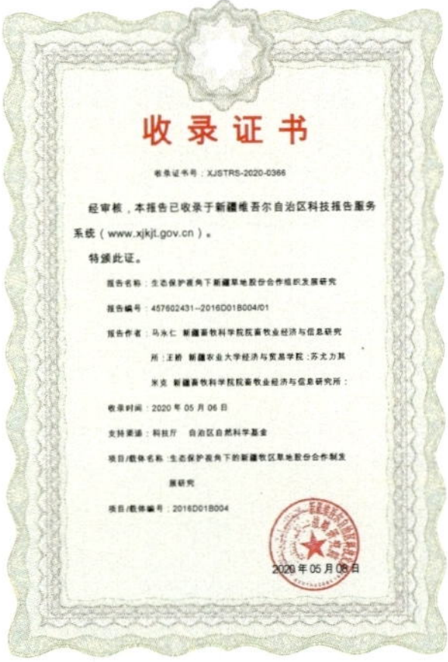

科技报告收录证书（二）

《草食家畜》汉文、哈文、维文期刊

抗疫志愿者证书

新疆畜牧业经济与信息科研进展（2016—2020）

□李 捷 王 琼 编著

中国农业科学技术出版社

图书在版编目(CIP)数据

新疆畜牧业经济与信息科研进展：2016—2020 / 李捷，王琼编著 .—北京：中国农业科学技术出版社，2021.3

ISBN 978-7-5116-5222-5

Ⅰ . ①新… Ⅱ . ①李… ②王 Ⅲ . ①畜牧业经济－经济信息－科学研究－研究进展－新疆－ 2016—2020 Ⅳ . ① F326.3

中国版本图书馆 CIP 数据核字（2021）第 043566 号

责任编辑 周丽丽
责任校对 李向荣
责任印制 姜义伟 王思文

出 版 者 中国农业科学技术出版社
北京市中关村南大街 12 号 邮编：100081
电　　话 （010）82109194（编辑室）（010）82109702（发行部）
（010）82109709（读者服务部）
传　　真 （010）82109194
网　　址 http://www.castp.cn
发　　行 各地新华书店
印 刷 者 北京建宏印刷有限公司
开　　本 787 mm × 1 092 mm 1 /16
印　　张 25.75 彩插 8 面
字　　数 540 千字
版　　次 2021 年 3 月第 1 版 2021 年 3 月第 1 次印刷
定　　价 98.00 元

《新疆畜牧业经济与信息科研进展（2016—2020）》编著人员

主 编 著　李 捷　王 琼

副主编著　王锡波　张学根　穆合塔尔·买买提

编 著 者　阿玛古丽·朱马汉　合斯莱提·斯马依　王 惠　阿依夏木　杨 润　刘金定　鲁云峰　朱玛西·也谢尼　古丽夏提·安尼瓦尔　王田田　吐尼亚孜·阿不都外力　许承云　苏尤力其米克　玉山江·司马义

文字校对　薛晓波　杨 志

图片编辑　李天斗　温希军　王田田

前　言

“十三五”时期是新疆畜牧业发展的关键转型期，也是新疆畜牧科学院畜牧业经济与信息研究所（以下简称经信所）科研实力和研究水平不断提升的时期，面对“十三五”科研工作任务、脱贫攻坚服务需求、所外院外的竞争环境，全所围绕开展自主创新整体布局，始终瞄准增强经信所综合实力这一核心目标，深入谋划、统筹兼顾、克服困难、坚持发展。在国家关于新疆发展、科技政策等一系列方针政策指导下，在自治区科技厅、畜牧兽医局、自治区党委农村工作领导小组办公室的项目、资金支持和政策引导下，在新疆畜牧科学院党委的大力支持和全所职工的共同努力下，经信所全面落实“十三五”各项工作计划，取得了较好的成绩。全所畜牧业经济研究、信息技术应用、文献资源服务、期刊编辑等工作取得新的进展，研究所管理机制、人才队伍建设、党建与精神文明建设、后勤保障、综合治理等方面也取得了优异的成绩。

秉承着服务于基层、服务于科研的使命，经信所将持续以新疆工作总目标为方向，以科技支撑新疆畜牧业信息化水平和畜牧业经济发展为目标，以人才队伍建设、学科建设、信息资源建设为手段，不断加大和中国农业科学院农业经济与发展研究所及中国农业科学院农业信息研究所的合作力度，密切与疆内外研究机构、企业的合作交流，力争“十四五”期间取得更好的成绩。

本书对经信所“十三五”期间的科研工作进行了总结归纳，一方面是对经信所“十三五”期间在畜牧业经济、科技信息、文献资源、平台建设、科技培训、期刊出版等科研工作的汇总和总结，另一方面是希望充分检阅、记录和展示取得的成绩，更广泛地宣传和应用好这些研究成果，增强本书的纪实性。本书中发表论文部分是在个人提供信息的基础上，再一次通过知网、万方、国家农业科技创新联盟农业科技信息资源共建共享平台等进行了补充搜索，并对摘要和关键词进行了补充完善；为提高经信所项目、标准、专利等信息的完整性和可参考性，对一些项目主持人无法提供基本信息或信息变化或信息不准确的项目未进行收录；报告部分是根据撰写人的意愿进行了收录。本书收录内容均经项目主持人、文章第一作者进行了核对，我们衷心希望通过本书的出版，进一步得到社会各界对我们工作的关心与支持，不断提高经信所的科技创新能力、公益服务能力，也希望通过这种形式加强与科技同行的学术交流，共同为新疆畜牧业经济与信息科技事业发展做出贡献。

感谢在本书编写过程中各部门及全所职工的积极配合，但因资料内容涉及时间长，时间仓促和作者水平所限，书中难免存在错误和遗漏，敬请读者谅解。

编著者

2020 年 12 月

目　　录

第一部分

经信所发展回顾

新疆畜牧科技信息研究发展历程（1959—2020）

新疆畜牧科学院科技信息研究所于1984年1月正式成立，其前身是新疆畜牧兽医科学研究所图书资料室（创建于1959年）。2010年开始恢复畜牧业经济研究工作，在新疆畜牧科学院科技信息研究所加挂了“新疆畜牧业经济研究所”的牌子，随着时代的发展、科研业务工作的拓展以及科研院所机构改革的需要，2014年10月正式更名为“新疆畜牧科学院畜牧业经济与信息研究所（新疆维吾尔自治区畜牧科技宣传教育中心）”。建所以来，伴随着新疆畜牧业由传统畜牧业向现代畜牧业发展的转变历程，历经改革发展中的波荡起伏，经信所始终坚持为新疆畜牧科技、产业、经济发展服务的大方向，发扬团结、创新、开拓的精神，在新一代信息技术快速发展、数据呈现爆炸式增长的时代，面向新疆现代畜牧业发展，以提高信息服务能力、加强信息服务模式创新为核心，不断拓宽信息服务内容，提升信息服务水平；本着“与时俱进，开拓创新；科学规划，突出重点；注重应用，提高效益；广泛合作，和谐发展”的基本思路，致力于为新疆畜牧业知识创新服务，及时向广大科技人员提供最新的、有深度、有指导意义的畜牧业科技文献和信息，发挥了畜牧科技文献和信息的社会资源作用；努力为新疆畜牧科技进步和农牧民服务，坚持为畜牧业相关和交叉领域与行业提供畜牧科技文献和信息服务，认真做好畜牧科技中介服务工作，为新疆现代畜牧业发展做出了应有的贡献。

新疆畜牧科技情报研究工作始于1959年成立的新疆畜牧兽医科学研究所图书资料室。随着时代的发展和变迁，以及业务工作的不断拓展与延伸，发展到目前已成为开展多种业务的综合性科技信息研究、畜牧业经济研究、技术咨询与服务的研究机构。

新疆畜牧兽医科学研究所图书资料室馆藏资料以畜牧、兽医专业的图书期刊为主。1963年资料管理工作走上正轨，并逐步与全国相关科研单位建立资料交换关系。1972年开始，在原有期刊资料管理工作的基础上，加大了外文期刊的利用与管理力度，并积极开展科研项目的跟踪服务工作。《国外畜牧学——草食家畜》（汉文）是1980年经国家科委情报局批准，农业部科技情报研究所协调管理，新疆农业科学院主办的全国发行的农业科技情报刊物。后由于机构变动以及新疆畜牧科学院的成立，1984年1月经自治区主管部门批准，新疆畜牧科学院科技情报研究所正式成立，畜牧科技情报事业得到了全面快速发展。经新疆人民政府批准，《国外畜牧学——草食家畜》刊物由新疆农业科学院调入新疆畜牧科学院出版发行，新疆畜牧科学院科技情报研究所业务工作也从图书情报管理、咨询服务向编辑出版、情报调研等领域扩展。1993 年《国外畜牧学——草食家畜》更名为《草食家畜》，1994 年刊期由双月刊改为季刊，2014 年重新恢复为双月刊，同年 11 月《草食家畜》被国家新闻出版广电总局认定为学术期刊，12 月《草食家畜》（汉文刊）进入中国农业核心期刊。

1987 年畜牧经济室从畜牧所划归科技情报所，新疆畜牧科学院科技情报研究所也更名为新疆畜牧科技信息研究所，业务工作范围也随之扩大为科技信息咨询服务、科技期刊编辑、畜牧经济研究和综合服务办公室四部分。主要承担畜牧科技资料收集、整理、储存及科技查新工作。2002 年 8 月，新疆畜牧科学院局域网系统建立，网络中心也正式成立，开始从事畜牧业发展方向和战略研究，以及计算机网络与信息分析工作。

2005 年 4 月 5 日，由新疆科技成果管理办公室批复，新疆畜牧科学院科技信息研究所咨询服务中心开始承担新疆畜牧、水产类科技成果鉴定材料的审查及现场勘验的组织工作。按照新疆科技成果管理办公室的规范要求，机构制定了《自治区畜牧、水产类科技成果鉴定材料审查及现场勘验组织工作管理办法（暂行）》《自治区畜牧、水产类科技成果鉴定材料受理委托协议书》等相关管理办法和规章制度。2011 年 3 月，按照新疆科技厅成果管理办公室统一要求，以新疆维吾尔自治区畜牧科学院院网为平台（http://www.xjaas.net）开展信息交流、对外宣传和申报材料传输等工作。

2010 年 4 月，在新疆畜牧科学院科技信息研究所名下增挂“新疆维吾尔自治区畜牧业经济研究所”的牌子，并增加“研究自治区畜牧业发展规律、畜产品生产特点和发展趋势等宏观经济理论研究；对畜产品生产、消费、流通各环节开展外观研究”等职责任务。

2011 年 9 月，新疆维吾尔自治区畜牧业经济研究所更名为新疆畜牧科学院科技信息研究所。

2014 年 5 月，经新疆维吾尔自治区分类推进事业单位改革工作领导小组办公室审议通过，撤销自治区畜牧科技培训中心，将其职能和 5 名工作人员连人带编调整到新疆畜牧科学院科技信息研究所，并将新疆畜牧科学院科技信息研究所更名为新疆畜牧科学院畜牧业经济与信息研究所（新疆维吾尔自治区畜牧科技宣传教育中心）。全所由行政办公室、畜牧业经济研究室、信息技术研究中心、《草食家畜》期刊编辑室（汉、维、哈 3 种文字）、宣传教育培训中心等 5 个部门构成，共有编制 42 人。截至 2020 年年末，有在职人员 41 人，其中高级职称 15 人，中级职称 17 人，初级职称 2 人，行政及其他人员 7 人。

经信所“十三五”发展成就

“十三五”时期是新疆畜牧业发展的关键转型期，在实现全面建设小康社会、经济进入新常态、全面深化改革、脱贫攻坚、乡村振兴的大背景下，根据国家和自治区（本书中为新疆维吾尔自治区）“十三五”科技发展规划以及“新疆畜牧业‘十三五’发展规划”要求，结合经信所实际发展需求，以科技与信息服务新疆畜牧业为宗旨，围绕畜牧业经济与信息研究、文献资源与科技培训服务，在实现为全疆畜牧业科研推广工作提供科技文献信息资源、为政府畜牧业发展提供情报支撑、为发展现代畜牧业和新牧区建设提供信息技术和信息资源、为培养新型牧民和基层畜牧业管理人员提供培训等方面开展研究与咨询服务工作，并取得了较好的成绩。

一、科研创新综合能力不断提高

“十三五”时期，经信所以畜牧业经济研究、信息技术研究、情报与文献服务、计算机科学技术应用、科技培训等为重点，共主持、参加各类科研项目、承担委托任务45项；登记科技成果1个、取得实用新型专利1项、软件著作权4项、地方标准1个；主编出版专著3部，编译出版维文技术手册6册，翻译了畜牧兽医局脱贫攻坚畜牧业技术推广明白册等宣传画册；发表各类科技论文76篇，其中民语发文43篇，撰写科技报告2篇、调研与研究报告30余篇。在技术经济、区域产业经济、资源经济等研究领域积累了大量数据资料，为全疆畜牧业经济结构调整、畜牧业生产发展、数据分析等方面提供决策参考奠定了基础，科研创新能力得到了显著增强。

二、科技咨询与服务能力大幅提升

结合经信所科研与科技信息咨询服务工作实际，强化了科技示范推广服务、脱贫攻坚及畜牧业发展项目和规划设计的能力建设，5年来共承担科技示范推广任务5项；承担地州、县（市）多项畜牧业发展规划、畜牧环保规划、产业空间发展规划的编制工作，为养殖企业、合作社开展咨询服务和培训，完成多个项目的科技查新与文献、信息服务等工作；6人次承担了上级部门安排的专题讲座任务；2018—2020年，先后在和田地区墨玉县对470名草管员进行了岗前核查及培训工作，对畜禽养殖企业、合作社、养殖大户开展了疫病防治、畜禽养殖技术指导和技术培训等工作。在墨玉县、和田市、和田县畜牧产业发展调研中发现的问题和困难等情况及时向自治区畜牧兽医局进行反馈，并提出对策建议。

2016—2020年，先后派出8名科研人员赴喀什地区巴楚县色力布亚镇参加“访惠聚”工作，2人分别赴喀什地区巴楚县色力布亚镇拜什吐普村和阿克苏地区库车县阿克吐尔村参加支教工作，2人担任第一书记工作，1人任青河县科技副县长。下派人员以新疆畜牧科学院（以下简称畜科院）专家队伍、科技成果为依托，以经信所为后盾，结合民族团结“一家亲”工作开展了丰富多彩、形式多样且扎实有效的科技知识、科学技术、惠民政策进农家等宣讲和脱贫帮扶工作。

面向全疆畜牧行业专业技术人员、企业管理人员、应届毕业生、农牧民养殖户，以及甘肃省张掖地区高台县、肃南县、肃北县的养殖大户和内地专业技术人员等，以理论授课、实际操作、交流讨论、参观考察、专家服务团等形式，举办各类培训59期，培训人员8 000余人次，其中人社部少数民族特培和高级研修班7期；自治区级34期；县级10期。编译出版维文《肉鸽饲养技术》《肉牛饲养技术手册》《肉羊养殖技术》《肉鸡的饲养技术》《肉羊培育技术》《青贮玉米加工与使用技术》等技术手册，翻译了《畜牧兽医局脱贫攻坚畜牧业技术推广明白册》《图说高效养羊关键技术手册》等宣传册；《草食家畜》哈文刊自2012年起执行自治区新闻出版局的《东风工程》项目，签订了刊物发行合同，保证了每季度为新华书店发行部提供2 094份哈文期刊的任务，有效缓解了新疆农牧区缺书少刊的问题；配合畜科院扶贫开发办赠送哈文杂志1 000余份，为基层少数民族农牧民获取新技术、新成果提供了方便，满足了新时期民语农牧民学知识学文化的需要，对提高基层农牧民的文化素质和科技知识的普及起到了积极的促进作用。

三、学科体系建设基本完成

经信所是以畜牧业经济和信息研究、《草食家畜》期刊出版发行为主体科研任务的公益性研究机构，经过多年的科研实践和研究积累，特别是“十三五”以来，已基本具备了自然科学与社会科学相结合、技术科学与经济科学相结合、宏观与微观相结合的多学科交叉的综合研究能力，建成了畜牧业信息管理与分析、畜牧业信息技术应用、畜牧业经济研究、编辑出版四大学科领域，基本形成了畜牧业经济与信息研究的学科体系，并在畜产品溯源、畜牧产业区域经济研究、大数据分析与应用和科技成果转化等方面取得了较好的成绩。

四、团队和人才队伍建设成效显著

经信所由行政办公室、畜牧业经济研究室、信息技术研究中心、《草食家畜》期刊编辑室（汉、维、哈3种文字）、宣传教育培训中心5个部门构成，“十三五”期间共有在职人员41人，其中高级职称15人，中级职称17人，初级职称2人，行政及其他人员7人。产业经济研究、政策研究、区域布局研究、大数据分析与监测预警研究等团队在相关领域承担科研项目、委托任务等45项、发表论文76篇、主编出版专著3部、提交相关研究、咨询报告等30余篇。

按照“用好现有人才、稳定关键人才、引进急需人才、培养未来人才”的原则，围绕经信所科研创新和公益服务目标任务，细化了学科布局，加强了对青年科研骨干的专业技术培养和继续教育，“十三五”时期，共有130余人次参加了相关专业的技术培训及继续教育，4人参加了少数民族特殊培养计划，1人参加了2019年新疆天山沃土培训计划。通过承担项目、参加培训与合作交流等方式，团队成员科研创新能力和研究分析水平得到了较大提升。

五、科研条件和社会化服务能力明显提高

“十三五”期间，为不断提高科技服务能力，拓宽科技信息服务范围，在中国农业科学院农业信息研究所的支持下，先后开通了国家科技图书文献中心（NSTL）、农业科技信息资源共建共享平台、CAB Abstracts（CABI)等文献资源数据库，不仅扩大了畜科院文献资源的检索面，同时更加有效地解决了困扰畜科院多年的外文数据库匮乏的问题；新疆畜牧科学院科研项目信息管理系统的开发与应用，为畜科院的科研项目信息和科研经费数据的统一管理提供了有力支撑，极大地提高了畜科院科研管理效率与水平；新疆畜牧科学院人力资源管理信息系统的建立，使畜科院畜牧科技人才的管理工作更加科学高效，同时提升了畜科院信息化应用的整体水平；依托中国农业科学院邮件系统，为畜科院开通了机构邮箱功能，解决了畜科院科研人员对本单位专业邮箱的需求，为科研项目实施、开展对外交流合作及SCI等论文发表提供了帮助；以畜牧科学院院网站为基础，搭建了新疆畜牧业经济信息服务平台、新疆畜牧科学院科研项目信息管理平台、新疆畜牧科学院人力资源管理信息系统、新疆畜牧科学院馆藏资源信息提示系统等多个科研管理及信息资源应用服务平台，及时向社会发布畜牧业相关实用信息和数据，为畜牧业从业者提供畜牧业行业、产业等科技信息和知识服务。

《草食家畜》编辑部在保证杂志按期出版发行的同时，不断提升期刊的内在质量和打造精品期刊。继2014年《草食家畜》汉刊被国家新闻出版广电总局认定为“学术类

期刊”，并进入全国农业类核心期刊后，“十三五”期间《草食家畜》被中国期刊网、万方数据库、维普资讯网等 8 家数据库全文收录，机构用户分布在 10 多个国家和地区，个人读者分布在 16 个国家和地区；5 年间《草食家畜》汉刊共刊发论文 406 篇，其中基金项目论文 261 篇，基金占比为 64%，其中国家级基金项目论文 82 篇，比例为全年论文总量的 20 %。自治区级基金项目论文 139 篇，比例为全年论文总量的 34%。国内其他省区基金项目论文 40 篇，比例为全年论文总量的 10%，极大地提高了期刊的学术水平；哈刊、维刊各发论文及科普宣传类文章 500 余篇，对促进新疆少数民族地区畜牧科技进步和生产发展起到了积极作用。

六、科技合作与对外交流领域不断扩大

“十三五”期间，经信所加大了对外科技合作和交流力度，依托“中国农业科学院农业经济与发展研究所新疆畜牧经济研究中心”“农业科学数据共享中心——新疆畜牧共享服务分中心”两个分中心，加大了与中国农业科学院、新疆农业科学院、新疆农垦科学院、新疆农业大学、北京市农林科学院、重庆市畜牧科学院、河南、福建、江苏、吉林、黑龙江、江西、云南、贵州、湖南、四川、广东等农业科学院（所）在经济、信息、大数据等方面的业务联系与交流；与新疆福海县、焉耆县、且末县、伊吾县、巴楚县等县市的养殖户、合作社、企业建立了较为稳定的合作关系。

利用新疆畜牧科学院网站、新疆畜牧业经济信息服务平台，发布畜牧业相关实用技术、科技成果、国内外畜牧业发展趋势等内容，为畜牧业从业者提供信息服务。自 2013 年开始承担了中国农业科学院农业经济与发展研究所“中国农村微观经济研究——新疆农村微观经济研究”任务，2016 年开始承担了中国农业科学院农业信息研究所海外农业研究中心“国别研究——哈萨克斯坦国别研究”任务，2020 年开始增加了英国、爱尔兰和法国的国别研究任务。

“十三五”期间先后与中国农业出版社和中国农业科学技术出版社签订了战略合作协议，《草食家畜》编辑部成为中国农业出版社养殖分社的编辑部、中国农业科学技术出版社新疆工作站。与中国农业科学技术出版社合作出版《2011—2015 新疆畜牧业经济与信息科研进展》、与中国农业出版社合作出版《新疆畜牧业经营主体发展研究》《新疆农村一二三产业融合发展研究》。

七、学术交流活动不断丰富

分别参加了中国林牧渔业经济学会、中国期刊学会、中国科技情报学会、中国农产品监测预警学会、中国农学会图书情报分会等主办的经济、期刊、大数据、海外农业、

农产品监测预警等相关内容的研讨会和培训。1 人分别在北京、海南召开的中国农学会科技情报分会年会，四川召开的林牧渔业经济学会上做了学术报告，7 人次在监测预警分会、大数据联盟、海外农业等联盟会议做了交流发言，1 人承担相关学术会议分会场主持工作 3 次。

利用参加学会学术会议的机会，实地对双汇、蒙羊、青海省门源县牧业合作社等企业进行了调研，并与内蒙古农业大学经管学院、江苏省农业科学院、福建省农业科学院、湖南省农业科学院、吉林省农业科学院、黑龙江省农业科学院、广东省农业科学院、浙江省农业科学院、华南农业大学、青海省畜牧兽医科学院等单位进行了座谈交流，对拓宽经信所科研人员视野与思路、提高科研人员研究水平起到了很好的促进作用。

成为中国农学会农业监测预警分会、海外农业联盟、国家农业大数据与信息服务联盟成员单位。

承办了由自治区老科技工作者协会主办的"新疆现代畜牧业发展论坛"，1 人做了大会主旨报告，1 人进行了大会报告交流。

邀请中国农业科学院、福建省农业科学院等单位的农业信息专家、领导来所进行信息技术和文献资源服务等方面的座谈交流，有效提升了经信所在经济研究、监测预警、信息服务等领域的研究方法和水平。

经信所“十四五”发展目标

一、科研及服务能力显著提升

聚焦新疆畜牧业高质量发展，结合国家、自治区产业体系项目、决策咨询项目、科技计划项目等，积极开展畜牧业科技发展战略研究、畜牧业产业经济及监测预警研究、畜牧业发展政策与专题研究，做好畜牧业科技咨询、服务、培训业务，不断提升经信所科研能力和社会影响力。力争到“十四五”末承担各类科研项目、课题 30 项以上，发表科研论文 40 篇以上，出版专著 2 部以上，完成自治区级科技成果登记 4 项以上，获专利、标准、软件著作权等 2 项以上，编制产业发展规划、决策咨询报告等 15 个以上。开展各类培训班 65 期，培训 8 000 人次以上。

二、学科建设更加完善

根据经信所科研业务实际和类型，“十四五”期间将更加注重各学科之间的交叉与合作，通过所内外、院内外、疆内外的多种合作方式，建成单一学科更加精准、交叉学科融合发展、多学科协同攻关的新型学科体系。

三、人才和团队建设更加合理

到“十四五”末，畜牧业经济研究学科在产业经济、技术经济、规划编制方面的实力和水平得到大幅提升；畜牧业政策研究团队更加趋于稳定；信息技术与监测预警团队分析方法与手段更加全面；期刊出版梯队实力普遍提升、期刊质量不断提高；通过对外学术交流、专业技术培训、项目合作等方式，培养及提升科研人员技术水平。

第二部分

经信所“十四五”发展规划

“十四五”时期是我国由全面建设小康社会向基本实现社会主义现代化迈进的关键时期、“两个一百年”奋斗目标的历史交汇期，是满足新时代人民日益增长的“美好生活需要”、实现中华民族从站起来、富起来到强起来的伟大飞跃时期，也是全面开启社会主义现代化强国建设新征程的重要机遇期。“十四五”规划是深入贯彻新时代中国特色社会主义思想和党的十九大精神的第一个五年规划，需要遵从“质量强国、科技强国、教育强国、人才强国”的原则，科学制定和有效实施畜牧业经济与信息学科发展五年规划，对谋划经信所发展方向、布局重点工作、提升科研创新能力、推进新疆畜牧业高质量发展具有重要现实意义和深远的战略意义。

1. 指导思想

要以新时代中国特色社会主义思想为指导，全面贯彻党的十九大和十九届二中、三中、四中全会精神及习近平总书记系列重要讲话精神，坚持农业农村优先发展，以实施乡村振兴战略为总抓手，以一二三产业融合发展为路径，与脱贫攻坚有机衔接，围绕国家、自治区战略需求，以畜牧业经济与信息学科重点领域创新为着力点，抓住新一轮科技与产业革命的战略机遇，以“强学科建设、聚研究人才、创特色优势、提服务质量”为目标，以经济研究、大数据分析与应用、文献信息咨询服务、教育培训、期刊出版为核心任务，以科研条件和环境改善为基础，以人才队伍建设为突破，以对外合作交流为推力，以科学化、规范化管理为保障，坚持“创新、协调、绿色、开放、共享”的发展理念，按照“五位一体”总体布局，积极开展推进新疆畜牧业全面高质量发展、“四化同步”发展等政策研究，为促进乡村振兴、为农业农村现代化和乡村全面振兴奠定坚实理论基础和数据支撑。

2. 基本原则

（1）科学性原则

根据新疆经济社会发展形势及高质量畜牧业发展要求，科学设定经信所发展目标，合理配置和优化经信所人力与资源，在实现与院属各研究所、中心数据共享的同时，加强与疆内外相关单位和农业科技协同创新联盟的业务联系与合作，并针对当前畜牧业发展中面临的新情况，科学拓展研究领域，提升研究人员的学术水平和科研能力。

（2）创新性原则

“十四五”的五年，是国内经济、格局、发展重塑的五年，必须要紧盯“十四五”

新疆畜牧业高质量发展目标，综合分析、研究国内外畜牧业发展动态和趋势，把握全球新一轮科技革命和产业变革机遇，对新消费需求激活新经济形势进行科学预判，以协同作战思维和打造价值共同体的思路，探索区域创新性协同、抱团发展模式，做好推动新疆畜牧产业高质量发展的前沿动态和趋势分析工作。

（3）前瞻性原则

保证畜牧业经济与信息研究的前瞻性和战略性，密切围绕国家、自治区产业发展工作部署，服务区域发展战略，充分发挥经信所经济和信息研究的作用，为政府决策和相关制度的制定提供科学依据。

（4）导向性原则

以市场需求为导向，以资源环境承载力为依据，开展以乡村振兴、脱贫攻坚为基础的产业发展政策、产业经济及产业融合发展研究；开展以适应居民消费结构变化、提高规模经营效率以及品牌经营利润为主的畜牧业结构优化、畜牧业生产力布局等方面的基础性和应用性研究。

（5）融合性原则

以新疆畜牧业发展及经信所科研能力提升为基础，开展全产业链发展模式及政策研究，探索推进“一产往后延、二产两头连、三产走高端”方面的方法和路径。

3. 发展目标

（1）总目标

科研及服务能力显著提升。聚焦新疆畜牧业高质量发展，结合国家和自治区产业体系项目、决策咨询项目、科技计划项目等，积极开展畜牧业科技发展战略研究、畜牧业产业经济及预测预警研究、畜牧业发展政策与专题研究，做好畜牧业科技咨询、服务、培训业务，不断提升经信所科研能力和社会影响力。力争到“十四五”末承担各类科研项目、课题 30 项以上，发表科研论文 40 篇以上，出版专著 2 部以上，完成自治区级科技成果登记 4 项以上，获专利、标准、软件著作权等 2 项以上，编制产业发展规划、决策咨询报告等 15 个以上。开展各类培训班 65 期，培训 8 000 人次以上。

学科建设更加完善。根据经信所科研业务实际和类型，“十四五”期间将更加注重各学科之间的交叉与合作，通过所内外、院内外、疆内外的多种合作方式，建成单一学科更加精准、交叉学科融合发展、多学科协同攻关的新型学科体系。

人才和团队建设更加合理。到“十四五”末，畜牧业经济研究学科在产业经济、技术经济、规划编制方面的实力和水平得到大幅提升；畜牧业政策研究团队更加趋于稳定；信息技术与监测预警团队分析方法与手段更加全面；期刊出版梯队实力普遍提升、期刊质量不断提高；通过对外学术交流，专业技术培训、项目合作等方式，培养及提升科研人员技术水平。

（2）分目标

① 不断完善畜牧业经济与信息学科体系，为政府部门提供长期稳定的决策咨询服务。以中国农业科学院农业经济与发展研究所共建的“新疆畜牧经济研究中心”为依托，重点开展畜牧业经济领域基础性、方向性、全局性、前瞻性重大问题和关键技术研究，着重于全面提升经信所决策咨询能力；应用信息学、经济学等理论和方法，对畜牧业生产、草产业、畜牧业科技、牧区发展等研究对象进行分析，为畜牧业主管部门、涉牧企业、畜牧业生产者提供决策咨询意见，为相关部门出台规划、纲要、政策、法规文件等提供决策科学依据，力争成为自治区级决策智囊的重要组成部分。以畜牧产业发展的基础研究和应用研究为两翼，以国家农业农村宏观产业经济发展主要趋向的理论性研究为基础，重点开展畜牧业政策研究、现代畜牧业研究、产业经济研究、技术经济研究、产业组织与企业经济研究、新疆畜牧产业扶贫研究、新疆乡村产业振兴等研究，围绕新疆畜牧业高质量发展亟待解决的关键和热点问题开展前瞻性和应用性研究。优先主题如下。

一是新疆奶产业重大专项工作。依托新疆维吾尔自治区科学技术厅（简称新疆科技厅）支持的奶业重大科技专项和自治区畜牧兽医局成立的奶产业技术体系，和疆内外科研机构开展广泛的合作研究。从奶牛高产种群扩繁关键技术示范、奶牛养殖提质增效关键技术集成示范、乳制品加工关键技术研发与集成示范、新疆奶业品牌竞争力提升与信息化技术示范 4 个方面开展研究，为新疆奶业振兴提供理论依据和数据支撑，为相关部门政策制定提供咨询参考。

二是新疆畜产品品牌发展对策研究。结合新疆目前畜产品品牌、种类繁多，但知名度或影响力大的品牌相对较少以及品牌市场占有率较低的现状，开展品牌发展现状和市场占有情况调查，挖掘畜产品品牌的文化内涵，运用 SWOT 分析法对新疆现有品牌的比较优势、区位特点和区域竞争优势进行分析，研究强化自有品牌的市场占有率和企业竞争力的方法，构建畜产品品牌发展思路和选择路径，探索新疆品牌进军发达市场的策略，提出适宜于新疆名优畜产品品牌发展、培育区域公用品牌、企业品牌和加工产品品牌的规划建议，制定新疆畜产品品牌整体发展的战略规划。

三是基于资源禀赋的新疆畜牧业区域发展政策研究。从资源禀赋视角，以生态功能区划分为基础，以生态环境在发展中保护、在保护中发展的战略方针，针对不同海拔资源分布和经济发展状况，做好各地州区域差别分析，结合新疆畜牧产业发展带，按人类经济活动的地理分布和空间组织来开展畜牧业生产区域的划分研究，对进一步明晰新疆生态资源现状和畜牧业经济发展格局，做好区域生态保护、生态建设、产业布局、资源利用以及制定畜牧业经济社会发展规划、协同社会经济发展和生态保护关系具有很好的参考意义。

四是新疆现代畜牧业全产业链构建与发展研究。从区域经济和资源禀赋特点出发，应用经济学理论，开展新疆现代畜牧业全产业链联结机制研究，分析价值链发展、丝绸之路经济带核心区贸易、畜牧业转型、新型牧业经营模式，研究形成生态循环畜牧业发展、牧区繁育、农区育肥的新型产业结构的途径与方法，构建新常态下三产（一二三产）和五链（产业链、资金链、科技链、创新链、信息链）融合的全产业链发展模式，提出“互联网 +”的外向型和现代畜牧产业融合发展建议。

五是新疆现代畜牧业社会化服务体系构建与发展研究。结合调结构、转方式的转型发展和畜牧业高质量发展要求，针对新疆畜牧产业社会化服务体系不够完善、服务组织条块分割、信息孤岛现象较重等问题，开展新业态下社会化服务体系支撑新疆畜牧业发展的研究，构建多层次、个性化的社会化服务体系与支撑技术平台，提出以信息技术打造供应链、完善现代畜牧业服务体系的科技支撑与服务功能的对策建议。

六是新疆现代畜牧业产业竞争力研究。运用产业经济、区域经济和产业集群等理论与方法，开展畜牧业经济效益与区域化、规模化研究，分析区域产业竞争力及畜产品竞争优势，开展畜产品品牌培育和发展策略研究，为新疆畜牧业高质量发展、打造有影响力和文化内涵的畜牧业品牌、提升增值空间提出发展对策和建议。

② 构建新疆畜牧业文献信息资源战略保障体系，强化大数据分析应用和畜牧业生产、市场监测预警工作。依托国家农业科学数据共享中心“新疆畜牧业共享服务分中心”，以建立健全畜牧业科技信息服务平台、促进畜牧业发展为目标，重点开展基于畜牧业生产智能化管理、畜牧业科技信息服务平台和“互联网 +”的关键技术研究，探索与国家级和区内外科研单位的合作机制、理念和思路，通过研究领域联合、研究单位联合和科技项目联合，突破经信所畜牧业信息研究与服务的瓶颈，提升领域研究水平。以畜牧业信息技术与多学科交叉利用研究为主要内容开展“互联网 +”、智能养殖、质量安全追溯、数据分析等相关研究工作；以现有信息平台、资源数据及网络信息技术为基础，强化畜牧业综合信息服务能力，提升畜牧业生产要素、资源环境、供给需求、成本收益等监测预警等研究水平，开展农业大数据应用、畜牧业知识的普及与推广工作，提高科技服务和科技成果转化应用能力。按照“自主创新、有效融合、支撑发展、引领未来”的科技方针，逐步实现利用信息技术助力科技兴牧，提高畜牧业信息化创新与应用能力，增强畜牧业的整体信息科技水平。优先主题如下。

一是基于大数据的农村信息云服务体系建设。针对新农村建设对有效信息的迫切需求，建立农村大数据云服务平台，利用大数据云计算信息技术、数据挖掘、移动网络等技术手段，实现从多种应用提取海量数据功能。针对农村不同类别的受众人群挖掘差异化信息需求，合理配置现有科研人员、技术推广人员、科研成果等有效资源，实施信息有效推送服务，解决科技服务与基层需求无障碍衔接问题，实现农村信息需求服务的智能化、高效化与个性化，最终构建长效服务机制，促进新农村长足发展。

二是信息技术在新疆畜牧业生产中的应用研究。重点开展信息技术在畜禽及牧草种质资源管理、畜禽饲养管理、良种繁育与生物技术、疫病防控技术及智慧畜牧业等方面的应用研究，实现信息技术与相关学科的交叉融合。

三是新疆畜牧业生产监测预警与质量安全追溯关键技术研究。运用基于大数据的云计算、“互联网 +”等信息技术与方法，搭建新疆畜牧业监测预警基础数据信息服务平台，借助中国农学会农业监测预警分会团队优势，开展畜产品短期与中长期分析预警模型技术研究，规范畜牧业信息监测预警数据采集标准，实现数据共享；利用物联网技术搭建质量安全追溯平台，形成全链条信息流监管，保障畜产品质量安全。

四是中亚畜牧业科技信息支撑与文献资源共享平台建设。基于“一带一路”与周边国家开展畜牧业科技信息资源整合与共享。借助国家海外农业研究中心、《草食家畜》科技期刊资源和维文、哈文语种优势与中亚国家开展合作交流，挖掘已有信息资源数据库，搭建中亚畜牧业科技信息与文献资源共享平台，扩大自治区畜牧业科学技术覆盖面及影响力；制订科技信息与文献资源数据标准，形成规范管理体系。提升网络服务水平，拓展科技声像服务业务；提高科技查新服务质量，充分发挥和利用网络与多媒体制作条件，将查新业务向信息咨询服务领域拓展。

③ 增强精品意识，提升服务能力，高质量做好期刊编辑出版工作。围绕提升期刊质量发力，加强与相关管理部门，学术期刊评价机构，国内外知名数据库，国内外知名高校、科研院所、各类学会、国内学术期刊等的交流与联系，积极组织优质稿源，严格落实“三审三校”制度，建立审稿专家库，健全管理办法和流程；确保《草食家畜》国家农业类核心期刊的地位；逐年提高刊物的影响因子，力争进入中文核心期刊；加强数字图书馆建设和资源管理与服务工作，实现图书文献资源服务的信息化；探索提升期刊行业竞争力的有效路径或模式；构建《草食家畜》期刊学术传播的知识服务平台体系；营造有利于期刊持续健康发展的良好环境；探索科技期刊的多媒体融合发展；用好两个分站，加强与中国农业出版社、中国农业科学技术出版社的深度合作，不断拓宽合作业务。争取在采编系统、官方网站、电子期刊、数字杂志、微信公众号等方面有所突破，加快出版数字化转型，适应数字化发展大潮。

④ 拓宽培训领域与培训内容，完善畜牧业宣传教育培训方式，增强新型农牧民、

职业农牧民培训力度。以提升自治区畜牧业高质量发展为目标、服务基层提高农牧民收入为目的，立足宣教中心现有业务，紧跟时代步伐，充分认识抓好科技培训对推进畜牧业高质量发展的重要意义，坚持培训与科普两手抓、两促进，积极挖掘现代新媒体的作用，改进和创新培训内容与培训方法，研究探索建立教育培训、规范管理和政策扶持“三位一体”的新型职业农民培育体系，形成点线面体之间的纵横培训单元，构建多元一体的培训格局。紧紧围绕基层需要，转变工作理念，创新方式方法，强化服务理念，促进技能和创业培养相互衔接，满足新疆畜牧行业相关人员对知识更新和技能提升以及新型职业牧民培育的需求，确保科技培训工作接地气、符合需求并取得实效。

4.“十四五”期间主要任务

（1）加快科研自主创新

加强畜牧业经济和信息技术研究，进一步促进学科建设，加强学术交流，增强科研自主创新能力。将技术经济学、产业组织学、发展经济学、政策经济学等科学知识应用到畜牧业经济研究中，创新畜牧业经济研究的手段和方法；把握畜牧业经济动态、发现制约产业发展的问题，从产业管理、政策、科研、技术发明等方面进行战略研究；利用科技信息资源加强情报分析，进行本行业国际前沿、科技产出及竞争力对比研究；改变传统采编程序，使用新型期刊采编系统；加快与数字学术期刊互动，推动《草食家畜》学术期刊出版数字化转型。

（2）做好科技服务工作

① 做好科技信息资源与技术服务。充分利用新疆畜牧科学院网站和新疆畜牧业经济信息服务平台，开展畜牧业前沿动态、生产实用技术、价格信息、成果推介、涉牧企业介绍等畜牧业综合信息服务，为畜牧科研工作者提供最新研究动态，为畜牧专业技术人员提供技术咨询服务和指导，为畜牧生产者提供信息服务和生产指导，满足新疆畜牧科研工作、畜牧专业技术人员及畜牧生产者的综合信息需求。

② 做好科技咨询与技术服务。充分利用新疆乃至全国的畜牧专家、教授、学者资源，建立新疆畜牧业专家库，有效利用畜牧科学院订购的万方、维普、知网、NSTL 等数据库资源和图书期刊资源，开展畜牧业查新、规划与可行性报告编制等技术服务；依托现有中外文文献资源和畜牧科研与民（外）语人才队伍，做好畜牧业信息的民语和外文翻译服务；不断扩充数据库资源，为畜牧科研与生产提供专业的咨询服务。

③ 做好科技培训与专题讲座。按年度、分层次对畜牧业管理干部进行政策及理论培训，对全疆畜牧行业专业技术人员和畜牧企业管理人员进行畜牧业养殖技术、养殖管理、生产技术、政策、项目等方面的培训。

（3）强化优势学科与人才队伍建设

① 优势学科建设。建立健全畜牧业产业经济、技术经济、产业组织与政策、牧区发展及现代畜牧业 5 个研究领域的畜牧业经济学科体系。

进一步完善和强化畜牧业信息技术应用、畜牧业信息分析和畜牧业信息管理 3 个信息学科领域，重点开展大数据资源建设与应用、畜产品监测预警、畜产品追溯、海外农业研究、数字图书馆和期刊数字化等方面的研究工作。

不断强化期刊编辑出版学科人员队伍建设和编审能力的提升。

② 人才队伍建设。重点加强畜牧业经济、数据分析与应用、网络技术、期刊编辑等方面的人才引进和培养；加大青年科研人员和科研骨干的培养力度；强化期刊编辑出版学科人员队伍建设和编审能力的提升；加强高层次人才队伍建设，充分发挥高层次人才的骨干作用，为经信所人才快速成长创造良好条件，争取到“十四五”末，经信所拥有博士、硕士及高级职称等研究人员 20 人以上。

（4）夯实科研基础条件平台

进一步加大信息技术研究中心软、硬件条件和资源储备建设，实现信息知识服务于科研一线和基层生产的工作目标；完成采编管理信息系统建设，建立和完善基于互联网的编辑部管理信息系统，探索民语期刊数字化发展模式；继续完善畜牧科技培训专家师资库建设。加强和中国农业科学院农业信息研究所、中国农业科学院农业经济与发展研究所及疆外省级农业科研院所的合作，力争将经信所建成面向全疆、影响力广、设施先进、功能完善的畜牧业经济研究、畜牧业信息研究、大数据分析与监测预警、文献资源服务、职业技能教育与培训基地。

（5）扩大科技交流与对外合作领域

借势、借力、借智，不断加大经信所对外合作与交流力度，加强与周边国家和地区以及疆内外相关单位的合作，联合组织或积极参与实施一批畜牧业经济、信息化关键技术合作项目，加强先进畜牧业经济模型、信息化技术与经验的引进，提升经信所畜牧业经济与信息技术领域的研究能力和竞争力。拓宽《草食家畜》发行范围；继续加强与中亚和周边国家在畜牧经济、信息、期刊等方面的合作交流。

（6）创新现代科研管理制度

确立“宏观着眼、微观切入、技术与经济结合”的科研发展思路，强化“大数据、强牧经”的发展格局，结合科研体制改革、加快建立适应科技创新规律、统筹协调、职责清晰、科学规范、公开透明、监管有力的科研项目和资金管理体制；结合事业单位机构改革，围绕经信所畜牧业经济与信息学科建设、现代畜牧业发展需求以及贯彻落实畜牧科学院人才兴院的指导思想，建立完善“吸引人才、留住人才、用好人才”的长效机制。

（7）加快科技支撑体系建设

① 畜牧业科技支撑与服务体系建设。加大科技支撑与服务体系建设力度，推广应用适合新疆发展的新型畜牧业知识服务体系；加强文献资源信息服务、科技咨询服务；推动《草食家畜》学术期刊的数字化出版，更好地为全院畜牧科研工作的开展、全疆畜牧行业信息化进程提供有力支撑。

② 畜牧业科技培训体系建设。加大畜牧业科技培训体系建设力度。制定完善的畜牧业科技培训规划；根据不同专业、不同培训对象的培训需求确定合理的培训内容和形式；加强师资队伍建设、强化基地设施建设、注重教材编制、规范培训制度，构建完善的畜牧业科技培训体系，推进新疆畜牧业科技培训事业的长远发展。

5. 保障措施

（1）加强制度建设，提高集中决策与民主管理水平

实行法人负责制，构建“主要领导负总责，分管领导抓落实，各部门共同参与”的工作格局，坚持民主集中制，严格执行“三重一大”议事程序。进一步完善学术委员会制度和所务会议制度，充分发挥所学术委员会在学术评价、学术决策、学术论证和学风建设上的重要作用，促进所学术水平的提升。坚持所务会议制度，群策群力，确保经信所各项工作有序推进。按照“两室两中心一部”的组织结构，各研究室（中心、部）实行部门负责人负责制，根据学科的目标和任务，实行分类管理，合理配置业务资源，最大限度地发挥各业务部门的积极性和能动性。完善所各项规章制度，充分发挥规章制度在人才队伍建设和项目管理中的作用，严格执行“按制度办事、靠制度管人、用制度规范行为”的长效管理机制。

（2）加强精神文明建设，营造良好科研氛围

加强对学科建设重要性的学习宣传，让全所职工认识到学科建设对所发展的重要性和必要性，增强认同感和自觉性。加强科研道德与学风建设，大力弘扬“团结、求实、敬业、创新”精神，激发全所职工的创新精神和敬业精神，形成奋发向上、团结进取的发展氛围。加强精神文明建设，丰富职工的文化生活，寓教于乐，增强职工的主人翁责任感和荣誉感，形成有利于创新的氛围。

（3）加强人才培养，优化科研团队结构

坚持以人为本，建立健全有利于人才培养、引进和使用的管理机制。围绕学科建设，抓住引进、培养、使用3个环节，合理配置人力资源，不断优化人才结构；培养和引进一批年富力强、学历层次高、发展潜力大的中青年业务骨干，造就一批创新能力

强、结构合理的学术团队。加强人才柔性引进，拓宽聘任渠道，充分发挥特聘研究员在学科发展和研究成果质量把关上的指导作用，加强对外交流与合作，活跃研究气氛。

（4）强化基础条件建设，保障各项工作顺利开展

多渠道改善经信所基础条件设施，保障科研人员、科研辅助人员工作需求，为所各项工作的开展提供物力、财力保障。

第三部分

组织机构与部门职能

1. 岗位设置

根据新疆维吾尔自治区畜牧兽医局新牧函〔2020〕17号《关于新疆畜牧科学院所属事业单位变更岗位设置方案的复函》中核定：经信所岗位总量42名，其中管理岗位5名，专业技术岗位34名，工勤技能岗位3名。

管理岗位中，五级岗位2名，六级岗位2名，七级岗位1名。

专业技术岗位中，四级岗2名，五级岗位2名，六级岗位4名，七级岗位4名，八级岗位5个，九级岗位7名，十级岗位6名，十一级岗位2名，十二级岗位2名。

工勤技能岗位中，技术工二级岗位1名，三级岗位1名，四级岗位1名，不设普通工岗位。

2. 工作职能

据新事改办〔2014〕4号《新疆畜牧科学院分类改革方案》，新疆畜牧科学院畜牧业经济与信息研究所（新疆维吾尔自治区畜牧科技宣传教育中心）主要职责任务：承担畜牧业政策、经济及产业技术经济、畜牧业科技信息研究；提供畜牧业科技咨询服务工作；承办《草食家畜》期刊（汉、维、哈3种文字）；开展畜牧业科技宣传、教育、培训工作；负责畜牧科学院科技信息化工作。

3. 人员情况

根据新疆维吾尔自治区畜牧兽医局（新牧函〔2020〕17号）《关于新疆畜牧科学院所属事业单位变更岗位设置方案的复函》，新疆畜牧科学院畜牧业经济与信息研究所单位岗位总量42名，其中管理岗5名，专业技术岗34名，工勤技能岗位3名。截至2020年年末，全所实有在岗人员39人（不含9月退休人员和调整调出人员），按岗位分类，其中专业技术人员32人（含管理岗3人），占82%；管理岗5人（含专业技术岗3人），占13%；按性别比例分，男职工19人，占比49%，女职工20人，占比51%；按年龄结构分，45岁以下人员14人，占比36%；按学历分，大学本科及以上学历27人，占比69%；按民族成分分，汉族19人，占比49%，维吾尔族13人，占比33%，哈萨克族4人，占比10%，回族、蒙古族、满族各1人，各占3%；按职称结构分，正高级职称5人（占比13%）、副高级职称10人（占比26%）、中级职称16人（占比41%）、初级3人（占比8%）；按职称评审系列分，研究系列7人（占比18%）、农业技术推广系列 12 人（占比 31%）、实验系列 2 人（占比 5%）、编审系列 7 人（占比 18%）、工程师系列 2 人（占比 5%）、图书馆系列 2 人（占比 5%）、经济师系列 1 人（占比 3%）（表 1）。

表 1　截至 2020 年年末实有离退休人员情况

序号	姓名	性别	退休时职务 / 职称	退休时间（年 . 月）
1	赵守中	女	副研	1990.08
2	张玉英	女	馆员	1992.01
3	康思如	男	书记	1994.02
4	阿布都瓦力・马木提	男	所长 / 研究员	1996.07
5	王明山	男	编审	1998.12
6	常　青	女	助理会计师	2002.09
7	靳方汉	男	正处	2005.03
8	邹　莹	女	副研	2005.09
9	波斯坦・乌南拜尔	女	副编审	2007.05
10	木沙・吾守尔	女	副编审	2007.05
11	吐尔逊阿依・阿合旦木	女	馆员	2007.05
12	牙生・阿不都热依木	男	所长 / 副研	2007.05
13	罗永如	男	书记	2009.12
14	木纳瓦尔・依不拉依木	女	中级	2010.09
15	阿不力孜・玉素甫	男	主任科员	2012.08
16	达列立汗	男	正科	2014.05
17	阿依夏木・艾比不拉	女	高级工	2014.06
18	龙　伊	女	高级实验师	2014.11
19	杨奎华	女	研究员	2015.02
20	木尼热・吾不力卡斯木	女	中级	2017.05
21	徐　嘉	男	中级	2020.09

注：2007 年 5 月，4 人因享受提前退休政策统一办理退休手续。

第四部分

经信所历届

领导班子成员

1984 年由图书资料编辑室正式成立新疆畜牧科学院情报所；1987 年更名为新疆畜牧科学院信息研究所；2011 年更名为新疆畜牧科学院信息研究所（新疆畜牧业经济研究所）；2014 年更名为新疆畜牧科学院畜牧业经济与信息研究所（新疆维吾尔自治区畜牧科技宣传教育培训中心）（表 1）。

表 1　经信所历届领导班子成员

序号	时间（年 . 月）	书记	所长	副所长
1	1984.03—1987.03			道良佐
2	1987.03—1990.02	康思如	阿巴拜克・沙吾提	道良佐 钟春芳
3	1990—1996	何陆明	阿不都瓦力・马木提	
4	1996—2002	何陆明	牙生・阿不都热依木	靳方汉
5	2003—2005	牙生・阿不都热依木	肖志东	师维州 高　梁
6	2006—2008	肖志东	巴合特别克・赛富勒	师维州 杨启堂 高　梁
7	2009.01—2011.02	罗永如	巴合特别克・赛富勒	杨启堂 高　梁
8	2011.03—2012.04	王锡波	李　捷	杨启堂 高　梁 穆合塔尔・买买提
9	2012.05—2014.02	王锡波	李　捷	穆合塔尔・买买提 陈新文（所长助理）
10	2014.03—2019.07	王锡波	李　捷	穆合塔尔・买买提 张学根 陈新文（所长助理）
11	2019.08—2020.12	王锡波	李　捷	穆合塔尔・买买提 张学根

第五部分

科研项目

项目清单（表 1）

表 1　经信所“十三五”期间主要项目

序号	项目类别	项目来源	项目名称	项目编号	主持人	参加人	经费（万元）	项目起止时间	项目状态
1	自治区重大科技专项	新疆维吾尔自治区科学技术厅	新疆奶业振兴专项（主持单位：新疆畜牧科学院）	2020A01001	王锡波	冯东河　张学根等	1 000.00	2020.01—2022.12	新上
			新疆奶业振兴专项课题 4：新疆奶业品牌竞争力提升与信息化技术示范	2020A01001-4	张学根	冯东河　许承云　王惠等	45.72	2020.01—2022.12	
			新疆奶业振兴专项课题 4：新疆奶业品牌竞争力提升与信息化技术示范任务 2——奶业利益链创新模式研究	2020A01001-4-2	许承云	鲁云峰　苏尤力其米克　刘娜娜　沙旦提·阿不都外力等	17.14	2020.01—2022.12	
			新疆奶业振兴专项课题 4：新疆奶业品牌竞争力提升与信息化技术示范任务 3——新疆奶业品牌竞争力提升研究	2020A01001-4-3	冯东河	王　惠　刘金定　杨　志　薛晓波　阿依夏木等	14.10	2020.01—2022.12	
2	农业实用科技知识进村入户工程	自治区党委农村工作领导小组办公室	英吉沙县产业扶贫示范村建设	文件通知	李　捷	关文军　王　京　阿曼古丽·艾孜子　王　惠　玉山江·司马义　合斯莱提·斯马依　黎　霞　肖海龙	70.00	2020.03—2021.02	新上

（续表）

序号	项目类别	项目来源	项目名称	项目编号	主持人	参加人	经费（万元）	项目起止时间	项目状态
3	自治区重大科技计划	新疆维吾尔自治区科学技术厅	自治区畜牧业生产发展资金（现代种业提升）——农区高效肉羊品种选育技术体系农区肉羊产业经济岗岗位专家项目	XJNQRY-G	刘娜娜	王锡波　许承云 鲁云峰 苏尤力其米克 沙旦提·阿不都外力等	15.00	2020.01—2025.12	新上
4	公益性科研院所专项	新疆畜牧科学院	喀什贫困地区种养循环经济模式研究	KY2020002	刘娜娜	冯东河　曹宏斌 石保新 努尔扎提·瓦合提 霍　飞　陈翔宇 艾力西热·买买提 穆合塔尔·买买提 李天斗　许承云	20.00	2020.06—2021.06	新上
5	青年基金项目	新疆维吾尔自治区科学技术厅	南疆四地州扶贫产业后续发展路经研究	2020D01B1	鲁云峰	许承云　刘娜娜 苏尤力其米克等	7.00	2020.03—2022.12	新上
6	委托任务	中国农业科学院农业经济与发展研究所	中国农村微观经济研究——新疆农村微观经济数据采集与县域发展研究	IAED-RHDS	李　捷	王　琼　王　惠 苏尤力其米克 合斯莱提·斯马依 刘金定　温希军 薛晓波　阿依夏木 古丽夏提·安尼瓦尔 许承云　黎　霞 张玉华　肖海龙 周喜荣　陈永琴等	123.00	2016.01—2021.12	滚动支持

（续表）

序号	项目类别	项目来源	项目名称	项目编号	主持人	参加人	经费（万元）	项目起止时间	项目状态
7	自治区农业科技推广与服务项目	自治区党委农村工作领导小组办公室	牲畜标识技术应用试点示范		陈新文	李　捷　李天斗　温希军　王　琼　合斯莱提·斯马依　王田田	20.00	2016.03—2017.03	结题
8	委托任务	新疆维吾尔自治区畜牧兽医局	新疆牲畜标识数据库系统		陈新文	李天斗　温希军　王　琼　合斯莱提·斯马依　王田田　李　捷	49.00	2016.03—2018.12	结题
9	平台建设项目	新疆维吾尔自治区科学技术厅	新疆畜牧业经济数据与文献资源服务平台建设	PT1506	李　捷	陈新文　王　琼　温希军　合斯莱提·斯马依　王田田　李天斗　阿依夏木	40.00	2013.03—2016.12	结题
10	软科学研究	新疆维吾尔自治区科学技术厅	新疆新型牧业经营主体发展政策研究	2016D07017	李　捷	王　惠　王　琼　马永仁　刘娜娜　徐　涛　丁建国　熊　斌　杨翠萍　翟源静　路立里　陈俊科　王田田　合斯莱提·斯马依	6.00	2016.03—2017.12	结题
11	软科学研究	新疆老科技工作者协会	新疆新型牧业经营体发展与脱贫增收扶持政策研究		李　捷	王　惠　王　琼　马永仁	15.00	2016.01—2017.12	结题

（续表）

序号	项目类别	项目来源	项目名称	项目编号	主持人	参加人	经费（万元）	项目起止时间	项目状态
12	监测预警项目	农业部市场信息司	新疆羊肉全产业链信息监测预警省级分析师	农市便函〔2015〕151号	李捷	王　琼　王　惠 鲁云峰 合斯莱提·司马义 马永仁　肖海龙 黎　霞　张玉华	16.00	2015.07—2017.12	完成
13	软科学研究	自治区党委农村工作领导小组办公室	一二三产业融合发展的模式研究	新财农〔2017〕48号	李捷	王　琼　王　惠 王田田 合斯莱提·斯马依	5.00	2017.03—2018.03	结题
14	委托任务	农业部草原监理中心	新疆甘草资源与开发利用现状调查		李捷	王　琼　陈俊科 鲁云峰	7.50	2017.07—2017.12	完成
15	委托任务	伊吾县环境保护局	伊吾县畜禽养殖废弃物综合治理“十三五”规划	20161107	李捷	王　琼　涂振东	4.00	2016.11—2016.12	完成
16	委托任务	新疆维吾尔自治区畜牧兽医局	国外草地保护措施对新疆草原保护建设的启示	通知	李捷	王　惠　王　琼 刘金定　薛晓波 合斯莱提·斯马依 王田田	5.00	2015.07—2016.06	完成
17	小微企业创业创新拓展区建设项目	乌鲁木齐市沙依巴克区科学技术局	新疆现代畜牧产业科技企业孵化园区建设	乌财企〔2016〕53号；沙财发〔2017〕50号	郑文新 李捷	王　琼　杨会国 杨　润　王　惠 马　桢 合斯莱提·斯马依 郝建军 帕热克·爱尼娃尔 张学根　路立里 武　坚　周喜荣	50.00	2016.08—2017.08	结题

（续表）

序号	项目类别	项目来源	项目名称	项目编号	主持人	参加人	经费（万元）	项目起止时间	项目状态
18	公益性科研院所专项	新疆畜牧科学院	基于云计算下的网络数据存储研究与应用	KY2016023-2	李天斗	温希军 王田田 合斯莱提·斯马依	4.00	2016.03—2017.03	结题
19	畜科院青年基金	新疆畜牧科学院	畜牧科技信息安全与公共服务研究与应用	XY2017012	李天斗	李 捷 陈新文 温希军 王 琼 合斯莱提·斯马依 王田田 阿依夏木 黎 霞 陈翔宇	10.00	2017.03—2018.03	结题
20	自治区科协先进学会项目	新疆畜牧兽医学会	“新疆畜牧兽医学会协办期刊”《草食家畜》发展现状与行业科技引领作用调研	XJXH00026	刘金定	薛晓波 穆合塔尔·买买提 王锡波	2.00	2019.06—2019.12	结题
21	公益性科研院所专项	新疆畜牧科学院	新疆哈密市草地资源现状及保护性对策研究	KYGY2016020	刘金定	王 惠 薛晓波 李 捷	4.00	2016.03—2017.03	结题
22	成果转化与示范推广	新疆维吾尔自治区科学技术厅	肉羊高效养殖技术的示范推广”子课题“不同肉羊生产模式经济效益评价	201454131-7	刘娜娜	王锡波 李 捷 杨奎花 许承云 苏尤力其米克 沙旦提·阿不都外力	17.50	2013.10—2016.12	结题
23	软科学研究	自治区党委农村工作领导小组办公室	新疆农村一二三产业融合发展模式研究		刘娜娜	冯东河 王锡波 武 坚 许承云 鲁云峰 苏尤力其米克 王 惠 沙旦提·阿不都外力 王晶等	15.00	2018.06—2019.06	结题

（续表）

序号	项目类别	项目来源	项目名称	项目编号	主持人	参加人	经费（万元）	项目起止时间	项目状态
24	公益性科研院所专项	新疆畜牧科学院	新疆农村一二三产业融合发展模式研究	KY2019123	刘娜娜	冯东河　韩雪松 王锡波　武　坚 许承云　鲁云峰 苏尤力其米克 王　惠 沙旦提·阿不都外力 王　晶等	20.00	2019.01—2019.12	结题
25	公益性科研院所专项	新疆畜牧科学院	新疆农村电商发展研究	KY2017020	鲁云峰	阿依夏木　李　捷 合斯莱提·斯马依	5.00	2017.03—2018.02	结题
26	公益性科研院所专项	新疆畜牧科学院	南疆深度贫困地区畜牧产业扶贫模式研究	KY2019124	鲁云峰	许承云　刘娜娜 苏尤力其米克等	10.00	2019.06—2020.06	结题
27	自然科学青年基金	新疆维吾尔自治区科学技术厅	生态保护视角下的新疆牧区草地股份合作制发展研究	2016D01B004	马永仁	李　捷　陈俊科 刘娜娜 苏尤力其米克 许承云等	5.00	2016.01—2018.12	结题
28	委托培训	畜牧兽医局	克州四县一市基层兽医，养殖户培训		穆合塔尔	哈迪霞·吾斯曼江	20.00	2019.06	结题
29	公益性科研院所专项	新疆畜牧科学院	新疆农牧区畜牧业扶贫增收措施研究	KYGY2016022	苏尤力其米克	王锡波　李　捷 马永仁等	8.00	2016.01—2017.01	结题
30	公益性科研院所专项	新疆畜牧科学院	基于产业集群理论的牧区经济混合体发展研究	KY2015006	王　惠	马永仁　王　琼 王田田　陈新文 陈俊科　李　捷	8.00	2015.03—2016.03	结题

（续表）

序号	项目类别	项目来源	项目名称	项目编号	主持人	参加人	经费（万元）	项目起止时间	项目状态
31	委托项目	中国农业科学院农业信息研究所	基于国家农业科学数据共享平台的新疆畜牧业资源数据库建设与应用		王　琼	李　捷　温希军 王田田 合斯莱提·斯马依	5.00	2016.12—2017.12	完成
32	委托项目	中国农业科学院农业信息研究所	哈萨克斯坦国家农业走出去调查与研究（任务）		王　琼	李　捷 合斯莱提·斯马依 王田田　巴格达提·阿得力别克 哈尔阿力·沙布尔 赛力克·都曼 贾纳提·玛纳特 陈新文　温希军 李天斗	42.00	2016.10—2020.10	完成
33	委托项目	中国农业科学院农业信息研究所	法国、英国、爱尔兰国家农业走出去调查与研究		王　琼	李　捷 合斯莱提·斯马依 王田田　温希军 阿玛古丽·朱马汉 李天斗	10.00	2019.11—2020.11	完成
34	委托项目	中国农业科学院农业信息研究所	新疆畜科院特色馆藏数字化加工与服务		王　琼	合斯莱提·斯马依 王田田　温希军 李　捷	5.00	2017.01—2018.01	完成

（续表）

序号	项目类别	项目来源	项目名称	项目编号	主持人	参加人	经费（万元）	项目起止时间	项目状态
35	公益性科研院所专项	新疆畜牧科学院	新疆“十二五”畜牧业科研选题成效分析及“十三五”技术需求分析研究		王　琼	李　捷　王　惠 合斯莱提·斯马依 王田田　陈新文 温希军　刘金定 李天斗　薛晓波 秦荣艳　蒋晓梅 章国琴	14.00	2015.03—2016.02	完成
36	公益性科研院所专项	新疆畜牧科学院	伊犁河谷区域畜牧业发展研究	KYGY201516	王锡波	杨奎花 苏尤力其米克 刘娜娜　许承云 沙旦提·阿不都外力等	15.00	2015.01—2016.01	完成
37	草原生态保护绩效评价奖励资金	畜牧兽医局	新疆实施草原生态保护补助奖励机制政策对牧民家庭生产生活及生态环境保护的影响研究		王锡波	杨奎花 苏尤力其米克 马永仁　刘娜娜 许承云　陈俊科 沙旦提·阿不都外力等	70.00	2016.06—2018.06	完成
38	现代畜牧业发展补助资金	畜牧兽医局	新疆畜牧业“十三五”规划编制与信息化研究推广	新财农〔2016〕24 号	王锡波		30.00	2016—2017	完成
39	委托任务	畜牧兽医局	基于畜群结构模型的新疆肉羊生产经济效益分析研究		王锡波	杨奎花 苏尤力其米克 马永仁　陈俊科 刘娜娜　许承云 沙旦提·阿不都外力	30.00	2015.06—2016.06	完成

（续表）

序号	项目类别	项目来源	项目名称	项目编号	主持人	参加人	经费（万元）	项目起止时间	项目状态
40	公益性科研院所专项	新疆畜牧科学院	新疆畜牧科学院科技项目综合信息管理服务平台建设	KYGY2016021	温希军	李　捷　陈新文 王　琼　章国琴 武　坚　李天斗 任　娟　秦荣艳 合斯莱提·斯马依 王田田　阿依夏木 黎　霞	8.00	2016.03—2017.02	结题
41	公益性科研院所专项	新疆畜牧科学院	新疆畜牧科学院内部控制管理体系建设研究	KY2017009	温希军	章国琴　李　捷 武　坚　曹宏斌 任　娟　张延辉 崔立贤　王　冰 黎　霞　张玉华 谢　辉　阿依夏木	15.00	2017.03—2018.02	结题
42	公益性科研院所专项	新疆畜牧科学院	新疆畜牧科学院信息化管理系统的建立与应用	KY2018005	温希军	曹宏斌　章国琴 王锡波　武　坚 任　娟　崔立贤 王　冰　黎　霞 张玉华　谢　辉 邢益玮　陈永琴 阿依夏木	32.00	2018.01—2018.12	结题
43	人才培养项目	新疆维吾尔自治区科学技术厅	基于牧区可持续发展的牧区老龄化问题研究		许承云		4.00	2016.3—2017.3	结题

（续表）

序号	项目类别	项目来源	项目名称	项目编号	主持人	参加人	经费（万元）	项目起止时间	项目状态
44	公益性科研院所专项	新疆畜牧科学院	基于牧民定居下的富余劳动力转移研究	KY2016020	许承云	许承云　刘娜娜 苏尤力其米克	5.00	2015.01—2016.01	结题
45	新疆新闻出版广电局		新疆新闻出版东风工程		朱马西·也谢尼	巴格达提·阿得力别克	12.00	2016.01—2019.12	结题
申请与储备项目									
1	自治区科技计划	新疆维吾尔自治区科学技术厅	基于资源禀赋的新疆畜牧业区域发展政策研究		李　捷			2020	入库项目
2	自治区科技计划	新疆维吾尔自治区科学技术厅	新疆畜产品品牌发展对策研究		李　捷			2020	入库项目
3	自治区科技计划	新疆维吾尔自治区科学技术厅	基于大数据的农村信息云服务体系建设		王　琼			2020	入库项目
4	新疆社科基金	自治区党委宣传部	新疆推动脱贫攻坚与乡村振兴有效衔接问题研究		李　捷			2020	提交申请
5	新疆社科基金	自治区党委宣传部	基于习近平扶贫思想南疆四地州巩固脱贫的长效机制研究		鲁云峰			2020	提交申请

（续表）

序号	项目类别	项目来源	项目名称	项目编号	主持人	参加人	经费（万元）	项目起止时间	项目状态
6	国家图书出版基金	科技部	新疆新型牧业经营体发展研究		李　捷			2020	通过初审
7	平台建设项目		新疆畜牧业经济信息资源共享平台改造提升		王　琼			2019	储备项目
8	政策研究团队建设项目		基于供给侧结构调整的新疆牛羊产业链发展政策研究		李　捷			2016	储备项目

注：截至交稿日期基本信息不全、经项目负责人或主持人提议不录入的项目、任务等均未在表中列示，也未做项目摘要介绍。

项目摘要

一、在研项目

（一）新疆奶业振兴专项

项目来源：新疆维吾尔自治区科学技术厅。

项目编号：2020A01001。

项目起止时间：2020 年 1 月至 2022 年 12 月。

合同经费（万元）：1 000.00。

主持单位：新疆畜牧科学院。

主持人：王锡波。

指标任务：项目针对新疆奶产业的发展现状和科技需求，以“高产奶牛养殖—乳品研发生产—品牌竞争力”全产业链问题为导向，围绕奶牛高产种群扩繁关键技术示范、奶牛养殖提质增效关键技术集成示范、乳制品加工关键技术研发与集成示范、新疆奶业品牌竞争力提升与信息化技术示范 4 个方面开展全产业链科技创新攻关。该项目的顺利实施将达到“奶牛养殖—乳品加工—品牌营销”全产业链关键技术升级的目的，促进新疆奶业振兴。

课题 4：新疆奶业品牌竞争力提升与信息化技术示范

主持单位：新疆畜牧科学院畜牧业经济与信息研究所。

主持人：张学根。

参加人员：冯东河　许承云　王惠等。

任务 2：奶业利益链创新模式研究

主持人：许承云。

参加人员：鲁云峰　苏尤力其米克　刘娜娜　沙旦提·阿不都外力等。

任务 3：新疆乳业品牌竞争力提升研究

主持人：冯东河。

参加人员：王　惠　刘金定　杨　志　薛晓波　阿依夏木等。

（二）英吉沙县产业扶贫示范村建设

项目来源：自治区党委农村工作领导小组办公室。

项目编号：文件通知。

项目起止时间：2020 年 3 月至 2021 年 2 月。

合同经费（万元）：70.00。

主持人：李　捷。

参加人员：关文军　王　琼　阿曼古丽·艾孜子　王　惠　玉山江·司马义　合斯莱提·斯马依　黎　霞　肖海龙。

指标任务：建立 20 户科技示范户。

阶段性成果：建成养殖示范户 5 户，以合作方式带动育肥示范户 18 户。

（三）农区高效肉羊品种选育技术体系农区肉羊产业经济岗岗位专家项目

项目来源：新疆维吾尔自治区科学技术厅。

项目编号：XJNQRY-G。

项目起止时间：2020 年 1 月至 2025 年 12 月。

合同经费（万元）：15.00。

主持人：刘娜娜。

参加人员：王锡波　许承云　鲁云峰　苏尤力其米克　沙旦提·阿不都外力。

指标任务：分析评价技术经济效益、收集肉羊产业动态信息和市场行情，开展农区肉羊产业链融合发展模式研究；提交新疆农区肉羊 2020 年度市场分析报告及 2021 年度预测报告 1 个；构建新疆农区肉羊产业体系技术经济效益评价指标体系；形成新疆农区肉羊一二三产融合发展调研报告 1 个；形成新疆农区肉羊产业发展咨询报告 1 个。

（四）喀什贫困地区种养植循环经济模式研究

项目来源：新疆畜牧科学院。

项目编号：KY2020002。

项目起止时间：2020 年 6 月至 2021 年 6 月。

合同经费（万元）：20.00。

主持人：刘娜娜。

参加人员：冯东河　曹宏斌　石保新　努尔扎提·瓦合提　霍　飞　陈翔宇

艾力西热·买买提　穆合塔尔·买买提　李天斗　许承云。

指标任务：南疆贫困地区种养循环经济模式现状调查、粪便无害化处理与资源化利用典型模式探索、喀什贫困地区种养循环经济模式构建研究，形成《喀什贫困地区种养循环经济模式研究》研究报告1份；提交《关于喀什贫困地区种养循环经济模式发展的建议》咨询报告1个；发表论文1篇。

（五）南疆四地州扶贫产业后续发展路经研究

项目来源：新疆维吾尔自治区科学技术厅。

项目编号：2020D01B1。

项目起止时间：2020年3月至2022年12月。

合同经费（万元）：7.00。

主持人：鲁云峰。

参加人员：许承云　刘娜娜　苏尤力其米克等。

指标任务：分析南疆四地州在2020后扶贫产业的发展方向及路径保证扶贫效果的巩固。发表论文1篇，提交报告1份。

（六）中国农村微观经济研究——新疆农村微观经济数据采集与县域发展研究

项目来源：中国农业科学院农业经济研究所。

项目起止时间：2016年1月至2021年12月。

到位经费（万元）：123.00。

项目状态：年度滚动支持。

主持人：李　捷。

参加人员：王　琼　王　惠　苏尤力其米克　合斯莱提·斯马依　温希军　刘金定　薛晓波　阿依夏木　古丽夏提·安尼瓦尔　许承云　黎　霞　张玉华　肖海龙　周喜荣　陈永琴等。

指标任务：新疆6个县市中54个行政村、810户农户的数据采集与上传。开展县域经济发展研究工作。

二、结题项目

（一）牲畜标识技术应用试点示范

项目来源：自治区党委农村工作领导小组办公室。

项目起止时间：2016 年 3 月至 2017 年 3 月。

合同经费（万元）：20.00。

主持人：陈新文。

参加人员：李　捷　李天斗　温希军　王　琼　合斯莱提·斯马依　王田田。

指标任务：项目以经信所研发的一种牛羊专用 RFID 电子标识专利技术为基础，结合经信所提出的新型牲畜编码规则，定制种牛、种羊等牲畜新型 RFID 电子标签及识读装置，并在 3 家企业示范佩戴牲畜 2 000 头只以上，并与畜综平台牲畜标识数据库对接。

研究成果：起草制定牛、羊 RFID 电子标识应用规则。发表论文 1 篇，《新疆牲畜标识技术应用研究》（《草食家畜》，2016 年第 2 期）。定制种牛、种羊等牲畜新型 RFID 电子标签及识读装置，应用示范情况如下。新疆晟鑫牧业股份有限公司：一期应用低频 RFID 芯片 8 000 枚，二期应用超高频 RFID 芯片 6 000 枚。且末县昆其布拉克牧场：一期应用低频 RFID 芯片 1 167 枚，二期应用超高频 RFID 芯片 5 000 枚；新疆绿特农牧业科技开发有限公司，已定制超高频芯片 5 000 枚。佩戴牛羊 2.1 万头只，已与牲畜标识数据库对接。

验收时间：2017 年 3 月。

验收单位：新疆畜牧科学院。

验收结论：通过验收。

（二）新疆牲畜标识数据库系统

项目来源：新疆维吾尔自治区畜牧兽医局。

项目起止时间：2016 年 3 月至 2018 年 12 月。

合同经费（万元）：49.00。

主持人：陈新文。

参加人员：李天斗　温希军　王　琼　合斯莱提·斯马依　王田田　李　捷。

指标任务：基于牲畜标识格式和对应的畜牧业综合信息平台相关业务信息需求，建立畜禽种畜禽场、规模化养殖场、屠宰场，防疫信息、畜主信息、动物检疫症、产品检疫证相互关联的可溯源查询系统，实现畜综平台公开数据面向公众查询窗口，为政府监管提供数据支持，为公众提供查询溯源信息服务。

研究成果:《新疆畜禽溯源信息数据库系统研究开发》论文发表于《草食家畜》2018 年第 2 期；与畜综平台实现合理的数据同步；面向公众合理的溯源服务方式；"新疆畜禽溯源信息数据系统"平稳运行；取得"畜禽溯源信息数据库系统"软件著作权证书。

验收时间：2018 年 12 月。

验收单位：自治区牧业信息中心。

验收结论：通过验收。

（三）新疆畜牧业经济数据与文献资源服务平台建设

项目来源：新疆维吾尔自治区科学技术厅。

项目编号：PT1506。

项目起止时间：2013 年 3 月至 2016 年 12 月。

合同经费（万元）：40.00 。

主持人：李　捷。

参加人员：陈新文　王　琼　温希军　合斯莱提·斯马依　王田田　李天斗　阿依夏木。

指标任务：建立新疆畜牧业经济信息数据库、搭建畜科院数字图书馆平台、建成新疆畜牧类科技成果、文献等数据资源和信息服务平台。

研究结果：完成了包括畜牧业经济数据、科技文献、成果、专利等资源数据库建设；依托畜科院现有馆藏资源优势，搭建了畜科院数字图书馆系统，实现了馆藏图书、文献等资料的数字化目录与摘要信息的全社会共享；建立的新疆畜牧业经济数据与文献资源共享平台（www.xjxminfo.com）已正式发布运行。

研究成果：建成新疆畜牧业经济数据与文献资源共享平台（www.xjxminfo.com），取得计算机软件著作权 1 个，发表论文 2 篇；成为中国农业科学院海外农业研究中心成员，全球农业大数据与信息服务联盟成员。

验收时间：2017 年 8 月 9 日。

验收单位：新疆维吾尔自治区科学技术厅。

验收结论：通过专家组验收。

（四）新疆新型牧业经营主体发展政策研究

项目来源：新疆维吾尔自治区科学技术厅。

项目编号：2016D07017。

项目起止时间：2016 年 3 月至 2017 年 12 月。

合同经费（万元）：6.00。

主持人：李　捷。

参加人员：王　惠　王　琼　马永仁　刘娜娜　徐　涛　丁建国　熊　斌　杨翠萍　翟源静　路立里　陈俊科　王田田　合斯莱提·斯马依。

指标任务：研究报告科技报告各 1 份，向畜牧兽医局提交咨询报告 1 份，核心期刊发表论文 1 篇。

研究结果：项目在归纳整理国内外研究的基础上，对新疆畜牧业经营主体现状、存在问题进行了分析；以新疆南北疆资源禀赋特点为基础，对现有扶持政策在新疆牧业经营体发展中的作用和影响进行了评价；开展了新疆新型牧业经营主体的优化组合和新疆新型牧业经营主体的经济效益协调发展研究；根据不同类型和功能的牧业经营主体提出的“小分散、大融合（产业内合作）模式、链状合作（单链条）模式、网状融合（多链条）模式”以及构建的新型牧业经营主体政策扶持效益评价的方法，对自治区制度和完善牧业经营主体发展政策具有参考作用。

主要产出：发表论文 3 篇，提交科技报告 1 份，咨询报告 1 份。2020 年 6 月 1 日完成科技成果登记，批准登记号：20200071。编写的《新疆新型牧业经营体培育研究》书稿已签订图书出版合同，并提交中国农业出版社。

验收时间：2018 年 11 月 28 日。

验收单位：新疆维吾尔自治区科学技术厅。

验收结论：项目研究思路清晰，内容务实，方法合理，重点突出，提出小分散、大融合（产业内合作）模式，链状合作（单链条）模式、网状融合（多链条）模式，构建的新型牧业经营主体政策扶持效益评价的方法，对自治区制度和完善牧业经营主体发展政策具有指导作用。专家组一致认为：该项目完成了任务书规定的各项任务指标，资金管理和使用规范、合理，技术资料齐全，管理措施到位，同意通过验收。

（五）新疆新型牧业经营体发展与脱贫增收扶持政策研究

项目来源：新疆老科技工作者协会。

项目起止时间：2016 年 1 月至 2017 年 12 月。

合同经费（万元）：15.00（老科技工作者协会报账制）。

主持人：李　捷。

参加人员：王　琼　王　惠　马永仁。

指标任务：对新疆现代畜牧业转型发展中存在的问题进行实地调研和数据分析，并提出对策建议。

研究结果：以老科技工作者协会牵头，向自治区党委、人民政府提交政策建议1份。

验收时间：2017年6月。

验收单位：新疆维吾尔自治区科学技术协会。

验收结论：通过验收。

（六）新疆羊肉全产业链信息监测预警省级分析师

项目来源：农业部市场信息司。

项目编号：农市便函〔2015〕151号。

项目起止时间：2015年7月至2017年12月。

合同经费（万元）：16.00。

主持人：李　捷。

参加人员：王　琼　王　惠　鲁云峰　合斯莱提·斯马依　马永仁　肖海龙　黎　霞　张玉华。

指标任务：提交月度、季度、年度监测分析报告。

研究结果：完成3个年度报告、每年4个季度报告及每年月度报告；提交羊肉全产业链经济数据。

主要产出：年度报告、上传数据；发表畜产品价格预警分析相关的论文2篇。

验收意见：完成。

（七）一二三产业融合发展的模式研究

项目来源：自治区党委农村工作领导小组办公室。

项目编号：新财农〔2017〕48号。

项目起止时间：2017年3月至2018年3月。

合同经费（万元）：5.00。

主持人：李　捷。

参加人员：王　琼　王　惠　王田田　合斯莱提·斯马依。

指标任务：提交研究报告和政策建议。

研究结果：根据偏远散穷区域、城乡接合部、大中城市（镇）等区域分布和资源禀赋，归纳总结了3种不同的融合发展模式。针对产业融合发展提出了建议：一是在产业“接二连三”的基础上，研究建立融合发展的利益分配机制；二是做好顶层设计，建立行业主管部门沟通协商机制，尽快建立并完善促进产业融合发展的相关扶持政策；三是加快建立符合新疆一二三产业融合发展的社会化服务体系；四是基于资源禀赋，研究制定促进三产交融区融合发展的政策措施和发展规划。

主要产出：研究报告1篇、政策建议1篇。

验收时间：2018年4月。

验收单位：自治区党委农村工作领导小组办公室。

验收结论：通过验收。

（八）新疆甘草资源与开发利用现状调查

类型：委托任务。

来源：农业部草原监理中心。

起止时间：2017年7月至2017年12月。

合同经费（万元）：7.50。

主持人：李　捷。

参加人员：王　琼　陈俊科　鲁云峰。

指标任务：提交报告1篇。

主要产出：从生态保护、开发利用、产业发展与脱贫增收、产品研发与科学研究、保护措施等方面提出了促进新疆甘草产业发展的对策建议。

完成情况：提交新疆甘草植物资源保护研究报告1篇。

（九）伊吾县畜禽养殖废弃物综合治理“十三五”规划

类型：委托任务。

来源：伊吾县环境保护局。

起止时间：2016年11月至2016年12月。

合同经费（万元）：4.00。

主持人：李　捷。

参加人员：王　琼　涂振东。

指标任务：完成规划编制。

完成情况：完成。

（十）国外草地保护措施对新疆草原保护建设的启示

类型：委托任务。

来源：新疆维吾尔自治区畜牧兽医局。

起止时间：2015 年 7 月至 2016 年 6 月。

合同经费（万元）：5.00。

主持人：李　捷。

参加人员：王　惠　王　琼　刘金定　薛晓波　合斯莱提·斯马依　王田田。

指标任务：提交研究报告 1 份。

完成情况：完成。

（十一）新疆现代畜牧产业科技企业孵化园区建设

项目来源：乌鲁木齐市沙依巴克区科学技术局。

项目编号：乌财企〔2016〕53 号；沙财发〔2017〕50 号。

项目起止时间：2016 年 8 月至 2017 年 8 月。

合同经费（万元）：50.00。

负责人：郑文新　李　捷。

参加人员：王　琼　杨会国　杨　润　王　惠　马　桢　合斯莱提·斯马依　郝建军　帕热克·爱尼娃尔　张学根　路立里　武　坚　周喜荣。

指标任务：3 000 人员接受孵化器专业培训；场地面积 10 000m^2 以上，在孵企业 4 家以上；汇聚一家以上专业服务机构、创业导师 15 人以上；组织 15 次以上创业创新培训。

研究结果：完成指标任务及一期园区建设任务。

主要产出：依托新疆现代畜牧业生产力促进中心，建成新疆现代畜牧产业科技企业孵化园区。

验收时间：2017 年 11 月。

验收单位：乌鲁木齐市沙依巴克区科学技术局。

验收意见：通过。

（十二）基于云计算下的网络数据存储研究与应用

项目来源：新疆畜牧科学院。

项目编号：KY2016023-2。

项目起止时间：2016 年 3 月至 2017 年 3 月。

合同经费（万元）：4.00。

主持人：李天斗。

参加人员：温希军　王田田　合斯莱提·斯马依。

指标任务：① 根据畜科院现有的网络数据存储的需要，选择最为合适的智能开源软硬件作为服务器的主体；② 结合智能硬件的特点与云服务器的网络协议，开发一个适合搭建云服务器与固件相结合的数据接口；③ 通过搭建 Apaches 服务器软件、mysql 数据库管理系统、ftp 文件传输协议、个人云服务项目等开源应用软件，实现网络文件、图片视频等数据分享并通过网络、手机 WiFi 等连接进行远程控制。

主要产出：完成基于云计算的个人网络数据存储接口开发，发表论文 1 篇。

验收时间：2017 年 2 月。

验收单位：新疆畜牧科学院。

验收意见：通过验收。

（十三）畜牧科技信息安全与公共服务研究与应用

项目来源：新疆畜牧科学院。

项目编号：XY2017012。

项目起止时间：2017 年 3 月至 2018 年 3 月。

合同经费（万元）：10.00。

主持人：李天斗。

参加人员：李　捷　陈新文　温希军　王　琼　合斯莱提·斯马依　王田田
阿依夏木　黎　霞　陈翔宇。

指标任务：① 建立畜牧科学院信息安全管理维护机制，提高抵御网络攻击的能力；② 实现建立新疆畜牧科技公众信息服务号的移动端访问，互联网可见；③发表论文 1 篇；④培养信息安全人才 1 ～ 2 名。

主要产出：上网行为系统安全性能提升，发表论文 1 篇，《网络信息平台在新疆畜牧业信息化中的应用》（《中国畜牧兽医文摘》，2018 年 4 月）。

验收时间：2018 年 5 月。

验收单位：新疆畜牧科学院。

验收意见：通过。

（十四）新疆畜牧兽医学会协办期刊《草食家畜》发展现状与行业科技引领作用调研

类型：委托任务。

来源：新疆畜牧兽医学会。

合同编号：XJXH00026。

起止时间：2019 年 6 月至 2019 年 12 月。

合同经费（万元）：2.00。

主持人：刘金定。

参加人员：薛晓波　穆合塔尔·买买提　王锡波。

指标任务：项目结题报告 1 份。

完成情况：完成。

主要产出：通过调研总结了期刊《草食家畜》存在的问题，在汲取同行办刊经验的基础上，结合《草食家畜》现状及行业科技引领作用情况，提出本刊质量提升发展意见和建议。

（十五）新疆哈密市草地资源现状及保护性对策研究

项目来源：新疆畜牧科学院。

项目编号：KYGY2016020。

项目起止时间：2016 年 3 月至 2017 年 3 月。

合同经费（万元）：4.00。

主持人：刘金定。

参加人员：王　惠　薛晓波　李　捷。

指标任务：提交“新疆哈密市草地资源现状及保护性对策研究”报告 1 份；撰写相关论文 1 ～ 2 篇。

研究结果：草原畜牧业在哈密畜牧业的发展中起着重要的作用，哈密市采取了一系列综合措施来缓解草原放牧压力和遏制退化，取得了一些实效，但仍存在许多问题。针对现存问题，分析原因并提出了对策建议。

主要产出：论文 2 篇《国外草地保护措施对新疆草原保护建设的启示》《新疆哈密市草地资源利用现状分析》；报告 1 份《新疆哈密市草地资源现状及保护性对策研究》。

验收时间：2017 年 3 月。

验收单位：新疆畜牧科学院。

验收意见：通过验收。

（十六）肉羊高效养殖技术的示范推广“子课题”不同肉羊生产模式经济效益评价

项目来源：新疆维吾尔自治区科学技术厅。

项目编号：201454131-7。

项目起止时间：2013 年 10 月至 2016 年 12 月。

合同经费（万元）：17.50。

主持人：刘娜娜。

参加人员：王锡波　李　捷　杨奎花　许承云　苏尤力其米克　沙旦提·阿不都外力等。

指标任务：建立肉羊自繁自育生产经济效益分析评价模式 1 个，建立肉羊与非生产经济效益分析评价模式 1 个，提交肉羊示范点经济效益分析评价报告共 7 个，发表文章 1 篇，培训农牧民和专业技术人员 100 人次。

主要产出：构建了不同肉羊生产模式经济效益评价指标体系；建立了公司、合作社自繁自育生产经济效益分析模型，养殖户自繁自育生产经济效益分析模型和育肥生产模式经济效益分析评价模型各 1 个；完成了项目示范点经济效益分析评价报告共 7 个；发表《新疆南疆地区肉羊生产经济效益分析模型构建及影响因素分析》论文 1 篇，培训农牧民和专业技术人员等各类人员 230 人次。此外，通过项目实施，督促项目示范点完善了生产统计监测资料，增强了示范点管理人员档案管理、财务管理的意识，培养了项目管理、档案管理人才。

验收时间：2017 年。

验收单位：新疆畜牧科学院。

验收意见：完成子课题任务。

（十七）新疆农村一二三产业融合发展模式研究

项目来源：自治区党委农村工作领导小组办公室。

项目起止时间：2018 年 6 月至 2019 年 6 月。

合同经费（万元）：15.00。

主持人：刘娜娜。

参加人员：冯东河　王锡波　武　坚　许承云　鲁云峰　苏尤力其米克　王　惠　沙旦提·阿不都外力　王　晶等。

指标任务：形成专题研究报告 5 个、专项调研报告 3 个、综合报告 1 个、咨询报告 1 个、发表论文 1 篇。

研究结果：提出了推进新疆农村一二三产业融合发展的总体思路、新疆农村一二三产业融合发展的定位与布局及推进新疆农村一二三产业融合发展模式建设的思路。在推进新疆农村一二三产业融合发展模式建设方面提出，一是推进全产业链模式建设，二是推进产业集聚模式建设，三是推进农业功能拓展模式建设，四是推进农商互联模式建设，五是推进扶贫产业融合模式建设，六是推进沟域经济模式建设。

主要产出：提交专题研究报告 5 个、专项调研报告 3 个、综合报告 1 个、咨询报告 1 个、发表论文 2 篇，资料汇编 1 部。

验收时间：2020 年 7 月。

验收单位：自治区党委农村工作领导小组办公室。

验收意见：通过验收。

（十八）新疆农村一二三产业融合发展模式研究

项目来源：新疆畜牧科学院。

项目编号：KY2019123。

项目起止时间：2019 年 1 月至 2019 年 12 月。

合同经费（万元）：20.00。

主持人：刘娜娜。

参加人员：冯东河　韩雪松　王锡波　武　坚　许承云　鲁云峰　苏尤力其米克　王　惠　沙旦提·阿不都外力　王　晶等。

指标任务：形成综合报告 1 个、专题研究报告 4 个、发表论文 1 篇、出版著作 1 部

研究结果：构建了基于贫困地区、城郊、农区、牧区资源禀赋和发展基础的产业融合模式。

主要产出：综合报告 1 个、专题研究报告 4 个、发表论文 1 篇、出版《新疆农村一二三产业融合发展研究》著作一部，超额形成《农村一二三产业融合发展期刊论文资料汇编》和《农村一二三产业融合发展硕博论文资料汇编》2 套和《加快推进新疆农村一二三产业融合发展的途径与对策》咨询报告 1 个。

验收时间：2020 年 9 月。

验收单位：新疆畜牧科学院。

验收意见：通过验收。

（十九）新疆农村电商发展研究

项目来源：新疆畜牧科学院。

项目编号：KY2017020。

项目起止时间：2017 年 3 月至 2018 年 2 月。

合同经费（万元）：5.00。

主持人：鲁云峰。

参加人员：阿依夏木　李　捷　合斯莱提·斯马依。

指标任务：论文 1 篇，研究报告 1 份。

研究结果：研究认为新疆农村电商发展的自身优势和劣势都比较明显，政府的支持及网络的迅速普及是新疆农村电商发展过程中需要把握机会和面临的挑战。并针对发展现状提出政策建议：一是明确农村电商发展定位，加强基础设施建设；二是不断加强运营管理能力，吸收电商专业人才；三是加强公共服务职能发挥，扩大电子商务普及。

主要产出：发表论文 1 篇，提交研究报告 1 份。

验收时间：2018 年。

验收单位：新疆畜牧科学院。

验收意见：通过验收。

（二十）南疆深度贫困地区畜牧产业扶贫模式研究

项目来源：新疆畜牧科学院。

项目编号：KY2019124 。

项目起止时间：2019 年 6 月至 2020 年 6 月。

合同经费（万元）：10.00。

主持人：鲁云峰。

参加人员：许承云　刘娜娜　苏尤力其米克等。

指标任务：论文 2 篇，研究报告 1 份。

研究结论：① 南疆深度贫困地区畜牧产业扶贫典型模式可以分为合作式、资产化投资收益式、政府直接帮扶式 3 种；② 不同畜牧产业扶贫模式具有不同的增收效果和可持续发展水平；③ 不同畜牧产业扶贫模式体现出政府对行政化和市场化不同扶贫逻辑的侧重。

政策建议：① 在畜牧产业扶贫模式的运营发展逻辑上要做好从行政化到市场化的调整和转变；② 加大对“政府直接帮扶式”畜牧产业扶贫模式的支持力度；③ 加强对

"合作式"和"资产化分红"两种畜牧产业扶贫模式的监管。

主要产出：发表论文 2 篇，提交研究报告 1 份。

验收时间：2020 年 9 月。

验收单位：新疆畜牧科学院。

验收意见：通过验收。

（二十一）生态保护视角下的新疆牧区草地股份合作制发展研究

项目来源：新疆维吾尔自治区科学技术厅。

项目编号：2016D01B004。

项目起止时间：2016 年 1 月至 2018 年 12 月。

合同经费（万元）：5.00。

主持人：马永仁。

参加人员：李　捷　陈俊科　刘娜娜　苏尤力其米克　许承云等。

指标任务：论文 2 篇；研究报告 1 份。

研究结论及建议：草地股份合作组织的未来发展应明确自身目标、发展特色和发展方向，努力实现劳动和资本的有机结合，逐步扩大合作区域范围，制定规范化制度及风险管理机制，谋求与政府政策规划的契合，保持与市场的紧密联系，实现产销对接、订单式、城乡牧场式的养殖，在实现组织绩效水平提升的同时，根据各区域的实际情况，建立适合本区域的产业联合体模式，逐步向自然资源条件允许、牧民思想条件比较成熟的草原牧区实施，增强自身发展潜力。

主要产出：发表论文 2 篇，提交研究报告 1 份。

验收时间：2020 年。

验收单位：新疆维吾尔自治区科学技术厅。

验收意见：通过验收。

（二十二）新疆农牧区畜牧业扶贫增收措施研究

项目来源：新疆畜牧科学院。

项目编号：KY2016022。

项目起止时间：2016 年 1 月至 2017 年 1 月。

合同经费（万元）：8.00。

主持人：苏尤力其米克。

参加人员：王锡波　李　捷　马永仁等。

指标任务：论文 1 篇，研究报告 1 份。

研究结论：新疆畜牧业带动脱贫增收主要从畜牧业生产环节、产业化经营环节、关联产业融合发展三方面使牧民增收，实现畜牧产业带动增收脱贫。政策建议：① 推进产业化生产，破解养殖户生产组织程度低的难题。② 推进产业化经营，实现牧业增收增产。③ 突破饲料短缺瓶颈，为贫困区域提供物质保障。④ 强化畜牧脱贫示范户发展，增强贫困户自主脱贫意识。⑤ 强化畜禽良种繁育和动物防疫体系建设，夯实畜牧业发展基础。⑥ 加大天然草原保护力度，努力改善牧区生产生活条件。⑦ 重视畜牧资源深度开发，培育产业融合发展增收点。

主要产出：发表论文 1 篇，提交研究报告 1 份。

验收时间：2017 年 3 月。

验收单位：新疆畜牧科学院。

验收意见：通过验收。

（二十三）基于产业集群理论的牧区经济混合体发展研究

项目来源：新疆畜牧科学院。

项目编号：KY2015006。

项目起止时间：2015 年 3 月至 2016 年 3 月。

合同经费（万元）：8.00。

主持人：王　惠。

参加人员：马永仁　王　琼　王田田　陈新文　陈俊科　李　捷。

指标任务：① 对现有牧区经济混合体类型、特点进行文献和数据分析；②重点调查样本区哈密市、昌吉州、和田、喀什、阿勒泰等地区龙头企业带动模式下的畜牧业生产状况、多方主体参与情况及各方利益联结机制现状；③综合分析龙头企业与合作组织、农牧户之间的利益关系及存在的问题，并提出未来利益联结机制可能的发展方向，进一步完善利益联结机制的对策建议。

研究结果：建议加强对合作社的宣传和扶持力度；加大对龙头企业的政策支持力度；建立政府多部门协调和资源整合机制；完善“现代畜牧产业联合体”主体评估；融入“一带一路”倡议全局发展框架。

主要产出：“基于企业带动的养殖合作社利益联结机制研究”报告 1 篇。发表论文 1 篇。

验收时间：2016 年 3 月。

验收单位：新疆畜牧科学院。

验收意见：通过验收。

（二十四）哈萨克斯坦国家农业走出去调查与研究

任务来源：中国农业科学院农业信息研究所。

项目类型：委托任务。

项目起止时间：2016 年 10 月至 2020 年 10 月。

合同经费（万元）：42.00。

主持人：王　琼。

参加人员：李　捷　合斯莱提·斯马依　王田田　巴格达提·阿得力别克　哈尔阿力·沙布尔　赛力克·都曼　贾纳提·玛纳特　陈新文　温希军　李天斗。

指标任务：哈萨克斯坦国别报告 2 份，每周新闻 1 ～ 2 篇。

主要产出：参与完成《“一带一路”国家农业发展与合作——中亚五国》中哈萨克斯坦内容的撰写。

完成情况：完成。

（二十五）法国、英国、爱尔兰国家农业走出去调查与研究

项目来源：中国农业科学院农业信息研究所。

项目类型：委托任务。

项目起止时间：2019 年 11 月至 2020 年 11 月。

合同经费（万元）：10.00。

主持人：王　琼。

参加人员：李　捷　合斯莱提·斯马依　王田田　温希军　阿玛古丽·朱马汉　李天斗。

指标任务：法国、英国、爱尔兰 3 国国别报告各 1 份。

主要产出：提交法国、英国、爱尔兰 3 国国别报告各 1 份，发表论文 2 篇。

完成情况：完成。

（二十六）新疆畜科院特色馆藏数字化加工与服务

项目来源：中国农业科学院农业信息研究所。

项目类型：委托任务。

项目起止时间：2017 年 1 月至 2018 年 1 月。

合同经费（万元）：5.00。

主持人：王　琼。

参加人员：合斯莱提·斯马依　王田田　温希军　李　捷。

指标任务：录入完成图书、期刊、图片、电子资源目录 5 000 条以上。

主要产出：完成新疆畜牧科学院馆藏资源集成揭示系统建设。

完成情况：完成。

（二十七）基于国家农业科学数据共享平台的新疆畜牧业资源数据库建设与应用

项目来源：中国农业科学院农业信息研究所。

起止时间：2016 年 12 月至 2017 年 12 月。

合同经费（万元）：5.00。

主持人：王　琼。

参加人员：李　捷　王田田　合斯莱提·斯马依　王　惠　刘金定　温希军　薛晓波　陈新文　杨　志　李天斗　阿依夏木。

指标任务：完成新疆畜牧科学院专家学者的信息收集、整理及上传；依托国家农业科学数据共享中心新疆服务分中心面向新疆地区畜牧业科研、生产经营和管理决策用户开展畜牧业数据检索、信息咨询等服务，完成各类信息咨询、查新、成果鉴定等 20 次；完成平台宣传推广应用，用户注册数达 200 人以上。

主要产出：完成国家农业科学数据共享平台的新疆畜牧业资源数据库建设。

完成情况：完成。

（二十八）新疆“十二五”畜牧业科研选题成效分析及“十三五”技术需求分析研究

项目来源：新疆畜牧科学院。

项目起止时间：2015 年 3 月至 2016 年 2 月。

合同经费（万元）：14.00。

主持人：王　琼。

参加人员：李　捷　王　惠　合斯莱提·斯马依　王田田　陈新文　温希军　刘金定　李天斗　薛晓波　秦荣艳　蒋晓梅　章国琴。

指标任务：① 完成新疆畜牧科学院“十二五”期间科研产出数据收集；② 提交《新疆畜牧科学院“十二五”科研选题成效分析报告》；③ 发表论文 1 篇。

研究结果：本研究利用层次分析法研究了新疆畜牧科学院下属7个研究所“十二五”期间科研实力和科研效率，分析表明，畜牧所、兽医所和生物中心这3个研究机构在科研投入、科研产出和整体科研实力上均排名前三，这与各机构科研实际有明显关联，本院71%的国家项目、90%的科技奖励、63%论文著作、58%专利来源于这3个研究所；畜牧所拥有国家绒毛用羊产业技术体系首席科学家及研究团队，生物中心拥有农业农村部重点实验室，其研究生学历人数占比居全院最高，兽医所对包虫病、口蹄疫的研究水平在国内外都有一定影响力，该所是本院SCI发文潜在被引指数最小的研究所，该指数说明相对于本院其他单位该研究所的研究内容被国际同行的关注度更高，学术影响力更大；本院的二级岗位科学家也都集中在这3个研究所中。由此可见，这3个研究所最终分值排名较高与其科研实力、学科建设、人才队伍整体较强，在同行中认可度高，争取项目能力强有着直接关系。其余4个研究所排名分别为草业所、质标所、饲料所和经信所，这4个研究所科研人员职数较少，学科影响力和人才队伍相对较弱，也直接影响其项目来源和级别。

主要产出：发表论文2篇，《基于层次分析法的畜牧科研机构科研实力评价模型研究》（《黑龙江畜牧兽医》，2017年第1期）；《新疆畜牧科学院专利产出分析》（《草食家畜》，2016年第3期）。撰写研究报告1份《新疆畜牧科学院“十二五”期间科研实力分析报告——基于科研选题所取得的成果与效率》。

验收时间：2016年3月。

验收单位：新疆畜牧科学院。

验收意见：通过验收。

（二十九）伊犁河谷区域畜牧业发展研究

项目来源：新疆畜牧科学院。

项目编号：XK201516。

项目起止时间：2015年1月至2016年1月。

合同经费（万元）：15.00。

主持人：王锡波。

参加人员：杨奎花　苏尤力其米克　刘娜娜　许承云　沙旦提·阿不都外力等。

指标任务：论文1篇，研究报告1份。

研究结论：本研究通过对伊犁河谷畜牧业区域产业发展现状分析，利用SWOT分析方法，找出了伊犁河谷畜牧业产业发展的优势、劣势、机会和潜在的威胁，提出了伊犁河谷畜牧业区域产业发展的思路、总体布局和重点建设内容方案及发展方向。并提出了推动伊犁河谷畜牧业区域产业发展的综合措施和建议。

主要产出：发表论文 1 篇，提交研究报告 1 份。

验收时间：2016 年 4 月。

验收单位：新疆畜牧科学院。

验收意见：通过验收。

（三十）新疆实施草原生态保护补助奖励机制政策对牧民家庭生产生活及生态环境保护的影响研究（新疆实施第一轮草原生态保护补助奖励机制政策的效果评估）

项目来源：自治区畜牧兽医局。

项目类型：委托任务。

项目起止时间：2016 年 6 月至 2018 年 6 月。

合同经费（万元）：70.00。

主持人：王锡波。

参加人员：杨奎花　苏尤力其米克　马永仁　刘娜娜　许承云　陈俊科　沙旦提·阿不都外力等。

指标任务：提交研究报告。

主要产出：研究显示第一轮草原奖补机制政策作为草原牧区一项重大的强牧惠牧政策，不仅使草原生态环境得到了保护和改善，而且为转变草原牧区生产生活方式、带动草原畜牧业发展、为稳定和提高农牧民收入提供了强有力的支撑，在生态文明建设中起到了不可替代的作用。提出了政策建议：① 草原界限明确，解决跨区放牧行为；② 草原面积确定，核准草原基准数据；③ 强化监督管理，约束超载过牧行为；④ 深入调查研究，科学制定禁牧与草畜平衡标准；⑤ 探索有效途径，提高草场利用价值；⑥ 健全管护队伍，完善管护体系。

完成情况：完成。

（三十一）基于畜群结构模型的新疆肉羊生产经济效益分析研究

项目来源：自治区畜牧兽医局。

项目类型：委托任务。

起止时间：2015 年 6 月至 2016 年 6 月。

合同经费（万元）：30.00。

主 持 人：王锡波。

参加人员：杨奎花　苏尤力其米克　马永仁　陈俊科等。

指标任务：提交分析研究报告。

主要产出：提出对策建议 6 条。① 转变草原畜牧业发展方式，传承四季游牧生产方式，并积极创新；② 以草原畜牧业转型为契机，引导牧民走联户经营、合作经营的发展方向；③ 规范引种行为，优化品种选育和良种繁育，避免盲目引种；④ 提高肉羊科学饲养的水平，加大肉羊生产实用技术推广和人才培训力度；⑤ 大力推进肉羊产业化经营，尽快形成肉羊标准化、规模化发展的集聚优势；⑥ 进一步完善肉羊补贴政策，健全和完善羊肉储备体系，保证羊肉均衡供应。

完成情况：完成。

（三十二）新疆畜牧科学院科技项目综合信息管理服务平台建设

项目来源：新疆畜牧科学院。

项目编号：KYGY2016021。

项目起止时间：2016 年 3 月至 2017 年 2 月。

合同经费（万元）：8.00。

主持人：温希军。

参加人员：李　捷　陈新文　王　琼　章国琴　武　坚　李天斗　任　娟　秦荣艳　合斯莱提·斯马依　王田田　阿依夏木　黎　霞。

指标任务：搭建新疆畜牧科学院科技项目综合信息管理服务平台，实现科研项目管理与科研经费管理的联通，支持一站式、全过程精细化科技项目管理。

研究结果：研究建立了新疆畜牧科学院科技项目综合信息管理服务平台，实现项目管理、项目评审、成果管理以及项目承担单位管理等主要功能，同时实现项目信息与财务管理系统项目经费间的数据实时互通，真正实现科研项目全过程、全要素的一站式信息化管理。

主要产出：获得软件著作权一项，《科研项目综合信息管理系统 V1.0》（著作权号：2016SR388961，时间：2016.12.23）。发表论文 1 篇，《科研院所科研项目信息管理系统中项目经费管理的设计与实现》（《农业网络信息》，2017 年第 2 期）。

验收时间：2017 年 03 月。

验收单位：新疆畜牧科学院。

验收意见：该项目组织管理规范、资料齐全，资金使用较合理，完成了合同规定的各项考核指标。经验收专家组讨论，一致同意通过验收。

（三十三）新疆畜牧科学院内部控制管理体系建设研究

项目来源：新疆畜牧科学院。

项目编号：KY2017009。

项目起止时间：2017 年 3 月至 2018 年 2 月。

合同经费（万元）：15.00。

主持人：温希军。

参加人员：章国琴　李　捷　武　坚　曹宏斌　任　娟　张延辉　崔立贤　王　冰　黎　霞　张玉华　谢　辉　阿依夏木。

指标任务：编制新疆畜牧科学院内控手册；建立并发布新疆畜牧科学院内部控制管理体系信息平台。

研究结果：通过第三方定量和定性分析相结合的评价指标体系，梳理单位经济活动的业务流程，确定风险点，对单位层面的组织、机制、制度、岗位、信息等方面进行全面梳理，及时识别和分析相关风险，合理确定应对策略。对缺乏实际操作性和整体联动效应不符合现行制度的部分进行修订更新；制定发布适应现行科研项目管理、财务管理要求的规定或办法。

主要产出：编制《新疆畜牧科学院内部控制管理手册》1 本。获得软件著作权 1 项，《畜牧科技内部控制管理信息系统 V1.0》（著作权号：2018SR071511，时间：2018 年 1 月 29 日）。发表论文 1 篇，《科研单位内部控制体系建设探讨》（《金融经济》，2018 年第 5 期）。

验收时间：2018 年 3 月。

验收单位：新疆畜牧科学院。

验收意见：该项目组织管理规范、资料齐全，资金使用较合理，完成了合同规定的各项考核指标。经验收专家组讨论，一致同意通过验收。

（三十四）新疆畜牧科学院信息化管理系统的建立与应用

项目来源：新疆畜牧科学院。

项目编号：KY2018005。

项目起止时间：2018 年 1 月至 2018 年 12 月。

合同经费（万元）：32.00。

主持人：温希军。

参加人员：曹宏斌　章国琴　王锡波　武　坚　任　娟　崔立贤　王　冰　黎　霞

张玉华　谢　辉　邢益玮　陈永琴　阿依夏木。

指标任务：建立新疆畜牧科学院内部控制管理体系信息平台，同时实现新疆畜牧科学院网上报销控制管理。

研究结果：根据新疆畜牧科学院信息化的现状，结合自治区财政厅针对各预算单位的管理要求，以及单位内部财务管理需求。保证预算单位的资金使用权不变、财务管理权不变和会计核算权不变的原则下，通过简化并规范财务凭证录入、加强费用支出控制等方式，利用成熟的信息技术，在原有信息化基础上，建立一个更加健全的集中财务管控系统。

主要产出：发表论文 1 篇，《基于内控体系建设下科研事业单位网上报销管理系统的研究》（《农业网络信息》，2019 年第 18 期）。获得软件著作权 1 项，《科研项目管理信息系统 v2.1》（著作权号：2017SR312247，时间 2017 年 6 月 27 日）。

验收时间：2019 年 3 月。

验收单位：新疆畜牧科学院。

验收意见：该项目组织管理规范、资料齐全，资金使用较合理，完成了合同规定的各项考核指标。经验收专家组讨论，一致同意通过验收。

（三十五）基于牧民定居下的富余劳动力转移研究

项目来源：新疆畜牧科学院。

项目编号：KY2016020。

项目起止时间：2015 年 1 月至 2016 年 1 月。

合同经费（万元）：5.00。

主持人：许承云。

参加人员：刘娜娜　苏尤力其米克等。

指标任务：论文 1 篇，研究报告 1 份。

研究结论：① 调研地区畜牧业劳动力“老龄化”现象伴随着人口老龄化已经到来，并且由于年轻劳动力的迁徙而表现得更为明显；② 调研地区畜牧业劳动力表现出老龄化乃至高龄化的趋势，在短期内畜牧业剩余劳动力还会不断流向城市和非农产业的大背景下，畜牧业劳动力“老龄化”问题将在未来一段时间一直存在，且有强化趋势；③ 畜牧业劳动力“老龄化”对草场面积会产生一定的负外部性，畜牧业劳动力“老龄化”会导致家庭草场拥有量减少。

政策建议：① 建立牧区老龄化动态监测机制，强化牧区社会保障力度；② 合理规划统筹牧场活动，进一步明确畜牧业发展方向；③ 加大基础设施建设力度，集中力量化解牧场发展中的突出矛盾；④ 加强科学技术普及教育的力度，着力发挥典型示范作用；⑤ 加快改变传统游牧生产方式，构筑畜牧业发展生态产业链。

主要产出：发表论文 1 篇，提交研究报告 1 份。

验收时间：2016 年。

验收单位：新疆畜牧科学院。

验收意见：通过验收。

（三十六）新疆新闻出版东风工程项目

项目来源：新疆新闻出版广电局。

项目起止时间：2016 年 1 月至 2019 年 12 月。

合同经费（万元）：12.00。

主持人：朱马西·也谢尼。

参加人员：巴格达提。

指标任务：每季度为新华书店发行部提供哈文期刊 2 094 份。

主要产出：完成指标任务。

三、2020 年申报与储备项目

（一）新疆推动脱贫攻坚与乡村振兴有效衔接问题研究

项目类别：新疆维吾尔自治区社会科学基金项目。

申报人：李　捷。

主要目标：探索实现“两不愁、三保障”解决了生活问题后，如何找准资源禀赋优势、挖掘内生动力、选好目标市场、发展乡村产业以使脱贫成效稳固发展并与乡村振兴有效衔接的方式和方法，提出基于资源禀赋的“产业兴旺、生态宜居、乡风文明、治理有效、生活富裕”发展对策和政策建议，为自治区完善脱贫攻坚和乡村振兴有效衔接制度框架和政策体系提供数据支撑和理论依据。

项目状态：已提交自治区社科基金项目办。

（二）基于习近平扶贫思想南疆 4 地州巩固脱贫的长效机制研究

项目类别：自治区社会科学基金项目。

申报人：鲁云峰。

主要目标：① 理论目标，一是通过以南疆四地州巩固脱贫的长效机制研究，进一步丰富中国特色社会主义扶贫理论在深度贫困地区的内涵；二是通过“解剖麻雀”的方式，“以小见大”，揭示以“三区三州”为代表的深度贫困地区在巩固脱贫的长期机制的内在理论逻辑，为其他深度贫困地区巩固脱贫研究提供样本和参考。② 应用目标，一是为南疆四地州和我国其他已脱贫深度贫困地区的巩固脱贫提供理论、经验支持和策略参考；二是可以从防止返贫的视角，为新疆社会稳定和长治久安相关政策制定提供理论支撑。

项目状态：已提交自治区社科基金项目办。

（三）新疆新型牧业经营体发展研究

项目类别：国家科学技术学术著作出版基金项目。

申报人：李　捷。

项目状态：通过初审。

（四）基于资源禀赋的新疆畜牧业区域发展政策研究

项目类别：科技计划项目。

申请人：李　捷。

申请时间：2016 年 3 月。

项目入库时间：2020 年 7 月。

总体目标：根据新疆各地州饲草料资源、自然环境、饲养技术、社会需求等要素的新疆畜牧业生产区域进行细分，并在此基础上根据不同地区的区位商指数进行区位划分和布局研究，确立不同区域的重点优势品种、潜力品种和优势产业及产业融合发展路径，提出不同区域布局与空间结构优化的对策建议，为新疆畜牧业向适应市场需求的区域化布局、专业化生产和产业化经营提供理论支撑。

研究内容：① 按照区域现有饲草料资源、自然环境、饲养管理水平、社会需求、生产生活习性、市场等要素进行生产功能区域划分；② 结合畜牧业生产区域不同阶段各畜禽品种结构、演变过程及特点，分析总结各区域及畜牧业价格变动趋势，对不同区域畜禽品种优势进行排序，提出区域布局与结构优化对策建议；③ 结合市场、交通、经济社会发展状况等因素，进行区域优劣势和比较效益分析，提出跨区域协同发展对策建议。

（五）新疆畜产品品牌发展对策研究

项目类别：科技计划项目。

申请人：李　捷。

申请时间：2015 年 10 月。

项目入库时间：2020 年 7 月。

总体目标：结合新疆畜产品比较优势和区域竞争优势，对新疆现有畜产品品牌结构分布、市场占有率及发展现状进行分析，找出制约新疆畜产品品牌发展的因素和问题，研究畜产品品牌发展模式和选择路径，提出适宜于新疆名优畜产品品牌的发展对策和建议。

研究内容：① 对新疆畜产品品牌发展和市场占有情况进行调查分析。了解新疆现有品牌注册与市场运营情况，在摸底调查基础上，筛选出重点研究对象，并对相关企业、合作社进行实地调研，了解企业现有品牌及其营销状况；学习借鉴国内外知名企业的品牌营销与发展策略，深入分析新疆畜产品品牌发展和市场占有情况。② 利用比较优势和区域竞争优势分析新疆畜产品品牌现状。结合新疆不同地域、文化及区域资源特色，在现有品牌的比较优势和竞争力分析的基础上，找出制约新疆畜产品品牌发展的因素和问题，研究畜产品品牌发展模式和选择路径。③ 运用产业集群理论，提出新疆畜产品品牌发展的思路和对策建议。通过企业品牌、区域品牌及公共品牌的有机结合来提高新疆畜产品的产业竞争力，形成新疆畜产品品牌发展对策建议，为新疆畜产品“走出去”战略提供借鉴。

（六）基于大数据的农村信息云服务体系建设

项目类别：科技计划项目。

申请人：王　琼。

申请时间：2020 年 3 月。

项目入库时间：2020 年 7 月。

总体目标：以大数据为基础，基于云计算方法和技术，构建具有社会公益性的新疆农村信息服务平台为切入点，利用新疆畜牧科学院和新疆农业科学院在新疆农村信息采集、加工、分析的专业优势，结合中国农业科学院信息研究所在国家层面的农村信息分析研究以及国家农业信息资源的优势，探索基于云计算的跨部门涉农信息融合与加工，实现跨部门的涉农信息融合、数据共享与个性化、专业化服务。

研究内容：① 构建新疆农村信息综合服务资源网络，利用语义数据元及元数据技术实现真正的底层信息资源融合，并构建开放的联盟式省域农村信息服务体系。② 研究开发新疆农村信息服务平台及门户，构建开放的、分布式的农村信息服务联盟，封装平台核心功能并面向社会免费发布，为农村信息服务提供统一的权威信息源，为整体提高新疆农村信息服务质量提供支撑。③ 构建新疆农村信息服务体系，提出适合新疆农村信息服务实际情况的利益分配与激励机制，实现农村信息服务体系资源的最佳配置，推动农村信息服务产业的可持续发展。

（七）新疆畜牧业经济信息资源共享平台改造提升

项目类别：储备项目。

申请人：王　琼。

储备时间：2019 年 3 月。

项目内容：以新疆畜牧业经济信息服务平台为依托，是以新疆畜牧科学院图书馆馆藏、新疆畜牧业经济与信息研究所多年积累的科学数据为基础，通过信息技术手段，完善和提升新疆畜牧业经济信息服务平台的功能及数据资源，主要包括以下内容：新疆畜牧业经济信息服务平台模块及功能的扩充；新疆畜牧业经济信息服务平台科学数据的扩容。

预期目标：以新疆畜牧业经济信息资源共享平台为基础，完成海外农业数据资源库和新疆畜牧业不同畜种生产分布图软件开发；进一步完善新疆畜牧数据资源库、新疆畜牧科学院馆藏图书信息化、新疆农村微观经济数据资源库数据资源建设，互联网可见。通过新疆畜牧科学院新疆畜牧业经济信息资源共享平台开放式的为用户开展文献和科学数据查询服务工作。促进新疆畜牧科学院现有文献及科研数据的有效利用，提升新疆畜牧科学院畜牧业经济与信息研究所的文献与科研服务整体水平。

（八）基于供给侧结构调整的新疆牛羊产业链发展政策研究

项目类别：储备项目。

申请人：李　捷。

储备时间：2016 年 3 月。

项目内容：一是供给侧结构调整的适度规模生产与经济效益协同发展政策研究。结合疆内自然资源禀赋条件、社会经济发展状况，以新疆牛羊肉生产的不同规模为切入点，分析供给侧效益与规模之间的逻辑关系，研究满足市场需求、稳定产品价格的养殖规模和畜群、畜种结构比例，提出有益于保障供给侧稳定、持续发展的适度规模养殖扶持政策建议，同时结合畜牧业生产特点，开展牛羊肉价格波动临界点分析、保障牛羊肉产品供给的灾害补偿和活畜储备政策研究，最终形成适度规模生产与经济效益协同发展的政策建议。二是新疆牛羊肉产品品牌发展政策研究。新疆畜产品品牌种类繁多，但存在国内知名度和影响力相对较小、市场占有率较低等问题。本研究将基于产业集群理论，运用比较优势和竞争优势分析法，结合新疆独特的资源和人文优势，对现有新疆畜产品品牌结构分布、市场占有率及发展现状进行分析，研究产业集群的聚集性与区域品牌间的关系，找出影响新疆畜产品品牌发展的制约因素，提出有利于区域品牌形成的路径与方法，通过企业品牌与区域品牌的有机结合来提高新疆畜产品的产业竞争力，形成新疆畜产品品牌发展对策建议，以期为新疆畜产品“走出去”战略提供借鉴。三是新疆牛羊肉全产业链发展扶持政策研究。分析新疆牛羊肉产业生产经营主体现状，对各经营主体间的经营决策机制、利益联结机制及抵御风险机制进行研究，探索新疆牛羊肉全产业链发展、现代牧业服务体系建设和新型牧业经营主体培育及融合发展模式，提出基于全产业链视角的“三产”“三链”融合发展政策建议。

预期目标：从供给侧视角来研究新疆牛羊产业发展，旨在探索提出牛羊适度规模生产与经济效益协同发展、牛羊肉产品品牌发展及羊肉全产业链发展等扶持政策建议；为缓解新疆资源环境压力、适应消费结构升级、产业结构转型升级、农牧民增收和脱贫、应对国内、国际两大市场的冲击、提高牛羊肉市场占有率和竞争力提供理论基础和决策参考依据。

第六部分

科研产出

科研论文（表1）

表1　经信所“十三五”期间论文发表情况

序号	文章题目	刊物名称	发表时间、卷期、页码	第一作者	通讯作者	作者排名	备注
1	新疆以畜牧合作社为载体开展科技培训的优势路径思考	新疆畜牧业	2017（2）：11–13	杨　志		杨　志	中文
2	基于草原牧区可持续发展的牧区劳动力老龄化问题研究	现代农业科技	2017（12）：280–283	许承云		许承云	中文
3	新疆南疆牧区肉羊生产现状及经济效益分析	草食家畜	2016（1）：60–68	许承云	王锡波	许承云　王锡波　刘娜娜	中文
4	富蕴县牧民定居后续产业发展现状及对策	现代农业科技	2017（3）：269，275	许承云		许承云　沙旦提・阿不都外力	中文
5	科技助推新疆畜牧业发展研究	现代农业科技	2019（2）：219，224	许承云	刘娜娜	许承云　刘娜娜　鲁云峰	中文
6	新疆畜牧业经济信息服务平台建设与应用	农业大数据学报	2020，2（1）：79–83	温希军	李　捷	温希军　李　捷　王　琼	中文
7	基于内控体系建设下科研事业单位网上报销管理系统研究	中国管理信息化	2019（18）：66–67	温希军		温希军　任　娟　许承云　秦荣艳　黎　霞	中文
8	科研院所科研项目信息管理系统中项目经费管理的设计与实现	农业网络信息	2017（2）：2–5	温希军		温希军　秦荣艳　合斯莱提・斯马依	中文
9	新疆畜禽产品质量安全追溯网络平台的构建	农业网络信息	2016（9）：52–54	温希军		温希军　陈新文　王　琼　李天斗　合斯莱提・斯马依　王田田	中文

（续表）

序号	文章题目	刊物名称	发表时间、卷期、页码	第一作者	通讯作者	作者排名	备注
10	2016 年新疆羊肉市场行情与价格分析	草食家畜	2017（3）：62-66	王田田	李　捷	王田田　李　捷　王　琼　合斯莱提·斯马依	中文
11	基于层次分析法的畜牧科研机构科研实力评价模型研究——以新疆畜牧科学院为例	黑龙江畜牧兽医	2017(6)：31-34	王　琼		王　琼　合斯莱提·斯马依　王田田　秦荣艳　王　惠　李　捷　陈新文　温希军　李天斗　蒋晓梅	中文
12	新疆甘草资源开发利用现状与保护措施	草食家畜	2018（2）：52-56	王　琼	李　捷	王　琼　李　捷　合斯莱提·斯马依	中文
13	新疆畜牧业经济信息服务平台的设计与实现	农业网络信息	2016（11）：44-46	王　琼		王　琼　李　捷　温希军　李天斗　合斯莱提·斯马依　王田田　陈新文	中文
14	国外草地保护措施对新疆草原保护建设的启示	山西农业科学	2016，44（6）：867-870	王　惠	李　捷	王　惠　李　捷　王　琼	中文
15	伊吾县农业现代化发展现状	黑龙江农业科学	2017(7)：97-101	王　惠	李　捷	王　惠　李　捷	中文
16	新疆少数民族地区农村科技信息有效传播分析	农村经济与科技	2017(21)：230-232	王　惠		王　惠　张若琪　李　捷	中文
17	新疆畜牧业经营主体扶持政策效果分析	山西农业科学	2018，46（1）：126-129，154	王　惠	李　捷	王　惠　李　捷　王　琼　马永仁	中文
18	新疆畜牧业一二三产融合发展对策研究	黑龙江畜牧兽医	2018(22)：24-27	王　惠	李　捷	王　惠　王　琼　马永仁　张建勋　李　捷	中文
19	新疆“十二五”期间（2011—2015 年）羊产业相关论文产出分析	农村经济与科技	2017（17）：280-282	王　惠		王　惠	中文

（续表）

序号	文章题目	刊物名称	发表时间、卷期、页码	第一作者	通讯作者	作者排名	备注
20	文化创意营销视角下的现代畜牧业经营研究	安徽农业科学	2017（12）：228–230	马永仁		马永仁　朱美玲　王　娇　陈俊科	中文
21	新疆农村电商发展影响因素研究——基于 SWOT–AHP 模型	草食家畜	2018（1）：60–66	鲁云峰	李　捷	鲁云峰　李　捷　阿依夏木　王　琼　合斯莱提·斯马依	中文
22	新疆少数民族扶贫精准化问题研究	农村经济与科技	2018（3）：123–126，132	鲁云峰	李　捷	鲁云峰　李　捷	中文
23	新疆畜牧业科技服务体系创新研究	草食家畜	2020（1）：53–58	鲁云峰	韩雪松	鲁云峰　韩雪松　许承云　黎　霞　苏尤力其米克	中文
24	技术分析法对羊肉价格短期预测的有效性检验——以新疆羊肉价格为例	农业展望	2019（10）：19–26	鲁云峰	李　捷	鲁云峰　李　捷	中文
25	新疆羊肉价格波动分析	草食家畜	2019（1）：1–8，28	鲁云峰	李　捷	鲁云峰　李　捷　王　惠　许承云　杨　志	中文
26	浙江省长兴县湖羊产业融合发展对推进新疆羊产业融合发展的启示	草食家畜	2019（4）：60–64	刘娜娜	苏尤力其米克	刘娜娜　苏尤力其米克　刘佳佳	中文
27	新疆牧区畜牧业生产要素配置与收入关系的分析研究	黑龙江畜牧兽医	2017（18）：16–21	刘娜娜	许承云	刘娜娜　许承云　朱振宁	中文
28	新疆南疆地区肉羊生产经济效益分析模型构建及影响因素分析	黑龙江畜牧兽医	2016（22）：20–25	刘娜娜	许承云	刘娜娜　许承云　王锡波	中文
29	从编校角度看科技期刊的选题策划	新疆新闻出版广电局	2017（1）：51–53	刘金定		刘金定	中文

（续表）

序号	文章题目	刊物名称	发表时间、卷期、页码	第一作者	通讯作者	作者排名	备注
30	新疆哈密市草地资源利用现状分析	草食家畜	2017（1）：32–34	刘金定	李　捷	刘金定　薛晓波　程宏伟　刘秀梅　董志国　秦　明　李　捷	中文
31	《草食家畜》2014—2015 年载文统计分析	草食家畜	2016（6）：65–71	刘金定		刘金定	中文
32	从编校角度看科技论文的写作特点及易见问题	农业图书情报学刊	2016 28（9）：151–154	刘金定		刘金定	中文
33	浅析科技期刊编辑意识的培养	新疆新闻出版广电局	2016（1）：63–64	刘金定		刘金定	中文
34	私有云存储在畜牧业信息化中的应用	畜牧兽医科学	2017（1）：76，78	李天斗		李天斗　陈新文　温希军　王田田　合斯莱提・斯马依	中文
35	网络信息平台在新疆畜牧业信息化中的应用	中国畜牧兽医文摘	2018（4）：31	李天斗		李天斗　阿依夏木　黎　霞　陈翔宇	中文
36	RFID 识别技术在新疆种畜生产中的研究与应用	中国畜牧兽医文摘	2017（6）：40	李天斗		李天斗　陈新文　温希军　李伟	中文
37	中亚五国农业生产年度数据分析	草食家畜	2018（6）：61–68	合斯莱提・斯马依	王　琼	合斯莱提・斯马依　王田田　温希军　刘金定　王　琼	中文
38	新疆畜牧科学院专利产出分析	草食家畜	2016（3）：12–16	合斯莱提・斯马依	王　琼	合斯莱提・斯马依　王田田　王　琼	中文
39	新疆牲畜标识技术应用研究	草食家畜	2016（2）：17–20	陈新文		陈新文	中文
40	畜牧业产业化经营模式典型案例分析——以伊吾县为例	黑龙江畜牧兽医	2018（24）：28–30	陈俊科	李　捷	陈俊科　马永仁　李　捷　陈笑利	中文

（续表）

序号	文章题目	刊物名称	发表时间、卷期、页码	第一作者	通讯作者	作者排名	备注
41	基于扩展索洛模型的新疆水资源环境要素对畜牧业产值的贡献分析	节水灌溉	2018（24）：28–30	陈俊科		陈俊科 李 红 马永仁 王锡波	中文
42	土鸡养殖成功率低的原因及对策探讨	吉林畜牧兽医	2019（1）：36–37	阿衣努尔·阿不力孜		阿衣努尔·阿不力孜	中文
43	养殖环境污染及防治对策	中国科技期刊数据库 工业 A	2019（6）：224–225	阿衣努尔·阿不力孜		阿衣努尔·阿不力孜	中文
44	鸡传染性法氏囊病的防治	草食家畜	2019（3）：38–42	吐尼亚孜·阿不都外里		吐尼亚孜·阿不都外里	维文
45	畜牧业生产中母羊产后及新生羔羊的护理	草食家畜	2019（4）：68–70	吐尼亚孜·阿不都外里		吐尼亚孜·阿不都外里	维文
46	布鲁氏杆菌病及其预防措施	草食家畜	2020（4）：33–36	吐尼亚孜·阿不都外里		吐尼亚孜·阿不都外里	维文
47	犊牛腹泻的发病原因及防治措施	草食家畜	2020（3）：41–43	吐尼亚孜·阿不都外里		吐尼亚孜·阿不都外里	维文
48	做好棚圈建设	草食家畜	2018（3）：3–6	吐尼亚孜·阿不都外里		吐尼亚孜·阿不都外里	维文
49	家畜常见病土法治疗	草食家畜	2017（4）：68–70	吐尼亚孜·阿不都外里		吐尼亚孜·阿不都外里	维文
50	鸡啄癖的防控	草食家畜	2017（4）：40–42	吐尼亚孜·阿不都外里		吐尼亚孜·阿不都外里	维文
51	屠宰检疫中畜禽常见肿瘤的检验与处理	草食家畜	2016（1）：20–21	吐尼亚孜·阿不都外里		吐尼亚孜·阿不都外里	维文

（续表）

序号	文章题目	刊物名称	发表时间、卷期、页码	第一作者	通讯作者	作者排名	备注
52	鸡病临床七观察	草食家畜	2016（2）：51–52	玉山江・司马义		玉山江・司马义	维文
53	浅谈青贮饲料的意义	草食家畜	2018（3）：41–44	玉山江・司马义		玉山江・司马义	维文
54	放养鸡的饲养管理技术	草食家畜	2017（2）：封三	玉山江・司马义		玉山江・司马义	维文
55	肉用牛的生产性能测定技术	草食家畜	2018（2）：20–22	地里木拉提・热衣木江		地里木拉提・热衣木江	维文
56	骆驼饲养管理的重要几点	草食家畜	2018（3）：10–12	地里木拉提・热衣木江		地里木拉提・热衣木江	维文
57	畜禽发情鉴定与繁殖方法	草食家畜	2019（4）：6–8	地里木拉提・热衣木江		地里木拉提・热衣木江	维文
58	畜禽饲料配方	草食家畜	2018（2）：32–35	穆合塔尔・买买提		穆合塔尔・买买提	维文
59	人工草地建设如何选购优质的牧草种子	草食家畜	2016（1）：68–70	穆合塔尔・买买提		穆合塔尔・买买提	维文
60	红豆草的种植技术	草食家畜	2016（2）：70–71	穆合塔尔・买买提		穆合塔尔・买买提	维文
61	青干草在畜牧养殖中的价值及制备方法	草食家畜	2016（2）：73–74	穆合塔尔・买买提		穆合塔尔・买买提	维文
62	认真做好春季牲畜疫病防治工作	草食家畜	2018（3）：34–36	阿丽亚・牙生		阿丽亚・牙生	维文
63	牲畜外伤治疗方法	草食家畜	2018（3）：34–36	马依拉・买买提		马依拉・买买提	维文

（续表）

序号	文章题目	刊物名称	发表时间、卷期、页码	第一作者	通讯作者	作者排名	备注
64	母羊胎衣不下及其治疗	草食家畜	2019（4）：39–41	马依拉·买买提		马依拉·买买提	维文
65	奶牛炭疽病及其防治	草食家畜	2019（3）：42–44	马依拉·买买提		马依拉·买买提	维文
66	家畜砷中毒的症状及其治疗	草食家畜	2017（3）：51–53	朱马西·也谢尼		朱马西·也谢尼	哈文
67	奶牛子宫内膜炎的治疗效果分析	草食家畜	2020（3）：44–46	朱马西·也谢尼		朱马西·也谢尼	哈文
68	畜牧文章写作技巧	新疆大学	2020（3）：22–25	朱马西·也谢尼		朱马西·也谢尼	哈文
69	火鸡及其饲养管理技术	草食家畜	2020（2）：26–27	巴格达提·阿得力别克		巴格达提·阿得力别克	哈文
70	羊传染性无乳症及其诊治	草食家畜	2019（4）：44–46	巴格达提·阿得力别克		巴格达提·阿得力别克	哈文
71	新疆畜产品质量分析及其对策	草食家畜	2018（1）：5–6	巴格达提·阿得力别克		巴格达提·阿得力别克	哈文
72	犊牛肺炎的治疗	草食家畜	2018（3）：47–48	巴格达提·阿得力别克		巴格达提·阿得力别克	哈文
73	动物疾病产地检查存在的问题及其重要性	草食家畜	2018（4）：3–7	巴格达提·阿得力别克		巴格达提·阿得力别克	哈文
74	传染病简介及其预防措施	草食家畜	2016（4）：11–12	巴格达提·阿得力别克		巴格达提·阿得力别克	哈文
75	炭疽病浅谈	草食家畜	2018（3）：54–55	巴格达提·阿得力别克		巴格达提·阿得力别克	哈文

一、经济研究

许承云．基于草原牧区可持续发展的牧区劳动力老龄化问题研究 [J]. 现代农业科技，2017（12）：280-283.

摘要：通过对新疆牧区典型区调研，了解典型区畜牧业生产方式、经营模式、生产技术的应用情况等，了解牧户家庭劳动力结构、年龄现状以及从事畜牧业生产的情况，同时进行劳动力意愿调查，了解劳动力从业意愿。在充分调研的基础上，从劳动力从业意愿入手，分析牧民老龄化问题对草原畜牧业的影响，并指出牧民老龄化问题下畜牧业发展存在的问题。在牧民老龄化的制约下，探讨草原畜牧业发展的方向，如向集约化、高科技投入等方向发展。

关键词：草原牧区，可持续发展，劳动力，老龄化

许承云，王锡波，刘娜娜．新疆南疆牧区肉羊生产现状及经济效益分析 [J]. 草食家畜，2016（1）：60-68.

摘要：新疆畜牧业正处于转型期，面临着资源制约增强、环境保护压力增大和畜牧业生产经营模式转型等诸多挑战。南疆牧区、半农半牧区主要以"放牧＋补饲"和"放牧＋舍饲"的生产方式为主。不同的生产方式决定了肉羊养殖的规模、繁殖率、饲草料成本、品种改良及生产管理的不同。本文以南疆牧区肉羊生产的不同生产方式下的不同规模为切入点，调查分析南疆牧区肉羊生产现状，分析牧区肉羊生产的经济效益；找出影响牧区肉羊生产经济效益的影响因素。

关键词：牧区，肉羊生产，经济效益，问题对策

许承云，沙旦提·阿不都外力．富蕴县牧民定居后续产业发展现状及对策 [J]. 现代农业科技，2017（3）：269，275.

摘要：介绍了富蕴县牧民定居发展现状及定居后续产业发展措施，分析了存在的问题，并提出了相应的对策，以供参考。

关键词：牧民，定居，后续产业，发展措施，问题，对策，新疆富蕴

王惠，李捷，马永仁，王琼，合斯莱提·斯马依．新疆畜牧业经营主体扶持政策效果分析 [J]. 山西农业科学，2018，46（1）：126-129，154.

摘要：通过对新疆新型畜牧业经营主体发展现状的数据收集和整理，分析现有的畜牧业扶持政策在新疆畜牧业经营主体发展中的作用和影响，并结合新疆新型畜牧业经营主体培育和发展趋势，提出新常态下进一步完善和促进新疆新型畜牧业经营主体稳定发展的建议。

关键词：畜牧业经营主体，扶持政策，效果

王惠，王琼，马永仁，张建勋，李捷．新疆畜牧业一二三产融合发展对策研究 [J]. 黑龙江畜牧兽医，2018（22）：24-27.

摘要：一二三产业融合发展，是主动适应经济发展新常态，构建现代农业产业体系的重要举措。笔者通过对新疆维吾尔自治区（简称新疆）畜牧业一二三产融合发展现状的文献资料搜集、实地调研，分析探讨了新疆畜牧业一二三产融合发展存在的问题，提出新常态下进一步完善和促进新疆畜牧业一二三产融合发展的对策建议。

关键词：新疆，畜牧业，一二三产融合，全产业链，发展对策

鲁云峰，李捷，阿依夏木，王琼，合斯莱提·斯马依．新疆农村电商发展影响因素研究——基于 SWOT-AHP 模型 [J]. 草食家畜，2018（1）：60-66.

摘要："互联网 +"和"三农"的不断融合，使农村电商成为农村经济发展的新动能。而内外因素制约着农村电商发展，影响因素的作用方向和大小是政府推动农村电商发展必须解决的问题。本文针对新疆农村电商发展影响因素首先进行定性的 SWOT 分析，再根据定性分析结果进行 AHP 模型的因素影响程度的定量分析。研究表明，新疆农村电商发展的主要影响因素外有物流运输、政府政策支持等，内有电商人才、产品开发销售等，其中以交通物流、电商人才、产品品牌影响最为显著。本文认为推动新疆农村电商发展应从农村电商主体和外部发展环境两方面着手，着力解决当前对新疆农村电商影响最大的物流、电商人才、产品开发等问题，统筹其他影响因素管理。

关键词：新疆农村电商，SWOT-AHP，内外因素，影响程度

鲁云峰，李捷．新疆少数民族扶贫精准化问题研究 [J]. 农村经济与科技，2018（3）：123-126，132.

摘要：我国已经到了脱贫攻坚的最后阶段，而新疆少数民族贫困人口是新疆脱贫攻坚工作的难点。通过南北疆的实地走访、调研、座谈和研究者扶贫工作经验，利用经济学和社会学理论对新疆少数民族扶贫精准化问题进行深层次分析。研究发现，新疆"绿洲化"政治经济格局、社会排斥和少数民族的自我排斥、扶贫物质和精神供给失衡，致使少数民族扶贫在认识、目标和对象识别、资金分配等存在不精准，未能打破深层的贫困恶性循环。研究认为，应从外部环境和贫困对象自身两方面出发，以提升新疆少数民族贫困对象的社会契合和自我发展能力为政策主线，加强扶贫认识、目标和扶贫对象识别精准化，人口政策配合等激发内生脱贫动力实现真正脱贫。

关键词：少数民族扶贫，精准化，问题，精神扶贫

鲁云峰，李捷．技术分析法对羊肉价格短期预测的有效性检验——以新疆羊肉价格为例 [J]. 农业展望，2019（10）：19-26.

摘要：价格预测分析方法多样，为确定技术分析法对羊肉价格短期预测的有效性，

以2008—2018年新疆羊肉市场价格为例，采用技术分析法中比较常用的蜡烛线分析法和移动平均线分析法，对蜡烛线分析法进行数量化改造，通过短期预测结果和实际价格走势对比进行有效性检验。结果显示，技术分析法对羊肉价格短期预测具有较强的有效性，蜡烛线和移动平均线分析方法的不同形态具有不同的信号出现频率和准确性。因此，进行羊肉价格预测时要注意社会心理等对价格的影响，对不同分析方法在羊肉价格短期预测中的应用进行检验、应用和优化。

关键词：技术分析法，短期预测，羊肉价格，有效性检验

鲁云峰，李捷，王惠，许承云，杨志．新疆羊肉价格波动分析[J]. 草食家畜，2019（1）：1-8，28.

摘要：为分析新疆羊肉价格的季节波动规律、周期和未来走势，对新疆15个地区2008年1—7月羊肉价格月度数据进行均值处理。运用ADF、AF、Mann-Kendall检验方法对数据进行平稳性、季节性、趋势性检验。运用X-12季节调整法分析新疆羊肉价格的季节波动，运用HP滤波法分析新疆羊肉价格进行价格周期确定，运用Holt-Winters季节模型对新疆羊肉价格进行短期预测。研究发现：①新疆羊肉价格具有季节性，趋势性波动特征。②数据期间内经历了3个半的价格周期，目前处于上涨阶段，未来下半年会有一个下跌过程。应完善新疆羊肉价格形成体系和市场价格风险的监测预警机制，“烫平”价格波动。

关键词：新疆，羊肉价格，季节性，周期，预测

刘娜娜，许承云，王锡波．新疆南疆地区肉羊生产经济效益分析模型构建及影响因素分析[J]. 黑龙江畜牧兽医，2016（22）：20-25.

摘要：笔者以南疆巴音郭楞蒙古自治州、阿克苏地区、克孜勒苏柯尔克孜自治州、喀什地区、和田地区5地州农牧区的肉羊养殖户为调研对象，调查分析南疆农牧区肉羊生产现状；以样本户调研数据为基础，构建了南疆牧区肉羊“放牧＋补饲”生产经济效益分析模型、“放牧＋舍饲”生产经济效益分析模型和南疆农区“茬地放牧＋舍饲”肉羊生产经济效益分析模型；并利用构建的分析模型分析了繁殖率、羔羊死亡率，销售价格和日饲喂成本对肉羊生产经济效益的影响。结果表明：南疆肉羊生产的经济效益为牧区“放牧＋补饲”＞农区“茬地放养＋舍饲”＞牧区“放牧＋舍饲”；在现有生产水平下，提高繁殖率、羊只销售价格，降低羔羊死亡率及饲喂成本，均可明显提高其养殖经济效益。

关键词：南疆，肉羊生产，经济效益，分析模型，影响因素

刘娜娜，许承云，朱振宁．新疆牧区畜牧业生产要素配置与收入关系的分析研究[J]. 黑龙江畜牧兽医，2017（18）：16-21.

摘要：为了研究新疆维吾尔自治区（简称新疆）牧区畜牧业生产要素配置情况及其

与牧民收入的关系，笔者以新疆北疆特克斯县、尼勒克县，福海县、富蕴县、裕民县，南疆叶城县、民丰县 7 个县的牧户为调研对象，调查分析了不同牧户的劳动要素、资本要素、土地要素及牧民收入情况，并进行了相关性分析。结果表明：对于新疆牧区牧户而言，牧户劳动力人数、土地面积、牲畜数量、货币资本投入每增加 1.00%，牧民收入则分别增加 0.05%、0.04%、0.49% 和 0.35%，各生产要素投入的增加，对牧户的增收均是有益的。其中，牲畜数量对农牧民收入的影响程度最大，货币资本的影响程度次之，而劳动力数量和土地面积对收入的影响则比较小。

关键词：新疆牧区，畜牧业，生产要素，配置，收入关系

陈俊科，马永仁，李捷，陈笑利．畜牧业产业化经营模式典型案例分析——以伊吾县为例 [J]. 黑龙江畜牧兽医，2018（24）：28-30.

摘要：畜牧业作为乡村经济的重要内容之一，如何更好培育新型经营主体，提振畜牧业经济需要深入探讨。笔者以哈密市伊吾县“公司—合作社—基地—牧户”的运作模式为基础，对该经营模式的主体构成，内在利益联结机制、成效、问题等方面进行剖析研究，并以此为基础，对伊吾县现代畜牧业产业联合体的稳定、健康、持续发展提出相关对策建议。

关键词：畜牧业，产业化，经营模式，伊吾县，产业联合体

陈俊科，李红，马永仁，王锡波．基于扩展索洛模型的新疆水资源环境要素对畜牧业产值的贡献分析 [J]. 节水灌溉，2018（24）：28-30.

摘要：在 Cobb-Douglas 生产函数基础上构建扩展索洛模型，分析 2003—2014 年新疆水资源—环境要素投入对畜牧业经济增长的贡献。结果表明：从资本—人力—资源—环境要素投入到仅资源—环境要素投入的变化中，资源—环境要素投入的贡献率明显提升，全要素生产率的贡献率不断下降；资本、人力、资源和环境要素变化符合环境库次捏茨倒“U”形曲线走势，且处于曲线最高点左端，彰显着初期产业发展的特性；畜牧业经济发展和相关的资本、人力、水资源、环境要素的规模效应在不断增加，但技术效应和结构效应的作用还未完全显现、水资源—环境要素对畜牧业经济活动中所消耗和排放的污染物的消纳作用显著、贡献性突出，而技术进步、制度完善、结构优化等因素在畜牧业经济增长中的贡献有待进一步提升。

关键词：水资源—环境，扩展索洛模型，要素贡献，畜牧业

马永仁，朱美玲，王娇，陈俊科．文化创意营销视角下的现代畜牧业经营研究 [J]. 安徽农业科学，2017（12）：228-230.

摘要：作为全球经济增长点的文化创意产业逐渐改变了畜牧产业的经营模式。介绍文化创意产业的概念与兴起以及现代畜牧业的内涵与发展趋势，分析现代畜牧业经营

中的文化创意营销需求，以及对于现代畜牧业发展的重要性。最后，以案例的形式分析2种文化创意营销视角下的现代畜牧业经营模式，以期对我国现代畜牧业发展经营提供参考。

关键词：“一带一路”倡议，文化创意，畜牧业，营销

王娇，朱美玲，陈俊科，苏尤力其米克，马永仁．水资源要素对农牧民收入的影响分析[J]. 中国农村水利水电，2017（6）：197-199.

摘要：基于Cobb-Douglas生产函数模型，分析2001—2015年新疆水资源要素约束下的土地、劳动、资本要素投入对农牧民收入的影响状况。结果表明，农作物播种面积、劳动力、农业固定资产投资和农业用水量对农牧民收入均呈现显著正向作用；但随着水资源要素的引入，农作物播种面积、劳动力要素影响程度有所下降，农业固定资产投资影响程度有所提升；基于此，提出完善水利设施建设和提升新疆农牧民收入的具体对策建议。

关键词：Cobb-Douglas生产函数模型，水资源，农牧民收入

二、网络与信息技术研究

温希军，李捷，王琼．新疆畜牧业经济信息服务平台建设与应用[J]. 农业大数据学报，2020，2（1）：79-83.

摘要：科学数据是人类社会在科技活动中产生的数据、资料以及按照不同需求系统加工的数据产品和相关信息。科学数据在应用领域的综合性和数据本身的可复制性决定了数据资源的可共享特征，也证明要实现科学数据资源价值的最大化，就必须以数据的充分共享和综合运用为基本前提。随着社会的进步、时代的变迁和科技的发展，在畜牧业学科领域的研究成果也汇集了丰富的、系统的科学数据，精准的数据是科学研究的结晶与成就，也是新一轮科学研究的重要理论依据和基础。掌握大量权威的科学数据与经济数据就意味着掌控了科学发展与技术创新的资本，同时，作为科学数据的资源已不再局限于单一学科领域，而是显示了跨学科、跨领域交叉运用的综合性特征。新疆畜牧科技文献与经济数据资源共享平台的建设可为新疆实现畜产品安全、生态安全、资源安全与社会稳定提供重要的数据保障，同时也为畜牧业科技进步和科技创新提供科学的数据支撑，对促进新疆畜牧科技及交叉领域资源的高效配置与综合集成、提高新疆畜牧业自主创新能力、建设创新型畜牧业发展强区具有重要意义。本文对平台建设内容与创新部分进行了介绍，同时就平台下一步发展与努力方向进行说明。

关键词：新疆，畜牧业，大数据，经济数据，资源数据，共享平台，农业大数据

温希军，任娟，许承云，秦荣艳，黎霞 . 基于内控体系建设下科研事业单位网上报销管理系统研究 [J]. 信息化管理，2019（18）：66-67.

摘要：本文主要介绍了在内控体系建设环境下的科研事业单位网上报销管理系统的实施背景、特点与优势，探讨了实施网上报销管理系统过程中需要关注的一些重点。实现网上报销管理系统，在规范科研事业单位财务管理行为、完善内控体系管理手段的同时，将有效提高科研事业单位财务报销审批效率和经费使用效率。

关键词：科研事业单位，内控体系，网上报销

温希军，秦荣艳，合斯莱提・斯马依 . 科研院所科研项目信息管理系统中项目经费管理的设计与实现 [J]. 农业网络信息，2017（2）：2-5.

摘要：本文主要介绍新疆畜牧科学院科研项目管理信息系统中项目经费管理的设计与实现，它的实现将有效地提升新疆畜牧科学院日常科研经费管理效率与信息化水平。

关键词：科研项目，信息管理系统，经费管理

温希军，陈新文，王琼，李天斗，合斯莱提・斯马依，王田田 . 新疆畜禽产品质量安全追溯网络平台的构建 [J]. 农业网络信息，2016（9）：52-54.

摘要：当前，建立农畜产品质量安全可追溯体系已成为一种发展趋势，通过建立农畜产品质量安全可追溯体系，以加强农畜产品质量安全控制的格局正在逐步形成。本文主要介绍新疆畜禽产品质量安全追溯网络平台的构建原则、思路、目的以及意义。

关键词：新疆，畜禽产品质量安全，追溯

王田田，李捷，王琼，合斯来提・斯马依 . 2016 年新疆羊肉市场行情与价格分析 [J]. 草食家畜 2017（3）：62-66.

摘要：新疆是一个少数民族聚居的地方，羊肉是城乡居民最主要的肉类消费品。羊肉市场的供需平衡不仅对居民生活水平而且对新疆长期稳定也都起着重要的作用和影响。本文主要通过研究 2016 年新疆羊肉市场的变化趋势，对羊肉价格的成因进行分析，为新时期羊肉市场调控提出有效建议。对于保障羊肉市场供应和价格稳定，保障居民正常的消费和生活有重要意义。

关键词：新疆羊肉，市场，价格，供需

王琼，李捷，温希军，李天斗，合斯莱提・斯马依，王田田，陈新文 . 新疆畜牧业经济信息服务平台的设计与实现 [J]. 农业网络信息，2016（11）：44-46.

摘要：根据新疆畜牧业经济与信息研究工作中的数据积累，探索适用于新疆畜牧业管理、科研、生产需求的信息服务平台，最终为新疆畜牧业经济研究、成果推广、文献共享提供技术服务支持。

关键词：新疆，畜牧业，经济，信息共享

李天斗，陈新文，温希军，王田田，合斯莱提·斯马依．私有云存储在畜牧业信息化中的应用 [J]. 畜牧兽医科学，2017（1）：76，78。

摘要：根据国家及自治区要求加快畜牧业信息化发展，通过服务器安装及相关软件的开发实现了单位的私有云存储，为畜牧业信息化发展探索道路。

关键词：畜牧，信息化，云存储

李天斗，阿依夏木，黎霞，陈翔宇．网络信息平台在新疆畜牧业信息化中的应用 [J]. 中国畜牧兽医文摘，2018（4）：31.

摘要：根据新疆畜牧业现有水平，利用网络信息服务公众平台，全面提升畜牧科技信息服务能力，强化了信息的交流互动，提高应用率，实现新疆畜牧科技综合信息移动端的访问。

关键词：信息，服务，畜牧业信息化

李天斗，陈新文，温希军，李伟．RFID 识别技术在新疆种畜生产中的研究与应用 [J]. 中国畜牧兽医文摘，2017（6）：40.

摘要：为提高新疆牛、羊、马种畜的生产能力，并建立种畜规范化管理流程，结合《畜禽标识及养殖档案管理办法》提出种畜佩戴 RFID 电子耳标取代传统的二维码耳标的方式，提高种畜管理环节数据的有效性、安全性、可追溯。

关键词：种畜，RIFD，耳标

陈新文．新疆牲畜标识技术应用研究 [J]. 草食家畜，2016（2）：17-20.

摘要：实施精准养殖是未来畜牧业发展的必然趋势。如何确保对牲畜个体的精确识别成为关键。本文结合新疆“十三五”畜牧业信息化发展规划，明确实施牲畜标识信息化管理，分析研究目前牲畜编码、二维码和 RFID 技术在国内外应用现状，以及在牲畜标识应用中存在的问题；利用 RFID 技术组成及工作原理，对不同频段 RFID 特性以及牲畜标识应用成熟度分析，研究提出牲畜编码技术、二维码和 RFID 牲畜标识并用过程、牲畜标识数据库和应用系统开发的完整解决方案。

关键词：牲畜标识，编码技术，二维码，RFID 标识数据库

三、期刊发展研究

王惠，张若琪，李捷．新疆少数民族地区农村科技信息有效传播分析 [J]. 农村经济与科技，2017（21）：230-232.

摘要：新疆地域辽阔，维吾尔族、哈萨克族、柯尔克孜族等多种少数民族语言和少数民族文化相互渗透相互融合共同发展。这种语言和文化的多元化发展使新疆少数民族地区形成了独特的传播和接受信息的方式，通过对新疆少数民族地区科技信息传播特点

的分析，从而发现信息传播中存在的问题，提出对少数民族地区进行有效传播的对策。

关键词：新疆，少数民族，农村，科技信息，传播

王惠．新疆“十二五”期间（2011—2015年）羊产业相关论文产出分析[J].农村经济与科技，2017（17）：280-282.

摘要：羊产业是新疆畜牧业的主导产业。为了全面了解“十二五”期间新疆羊产业发展情况，从羊产业发展研究成果入手，利用“中国学术期刊网络出版总库”查找有关新疆羊产业发展的研究论文，并对其发文量、地区分布、基金占比、被引用情况等进行分析，达到了解新疆羊产业发展的现状及整体水平之目的。

关键词：新疆，羊产业，论文产出

刘金定.《草食家畜》2014—2015年载文统计分析[J].草食家畜，2016（6）：65-71.

摘要：本文通过对《草食家畜》2014—2015年度所刊载论文的学科分类、产出单位、基金论文数量等指标进行统计分析，以期客观地对《草食家畜》的论文结构进行评断，为进一步提升期刊的内容质量提供参考。

关键词：草食家畜，载文，统计分析

刘金定．从编校角度看科技论文的写作特点及易见问题[J].农业图书情报学刊，2016，28（9）：151-154.

摘要：从编校的角度出发，分析了科技论文的几种常见文体写作要点，总结了在编校过程中遇到的一些常见问题并提出对策。以期引起广大科技论文撰写者和编辑同行的关注，提高作者的写作水平，提升期刊的学术质量。

关键词：科技论文，写作特点，常见问题

四、综述及其他

杨志．新疆以畜牧合作社为载体开展科技培训的优势路径思考[J].新疆畜牧业，2017（2）：11-13.

摘要：培养“有文化、懂技术、会经营”的新型牧民是推进新疆畜牧业科技转化，实现新疆现代畜牧业转型发展和提高牧民经济收入的基础。以畜牧合作社为载体开展牧民科技培训，在人员集中组织、调动培训人员积极性、培训目标针对性选择、传播效益及培训实用性等方面优于传统培训方式。但目前新疆以畜牧合作社为载体开展牧民科技培训的方法和路径处在初探期尚未形成，需学习借鉴国外以合作社为载体开展农牧民科技培训的成功经验，加强宣传教育；完善政策法规；建立多主体的牧民科技培训办学管理机制和多元化的资金供给保障机制；制定培训效果考核评价机制。

关键词：新疆，畜牧合作社，牧民，科技培训

许承云，刘娜娜，鲁云峰．科技助推新疆畜牧业发展研究 [J]. 现代农业科技，2019（2）：219，224.

摘要：畜牧业作为新疆农业产业的重要组成部分，是农牧民收入的主要来源之一。科技创新在新疆畜牧业的发展过程中起着至关重要的助推作用，同时也是畜牧业提质增效实现脱贫的有效武器。目前，新疆畜牧业36%的科技贡献率相较国内其他省份50%的科技贡献率而言，还有很大的潜力没有挖掘出来。本文从作用机制、科技的需求和供给、科技的推广和服务等方面分析了科技助推新疆畜牧业存在的问题，并提出相关的对策及建议，以期为新疆畜牧业的发展提供参考。

关键词：畜牧业，科技，作用机制，问题，建议，新疆

王琼，合斯莱提·斯马依，王田田，秦荣艳，王惠，李捷，陈新文，温希军，李天斗，蒋晓梅．基于层次分析法的畜牧科研机构科研实力评价模型研究——以新疆畜牧科学院为例 [J]. 黑龙江畜牧兽医，2017（6）：31-34.

摘要：研究旨在建立反映畜牧科研机构科研实力的评价方法。从畜牧科研机构的科研投入和产出特性出发，构建了三层递阶架构的评价体系，筛选和确定了6个一级指标和13个二级指标；基于层次分析法计算了各指标的合成权重，建立了科研实力评价模型并分析了应用效果。结果表明，该方法可作为畜牧科研机构科技竞争力的评判工具，也可为其他农业科研机构科研实力评价方法的建立提供参考依据。

关键词：畜牧科研机构，评价模型，层次分析法，三层递阶架构，新疆

王琼，李捷，合斯莱提·斯马依．新疆甘草资源开发利用现状与保护措施 [J]. 草食家畜，2018（2）：52-56.

摘要：通过对新疆甘草的种类、分布、产业化发展现状进行综述，针对新疆甘草资源保护性利用所面临的问题提出相关建议，为新疆甘草产业发展提供借鉴。

关键词：甘草，新疆，发展现状，资源保护

王惠，李捷，王琼．国外草地保护措施对新疆草原保护建设的启示 [J]. 山西农业科学，2016，44（6）：867-670.

摘要：草原的合理有效利用是畜牧业可持续发展的基础，通过开展对国外草地保护建设政策的研究，综合社会环境、草地类型和草地农业生态系统分析，得出国外草地保护措施对新疆草原保护建设的启示，提出新疆草原生态环境保护与畜牧业可持续发展的对策建议，为新疆畜牧业“转方式、调结构”减少资源环境压力和促进草食畜牧业持续健康发展提供参考。

关键词：草原保护，政策，启示

王惠，李捷．伊吾县农业现代化发展现状 [J]. 黑龙江农业科学，2017（7）：97-101.

摘要：为了促进县域农业现代化发展，采用统计年鉴的相关数据，深入分析伊吾县2015年农业在县域经济中的地位及农业现代化发展的成果，通过对新型经营主体引领作用不明显、缺乏持续发展地方特色农产品产业政策措施等问题的分析，提出今后县域经济在农业现代化发展上的对策建议。

关键词：伊吾县，农业现代化，产业结构

鲁云峰，韩雪松，许承云，黎霞，苏尤力其米克．新疆畜牧业科技服务体系创新研究 [J]. 草食家畜，2020（1）：53-58.

摘要：畜牧业科技推广服务是将科技应用于畜牧业生产、转化为现实生产力的重要途径，是实现畜牧业现代化的重要手段。为更好发挥科技服务对新疆畜牧业发展的助推作用，本文基于当前以政府行政管理部门和推广事业单位为主体自上而下的行政化推广模式为主的畜牧科技推广体系现状，发现新疆畜牧科技服务存在市场化科技服务经营体缺失，科技服务体系行政化；技术服务有效供给不足，科技供需失衡；末端科技推广不畅等问题。据此提出从科技推广服务多元协同的视角创新畜牧业科技服务体系，转变观念和技术推广并行，用市场机制促进新型科技服务经营体发展的建议。

关键词：新疆畜牧业，科技服务，创新，市场机制

刘金定，薛晓波，程宏伟，刘秀梅，董志国，秦明，李捷．新疆哈密市草地资源利用现状分析 [J]. 草食家畜，2017,（1）：32-34.

摘要：本文阐述了新疆哈密市近年来草地资源的利用现状及和建设情况，针对利用过程存在的草地退化等问题进行对策研究，以期促进哈密市草地资源的良性循环利用。

关键词：哈密市，草原资源，利用现状，分析

合斯莱提·斯马依，王田田，温希军，刘金定，王琼．中亚五国农业生产年度数据分析 [J]. 草食家畜，2018（6）：61-68.

摘要：本文以世界银行、联合国粮农组织等平台数据库为数据库来源，以2000—2017年中亚5国的农业生产数据为统计对象，对农村人口变化、粮食生产以及进出口等数据进行分析，为我国农业“走出去”到中亚发展提供借鉴。

关键词：中亚五国，农业人口，农业增加值，分析

合斯莱提·斯马依，王田田，王琼．新疆畜牧科学院专利产出分析 [J]. 草食家畜，2016（3）：12-16.

摘要：以国家知识产权局（SIPO）的中外专利数据库服务平台作为统计源，对1986—2015年新疆畜牧科学院的专利产出情况进行了全面的统计、分析和研究，从专

利的角度揭示了新疆畜牧科学院过去30年在科学领域取得的成绩及存在的问题，认为专利数量虽然呈现逐年提高趋势，但有待进一步加强。

关键词：新疆畜牧科学院，专利，统计分析

刘娜娜，苏尤力其米克，刘佳佳. 浙江省长兴县湖羊产业融合发展对推进新疆羊产业融合发展的启示[J]. 草食家畜，2019（4）：60-64.

摘要：农业农村农民问题是关系国计民生的根本性问题。推进农村一二三产业融合发展，是新时代做好“三农”工作的重要任务，是拓宽农民增收渠道、构建现代农业产业体系的重要举措。近年来，新疆高位推进农村一二三产业融合发展，但纵深看，融合发展水平仍不高。为借鉴国内先进省区三产融合的发展经验，丰富新疆农村一二三产业融合发展的实践基础，本文通过对浙江省长兴县湖羊产业的实地调研，总结了长兴县围绕羊产业在三产融合方面的主要做法与成效，分析了长兴县羊产业三产融合的发展经验，形成了通过种养业循环实现农业内部融合，通过产业链延伸实现一二三产业纵向融合，通过农业多功能拓展实现一二三产业横向融合，围绕供给侧推动一二三产高质量融合，筑牢产业发展基础，提高一二三产融合能力等5点推进新疆羊产业融合发展的启示，为新疆羊产业融合发展提供了经验借鉴与参考。

关键词：新疆，长兴县，一二三产业，融合发展，羊

阿衣努尔·阿不力孜. 养殖环境污染及防治对策[J]. 中国科技期刊数据库工业，2019，6（4）：224-225.

摘要：近年来，畜禽养殖污染日趋严重，尤其是有些养殖场业主为了缩短生产周期，普遍使用微量元素、抗生素及其他药物和添加剂，大大增加了对生态环境的危害性，如果养殖场未能对畜禽粪污进行集中处理，随意排放，不但对周边环境造成很大影响，还严重影响到周边居民生产生活。畜禽养殖场数量的不断增加和规模的不断扩大也对农村环境污染治理造成很大的问题。畜禽养殖污染，特别是对江河水资源的污染逐渐成为新的环境问题，只有不断探索和改进治理技术和工艺，对粪污进行无害化处理和资源化利用，才能最大限度减少畜禽粪污产生的环境污染。

关键词：养殖，环境污染，防治对策

阿衣努尔·阿不力孜. 土鸡养殖成功率低的原因及对策探讨[J]. 吉林畜牧兽医，2019（1）：36-37.

摘要：土鸡养殖在促进当地经济发展以及改善农村经营现状方面发挥着重要作用，但是部分地区土鸡养殖成功率不高，不仅给养殖户造成较大的经济损失，而且严重影响到养殖户的养殖积极性。本文主要从土鸡养殖成功率低的原因以及管理对策两个方面进行分析，旨在提高土鸡养殖成功率。

关键词：土鸡养殖，成功率，原因分析，管理对策

五、民族语言发文

穆合塔尔·买买提．红豆草的种植技术 [J]. 草食家畜，2016（2）：70–71.

语种：维吾尔文。

摘要：红豆草是主要的豆科牧草品种之一，充分认识和利用好它非常重要。因此要掌握红豆草的植物学特性，饲用价值，栽培技术，营养价值，才能很好地利用其价值。

穆合塔尔·买买提．青干草在畜牧养殖中的价值及制备方法 [J]. 草食家畜，2016（2）：73–74.

语种：维吾尔文。

摘要：青草是畜牧业生产中主要的饲料来源。它在家畜秋冬季饲喂期间占主要地位。要调制和储存青草饲料来解决冬春季缺草问题。青草的加工调制技术是每个牧场，养殖户面临的技术问题。本文主要介绍了青草的调制，储存和加工技术。

穆合塔尔·买买提．畜禽饲料配方 [J]. 草食家畜，2018（2）：32–35.

语种：维吾尔文。

摘要：饲料配方的合理性在畜禽养殖业中起重要作用。本文主要介绍了牲畜不同生长阶段饲料配方、饲料的性质和合理利用技术。

穆合塔尔·买买提．人工草地建设如何选购优质的牧草种子 [J]. 草食家畜，2016（1）：68–70.

语种：维吾尔文。

摘要：发展畜牧业离不开草原畜牧业，人工草场的建立和合理利用是关键。本文主要阐述了建植人工草场选地、设计、牧草品种的选择、播种技术。

吐尼亚孜·阿不都外里．鸡传染性法氏囊病的防治 [J]. 草食家畜，2019（3）：38–42.

语种：维吾尔文。

摘要：鸡传染性法氏囊病（IBD）是由传染性法氏囊病病毒（IBDV）引起的一种高度接触性传染病。IBDV 主要侵害 3 ～ 12 周龄雏鸡的免疫器官——法氏囊，在孵化后 3 ～ 6 周，当法氏囊生长成熟时，此时鸡群极易感染病毒。该病不但会使感染鸡致病死亡，生产性能下降，而且还会引起免疫抑制和免疫缺陷，导致其他疫苗免疫失败，因而常继发和混合感染多种疾病。近年来，各地虽然对该病加强了防控力度，但鸡传染性法氏囊病仍然是严重威胁养鸡业的一种重要传染病。

吐尼亚孜·阿不都外里．犊牛腹泻的发病原因及防治措施[J]．草食家畜，2020（3）：41-43.

语种：维吾尔文。

摘要：犊牛腹泻是养牛业中比较常见、危害较大的疾病之一。犊牛患病后会腹泻不止，排稀便或者水样便，脱水消瘦，食欲下降，精神不济，严重阻碍其生长发育，严重腹泻后死亡，危害较大。该病一年四季均可发生，春秋多发，犊牛一旦出现该病后，如不及时治疗会导致病情长期发展，容易引发其他疾病。加之现在的疾病类型较多，有些难以控制，犊牛腹泻的发病和死亡率都有所上升。

吐尼亚孜·阿不都外里．做好棚圈建设[J]．草食家畜，2018（3）：3-6.

语种：维吾尔文。

摘要：随着畜禽养殖业的高速发展，畜牧养殖业成为新疆维吾尔自治区农牧民的主要收入。做好棚圈建设是促进乡村现代化建设进程及经济繁荣昌盛的基础，利于提高广大养殖户主的养殖条件和农牧民生活水平，能够从整体上加快乡村振兴的步伐。

吐尼亚孜·阿不都外里．家畜常见病土法治疗[J]．草食家畜，2017（4）：68-70.

语种：维吾尔文。

摘要：豆浆治牛感冒，用豆浆2～2.5kg，加红糖300g搅匀，1次灌服。大葱治家畜尿结症，猪、马、牛尿结，用剥去皮的大葱10～15cm，蘸上少许食盐，插入家畜尿道内5～10cm，30min即可排尿。苦胆治猪便秘，用苦胆4个，洗净切开，加适量水煮沸，待凉后，一次性灌服。

吐尼亚孜·阿不都外里．鸡啄癖的防控[J]．草食家畜，2016（4）：40-42.

语种：维吾尔文。

摘要：啄癖是一种不良的嗜好，又叫异食癖。其临床特征为鸡相互啄食，造成伤亡或死亡。啄癖在雏鸡群、中雏群和成鸡群中都有发生，而以雏鸡群和中雏群发生较多，特别是密集饲养或笼养条件下更易发生。一旦发生，很快蔓延全群，啄癖鸡易使鸡群受惊吓，情绪紧张不安，严重影响幼鸡生长发育，成鸡产蛋量下降，降低经济效益。因此，加强管理是预防鸡群啄癖的关键。

吐尼亚孜·阿不都外里．屠宰检疫中畜禽常见肿瘤的检验与处理[J]．草食家畜，2016（1）：20-21.

语种：维吾尔文。

摘要：主要阐述了常见肿瘤的病理变化，并指出了其产生原因以及处理方法。指出在实际检验工作中，肿瘤问题是复杂的，不仅有良性和恶性、局限性和全身性、转移和不转移的区别，而且发病的原因、患畜的肥瘦也有不同，应根据肿瘤的性质及危害性分别处理。

吐尼亚孜·阿不都外里．畜牧业生产中母羊产后及新生羔羊的护理 [J]. 草食家畜，2019（4）：68–70.

语种：维吾尔文。

摘要：新生羔羊和产后母羊的护理在羊养殖中异常重要，护理效果将会将会直接影响养殖户的经济效益。本文对新生羔羊和产后母羊的护理方法进行了分析，希望能够促进养殖户护理水平的提升，进而提高养殖户的经济效益。

吐尼亚孜·阿不都外力．布鲁氏杆菌病及其预防措施 [J]. 草食家畜，2020（4）：33–36.

语种：维吾尔文。

摘要：牛羊布鲁氏菌病为人畜共患病，简称布病，是布氏菌属的细菌侵犯肌体后引发的传染—变态反应性的人畜共患传染病，会造成牛羊大范围流产，生产性能下降，给畜牧业生产造成重大的损失。本文重点探讨了该病的病症，并提出相应的防治措施。

关键词：牛羊，布鲁氏杆菌，防治

巴格达提·阿得力别克．火鸡及其饲养管理技术 [J]. 草食家畜，2020（2）：26–27.

语种：哈萨克文。

摘要：火鸡原产北美洲，火鸡体型比一般鸡大，雄鸟可达 10kg 以上，和其他鸡形目鸟类相似，雌鸟较雄鸟小，颜色较不鲜艳。火鸡翼展可达 1.5 ～ 1.8m，是当地开放林地的鸟类。火鸡肉不仅肉质细嫩、清淡，而且在营养价值上有“一高二低”的优点，即蛋白质含量高达 27% 以上、脂肪含量低至 2% ～ 3%、胆固醇含量低到 0.06% ～ 0.10%，并含有丰富的铁、锌、磷、钾及维生素 B。肉质鲜嫩可口，常食火鸡肉对高血压，糖尿病，心脑血管有防治作用。本文详细介绍了火鸡养殖特点和饲养管理技术，希望能够给家畜养殖户提供一些有益的参考。

巴格达提·阿得力别克．羊传染性无乳症及其诊治 [J]. 草食家畜，2019（4）：44–46.

语种：哈萨克文。

摘要：传染性无乳症是绵羊和山羊的一种接触性传染性疾病，公羊、母羊及小羊都可患病。该病主要经消化道传染，也可经创伤、乳腺传染。临床上以乳腺炎型、关节炎型、眼型为主要特征，有的呈混合型。该病一年四季均可以发生，在新发病的山羊群中传播迅速，且病势剧烈，多为急性经过，发病率和病死率偏高。

巴格达提·阿得力别克．新疆畜产品质量分析及其对策 [J]. 草食家畜，2018（1）：5–6.

语种：哈萨克文。

摘要：近年来，在我国畜产品对外贸易中，畜产品质量安全问题是影响畜产品出口的主要因素。本文结合国内畜产品生产与贸易情况，分析了畜产品质量安全对新疆维吾尔自治区畜产品出口的影响，以及影响新疆畜产品质量安全的主要因素，并就如何控制和保障畜产品质量安全提出了一些措施与对策。

巴格达提·阿得力别克．犊牛肺炎的治疗 [J]. 草食家畜，2018（3）：47–48.

语种：哈萨克文。

摘要：犊牛肺炎是由多种因素引起的一种疾病，其中，感染是最为常见的病因，主要原因是管理不当，导致病菌感染所致，也可能是由药物、过敏、免疫损伤以及理化因素等引起。当犊牛患病后，就会出现食欲不振、呼吸困难以及精神沉郁等，且可能出现腹泻等消化道症状，不及时治疗，病情发展严重将出现死亡。

巴格达提·阿得力别克．动物疾病产地检查存在的问题及其重要性 [J]. 草食家畜，2018（4）：3–7.

语种：哈萨克文。

摘要：近年来，动物疫情频发，不仅给养殖户造成了极其严重的经济损失，而且有些疫情极具传染性，大面积的疫情发展甚至威胁着人类的生存，动物疫情的防治工作显得愈加重要，动物产地检疫是促进动物疫病预防的主要措施，是动物检疫工作的基础环节和第一道关口，是控制动物疫病传播、最大限度减少动物疫病危害的关键措施。能及时了解本地动物疫病流行情况和畜牧业生产水平及市场信息，为上级部门制订有关动物疫病预防、控制、扑灭计划和畜牧业生产政策提供科学依据。本文对动物产地检疫监督工作的重要性和目前存在的问题进行了分析论述。

巴格达提·阿得力别克．传染病简介及其预防措施 [J]. 草食家畜，2016（4）：11–12.

语种：哈萨克文。

摘要：在经济社会高速发展的今天，人们的生活水平也有了很大的提高。人们对家畜产品的需要也越来越大，促使养殖队伍不断扩大，创造了丰厚的养殖效益。但随着家畜养殖规模的不断扩大，各类家畜传染病却时有发生，引发大量的家畜死亡，不仅造成巨大的经济损失，而且还使养殖户的养殖成本进一步增多，阻碍家畜养殖业的持续发展。基于此，结合工作实践，对家畜养殖过程中传染病的预防和治疗展开探讨，希望能够给家畜养殖户提供一些有益的参考，推动家畜养殖业的持续发展。

巴格达提·阿得力别克. 炭疽病浅谈 [J]. 草食家畜，2018（3）：54–55.

语种：哈萨克文。

摘要：炭疽病由感染炭疽杆菌所致，是一种人畜共患的急性传染病。人因接触病畜或其产品及食用病畜的肉类而发生感染。临床上主要表现为皮肤坏死、溃疡、焦痂和周围组织广泛水肿及毒血症症状，皮下及浆膜下结缔组织出血性浸润；血液凝固不良，呈煤焦油样，偶可引致肺、肠和脑膜的急性感染，并可伴发败血症。自然条件下，食草兽最易感，人类中等敏感，主要发生于与动物及畜产品加工接触较多及误食病畜肉的人员。

地里木拉提·热衣木江. 肉用牛的生产性能测定技术 [J]. 草食家畜，2018（2）：20–22.

语种：维吾尔文。

摘要：肉用牛生产及经营中通过肉眼观察外观，手感等方式性能测定几种方法。

地里木拉提·热衣木江. 骆驼饲养管理的重要几点 [J]. 草食家畜，2018（3）：10–12.

语种：维吾尔文。

摘要：骆驼是常年可以在恶劣环境里生存的动物，不能因为这样就忽视骆驼饲养管理，结合原始饲养，科学合理的管理骆驼养殖会得到很好的效果。

地里木拉提·热衣木江. 畜禽发情鉴定与繁殖方法 [J]. 草食家畜，2019（4）：6–8.

语种：维吾尔文。

摘要：通过观察畜禽各种行为表现与生理状态等方面鉴定畜禽发情及关注假发情等现象。

阿丽亚·牙生. 认真做好春季牲畜疫病防治工作 [J]. 草食家畜，2018（3）：34–36.

语种：维吾尔文。

摘要：春季是高致病性禽流感、牲畜口蹄疫等重大动物疫病高发季节，为确保不发生重大动物疫情，维护畜牧业生产又好又快发展和公共卫生安全，做好春季重大动物疫病防控工作至关重要。

玉山江·司马义. 鸡病临床七观察 [J]. 草食家畜，2016（2）：51–52.

语种：维吾尔文。

摘要：临床上观察鸡群是否患病，首先要观察群体的采食情况，精神状态，粪便形状、颜色、气味等，然后选出具有特征病变的病鸡再进一步做个体检查。个体检查除对食欲、饮水、精神状态、粪便检查外，还要对体温、呼吸系统、外观（头颈部、皮肤及羽毛、腹部、腿部）3 个方面进行重点检查。

玉山江·司马义 . 浅谈青贮饲料的意义 [J]. 草食家畜，2018（3）：41-44.

语种：维吾尔文。

摘要：青贮料是把新鲜的青饲料，如玉米秆、根茎类、栽培牧草等，经切碎后，填入和压紧在青贮窖或青贮塔中密封后，经过微生物的发酵作用而调制成的一种多汁、耐贮藏、能供家畜全年使用的饲料。

玉山江·司马义 . 放养鸡的饲养管理技术 [J]. 草食家畜，2017（2）：封三 .

语种：维吾尔文。

摘要：生态放养鸡是根据各地的区域特点，在经济林、果园、玉米或高粱等地套养的土蛋鸡、肉鸡等系列。养出的鸡风味独特、品质好、味道鲜美，颇受消费者欢迎，所以价格好，效益高。它既是传统养法和现代养法的结合，又突破了笼养肉鸡的缺陷，大大提高了鸡肉的风味，是生态农业和效益农业的典范。

朱玛西·也谢尼 . 家畜砷中毒的症状及其治疗 [J]. 草食家畜，2017（3）：51-53.

语种：哈萨克文。

摘要：砷中毒者根据砷进入体内的途径不同及中毒速度的快慢，会有不同的临床表现，如腹痛、恶心、呕吐、四肢痛觉减退、神经炎等，并会出现急性肾功能衰竭、中毒性肝炎等表现。

关键词：中毒，治疗

朱玛西·也谢尼 . 奶牛子宫内膜炎的治疗效果分析 [J]. 草食家畜，2020（3）：44-46.

语种：哈萨克文。

摘要：奶牛子宫内膜炎是奶牛的一种常见病，由于奶牛所处的饲养管理条件不同，发病率也不一致。多因分娩、流产、胎衣不下、子宫脱出或难产助产过程中子宫内膜损伤及感染引起，是引起不孕的主要原因。临床上主要表现为子宫内、阴道内存在和不断排出炎性分泌物，子宫颈和子宫变硬、变粗以及发情周期正常而屡配不孕。治疗该病的方法很多，因此在本文中对奶牛子宫内膜炎的各种治疗法进行了综述。

关键词：子宫内膜炎，治疗

朱玛西·也谢尼 . 畜牧文章写作技巧 [J]. 新疆大学，2020（1）：22-25.

语种：哈萨克文。

摘要：本文通过文献研究法和分类综合分析法等研究方法，对畜牧科学院主管、主办的食草家畜哈文期刊进行分析，对质量优秀的、较好的和较差的文章进行分类，提出研究性科研论文写作，需要严格按照规范写论文，需要作者的高度责任心和勤思好问的进取心。指出好的论文要指出所研究问题的领域和简明扼要的背景知识；概述在这个领域前人的工作；在本文中研究的问题；研究方法和研究思路；社会经济价值和社会文化价值；研究论断和研究结果等内容。本文对广大读者和年轻作者在写学术性文章和研究性论文提供了参考。

关键词：写作，技巧

马依拉·买买提．牲畜外伤治疗方法 [J]. 草食家畜，2018（3）：34–36.

语种：维吾尔文。

摘要：外伤感染是兽医临床最常见的外科病之一，外伤感染情况可分为两种，一种是损伤面积大，创腔浅，表层组织损伤严重；一种是创腔深，深部组织化脓严重。应针对不同的外伤感染采取了不同的治疗方法。

马依拉·买买提．母羊胎衣不下及其治疗 [J]. 草食家畜，2019（4）：39–41.

语种：维吾尔文。

摘要：临诊表现为羊胎衣不下，母羊产后 2h 胎衣不能脱落自行排出者。胎衣部分脱垂于阴门外，或全部停滞于子宫内，病羊频频努责，以后因胎衣腐败，从阴门流出污浊而恶臭的液体及胎衣组织碎块，体温升高，脉搏增快，食欲减退，泌乳量减少甚至停止，精神萎顿。

马依拉·买买提．奶牛炭疽病及其防治 [J]. 草食家畜，2019（3）：42–44.

语种：维吾尔文。

摘要：炭疽是由炭疽杆菌所引起的人和动物共患的一种急性、热性、败血性传染病，常呈散发或地方性流行。其特征是脾脏肿大，皮下和浆膜下出血性胶样浸润，血液凝固不良，死后尸僵不全。

科技成果

一、成果

新疆新型牧业经营主体发展研究

登记时间：2020 年 6 月

登记号：20200071

所有人：李　捷　王　惠　王　琼　马永仁　刘娜娜　徐　涛　丁建国　熊　斌　杨翠萍　翟源静　路立里　陈俊科　王田田　合斯莱提·斯马依

二、软件著作权

新疆畜牧业经济信息服务平台 V1.0

著作权号：2016SR324745

授权 / 批准时间：2016 年 11 月 10 日

完成人：李　捷　王　琼　李天斗　温希军　王　惠　王田田　合斯莱提·斯马依　刘金定　薛晓波　陈新文　许承云　苏尤力其米克　阿依夏木　刘娜娜　姜向峰　彭　强

科研项目综合信息管理系统 V1.0

著作权号：2016SR388961

授权 / 批准时间：2016 年 12 月 23 日

所有人：温希军　李　捷　陈新文　王　琼　章国琴　武　坚　李天斗　任　娟　秦荣艳　合斯莱提·斯马依　王田田　阿依夏木　黎　霞

畜牧科技内部控制管理信息系统 V1.0

著作权号：2018SR071511

授权 / 批准时间：2018 年 1 月 29 日

所有人：温希军　章国琴　李　捷　武　坚　曹宏斌　任　娟　张延辉　崔立贤　王　冰　黎　霞　张玉华　谢　辉　阿依夏木

科研项目管理信息系统 v2.1

著作权号：2017SR312247

授权 / 批准时间：2017 年 6 月 27 日

所有人：温希军　曹宏斌　章国琴　王锡波　武　坚　任　娟　崔立贤　王　冰　黎　霞　张玉华　谢　辉　邢益玮　陈永琴　阿依夏木

三、标准

新疆农村信息化农村信息资源建设 资源唯一标识标准

类型：地方标准

发布时间：2016 年 7 月 1 日

发布号：DB 65/T 3907.3—2016

完成人：陈新文

四、著作

《新疆草原畜牧业转型研究》

主　编：王锡波

副主编：杨奎花　刘娜娜

参编人员（按姓氏笔画排名）：木尼热·吾布力卡斯木　许承云　苏尤力其米克　李　捷　沙旦提·阿不都外力　穆合塔尔·买买提等

出版社：中国农业出版社

ISBN 978-7-109-21148-3

《新疆畜牧业经济与信息科研进展（2011—2015）》

主　编：李　捷　王锡波

副主编：王　惠　刘娜娜　陈新文　马　燕　穆合塔尔·买买提

参编人员：刘金定　王　琼　阿玛古丽·朱马汉　杨奎花　王田田　薛晓波

出版社：中国农业科学技术出版社

ISBN 978-7-5116-2429-1

《新疆畜牧业生产区域布局特性研究》

主　编：李　捷

主要编写人员：马永仁　王　惠　许承云　陈俊科　郑玉铜　沙旦提·阿不都外力
阿玛古丽·朱马汉

出版社：中国农业科学技术出版社

ISBN 978-7-5116-1870-2

《新疆农村一二三产业融合发展研究》

主　编：刘娜娜

副主编：冯东河　王锡波

主要编写人员（按姓氏笔画排名）：马永仁　王　惠　王　晶　任　娟　刘佳佳
许承云　苏尤力其米克　苏武峥　李　捷　李胜利　杨会国
沙旦提·阿不都外力　张　玲　陈　莉　武　坚　赵向豪　赵烈武
党　乐　萨丽塔娜提·局努斯　韩雪松　鲁云峰　黎　霞
穆合塔尔·买买提　魏　华

出版社：中国农业出版社

ISBN 978-7-109-27092-3

《新疆新型牧业经营体发展研究》

主　编：李　捷

副主编：王　惠　王　琼

主要编写人员：马永仁　张建勋　陈俊科　温希军　鲁云峰　王田田
合斯莱提·斯马依　刘金定　杨　志　薛晓波　许承云　刘娜娜
肖海龙　张玉华　阿依夏木　路立里　阿玛古丽·朱马汉

出版社：中国农业出版社
ISBN 987-7-109-27446-4

五、科技报告摘要

新疆新型牧业经营主体发展政策研究

报告编号：457602431—2016D007/01

收录时间：2017 年 12 月 15 日

报告作者：李 捷 王 琼 王 惠 马永仁 陈俊科

对策建议。新型牧业经营主体优化组合模式构建：结合新疆区域、各地区生产生活方式及社会经济条件和发展水平，本文提出 3 种优化升级模式。一是小分散、大融合（产业内合作）模式，该模式主要推行区域以自给自足为生产生活方式的区域；二是链状合作（单链条）模式，该模式适用于区域范围内产业链各环节间能够有合作的可能性，可通过区域内“种养联合 + 农村电子商务”进一步强化；三是网状融合（多链条融合），即跨区域、跨行业的联合发展，该模式可通过引入政府主导的第三方服务支撑体系进行有效桥接。新型牧业经营主体发展的对策建议：创新服务与管理模式，完善对龙头企业的支持力度；基于资源禀赋制定新型经营体发展规划，形成产业集群；遵从市场规律，强化畜产品品牌意识；强化契约精神，健全利益联结机制；完善社会化服务体系，拓宽农牧民增收渠道。

生态保护视角下新疆草地股份合作组织发展研究

报告编号：457602431—2016D01B004/01

收录时间：2020 年 05 月 06 日

报告作者：马永仁 王 娇 苏尤力其米克

对策建议：

（1）建立牧区畜牧产业可持续发展长效机制

一是提高牧民综合素质。通过开展基础文化教育和职业技能培训，不断提高牧民的整体素质和技能水平。鼓励牧民主动运用科技手段进行畜牧业生产，突破传统的管理方式，走现代化畜牧业发展道路。二是提升基础设施建设和信息管理。基础设施的建设和信息管理是牧区发展的基础条件。加大基础设施投资的力度，破解因基础设施薄弱给牧区带来的困难；提升牧区的道路和通信设施，为牧民提供便利的生产生活条件，降低生活成本；进一步加强信息管理技术，尤其要实现气象和灾害天气的预测预报机制，应用现代化的科技手段，实现牧区信息化管理。三是促进畜牧产业化联合体发展。构建以政府引导，龙头企业带动，合作组织和牧户参与的牧区畜牧产业化联合体，通过政府引导和监管加强产业化联合体的有效运行，完善其利益联结机制，让牧户参与产业链的各个环节，采用资产入股、劳动力就业、畜产品销售等方式参与联合体的运行，能够在提升畜牧产业发展的同时，增加牧户的收入水平。四是注重市场体系基础设施建设。以市场需求作为畜牧产业建设方向的指引，不断健全完善牧区商品市场和服务市场建设，培育和发展统一、开放、竞争、有序的市场体系，提高畜牧业生产效率，为牧区生产注入新生活力。加强牧区县、乡（镇）、村三级集贸市场的基础设施建设，优化完善畜产品市场机制，加大招商引资政策支持，拓宽牧区商贸渠道，提升畜牧业集贸市场和批发市场的竞争力。

（2）完善牧区畜牧产业的组织化程度

一是大力培育市场新型经营主体。利用市场经济手段，通过龙头企业、合作组织、养殖大户等牧区畜牧业发展的新型经营主体带动、拉近经营主体与贫困户间的利益联结程度，开展多形式的畜牧业产业化扶贫模式，使新型经营主体成为畜牧业扶贫项目实施和资金周转的有效载体，促进扶贫工作市场化。二是强化合作组织的组织管理。充分发挥管理机构职能；定期组织管理部门成员学习先进的组织管理知识；聘请相关专家，在财务管理和法律咨询等方面为合作组织提供咨询，对内以服务水平提高为目标；对外以竞争力提升、经济创收为运作导向。三是加强畜牧产业品牌创建、培育、整合和保护。发挥牧区的资源优势，引导龙头企业、合作组织等新型经营主体创建特色畜产品品牌，提高畜产品的市场占有率，加强品牌的动态管理和保护措施。

（3）加强畜牧产业的政策保障

一是推动产业融合政策。推动畜牧业与二三产业融合，延长畜牧产业链，助力牧区畜牧产业走上新台阶；完善利益联结机制，培育壮大牧区的新型经营主体，健全完善企业、合作社、种养大户、家庭农场与贫困牧户间的利益联结机制，形成畜牧产业化联合体；鼓励二三产业发展，增加牧户就业渠道。二是加强金融扶持政策。在牧区县、乡（镇）、村中，对有生产能力的农牧民、专业合作社、龙头企业进行重点扶持，提升牧区经营主体的内生动力。加大贷款投放力度，创新牧区生态产品融资担保，加大生态产品的融资额度。三是创新金融扶贫机制，打造特色身生态产业基地。对于草食畜牧业发展的生态资源优势突出的牧区，鼓励引导其积极参与“保险＋融资”合作开发方式，实现“风险共担，利益共享”，积极探索金融机构参与的生态畜牧产业发展新模式新机制，打造牧区特色的生态养殖基地。

第七部分

培训会议

考察活动

承办的培训、会议、考察等活动

时间	地点	会议标题	主办单位	参加人数
2016年11月2—4日	乌鲁木齐	新疆现代畜牧业发展论坛	新疆维吾尔自治区科学技术协会	＞300
2016年5月3—6日	乌鲁木齐	2016年全疆基层草原站技术人员培训班	新疆维吾尔自治区草原总站	165
2016年5月6—21日	新疆畜牧科学院	自治区畜牧行业畜牧系列专业技术人员继续教育培训班	新疆维吾尔自治区畜牧兽医局	194
2016年5月21日—2016年6月5日	新疆畜牧科学院	自治区畜牧行业畜牧系列专业技术人员继续教育培训班	新疆维吾尔自治区畜牧兽医局	307
2016年6月19—28日	甘肃、宁夏	和田地区草原专业技术人员赴甘肃、宁夏观摩考察培训班	新疆维吾尔自治区草原总站	25
2016年6月28—30日	乌鲁木齐	职业技能鉴定工作人员培训班	农业部畜牧饲料行业职业技能鉴定指导站	126
2016年7月14—16日	乌鲁木齐	新疆无公害畜产品认证内检员培训班	农业部农产品质量安全中心、新疆维吾尔自治区畜牧兽医局	96
2016年8月16日—2016年9月12日	新疆畜牧科学院	2016年自治区畜牧行业机关事业单位工人技术等级岗位培训考核班	新疆维吾尔自治区畜牧兽医局	101
2016年9月5—9日	乌鲁木齐	2016年新疆少数民族科技骨干特殊培养“肉牛、肉羊高效生产技术及应用”专家服务团活动	人力资源和社会保障部	121
2016年9月18—28日	内蒙古	青河县畜牧业专业技术人员赴内蒙古观摩考察培训班	青河县畜牧兽医局	23
2016年9月21—23日	塔城	2016年新疆省级草品种区试现场交流会	新疆维吾尔自治区草原总站	40
2016年10月10—14日	乌鲁木齐	2016年自治区畜牧行业“草食家畜人畜共患病防控技术”高级研修班	自治区人力资源和社会保障厅	125

（续表）

时间	地点	会议标题	主办单位	参加人数
2016年10月20—25日	昌吉	2016年草原资源监测数据汇总分析培训	新疆维吾尔自治区草原总站	30
2016年10月20—23日	乌鲁木齐	2016年自治区官方兽医师资培训班	新疆维吾尔自治区畜牧兽医局	122
2016年10月26—27日	乌鲁木齐	自治区畜牧业标准化培训班	新疆维吾尔自治区畜牧兽医局	70
2016年11月25—30日	乌鲁木齐	自治区新一轮草原生态补奖政策及信息录入培训班	新疆维吾尔自治区畜牧兽医局	346
2016年6月3—6日	库尔勒	巴州巴音郭楞职业技术学院应届毕业职业技能鉴定考核	巴音郭楞蒙古自治州巴音郭楞职业技术学院	265
2017年5月8—11日	新疆畜牧科学院	农业共建共享平台应用培训	中国农业科学院农业信息研究所	＞80
2017年4月25—26日	乌鲁木齐	无公害畜产品认证检查员暨地理标志核查员培训班	新疆维吾尔自治区畜牧兽医局畜产品质量安全监管处（畜禽屠宰管理办公室）	104
2017年4月27—28日	乌鲁木齐	全疆无公害畜产品认证内检员培训班	新疆维吾尔自治区畜牧兽医局畜产品质量安全监管处（畜禽屠宰管理办公室）	144
2017年5月3日—2017年6月17日	新疆畜牧科学院	自治区畜牧行业畜牧系列专业技术人员继续教育培训班	新疆维吾尔自治区畜牧兽医局组织人事处	508
2017年5月24—26日	乌鲁木齐	2017年饲料法规培训班	新疆维吾尔自治区畜牧兽医局畜产品质量安全监管处（畜禽屠宰管理办公室）	119
2017年5月26—28日	乌鲁木齐	全区畜禽屠宰监管培训班	新疆维吾尔自治区畜牧兽医局畜产品质量安全监管处（畜禽屠宰管理办公室）	109
2017年6月14—25日	伊犁	2017年新疆少数民族科技骨干特殊培养“特色畜种养殖”专家服务团活动	人力资源和社会保障部	81
2017年11月6—13日	乌鲁木齐	肃南县2017年农牧特色产业人才赴新疆培训考察	甘肃省肃南县组织部、农牧委	46
2017年11月15—16日	乌鲁木齐	2017年畜牧业标准化培训班	新疆维吾尔自治区畜牧兽医局科教处	62

（续表）

时间	地点	会议标题	主办单位	参加人数
2017 年 11 月 17—19 日	乌鲁木齐	全疆畜产品质量安全监管和畜禽定点屠宰企业审核换（发）证工作培训班	新疆维吾尔自治区畜牧兽医局监管处	142
2017 年 11 月 20—21 日	乌鲁木齐	2017 年度全区畜牧行业组织人事干部畜牧科技和行政执法素质提升培训班（第一期）	新疆维吾尔自治区畜牧兽医局人事处	114
2017 年 11 月 22—23 日	乌鲁木齐	2017 年度全区畜牧行业组织人事干部畜牧科技和行政执法素质提升培训班（第二期）	新疆维吾尔自治区畜牧兽医局法规处	103
2017 年 11 月 13—18 日	昌吉	2017 年新疆草原资源与生态监测数据分析会	新疆维吾尔自治区草原总站	10
2017 年 6 月 16—18 日	巴州	巴州巴音郭楞职业技术学院应届毕业职业技能鉴定考核	巴音郭楞职业技术学院	273
2018 年 2 月 24—27 日	乌鲁木齐	新疆乌鲁木齐县甘沟乡白杨沟村村民、托里乡乌什城村农民	特有工种职业技能鉴定 123 站	96
2018 年 4 月 12 日—2018 年 5 月 18 日	新疆畜牧科学院	自治区畜牧行业畜牧系列专业技术人员继续教育培训班	新疆维吾尔自治区畜牧兽医局组织人事处	388
2018 年 6 月 1—3 日	伊宁 库尔勒	伊犁职业技术学院、巴州巴音郭楞职业技术学院	特有工种职业技能鉴定 123 站	36
2018 年 6 月 24 日	新疆 库尔勒	巴州巴音郭楞职业技术学院	特有工种职业技能鉴定 123 站	218
2018 年 7 月 23—24 日	乌鲁木齐	无公害畜产品认定检查员培训班	畜产品质量安全监管处（畜禽屠宰管理办公室）	105
2018 年 7 月 25—26 日	乌鲁木齐	全疆无公害畜产品认定内检员培训班	畜产品质量安全监管处（畜禽屠宰管理办公室）	
2018 年 8 月 8—18 日	塔城	“牛羊高效健康养殖”少数民族科技骨干特殊培养专家服务团活动	人力资源和社会保障部	118
2018 年 9 月 15—20 日	阿勒泰	新疆地方畜禽品种保护利用高级研修班	人力资源和社会保障部 新疆维吾尔自治区人力资源和社会保障厅	73
2018 年 10 月 25—27 日	乌鲁木齐	2018 年畜牧业标准化培训班	新疆维吾尔自治区畜牧兽医局科教处	65

（续表）

时间	地点	会议标题	主办单位	参加人数
2018年11月21—26日	乌鲁木齐	新型职业农民培育工程肉牛肉羊养殖户培训班（高台县）	甘肃省张掖市高台县农广校	50
2018年11月26—30日	乌鲁木齐	2018年全疆草地资源清查数据对接、汇总分析会	新疆维吾尔自治区草原总站	136
2018年12月10—14日	昌吉州	2018年新疆草地资源与生态监测数据分析会	新疆维吾尔自治区草原总站	13
2019年4月22日—2019年5月14日	新疆畜牧科学院	自治区畜牧行业畜牧系列专业技术人员继续教育培训班	新疆维吾尔自治区畜牧兽医局组织人事处	346
2019年6月23—25日	乌鲁木齐	2019年新疆草原资源监测培训班	新疆维吾尔自治区草原总站	160
2019年9月15—20日	喀什地区	新疆畜禽养殖“四良一规范”推广应用高级研修班	人力资源和社会保障部 新疆维吾尔自治区人力资源和社会保障厅	69
2019年10月15—20日	乌鲁木齐	肃北县2019年新型职业牧农民培育专业服务型农机员赴新疆集中培训班	甘肃省酒泉市肃北县农广校	55
2020年1月6—12日	昌吉州	2019年新疆草原资源与生态监测数据分析会	新疆维吾尔自治区草原总站	10
2020年4月24日—2020年6月22日	塔什库尔干	塔什库尔干县农牧民畜牧养殖技术培训	喀什地区塔什库尔干县畜牧兽医局	594
2020年5月9—10日	和田墨玉 喀什英吉沙	农牧民养殖技术实地考察与培训	新疆畜牧科学院畜牧业经济与信息研究所	61
2020年6月22日—2020年7月15日	乌鲁木齐	自治区农牧民补助奖励政策信息管理系统录入培训班	新疆维吾尔自治区畜牧兽医局饲料饲草处	108
2020年7月1—30日	乌鲁木齐	自治区畜牧行业畜牧系列专业技术人员继续教育培训班	新疆维吾尔自治区畜牧兽医局组织人事处	1 182
2020年11月16—25日	昌吉州	官方兽医师资培训班	新疆维吾尔自治区畜牧兽医局	2期140
2020年11月16日—2020年12月2日	昌吉州	畜禽屠宰企业肉品品质检验员培训班	新疆维吾尔自治区畜牧兽医局	3期195
2020年11月26日—2020年12月25日	昌吉州	自治区农牧民补助奖励政策信息管理系统录入培训班	新疆维吾尔自治区畜牧兽医局	2期100

参加的培训、会议、考察等活动

时间	参加人	主题	地点	主办单位	承办单位	备注
2015年9月—2016年9月	吐尼亚孜·阿不都外里	新疆大学新闻与传播学院少数民族特培学习	乌鲁木齐	新疆维吾尔自治区新闻出版广电局	新疆人力资源与社会保障厅	
2016年3月19—20日	李　捷　王　惠	国家农业大数据与信息服务创新联盟成立筹备研讨会	北京	中国农业科学院农业信息研究所国家农业大数据与信息服务创新联盟筹备组		
2016年4月18日	李　捷	县处级领导干部培训班授课：国外草地保护措施	乌鲁木齐	新疆维吾尔自治区党校		李捷作为授课老师讲课
2016年4月22—23日	李　捷　王锡波 许承云 沙旦提·阿不都外力	中国农业展望大会	北京	农业部市场预警专家委员会	中国农业科学院农业信息研究所，农业部信息中心，农业部农村经济研究中心，农业部农业贸易促进中心	
2016年4月22—23日	李　捷　王　惠	全国农产品监测预警研讨会、2016中国农业展望大会	北京	中国农学会科技情报分会	中国农业科学院农业信息研究所	
2016年5月9—20日	合斯莱提·斯马依	中国科学院文献情报系统交换馆员培训	北京	中国科学院文献情报中心		
2016年5月	朱马西·也谢尼	出版技术人员继续教育	乌鲁木齐	新疆维吾尔自治区新闻出版广电局		

（续表）

时间	参加人	主题	地点	主办单位	承办单位	备注
2016 年 6 月 28—30 日	杨　润　周喜荣 阿依努尔·阿不力孜 帕热克·爱尼娃尔	畜牧饲料行业职业技能鉴定管理人员培训班	乌鲁木齐	农业部畜牧（饲料）行业职业技能鉴定指导站	新疆畜牧科技宣传教育中心	
2016 年 8 月 17—23 日	李　捷　王　惠	2016 图书馆学情报学研究热点与前沿暨图情期刊论坛	黑龙江哈尔滨	图情期刊联盟网	《图书情报工作》杂志社，《图书馆建设》编辑部	会后调研黑龙江省农业科学院农业经济与信息研究所
2016 年 8 月 23—29 日	李　捷　王　琼 合斯莱提·斯马依	农业科研系统电子资源共建共享新模式研讨会暨第七届电子资源培训会	青海西宁	中国农业科学院农业信息研究所	青海省农林科学院	会后青海省农牧民合作社发展情况调研
2016 年 9 月—2017 年 7 月	王　惠	新疆少数民族特培项目	北京大学新闻传播学院	新疆人力资源和社会保障厅		
2016 年 9 月 21—23 日	李　捷　王　琼	科技情报分会学术年会暨全国农业监测预警技术与应用研讨会	新疆石河子	中国农学会科技情报分会，中国农学会监测预警分会	石河子农垦科学院农业经济与信息研究所	
2016 年 9 月 23—25 日	李　捷　王　琼	中国技术经济学会农业技术经济分会研讨会 技术创新与农业供给侧结构性改革	上海	中国技术经济学会农业技术经济分会年会	上海市农业科学院农业科技信息研究所， 上海市农学会	
2016 年 9 月 26—30 日	李　捷　王　琼	“2016 年主产区农产品监测预警暨中国农产品供需分析系统（CAPES）使用培训和现代农业信息服务创新”	吉林长春	农业部信息中心	中国农业科学院农业信息研究所，吉林省农业农村信息中心	
2016 年 10 月 11—14 日	吐尼亚孜·阿不都外里	出版编辑业务能力培训班	乌鲁木齐	新疆维吾尔自治区新闻出版广电局	新疆新闻出版培训中心	

（续表）

时间	参加人	主题	地点	主办单位	承办单位	备注
2016年10月21—24日	李天斗	第三届新疆南疆农业信息化发展论坛	塔里木大学	中国农业科学院农业信息研究所 新疆生产建设兵团第一师 塔里木大学联合主办		
2016年11月9—11日	李　捷　王　琼　王　惠	“2016中国农学会农业图书馆分会学术年会暨开放数据与农业技术共享研讨会”	北京	中国农学会农业图书馆分会	中国农业科学院农业信息研究所	
2016年11月11—13日	李　捷　王　惠	中国林牧渔业经济学会第四届会员代表大会暨中国林牧渔业供给侧结构性改革研讨会	北京	中国林牧渔业经济学会 中国社会科学院农村发展研究所	北京大北农科技集团股份有限公司特别赞助	
2016年11月23—24日	李　捷　王　琼	“国家农业大数据与海外农业研究创新联盟”成立大会	北京	中国农业科学院农业信息研究所		
2016年11月28—30日	李　捷　王田田	西北农林科技创新联盟文献资源信息共享研讨会	杨凌	西北农林科技大学		
2016年12月8—11日	李　捷　王　琼	2016CIARD与农业科学数据挖掘与应用研讨会	海口	CIARD RING China/ 中国农业科学院农业信息研究所	中国热带农业科学院科技信息研究所 / 国家农业科学数据共享中心热作科学分中心	李捷做“数据平台在畜牧业经济研究中的应用”报告

（续表）

时间	参加人	主题	地点	主办单位	承办单位	备注
2017 年 3 月 30—31 日	李　捷　刘金定	中国草学会草业经济与政策专业委员会成立大会暨首届草业经济与政策研讨会	呼和浩特	中国农业科学院草原研究所		
2017 年 4 月 12—18 日	李　捷　王　琼 合斯莱提·斯马依	“走进研究所——增进用户感受、提升服务质量”全国农业科研系统第八届电子资源培训	深圳	新疆畜牧业经济数据资源与应用	中国农业科学院农业信息研究所	会后分别调研广东省农业科学院农业经济与信息研究所、华南农业大学等单位
2017 年 4 月 19—22 日	李　捷 合斯莱提·斯马依	中国农业展望大会	北京	中国农业科学院农业信息研究所	农业部信息中心，农业部农村经济研究中心，农业部农业贸易促进中心等	
2017 年 4 月 24 日	李　捷	“一带一路”数据资源管理与应用交流研讨班	乌鲁木齐	国家发展和改革委员会培训中心 中国信息协会 广东省电子政务协会		
2017 年 6 月 12—19 日	朱马西·也谢尼 巴格达提·阿得力别克	出版技术人员继续教育	乌鲁木齐	新疆维吾尔自治区新闻出版广电局		
2017 年 6 月 11—14 日	李　捷　狄　江	第二届全国肉牛生产应用技术与产业经济研讨会	北京	中国林牧渔业经济学会肉牛经济专业委员会 中国农业大学肉牛研究中心 加拿大肉牛业发展协会（CBBC）	北京一牛肉牛信息技术研究中心，北京方正兴达科技发展有限公司，中法肉牛研究与发展中心	

（续表）

时间	参加人	主题	地点	主办单位	承办单位	备注
2017 年 7 月 30 日—8 月 3 日	王　琼　王田田	海外农业调查人才培训班	北京	中国农业科学院农业信息研究所		
2017 年 7 月 21—23 日	李　捷　王　琼	“全球农业大数据与信息服务联盟工作座谈会”	北京	中国农学会图书情报分会	中国农业科学院农业信息研究所	
2017 年 8 月 2 日	王　琼　秦荣艳　刘艳丰	“畜禽养殖观测监测人员业务培训”	天津	国家畜禽养殖数据中心		
2017 年 9 月 20—23 日	李　捷　王　琼	“农业科技资源共建共享与学科服务研讨会”	合肥	全球农业大数据与信息服务新联盟	安徽省农业科学院农业经济与信息研究所	
2017 年 11 月 10—16 日	李　捷　王　惠　许承云　苏尤力其米克　鲁云峰　张建勋	中国林牧渔业经济学会 2017 年年会暨学术研讨会	乌海市	林牧渔业经济经济学会 中国社会科学院农村发展研究所	内蒙古农业大学经济管理学院	内蒙古农业大学经济管理学院调研
2017 年 11 月 28—30 日	李　捷　王　惠　温希军	全国农业大数据与监测预警学术研讨会	扬州	中国农学会科技情报分会	扬州大学农学院	会后江苏省农业科学院调研交流
2017 年 11 月 21—22 日	李　捷　王　琼	“第五届中国机构知识库学术研讨会”“首届国际开放获取知识库培训班”	北京	中国农业科学院农业信息研究所	中国科学院文献情报中心、中国农业科学院农业信息研究所、中国机构知识库推进工作组和中国高校机构知识库联盟	
2018 年 3 月 26 日—4 月 3 日	朱马西・也谢尼　巴格达提・阿得力别克	出版技术人员继续教育	乌鲁木齐	新疆维吾尔自治区新闻出版广电局		

（续表）

时间	参加人	主题	地点	主办单位	承办单位	备注
2018年4月20—21日	李　捷	中国农业展望大会	北京	农业农村部市场预警专家委员会支持 中国农业科学院农业信息研究所主办	农业部信息中心，农业部农村经济研究中心，农业部农业贸易促进中心	
2018年4月22日	李　捷	中国农学会农业监测预警分会成立大会	北京	中国农学会监测预警分会	中国农业科学院农业信息研究所	李捷当选为常务理事
2018年5月8—10日	王　琼　王　惠	“中国农村微观经济数据调查”项目汇报与培训会	北京	中国农业科学院农业经济与发展研究所		
2018年6月—2019年1月	李天斗	少数民族语言培训	新疆大学	新疆维吾尔自治区“访惠聚”驻村工作领导办公室	新疆大学	
2018年7月28—29日	苏尤力其米克　王　惠	“实施乡村振兴战略规划与农村产业融合发展”专题培训班	西宁	中国经济体制改革研究会产业改革与企业发展委员会		
2018年9月25—28日	王　琼　王　惠	“海外农业研究大会”及“国别报告撰写培训会”	北京	中国农业科学院农业信息研究所		
2018年9月1—6日	李　捷　刘娜娜	信息化与新型工业化融合发展专题研讨班	乌鲁木齐	信息化与新型工业化融合发展问题研究	新疆维吾尔自治区党校	刘娜娜以青河县科技副县长身份参加培训
2018年9月—2019年7月	阿依夏木	少数民族科技骨干干部特殊培养项目	中国农业大学	新疆人力资源和社会保障厅		
2018年9月—2019年7月	阿依努尔·阿不力孜	少数民族科技骨干干部特殊培养项目	新疆农业大学	新疆人力资源和社会保障厅		

（续表）

时间	参加人	主题	地点	主办单位	承办单位	备注
2018年10月—2019年7月	阿玛古丽·朱马汉	少数民族科技骨干干部特殊培养项目	南京农业大学	新疆人力资源与社会保障厅		
2018年11月28—30日	李　捷　王　琼 王　惠	全国农业科技信息与知识服务创新学术研讨会	长沙	中国农学会科技情报分会 中国农学会农业图书馆分会	湖南省农业科学院	
2019年4月19—21日	李　捷　王　琼 王　惠 合斯莱提·斯马依	2019中国农业展望大会	北京	农业部市场预警专家委员会支持 中国农业科学院农业信息研究所主办	农业农村部信息中心，农业部农村经济研究中心，农业部农业贸易促进中心	
2019年4月21—23日	李　捷　王　琼 王　惠 合斯莱提·斯马依	海外农业大会	北京	海外农业联盟	中国农业科学院农业信息研究所	
2019年5月30日—6月3日	朱马西·也谢尼 巴格达提·阿得力别克 玛依拉·买买提	期刊经营管理与编校	上海	北京印刷学院		
2019年6月26—29日	李　捷　王　琼	中国农学会图书情报分会成立大会	郑州	中国农学会图书情报分会		李捷当选为常务理事
2019年6月26—28日	王　惠	中国农村微观经济数据项目汇报会	北京	中国农业科学院农业经济与发展研究所		
2019年6—12月	苏尤力其米克	自治区人才发展“天山沃土计划”	杨凌	新疆维吾尔自治区农业农村厅		

（续表）

时间	参加人	主题	地点	主办单位	承办单位	备注
2019年8月20—23日	温希军	2019年自治区第一期科技成果转移转化专业人才培训班	乌鲁木齐	乌鲁木齐启迪之星科技企业孵化器有限公司，新疆高新人才运营管理有限公司	国家技术转移东部中心新疆分中心，北京向诚科技有限公司，新疆人才网人力资源有限公司，新疆维吾尔自治区科学技术厅等	
2019年8月6—10日	王　琼　王　惠	中国农村微观经济数据调查指标修订会	黑龙江	中国农业科学院农业经济与发展研究所		
2019年9月16—23日	朱马西·也谢尼 巴格达提·阿得力别克	出版技术人员继续教育	乌鲁木齐	新疆维吾尔自治区新闻出版广电局		
2019年9月23—26日	刘金定	2019年中国畜牧兽医学会期刊编辑学分会年会暨中国畜牧兽医科技期刊发展论坛	沈阳	中国畜牧兽医学会期刊编辑学分会	辽宁省畜牧业发展中心，辽宁省畜牧兽医学会《饲料工业》杂志社《现代畜牧兽医》编辑部	
2019年12月2—4日	吐尼亚孜·阿不都外里	2019年度自治区直属机关党员发展对象培训班	乌鲁木齐	新疆维吾尔自治区党委直属机关工作委员会	自治区党委直属机关工委	
2019年7月16日—8月16日	郝建军	2019年机关事业单位汽车驾驶员高级技师培训班	乌鲁木齐	新疆维吾尔自治区人社厅工考办	乌鲁木齐市交通技工学校	
2019年9月27日	鲁云峰	“实施乡村振兴战略规划与农村产业融合发展”座谈会	乌鲁木齐	新疆维吾尔自治区党委农村工作领导小组办公室		
2019年10月10日	李　捷　鲁云峰	自治区乡村产业振兴研讨会	乌鲁木齐	新疆维吾尔自治区党委农村工作领导小组办公室		

（续表）

时间	参加人	主题	地点	主办单位	承办单位	备注
2019年11月8—10日	李　捷	中国技术经济学会农业技术经济分会2019年年会	杭州	中国技术经济学会农业技术经济分会	浙江省农业科学院农村发展研究所	
2019年12月18—20日	李　捷　王　惠　王田田	全球农业大数据与信息服务学术研讨会	南京	中国农业科学院农业信息研究所	江苏省农业科学院农业信息研究所	
2019年9月23—29日	吐尼亚孜·阿不都外里	自治区无党派人士培训班	乌鲁木齐	新疆社会主义学院	新疆社会主义学院	
2020年4月20日	李　捷　王　琼　王　惠	2020中国农业展望大会	北京	中国农业科学院农业信息研究所	农业农村部信息中心，农业农村部农村经济研究中心，农业农村部农业贸易促进中心，中国农学会	采用大会“现场直播＋专题录播”方式在线同步召开
2020年5月18日	李　捷	农业监测预警分会常务理事会	北京	全国农业监测预警分会		视频会议
2020年7月23—25日	李　捷　温希军　王田田	畜牧兽医局大数据平台专班培训班	乌鲁木齐	自治区畜牧兽医局信息中心		视频培训
2020年9月26—28日	李　捷	中国农业技术经济学会2020年学术研讨会暨后疫情时代中国农业技术经济发展的机遇与挑战	南京	中国农业技术经济学会，江苏省农业科学院	中国农业科学院农业经济与发展研究所	
2020年10月16—19日	李　捷	中国林牧渔业经济学会2020年学术年会及中国林牧渔业稳产保供与高质量发展研讨会	北京	中国林牧渔业经济学会，中国社会科学院农村发展研究所	中国林牧渔业经济学会饲料经济专业委员会，中国林牧渔业经济学会畜牧业经济专业委员会	会后与中国农业科学院信息研究所进行项目对接

（续表）

时间	参加人	主题	地点	主办单位	承办单位	备注
2020年10月20—23日	李　捷　王　琼	农业大数据与信息服务联盟学术研讨会	福州	中国农业科学院农业信息研究所	福建省农业科学院农业经济与信息研究所，福建省农业科学院数字化农业研究所	李捷主持分会报告，并在研讨会进行交流发言；分别与福建省农业科学院农业经济与信息研究所、数字化研究所座谈交流
2020年10月21—23日	阿玛古丽·朱马汉　鲁云峰	党员发展对象培训班	乌鲁木齐	自治区畜牧兽医局		
2020年10月25—27日	李　捷　王田田	中国农学会图情分会暨图书情报前沿技术与知识服务研讨会	海口	中国农学会图书情报分会	中国热带农业科学院科技信息研究所	
2020年11月23—27日	王　惠　杨　志　薛晓波	期刊出版单位编校技能提高培训班	海口	北京印刷学院		
2020年11月27—29日	李　捷　许承云　鲁云峰	中国农业经济协会2020年学术年会	眉山	中国农业经济学会	中国农业科学院农业经济与发展研究所，四川省农业农村厅，眉山市人民政府	
2020年12月13—14日	李　捷　王　琼	第四届海外农业研究大会（2020）	北京	中国海外农业研究中心	中国农业科学院农业信息研究所	

第八部分

大事记

（2016—2020）

时间	事件描述
2015 年	
2015 年 10 月	李捷所长任农业部牛羊肉全产业链信息分析预警团队省级分析师
2016 年	
2016 年 3 月—2018 年 2 月	刘娜娜同志在青河县挂职科技副县长
2016 年 3 月	鲁云峰作为畜科院第七批干部下基层人员在阿勒泰地区 640 台地学习锻炼一年
2016 年 3 月—2017 年 3 月	穆合塔尔・买买提副所长赴巴楚县恰尔巴格乡 7 村参加“访惠聚”工作、被评为自治区“访惠聚”驻村工作 2016 年度先进工作者
2016 年 4 月	王锡波书记当选新疆畜牧兽医学会第七届理事会副理事长、秘书长，刘金定当选副秘书长
2016 年 7 月 20—23 日	邀请福建省农业科学院农业经济与信息研究所所长、研究员曾玉荣就软科学研究项目来所进行指导和交流
2016 年 9 月	韩国首尔大学经济研究院及韩国农业振兴厅专家一行来所座谈交流并商讨进一步开展农村经济合作研究等事项
2016 年	陈新文当选为第三届中国畜牧兽医学会信息技术分会理事
2016 年 7 月	以《草食家畜》编辑部为依托，与中国农业科技出版社合作，挂牌成立了中国农业科技出版社新疆工作站
2016 年 9 月—2017 年 7 月	王惠参加新疆少数民族特培项目在北京大学新闻传播学院做访问学者一年
2016 年 9 月—2018 年 9 月	阿玛古丽・朱玛汉赴新疆阿克苏地区库车县阿克吐尔村幼儿园支教
2016 年 11 月 6—9 日	李捷所长带队与中国动物卫生与流行病学中心在青岛开展支部共建活动
2016 年 11 月	经信所加入“国家农业大数据与海外农业研究创新联盟”
2016 年 11 月	经信所加入“西北农林科技创新联盟”
2016 年 11 月	李捷当选为中国林牧渔业经济学会第四届理事会常务理事；苏尤力其米克、许承云当选为中国林牧渔业经济学会畜牧业经济专业委员会第四届理事会理事。任期 5 年
2016 年 11 月	经信所加入国家农业大数据与信息服务联盟
2017 年	
2017 年 2 月 17 日 —2018 年 1 月	王锡波书记赴巴楚县色力布亚镇拜什吐普村参加访惠聚工作，任副队长，2018 年 1 月结束访惠聚工作

（续表）

时间	事件描述
2017 年 2 月 17 日—2020 年 1 月 17 日	张学根副所长赴巴楚县色力布亚镇拜什吐普村参加访惠聚工作，2018 年开始任工作队副队长
2017 年 2 月 17 日—2020 年 1 月 17 日	玉山江·司马义同志赴巴楚县色力布亚镇拜什吐普村参加访惠聚工作。2017 年被评为自治区“访惠聚”驻村工作 2017 年度先进工作者
2017 年 5 月	以《草食家畜》编辑部为依托，与中国农业出版社养殖分社合作，挂牌成立了中国农业出版社新疆编辑部
2017 年 6 月	甘肃省农业科学院农业经济与信息研究所乔德华所长、陈文杰书记、白贺兰、杨城一行来所座谈交流
2017 年 7 月	中国动物卫生与流行病学中心网络信息管理处专家来所座谈
2017 年 8 月	王惠、刘金定当选中国畜牧兽医学会期刊编辑学分会第七届理事会理事
2017 年 8 月 10 日	汉文《草食家畜》被中国畜牧兽医学会期刊编辑学分会评为精品期刊，同时《草食家畜》编辑部的王惠获得优秀主编、刘金定获得优秀编辑、薛晓波获得优秀编务称号
2017 年 10 月 10 日	申请开通机构邮箱，并开通“国家农业科技创新联盟农业科技信息资源共建共享平台”
2017 年 10 月 28 日—11 月 1 日	中国农业科学院农业信息研究所孟宪学所长一行来所座谈交流并赴青河县调研
2018 年	
2018 年 1 月 30 日—2020 年 1 月 17 日	帕热克·爱尼娃尔同志赴巴楚县色力布亚镇拜什吐普村参加“访惠聚”工作
2018 年 1 月 30 日—2019 年 9 月 28 日	李捷所长前往色力布亚镇阿勒台开斯克村任访惠聚工作队副队长，2019 年 9 月 28 日结束“访惠聚”工作
2018 年 3 月 1 日	王锡波、朱玛西·也谢尼、刘金定前往和田地区墨玉县执行畜牧产业扶贫项目
2018 年 5 月—2020 年 12 月	苏尤力其米克、许承云、鲁云峰等同志承担和田地区深度贫困县，包联墨玉县、和田县、和田市开展畜牧产业脱贫攻坚技术指导帮扶工作
2018 年 9 月—2019 年 9 月	阿衣努尔·阿不力孜同志参加少数民族科技骨干干部特殊培养项目在新疆农业大学培训学习一年
2018 年 9 月—2019 年 7 月	阿依夏木赴北京农业大学参加少数民族特培一年，并被评为优秀学员

（续表）

时间	事件描述
2019 年	
2019 年 4 月 22 日	李捷被聘为中国农学会农业监测预警分会常务委员，聘期 5 年
2019 年 6 月 17 日—2020 年 9 月 16 日	李天斗赴喀什地区巴楚县色力布亚镇拜什吐普村参加“访惠聚”工作
2019 年 7 月 11 日	陈新文同志代理畜科院质量标准研究所党支部书记，2019 年 12 月 17 日代理畜科院奶业研究所所长，不再承担经信所相关工作
2019 年 8 月	刘金定当选新疆科技期刊编辑学会第七届理事会常务理事
2019 年 8—12 月	阿依夏木同志赴巴楚县色力布亚镇拜什吐普村协助开展脱贫攻坚工作
2019 年 11 月	刘金定前往乌昌地区开展自治区 2019 年脱贫攻坚成效考核工作
2019 年 12 月 17 日	王锡波同志兼任自治区奶业技术体系办公室主任
2019 年 6—12 月	苏尤力其米克参加 2019 年度自治区人才发展“天山沃土计划”，在西北农林科技大学陕西省农林科学院研修半年
2019 年 9 月—2020 年 12 月	马依拉·买买提赴新疆喀什地区巴楚县色力布亚镇拜什吐普村幼儿园参加支教工作
2020 年	
2020 年 5 月	穆合塔尔·买买提副所长接任巴楚县阿拉格尔乡（3）村任第一书记
2020 年 6 月 7 日—9 月 7 日	玉山江·司马义同志赴巴楚县色力布亚镇拜什吐普村协助开展脱贫攻坚验收准备工作
2020 年 1 月	刘娜娜兼任自治区农区高效肉羊品种选育推广技术体系农区肉羊产业经济学岗岗位专家。同期赴巴楚县色力布亚镇阿勒台开斯克村参加访惠聚工作，2020 年 5 月开始任工作队副队长
2020 年 5—7 月	张学根副所长参加自治区扶贫办阿勒泰地区扶贫督查工作
2020 年 5 月 20 日	与中国农业科学院农业信息研究所签订了科技查新合作协议，挂牌“中国农业科学院农业信息研究所（国家一级科技查新咨询单位）新疆畜牧科技查新工作站”
2020 年 12 月 31 日	《草食家畜》被评为“中国农林核心期刊”（2020 版）

第九部分

研究报告

一二三产业融合发展的模式研究

新疆垂直地带性分布特征明显，畜牧业生产区域也各有特点，不同区域生产生活方式、经营模式、产业发展状况都不尽相同。因此，地域、环境、生产生活习俗、产业分布、经济发展现状、政策扶持程度等因素都在一定程度上影响着一二三产业融合发展的进程。

一二三产业融合，核心是充分开发畜牧业的多种功能和多重价值，把加工流通、休闲观光和消费环节等收益留在本地、留给农牧民。三产融合发展，要以区域畜牧产业基础为依托，通过合理布局，确定因地制宜的产业发展策略；以畜产品加工业为引领，以资产为纽带，以创新为动力，通过产业间相互渗透、交叉重组、前后联动、要素聚集、机制完善和跨界配置，将牧区一二三产业有机整合、紧密相连、一体推进，形成新技术、新业态、新商业模式，带动资源、要素、技术、市场需求在牧区的整合集成和优化重组，变单一产业为复合产业，变单一效益为多重效益，最终实现产业链条和价值链条延伸、产业范围扩大、产业功能拓展和农牧民就业增收渠道增加的经营方式。

本研究数据来源于《新疆统计年鉴》、部门调研数据及国家统计局、农业农村部网站、新疆兴农网等政府网站以及农民合作社网等网站的公开数据和项目组实地调研数据。

一、新疆畜牧业一二三产融合现状与存在问题

在前期畜牧业生产区域布局研究中，按照6个地理纬度带对新疆各县市分布进行了划分，从纬度带和资源禀赋的视角，运用区域经济学与生态经济学的理论与方法，从不同纬度带自然因素、社会经济因素、畜牧业发展特色、农牧民行为等方面对畜牧产业现状进行了分析和研究。总体来看，新疆畜牧业三产融合表现如下。

（一）依然以松散、小规模合作型为主，各自为政或小而全生产较为普遍

新疆南部地区干旱缺水，人均耕地较少，多为维吾尔族聚居区，主要以林果业和农区畜牧业生产为主，畜牧业经营体普遍带有家族式合作特性，特别是牛、羊养殖合作社，具有较明显的“合作社＋农户”的家族成员自办型特征。如和田地区的曼爬克农

民养殖专业合作社，家庭成员分别负责采购、养殖和销售工作，作为合作社的一部分，其屠宰场只做屠宰而不做加工，原因是南疆地区为维吾尔族聚居区，其饮食习俗是以冷鲜肉为主，不喜食冻肉，市场冷鲜羊肉需大于供，胴体都难以满足市场需求，所以不需要进行深加工，导致当地精深加工肉产品市场不足，难以收回加工成本。这种组织模式的社员关系较为松散，基本以满足地方需求为主，在饲养管理、养殖技术、疾病的预防治疗等方面缺乏交流，其带动能力、发展能力、影响力和抵御风险的能力都有很大的局限性，产品规模小而散、标准难以满足规模化加工生产需求等因素，导致其难以直接与二三产相衔接。

新疆北部地区降雨高于南部，拥有较为丰富的草地资源，多为哈萨克族聚居区，农业生产多以草原畜牧业为主，牧业经营体多为联户经营和养殖大户经营模式，拥有一定规模的标准化养殖场（区）和较为规范的专业养殖合作社。北疆地区昌吉州的“草畜联营”合作社具有“养殖场（小区）+ 合作社 + 农户”的结构特征，虽然有技术交流、信息互通的优势，也制订了股份分配机制，但因其缺少龙头企业的带动或介入，缺少终端市场，也未形成有效的产业增值链和利益分配机制，不仅局限了合作社的增收渠道，也难以实现既定的股份分配方案，致使合作社还处于“合”而未“作”的状态，受合作效益的影响，其带动和示范作用也未能完全体现出来，同时这种合作模式防范和化解风险的能力较弱，当不确定因素发生时，容易导致合作社的解体。基础单元的不稳定、仅在产业内独自循环以及契约意识淡薄等因素，也制约着一二三产业的融合发展。

相对于南北疆而言，东疆地区拥有较好的资源、地缘和交通优势，且以农业和半农半牧业生产为主。部分地区已形成了一定的“公司 + 合作社 + 农户 + 基地”的牧业联合经营组织，形成了“公司 + 基地 + 合作社 + 农牧户”的养殖、畜产品加工、生产和市场销售产销链，开展了畜牧业循环经济的生产模式，拓宽了农牧民的增收渠道，建立了相对稳定的利益分配机制，但因畜牧产业和畜产品市场的高风险性，产业链各利益相关体之间只有利益共享没有风险共担和保险机制，也没有有效的社会化服务体系支撑，行业或部门间的利益和政策冲突也制约了产业的融合发展。

（二）产业链短价值链增值效益不显，缺乏基于产业融合发展的政策研究

如图 1 所示，畜牧业是一个产业链长、涉及部门多、涉及行业多，面对的自然、市场、疫病等风险也多。但从目前扶持发展现状来看，涉及的管理部门之间缺少信息沟通和共享，基本是从本部门、本行业角度制定相关政策、措施或项目。同样，从养殖到餐桌，也包括生产群体、仓储物流与生产加工群体、消费群体、行业监管群体、技术服务群体等多个参与主体，更加证明畜牧产业的链长、涉及部门多的现实。每个群体间的需

求与目标之间都有关联但联系不紧密，也都没有稳定的信息互通机制和渠道。在项目、政策措施、资金等分配上关注部门特色较多，忽略了产业共融部分的特点和需求。呈现外部环境互有制约和游离，内部环境各自为政的局面。

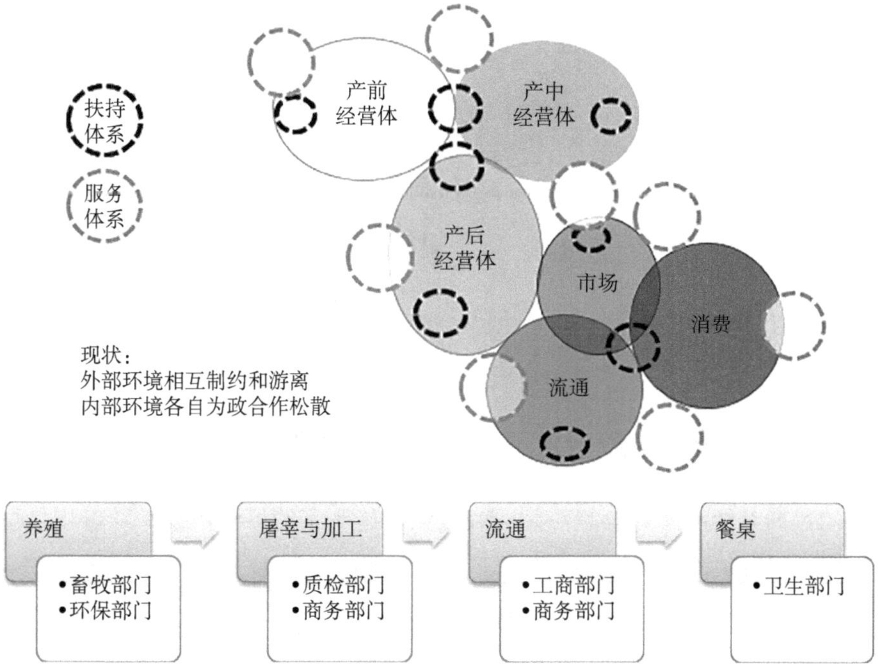

图 1　畜牧业产业链示意

实际上畜牧产业链是在相关政治、法律、经济、文化、资源、技术环境下，与畜产品生产密切相关的关联产业群所组成的网络结构，包括种畜繁育、饲料供应等组成的产前环节，畜禽养殖场户组成的产中环节，屠宰加工、餐饮等组成的加工分销环节。而价值链包含餐饮企业、屠宰加工企业、养殖场户和育种企业等相关利益主体的成本支出和利润产出全过程的价值附加活动。由图 2 可见，产业链上的每一项价值活动都会对利益相关者最终能够实现多大的价值造成影响，同时也对收益和经营战略产生重大影响。

从原料到商品的过程既是价值增加的过程也是最后形成商品价格的过程，但由于链条各环节的每一个利益相关体都强调各自利益的最大化，各产业的补贴标准、方式、内容也从各自管理层面进行设计，部门间、行业间缺乏互通，大多依然处于产业内单链条运行方式。从原料生产（畜禽养殖）到畜产品加工再到畜禽制品变成商品的整个过程中，各环节利益体都有关联，但联结得不紧密甚至是脱节。产业链的最前端依然是面对风险最大但获得效益最少的部分。

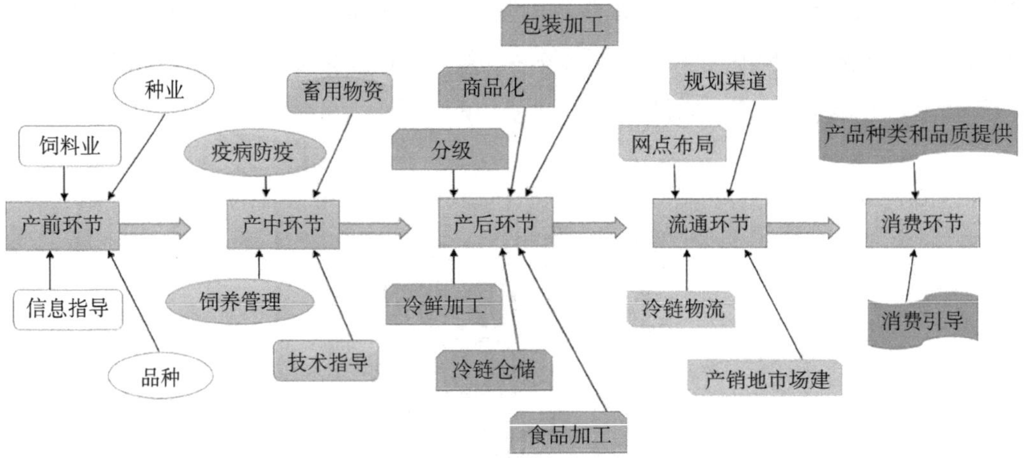

图 2　畜牧业产业链

（三）缺乏基于产业融合发展的社会化配套服务体系

准确的数据是经济研究、趋势判断和政策措施制定的科学依据。随着现代畜牧业生产方式、生产目标、经营方式的变化，原有的一些统计指标已不能适应当今产业发展的实际，有必要在各部门间建立统一的数据标准和信息共享平台，用准确的数据和及时的市场信息为产业融合发展提供基础服务，为一二三产业均衡生产、监测预警和市场宏观调控提供依据。但现有金融、技术服务、技术推广示范、成果转化应用、交通物流等服务体系多表现为单项服务的提供，信息数据各自为政，缺少统一的指标体系导致数据相互冲突，一些服务内容与市场、与农牧民意愿脱节，也有一些服务内容之间相互冲突，一些项目只解决产业链某一环节中某一点或眼前的问题，但对其关联需求考虑欠缺；一二三产融合中涉及的跨行业主管部门审批过程耗时耗力，申请者对相关政策法律理解不透，加之各部门、各行业政策的不配套及部门之间沟通缺乏等现象不仅造成资金的浪费，也加大了产业融合发展的难度。产业内从业人员对融合发展持观望态度，虽然也有一些人想做但不知该怎么做，也不知该找那些部门、提供哪些资料等。从目前产业融合发展来看，也亟须研究建立与产业融合发展相适应的社会化服务体系，通过体系为一二三产业融合发展提供相关服务。

（四）缺少基于区域资源禀赋的一二三产业融合发展规划

实现规模效益、增加农牧民收入，是产业融合发展的目的之一。规模化生产的目的也是要满足市场需求、满足企业生产加工需求，规模小形不成聚集效应，导致供不应求，产品涨价；规模过大造成原料过剩，供大于需，原材料降价，伤害养殖户利益；产业融合发展中的标准化，特别是规模化的标准化生产，更是要面向加工企业，没有符合工厂化加工标准的原料供应，同样会造成企业和养殖户的双亏，而此时，养殖户的损失更大于企业。但目前在标准化方面更多的关注于畜舍和基础设施建设等内容，特别是在商品畜生产中，提供的畜禽产品难以达到企业加工生产标准的需求，同时也缺少规模效益最大化及适度规模养殖相关措施方面的研究。因此一二三产业的融合发展，就需要各部门根据当地资源、环境、产业优势等条件因素，开展适度规模养殖效益分析，结合区域产业实际，协同制定一二三产融合发展的措施和规划，在生态环境保护、产业协调发展的基础上，实现规模效益的最大化。

二、一二三产业融合发展模式

融合是一种紧密关联、相互依存、相互促进的一种存在方式。一二三产业融合就是畜产品生产业、加工业和销售服务业的融合，这种融合能够很好地解决小农户生产与大市场需求的对接，使众多小规模生产者能够较好地满足加工者以及消费者对产品在品种、数量、品质、规格、品牌、安全性等方面的要求，三产的融合也使得生产者、加工者和消费者都能获益，特别是生产者农牧民也可以参与到全过程中价值链增值的分配中，从而在增加收入的同时，增强优质产品生产的自觉性（图 3）。但产业融合模式则需与当地社会经济条件和资源禀赋相适应才能更好的实现质量发展、绿色发展和高效益发展。基于此，在实地调研和文献查阅的基础上，我们提出以下模式建议。

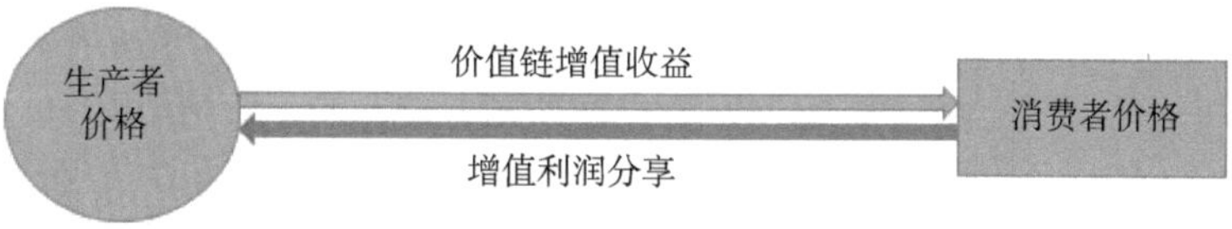

图 3　价值链分享机制

（一）以市场需求为目标的融合模式

1. 大众市场（农贸市场、乡村集市）

目标客户多以低收入、中等收入者为主。生产者大多在距离市场较近的区域进行生产，多以胴体或活畜销售为主。消费者从农贸市场（集市）、屠宰场或养殖户家中购买产品。畜产品生产量少、质量参差不齐、商品率底，融合模式简单或者是无需进行融合以降低成本（图 4）。

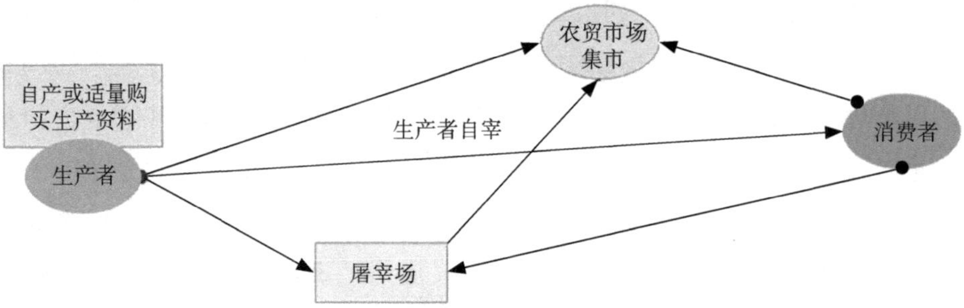

图 4　以大众消费市场为目标的融合模式

该模式只有产品到商品的单向流动，没有市场信息反馈流。生产者多凭经验判断市场，消费者对产品质量要求不高。区域内、近距离三产间连接不紧密或无连接，但不乏成为跨区域小分散大融合的基础生产单元的机会。

2. 中端市场

目标客户以中等、中高等收入群体为主。生产者具备一定的生产规模，能够在基本满足当地市场需求的同时，为特定客户提供产品分割服务。此时生产、屠宰加工、仓储物流、消费者之间就产生了一定程度的关联，在区域范围内形成产业联合。但这种联合虽有双向信息流通，但多限于生产者和订单客户之间，与流通、仓储间沟通较少，组织架构松散，管理协调有一定难度，受风险和利益驱使，相互间契约意识难以保障，同时在加入加工、冷链物流和仓储等环节后，各利益体之间的利益分配与合作机制是产业融合发展的关键（图 5）。

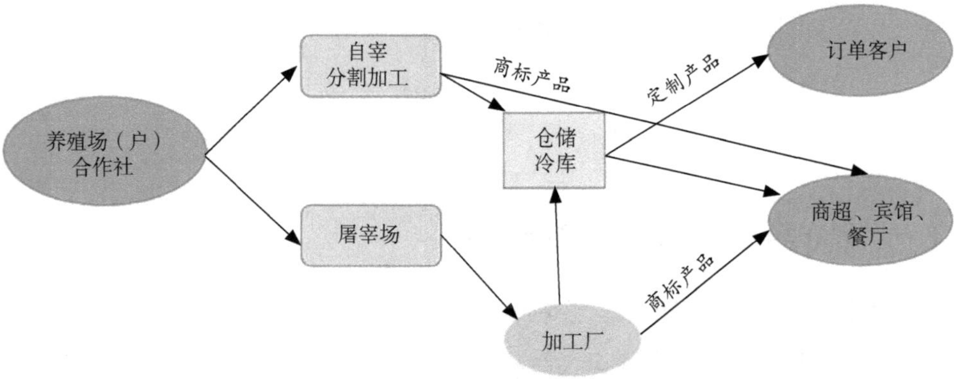

图 5　以中端消费市场为目标的融合模式

在该模式中若屠宰与加工形成稳定的合作关系，同时共享仓储和冷链物流资源，不仅有助于节约生产加工成本，同时也可减少仓储、物流的空置、空载率。因此区域内屠宰场、冷库建设的数量、位置是成本控制中要考虑的重要因素。

3. 高端市场

高端市场更加注重品牌和质量，目标客户多为高收入和有较高生活质量标准需求的特定群体。生产者需要生产出符合产品加工需求的活畜禽，因此养殖者多为大、中型标准化、规模化养殖场（区）或“合作社 + 企业”的生产方式，或者是企业自养 + 部分外购的生产模式。特点是可以实现统一生产质量标准、统一品牌包装和销售，具有拓展畜牧业观光体验区的发展潜力。基本属于企业内部产加销一体化经营模式，运营、管理和风险防范成本较高（图 6）。

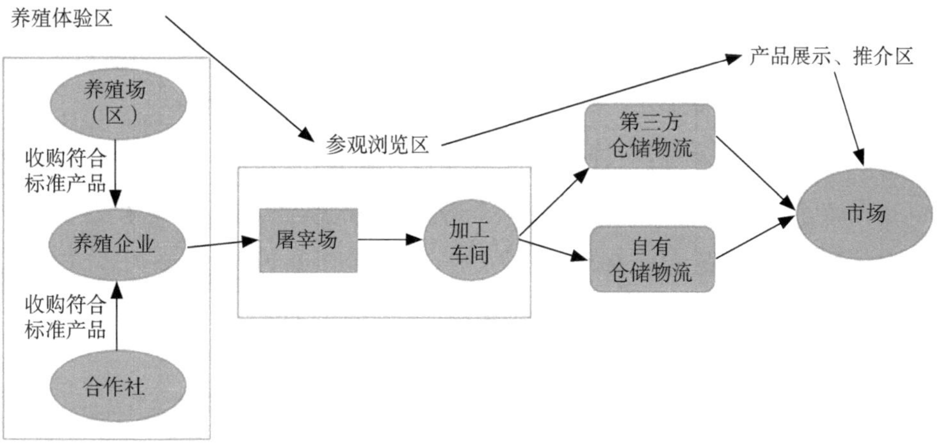

图 6　以高端消费市场为目标的融合模式

（二）以资源禀赋为基础的融合模式

1. 偏远散穷的区域

这类区域生产、消费能力相对较低，区域生产力、社会经济发展等相对薄弱，而经济发展、交通、自然资源等局限，制约了此类区域的融合发展的方式和规模。可以采取小分散大融合的方式在满足自给的基础上，依托中间商或合作组织开展小规模的联合发展，以提高养殖者的经济效益并为周边区域提供活畜支援（图 7）。

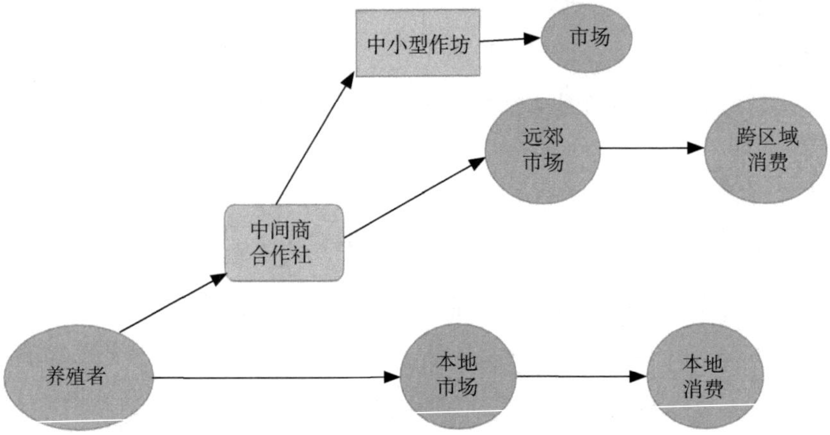

图 7　偏远散穷区域模式

2. 城郊接合部

具有较为优越的养殖和市场资源，农牧业生产资源较好、区域经济社会发展基础好，为农牧业生产和农畜产品销售提供了有利条件，三产在该区域具有很好的融合空间和条件，并有可能成为畜产品分销的集散地，同时也为跨区域融合发展奠定了基础。城区高消费会刺激郊区提高生产能力，当郊区生产受限时可从临近区域散户或合作社购买商品畜用于生产加工。多样化畜产品也为地方产品跨区域销售打开了通道，产品商品化能力的提高也保障了产业链各主体的经济效益。冷库建设的位置、数量、规模以及各加工体的共享方式和冷链物流的配送服务是该模式成本控制与风险防范的重要内容（图 8）。

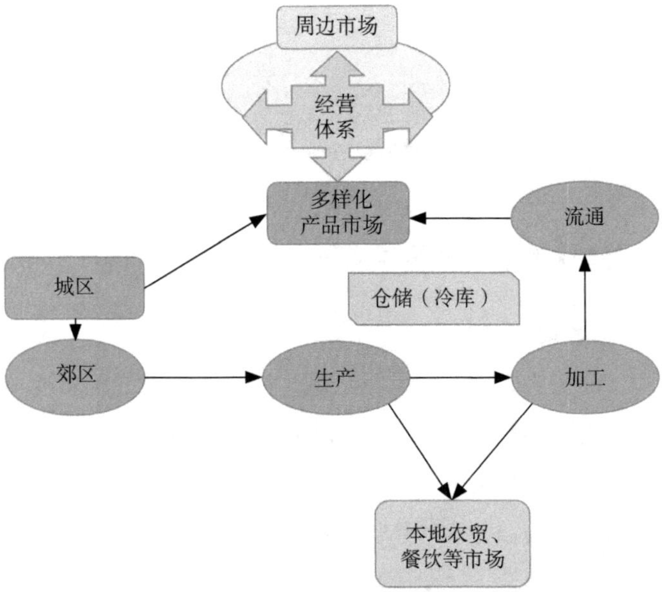

图 8　城郊结合部模式

3. 大中城市

此类区域多为各地政治、文化中心，经济发达、交通便利、人口相对密集、消费多样化等是其主要特征。该区域缺少养殖资源，但消费市场巨大，有一定规模的物流、仓储、配送服务体系，易于获得技术、政策、法律、市场等信息资源。这类区域多由城郊或牧区提供胴体或初加工产品，也有部分企业开设专卖店、餐饮店等自销产品。但此营销模式产品销售渠道有限、产业链各主体间协作性差、合作意识不强，机器、库房闲置率、物流车辆空载率等无形中也增加了经营成本。因此需要有一个值得各方信任的服务体系作为桥梁，有效汇聚各方资源，从比较优势的角度各取所长，互惠互利，使各方产业资源融为一体，实现共享互赢（图 9）。

产业融合需要实现各链条的生产过程、库存、运输共享；营运和市场共享；战略和决策共享。产业间需求的整合需要共担风险，在原地整合则需要有共享能力。由于融合包含了不同的经营体，合作的目标和计划也必须清晰以达到互相信任和不需要及时清算的相互帮助。但在产业融合过程中，链条上各主体势必存在动机、信息、营运、定价、行为等方面的障碍。

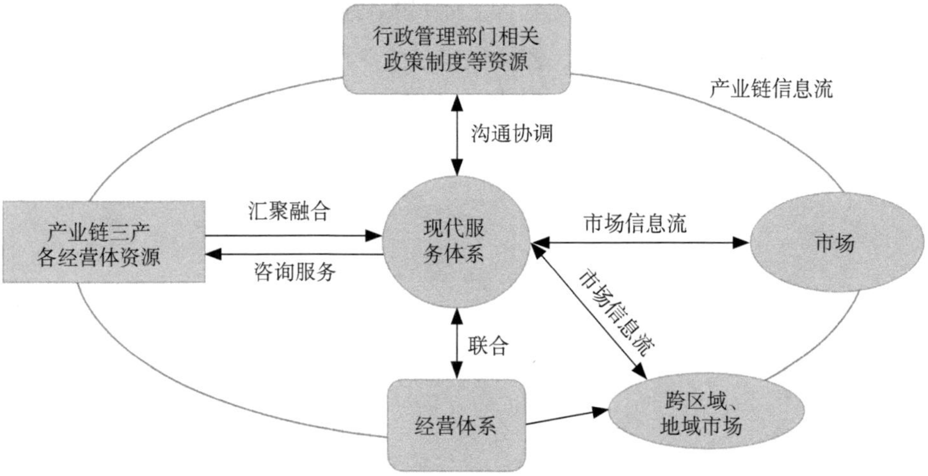

图 9　大中城市模式

在动机方面，各成员目标的不一致会增加链条的不稳定性、影响整体的获利能力；信息方面的信息扭曲，按订单而不是客户需求进行预测，成员间缺乏信息共享机制；营运管理方面处于低水平的管理和操作，缺乏基于产业不同阶段的运营规划；产品定价策略如价格波动、数量折扣等，直接导致产品订单的不确定性；行为方面表现为错误的评估自己或对方，对现状孤立的做出反应，不善于吸取经验教训以及投机冒险等。因此要使融合取得成效，信息共享、政策互补、相互信任以及利益分配机制是必须要进行综合考虑的重要因素。

三、产业融合发展对策建议

一二三产业的融合发展是市场机制和现代畜牧业发展的结果，而政策扶持则是重要的外力。新疆南北疆自然环境、社会环境、民族成分、生产方式、生活习惯不同，区域产业发展不均衡、扶持政策与资金补贴方式也不同，即便是在同类的饲养管理条件下其效益和产出也有所不同。加快新疆一二三产业融合，需要基于该区域现有产业经营与合作状况，因地制宜对产业进行优化和升级改造，因此区域性和针对性是产业融合发展措施的制定、产业链延伸及价值链增值的重要因素，而产业链各环节价值增值如何能让生产者也从中获益是能否为产业稳定提供生产原料的关键所在。

（一）在产业“接二连三”的基础上，研究建立融合发展的利益分配机制

无论是“接二连三”还是融合发展，利益最大化是所有利益相关者的目标，也是产业生存与发展的基础。只有在各自利益最大化的基础上，才会有进一步服务社会、回馈社会的基础和资源，因此做好产业融合各主体间的利益联结、利益分配和沟通协调，制定有益于融合发展的长效扶持政策，探索稳定一二三产业中各经营体间的利益联结和风险共担机制，才能保障一二三产业的有效融合和稳定发展（图 10）。

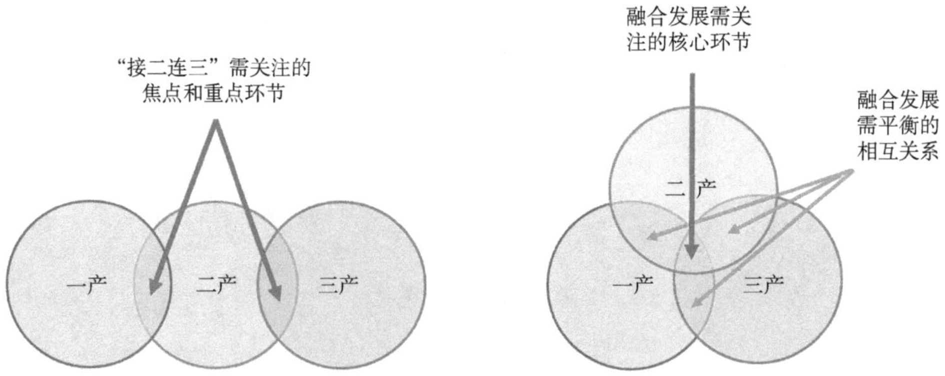

图 10　利益分配关键点

（二）做好顶层设计，建立行业主管部门沟通协商机制，尽快建立并完善促进产业融合发展的相关扶持政策

一是从自治区层面成立具备协调一二三产业行业管理部门能力的融合发展研究小组，顶层设计，统筹规划，从新疆区域产业特色、行业特点、资源禀赋、融合方式等方面综合开展促进新疆一二三产融合发展的调查研究，并在深度调查研究的基础上，选择条件成熟的地区开展融合发展试点工作。二是总结试点经验，制定出台融合发展指导性意见建议，建立并完善行业主管部门沟通协商机制和会商工作制度。三是规范并增加与产业融合相关的统计标准和指标体系；构建与产业融合相关的统计、商务、海关、工商、农牧业等部门间的信息互通、数据共享机制。四是制定“自治区专项推进一二三产业融合发展的实施方案”和相关优惠政策（图 11）。

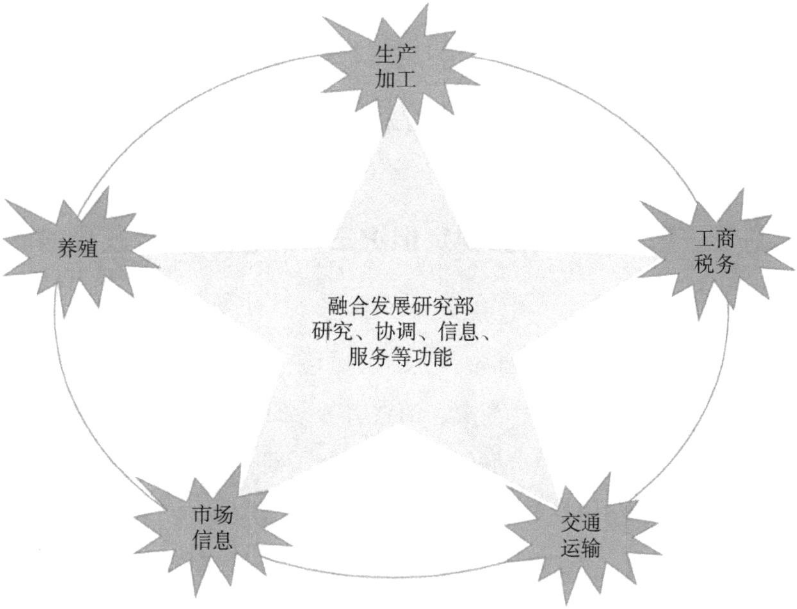

图 11 利益相关体关系

（三）加快建立符合新疆一二三产业融合发展的社会化服务体系

完善有效的社会化服务是产业融合发展的技术支撑和服务保障，在充分利用现有各类推广服务机构的同时，积极探索整合或共享现有各类平台办法，构建集一二三产中各行业、工商税务、交通运输、科技、金融保险、法律等专家、机构、组织为一体的组合

式社会化服务体系，搭建集一二三产业政策、项目、市场等信息的社会化服务共享平台，为融合发展提供信息、技术、业务及咨询等相关服务和支撑（图 12）。

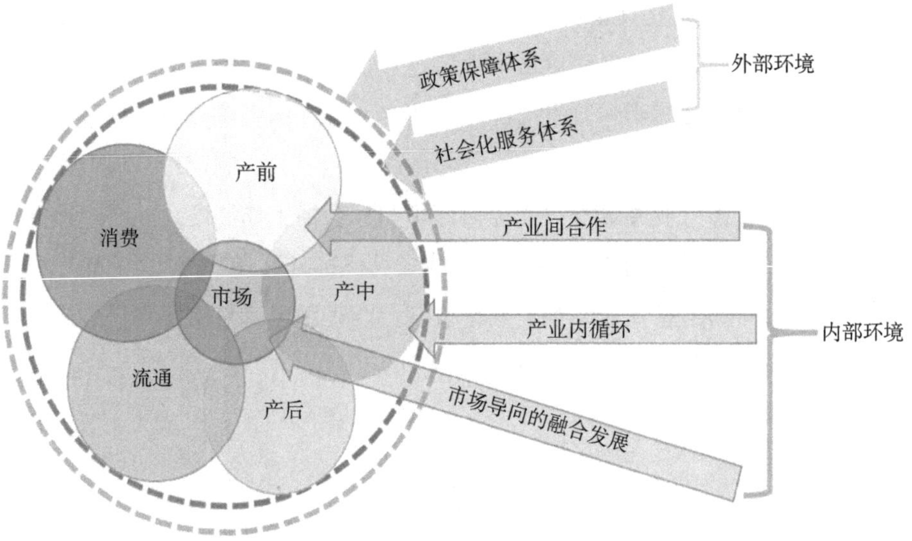

图 12　影响一二三产品融合发展的内外部因素与关系

（四）基于资源禀赋，研究制定促进三产交融区融合发展的政策措施和发展规划

由于产业融合涉及农林牧、商务、工商、质检、交通、物流等多个管理、监督部门，以及养殖户、合作社、企业、商家、消费者等多环节的利益相关者。因此一是要制定合理的行政部门管理、流通和市场信息互通机制，研究制定产业融合在产品生产、加工、流通等环节中的能耗补贴标准，实现降低生产与管理成本、降低经营风险、优化资源配置、提高经济效益、实现顶层融合进而促进一二三产融合的目的；二是按照《国务院办公厅关于推进农村一二三产业融合发展的指导意见》要求，研究建立产业链利益联结机制，以保障农牧民分享二三产业增值收益为核心，推进全产业链建设和价值链重构，推动资源要素集中集聚，全面提高牧区一二三产业融合发展水平；三是研究制定行政区域和自然地理区域间利益关系协调及产业协同或融合发展措施，建立并完善行业间的跨部门和区域间的跨区合作机制，以破解因行业、行政区域因素形成的部门或地方保护主义思想对产业融合发展的制约（图 13）。

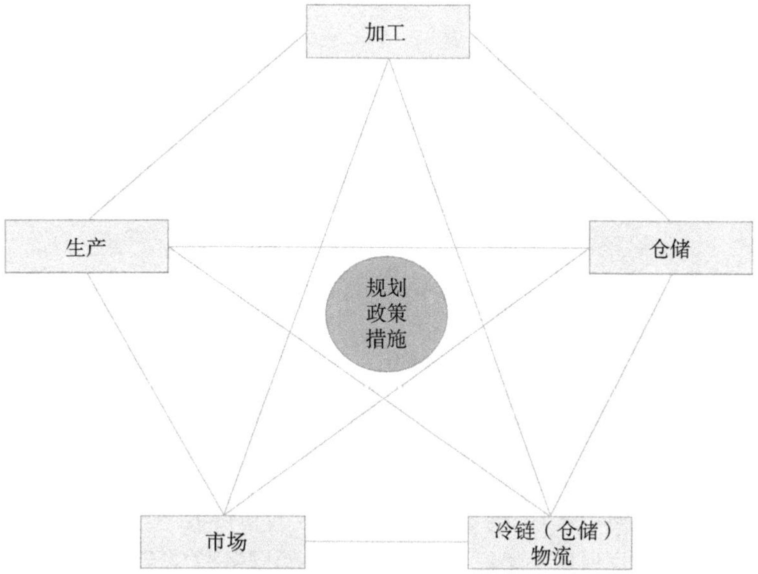

图 13　产业链结构关系

李　捷　王　琼　王　惠　合斯莱提·斯马依

自治区党委农办新财农〔2017〕48 号项目支持

2018 年 3 月

新疆新型牧业经营体培育研究

随着牧区生产生活方式的转变，城镇化水平的提高，传统畜牧业生产模式、管理方式必将被更适合市场需求的新型经济体所取代。基于畜牧业在三产中的弱势产业和比较效益低的特征，不仅种植业的政策实施和产业变动会影响到畜牧业的发展，而且人类社会经济活动、工业化、城镇化建设、自由贸易和关税等政策也会对畜牧业发展带来一定的冲击和影响。李克强总理在 2017 年 12 月 13 日的国务院常务会议上指出，培育新型农业经营主体，加快发展现代农业，是落实党的十九大精神、实施乡村振兴战略的重要内容。并反复强调，通过股份合作、家庭农场、专业合作等多种形式发展现代农业是大方向，要完善对新型经营主体的扶持政策，培养新型职业农民，促进现代农业发展和农民增收。会议确定，实施新型农业经营主体培育工程，扶持一二三产业融合、适度规模经营多样、社会化服务支撑、与“互联网 +”紧密结合的各类新型主体，更好带动小农生产和现代农业发展有机衔接。

面对新疆畜牧业发展中资源短缺、生态环境压力加大、畜牧业投融资体系和现代服务体系不完善、畜牧业发展体制和机制相对滞后等现实问题，借助新疆畜产品产地优势、欧亚大陆桥的区位优势和“一带一路”发展机遇，本研究拟在研究分析制约新疆新型牧业经营主体发展因素的基础上，提出促进新疆新型牧业经营主体发展的对策建议，对提高牧民收入、增长牧区经济和牧业转型发展具有十分重要的理论和现实意义。

一、新疆畜牧业经营体发展现状

随着新疆畜牧业经营体系的不断发展，已形成了以牧户、养殖大户和家庭牧场为基础，以农民合作社、龙头企业为支撑的畜牧业经济合作组织，具备了向新型牧业经营主体升级的基础和条件。新常态下新型牧业经营主体的培育是坚持市场导向的新疆畜牧业转型发展、提升畜牧产业竞争力、拉动区域经济增长的关键所在。

（一）畜牧业经营体现状

1. 发展现状

从新疆牧业经营组织发展的实践和组织结构来看，因新疆地域特点和资源禀赋不同，经营体的组织结构和运作模式也各具特色，但总体依然处于传统的运作和流通模式（图 1）。

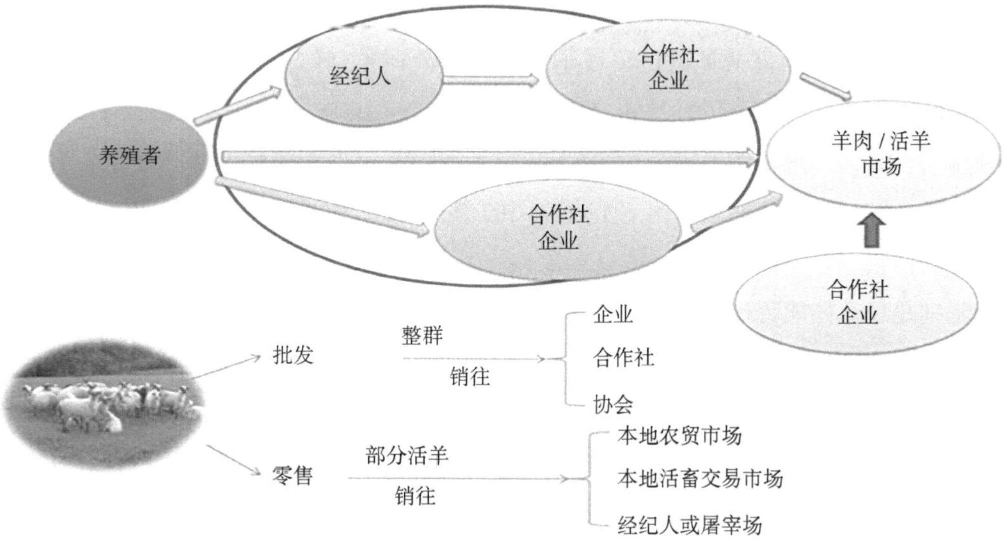

图 1　新疆羊从养殖到产品的流通过程

新疆南部地区干旱缺水，人均耕地较少，多为维吾尔族聚居区，主要以林果业和农区畜牧业生产为主，畜牧业经营体普遍带有家族式合作特性，特别是牛、羊养殖合作社，具有较明显的"合作社＋农户"的家族成员自办型特征。如和田地区的曼爬克农民养殖专业合作社，家庭成员分别负责采购、养殖和销售工作，作为合作社的一部分，其屠宰场只做屠宰而不做加工，一是因为喀什市场冷鲜羊肉需大于供，胴体都难以满足市场需求，所以不需要进行深加工；二是南疆地区为维吾尔族聚居区，其饮食习俗是以冷鲜肉为主，不喜食冻肉，当地精深加工肉产品市场不足，难以收回加工成本。这种组织模式的社员关系较为松散，基本以满足地方需求为主，在饲养管理、养殖技术、疾病的预防治疗等方面缺乏交流，其带动能力、发展能力、影响力和抵御风险的能力都有很大的局限性。

新疆北部地区降雨高于南部，拥有较为丰富的草地资源，多为哈萨克族聚居区，农业生产多以草原畜牧业为主，牧业经营体多为联户经营和养殖大户经营模式，拥有一定规模的标准化养殖场（区）和较为规范的专业养殖合作社。北疆地区昌吉州的“草畜联营”合作社具有“养殖场（小区）+ 合作社 + 农户”的结构特征，虽然有技术交流、信息互通的优势，也制订了股份分配机制，但因其缺少龙头企业的带动或介入，未形成有效的产业增值链和利益分配机制，不仅局限了合作社的增收渠道，也难以实现既定的股份分配方案，致使合作社还处于“合”而未“作”的状态，受合作效益的影响，其带动和示范作用也未能完全体现出来，同时这种合作模式防范和化解风险的能力较弱，当不确定因素发生时，容易导致合作社的解体。

相对于南北疆而言，东疆地区拥有较好的资源、地缘和交通优势，且以农业和半农半牧业生产为主。部分地区已形成了一定的“公司 + 合作社 + 农户 + 基地”的牧业联合经营组织，如哈密市伊吾县的北牧农民专业合作社与喀尔里克公司形成了“公司 + 基地 + 合作社 + 农牧户”的肉羊养殖、畜产品加工、生产和市场销售产销链，开展了畜牧业循环经济的生产模式，拓宽了农牧民的增收渠道，建立了相对稳定的利益分配机制，但因畜牧产业和畜产品市场的高风险性，其合理、稳定的利益共享、风险共担和保险机制则是经营体能否稳定持续发展的关键因素。

2. 合作经营组织类型与数量变化

据新疆农经部门统计，截至 2015 年年底，全区：专业大户总数 72 183 个，从业人数 28. 37 万人，雇工数量 12.29 万人。全区各种类型的专业大户中，种植大户 31 631 个，占比 44%，其中，种粮大户 12 428 个，经营面积 247. 32 万亩，占全区耕地面积的 5.4%；种棉大户 9 992 个，经营面积 282. 12 万亩，占比 6.2%；林果大户 3 954 个，经营面积 41.26 万亩；蔬菜大户 1 915 万个，经营面积 16. 57 万亩；设施农业大户 2 009 万个，经营面积 9.38 万亩；其他种植类专业大户 1 333 万户，经营面积 50.3 万亩。养殖大户 40 529 个，占比 56%，其中，养牛大户 6 317 个，存栏 45 万头；养猪大户 1 113 个，存栏 33 万头；养羊大户 14 923 个，存栏 275 万头；禽类大户 17 990 个，出笼 1 316 万只（羽）；水产大户 186 个，产量 17 507t。2015 年，专业大户年经营收入合计 147.7 亿元，其中收入在 10 万元以下的 44 347 个，占专业大户总数的 61%；收入在 10 万～ 20 万元的 19 992 个，占比 28%；收入超过 20 万元的 7 844 个，占比 11%。

各类家庭农场 577 个，被县级农业部门认定的 545 个。家庭成员劳动力 1 354 人，常年雇工 955 人。种植类家庭农场 418 个，占比 72%。从事粮食产业的 104 个，占种植类家庭农场的 25%，其中经营土地面积 50 ～ 200 亩的 25 个，占比 24%；经营土地面积 200 ～ 500 亩的 44 个，占比 42%：经营土地面积 500 ～ 1 000 亩的 19 个，占比 18%；经营土地面积 1 000 亩以上的 16 个，占比 16%。畜牧类家庭农场 132 个，占家庭农场总数的 23%。种养结合的家庭农场 17 个，占比 3%。其他类型的 9 个，占比 2%。2015 年，全区家庭农场年销售农产品总值 21 587 万元，其中销售收入 10 万元以下的 284 个，占比 49%；10 万～50 万元的 200 个，占比 35%; 50 万～100 万元的 40 个，占比 7%；100 万元以上的 53 个，占比 9%。

合作社总数 20 960 个，其中国家级示范社 120 个，自治区级示范社 1 623 个，合作社成员数 55.77 万户，成员及带动非成员数占总农户数的 53. 5%。种植业合作社 5 468 个，占比 26%，经营面积 401.37 万亩，产量 455.2 万 t，其中粮食产业合作社 1 005 个，种植面积 130.4 万亩，产量 78.8 万 t；林果业合作社 2 232，占比 11%，经营面积 94.42 万亩，产量 78.81 万 t；畜牧业合作社 9 680 个，占比 46%，牛、猪、羊的存栏量分别为 71 万头、186 万头和 619 万头，禽类出笼量 2 251 万只（羽）；水产业合作社 137 个，养殖面积 9.45 万亩，产量 2.26 万 t；服务业合作社 1 697 个，占比 8%；其他合作社 1 746 个，占比 8%。2015 年，全区合作社经营收入 728 836 万元，盈余 101 358 万元，占经营收入的 14%。其中经营收入在 10 万元以下的 10 946 个，占比 52%；经营收入在 10 万～50 万元的 5 121 个，占比 24%；经营收入在 50 万～100 万元的 3 397 个，占比 16%;经营收入超过 100 万的 1 496 个，占比 8%。

龙头企业总数 1 019 个，员工总数 12.45 万人，其中国家重点龙头企业 31 个，自治区级龙头企业 326 个，地州级龙头企业 662 个。2015 年龙头企业销售收入 7 098 251 万元，销售收入在 1 000 万～3 000 万元的 388 个，3 000 万～5 000 万元的 285 个，销售收入在 5 000 万元以上的 279 个。

根据自治区工商局统计，截至 2017 年 11 月底，新疆市场主体总数已超过 141 万户，其中企业 30.6 万户、个体工商户 106.56 万户、农民专业合作社 3.86 万户。根据中国客户网数据，截至 2017 年 7 月底，新疆羊的养殖行业企业 3 753 家，比 2016 年的 3 026 家增加 727 家。

3. 合作经营组织的运行成效

一是增强了农畜产品的市场竞争力。农牧民专业合作组织的建立，改变了农牧户个体作战、势单力薄、参与市场竞争能力有限的局面，能够组织分散的农牧户实现统一生产标准、统一注册产品商标、统一市场销售产品，使牧户在市场竞争中赢得与其他市场主体平等的地位，加强了产销衔接，解决了畜产品“贱卖”和“卖难”问题。

二是推进了农牧业产业化经营。专业合作社组织的发展，促进了资产的有效重组，带动了各种要素的合理配置，实现了生产的联合。

三是加快了富余劳动力的有序转移。随着农牧民专业合作社的组建，合作社吸收本地富余劳动力，尤其是有文化的青年人群参加进来，并通过专业合作社的服务部提供劳务信息来介绍就业，从而有效解决了富余劳动力转移和就业问题。

四是增加了农牧民收入。首先，农牧户相互联合，提高了市场谈判地位，避免了无序竞争，提高了农畜产品的销售价格，维护了农牧民自身利益；其次，将生产、加工、销售各环节联为一体的经营模式，农牧民可以从出售农畜产品中直接收益；最后，由于产业链条的延伸和拓展，农牧民可以通过合作社的再分配机制，获得产后加工、流通环节的增值收入。

（二）典型案例介绍

1. 增强农畜产品市场竞争力方面

新疆伊犁巴口香实业有限责任公司按照国际无公害畜产品“良好操作规范（GMO）”和“危害分析与关键点控制（HACCP）”作为养殖生产的标准和要求，向农牧民提供统一养殖技术，按照统一标准组织生产，并由公司统一收购，统一屠宰。确定察布查尔锡伯自治县堆依齐牛录乡堆依齐牛录村兴农养殖专业合作社作为新疆伊犁巴口香实业有限责任公司的持股单位，将扶持龙头企业的财政资金30%所形成的资产作为参与项目建设的农民专业合作社持有的股份，在项目投产运行后，由项目单位以固定、利润和保本等多种形式对农民专业合作社或农民进行分红，充分保障农民权益，在龙头企业和农民专业合作社之间建立“收益共享、风险共担”的紧密型利益联结机制。以市场经济的手段加强对农牧民养殖户的各项服务工作，使企业与农户，企业与肉牛购销组织之间，建立一种长期稳定的合作关系，并以合同的形式，把生产、加工、销售、服务各个环节有机地联合起来，形成龙头带基地，基地连农户的经营模式，逐步建立产销一体化的畜产品加工体系。

生产的“巴口香”牌系列清真冷鲜、冷冻、精分割牛、羊、马肉，中高档西餐用肉、牛肉干及“叼羊”牌牛肉串等已占据疆内外诸多市场，部分产品也远销中亚各国。公司已建成包括农业种植、畜牧养殖、屠宰加工、精深加工和营销网络为一体的全产业链运营体系，并在成都、北京、上海、沈阳、深圳、武汉、江苏设立了7个办事处。开办了“慕家”餐厅店中店，推出以自产牛肉为特色的餐饮连锁店和自产系列品牌产品店中销售的商业化运营模式，在郑州设立了分仓中心，并以购买服务的方式解决了冷链物流配送问题。

2. 推进农牧业产业化经营方面

伊宁县伊新牛羊养殖农民专业合作社形成了“新疆托乎拉苏牧业有限公司 + 合作社 + 养殖户 + 基地”的运作模式，在自有草原基地进行自繁自育的同时，还与周边数百位牧民合作开展绿色养殖，实行统一饲养、标准化、科学化管理，注重优良品种改良工作，坚持经济效益和社会效益相结合的原则，秉承“只要有力气就能够致富”的理念，积极引导和带动周边广大农牧户致富，结合当地可用资源现状，为贫困户调配饲喂配方，既降低了贫困户购买饲草料成本，也使当地资源得到了充分利用。达到出栏标准的牛羊按照行业标准分割加工成排酸冷冻牛羊肉制品、高档西餐牛排系列产品等进行销售。生产的“西牧源”品牌牛羊肉制品在疆内外享有较好口碑，产品远销全国各地的农贸、超市及餐饮连锁店，并在伊宁、乌鲁木齐、兰州、西安、成都、上海、南京等地设有直销门市部，2016 年在伊宁市开设了自产牛肉的餐饮门店，实现了生产、加工到消费的全链条经营与管理体系。

3. 加快富余劳动力转移方面

伊犁福润德农牧业发展有限公司产品以 O2O 模式进行销售，线上与顺丰优选、天猫、京东、苏宁易购等知名电商合作，线下销往疆内各地及北京、上海、广州、长沙、重庆等城市，建立了航空、铁路、公路一体化的冷链物流。公司以“公司 + 合作社 / 养殖户 + 基地”的方式进行合同签约式订单收购活畜，带动周边牧民养殖积极性，同时带动饲草料种植、食品加工等相关产业发展，并在特克斯县、巩留县开发建设了规模化畜牧产业基地，直接创造就业岗位 500 多个。

4. 利益联结与互惠互利方面

哈密市伊吾县北牧农牧民养殖合作社本着“先让利于民、后发展企业”的理念，把发展利润向农牧民倾斜。一是从服务上让利于民。合作社在饲料、药品、配种等服务中只向社员收取成本费；在培训、防疫、保健、疾病诊断、手术等方面实行免费服务，对疑难病症，由合作社免费外聘专家提供诊疗服务，合作社社员可享受优先技术服务。二是在收购上让利于民。凡北牧合作社社员登记入社的肉羊，由合作社统一交公司收购，年末返还红利。此举不仅提高了农牧民入社的积极性，也增加了养殖肉羊的积极性，实现了“产业富民、合作惠民”的宗旨。三是合作社以明码挂牌的方式公示收购价，进一步加大了市场收购价格的公开性，增加了养殖户的选择性。目前全县 50% 以上的羊肉基本都通过公司外销，同时借助援疆项目，与双汇超市达成合作，并在郑州建立了20多个超市；同时与北京巴依老爷集团合作，在集团餐饮店设立了店中店。在循环经济和拓宽就业方面，利用牛羊粪肥进行大棚蘑菇种植，再把菌渣用于草场施肥。组建了巾帼打馕协会，形成了伊吾县盐池馕的品牌，拓宽了农牧民妇女就业渠道。通过研究分析可以看出，伊吾县“企业 + 合作社 + 社员 + 基地”的联合运行模式中，公司给银行投入保证金的方式，有效缓解了合作社、社员贷款难的问题；公司、合作社、农牧民一次分红和二次返利的分配方式，不仅让农牧民从一次分红中获得了原料生产（活畜交易等）的效益，而且在二次返利中又从产品（羊肉等）市场销售价格中再次获益，这种分配方式也有效促进了养殖户的养殖积极性和加入合作联社的热情；地方政府的支持和龙头企业的加入，从资源、资本、技术、市场等多个维度整合了产业链条，不仅使产业链上各个环节都得到了有效的衔接，而且使联合体中每个主体都有了更多、更稳健的盈利机会，实现了公司、合作社、农牧户的三方共赢。联合体组织结构见图2。2014年伊吾县北牧合作社被评定为“国家农民合作社示范社”（农经发〔2014〕10）。

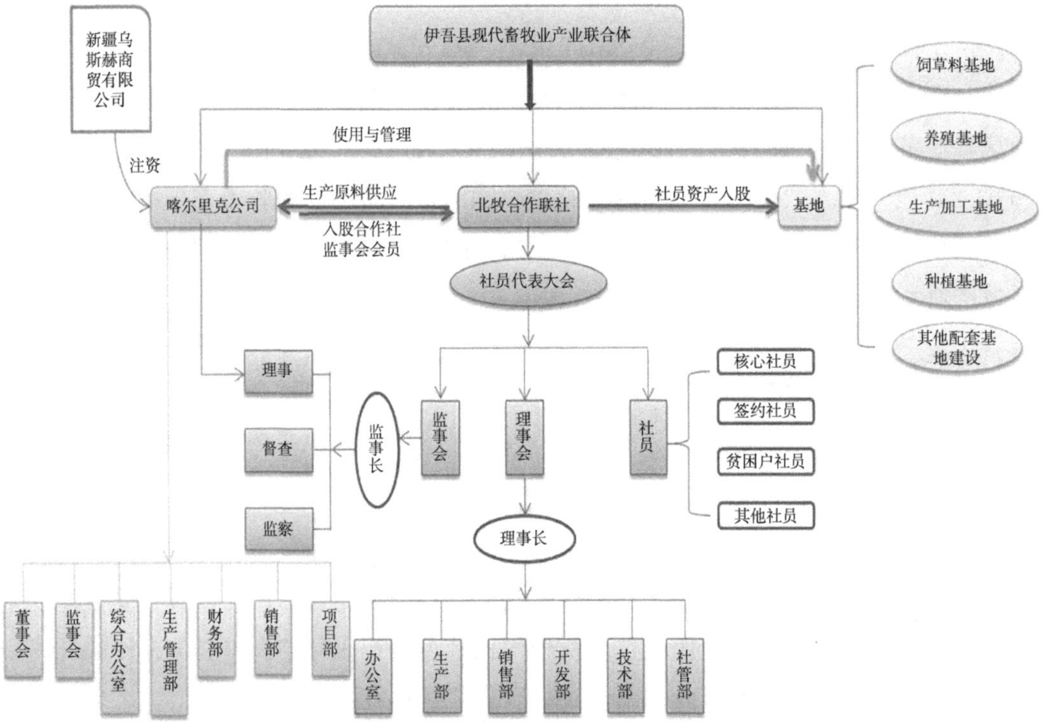

图2 新疆哈密市伊吾县“现代畜牧业产业联合体”模式

二、发展中面临的主要问题

（一）新疆牧业经营主体结构单一，专业化、组织化程度不高，管理不够规范

牧业经营体主要以养殖大户、产业化龙头企业、畜牧合作组织、养殖小区为主，单从合作社组织形式来看，合作社应该是由成员所有并为成员服务的企业，它既不是针对贫困者的慈善机构，也不是服务大众的公益组织，而是由一定范围内的人们为了满足共同的需要而组建的企业。既然是企业，就要以企业的规则去运作，但目前受专业化和组织化程度低、人员经营与管理能力和水平差等因素限制，加之支持和扶持合作组织发展的金融、保险、人才和体制机制方面的相关政策不够健全，自治区大部分合作社既没有企业经营所必需的资产，也未能按企业方式去运行和管理，有些合作社虽然是由成员入股组建的企业，但还是以所有从事同行业生产的农牧民为交易对象，成员与非成员并无明显区别。加之合作社立法和相关法规的缺乏也影响着合作组织的规范化发展，没有合作组织立法就没有合作组织的法律地位，因此导致合作组织难以以独立法人身份与产业链相关主体进行交易，不仅影响其活动的开展也难以保障其合法权益。

（二）新型牧业经营体人才短缺、合作意识和契约精神相对淡薄

虽然大多数农牧民和合作社都能够在县、乡政府支持下开展农牧业生产活动，并通过新疆畜牧科学院获得养殖技术的支持和辅导，但从合作经营来看，也存在对合作社不了解、对合作社牵头人缺少信任和缺乏契约精神的现象，多数合作社内部管理混乱，面临资金和懂养殖、懂经营与懂管理的人才短缺等问题，目前大多合作社都是家族式或亲朋好友联户经营模式，可以维持小规模经营，但难以面对大市场也难以扩大经营规模，致使发展空间受限。同时受环境、资源、文化习俗、生产生活习惯等因素制约，目前自治区大部分牧民对新型牧业经营体的概念不够理解，害怕自身利益受损，而且部分地区的基层干部也缺乏相关培训技巧和切合实际的发展规划，加之一些“空心”“挂牌”等“僵尸”社的存在和影响，导致农牧民对新型牧业经营体系望而却步。据区农经局调查统计，全区 8 866 个村，现有农民专业合作社 20 960 个，平均一个村 2.38 个合作社，但入社社员 55.78 户，仅占全自治区总农户数的 20%。例如，和田地区在工商部门登记的合作社有 1 800 家，但在农经部门备案的合作社为 673 家，备案率只有 37%；伊犁州在工商部门登记的合作社有 2 500 家，但在农经部门备案的合作

社为 1 358 家，备案率为 54%。此外，由于畜牧业生产的长周期和高风险特性以及市场因素的不确定性等因素影响，部分农牧民过于看重眼前的利益和趋向于风险最小化、收益最大化，即使与企业签订了合同，在市场价格高于企业收购价格的时候，农户选择将农产品卖给第三方的现象也多有存在，特别是市场价格的波动，也会导致企业或农户为降低采购成本或者增加生产收益而选择改变（放弃）既定的生产合同约定，造成另一方的利益受损。

（三）扶持力度针对性不强，扶持政策难以落地

虽然财政支农资金在不断增加，但支农政策尚未形成合力，大多数政策也主要以支持民生事业、农村基础设施建设和传统农户为主。一些规模较小的专业合作社和龙头企业，很难得到项目和资金的扶持，特别是针对牧业经营体发展的扶持资金和补贴政策更加缺乏。各级政府和行业主管部门也没有从产业融合视角制订支持经营体发展的实施规划和细则，涉牧领域主管部门间政策措施、补贴标准各自为政、缺乏整合现象较为普遍，再加上申办手续、程序较为烦琐，在很大程度上影响和制约着养殖合作组织和畜牧产业的发展。新一轮退耕还林还草总体方案中，退耕还林每亩补助 1 500 元、退耕还草每亩补助 800 元；在鲜活农产品流通中羊胴体可以算作鲜活农产品走绿色通道，但分割后的冷鲜肉则不属于鲜活农产品，不能走绿色通道，但包装后的冻鱼则属于鲜活农产品，可以享受绿色通道优惠。储备肉补贴标准南北疆有差异，当肉羊补贴提高时，肉牛存栏就会减少，结果势必导致牛羊肉生产和市场供需的不平衡，2015 年起牛肉价格持续上涨至现在超过羊肉价格就是一个印证，而畜牧业生产周期长的特性又决定了这种不平衡难以在短期内自然恢复，依靠进口增加或平衡供需又会反过来影响养殖户的养殖积极性。近年来，国家、自治区出台了一系列惠农强农政策，支持农业新型经营组织发展、创新，但相关部门没有出台具体的实施细则致使政策操作困难、实施效果不明显。另外，经营组织从组建到运营要准备环评、防疫、食品卫生许可等相关前置材料，还要经过工商、税务、土地、畜牧等行业主管部门审批，整个过程不仅耗时耗力，同时也需要相应的资金支持，加之各部门间行业政策的不统一及部门之间沟通缺乏等现象也严重滞后了扶持政策的实施和成效。但为了保障企业的正常运行和效益，同时也为了保持企业与合作社关系的稳定、持续发展，企业不得不承担包括市场、还贷等资本投入的风险，一定程度上也增加了企业的风险负担，同时受经济下行压力以及畜产品关税和保护政策等因素影响，政策性银行也降低了信用风险等级，企业资金链断裂的风险也会波及合作社的运行。

（四）产业链利益联结机制障碍，牧业经营体弱势地位明显

各级政府扶持新型经营体发展的支持力度决定着经营体的发展规模和格局，产业融合各部门间的政策、资金、项目、信息等沟通协调不畅同时也影响着新型牧业经营体产业链的整合程度。畜产品从生产到形成商品是从畜牧业向商业转化的一个过程，整个过程涉及多个行业主管部门和多个利益体（图 3）。在这个过程中抛开中间环节来看，从牧到商的区别实际也是牧民和商人在思维方式上的不同，商人永远是商人的思维方式，而牧民，特别是传统型牧民却难以摆脱长期形成的思维定式和小农心态，因此在整个产业链环节中，处于前端养殖环节的经营组织弱势地位更加明显，进一步加大了龙头企业与农户对接的障碍。从目前公司制与合作经济组织制度特点来看，公司制企业制度构建的是一个开放性的“资本化组织”，而合作制经济组织则是一个以自我服务为主的经济组织，具有开放性差的非资本化组织特征。公司制企业制度追求企业资本最大限度地保值增值，可以为公司的长久发展和股东的最大权益区参与市场竞争，而合作经济组织多是以农牧民自助自立方式组成的非营利性的互利互惠组织。特别是在股金分配上，合作社的股金入股自愿、退股自由，股金只能获得利息不能分红，且股金的利率又有严格的限制，一般不能超过市面通行的普通利率。公司制与合作制在机制、利益分配、生产成本等方面的不同无形中也增加了龙头企业与牧民合作组织联结的难度。

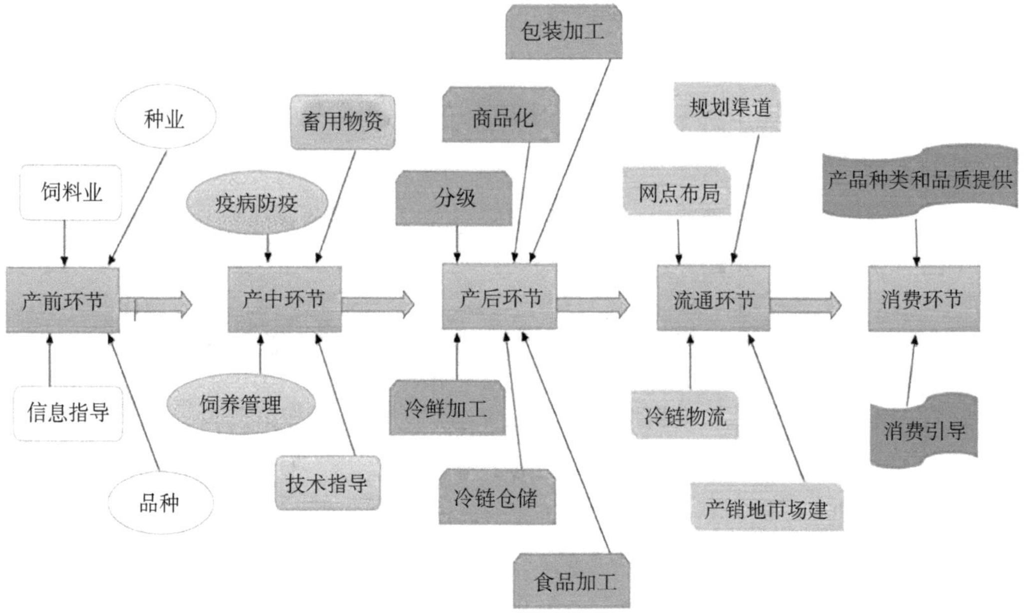

图 3 畜产品全产业链各环节利益相关者关系

（五）品牌概念模糊、建设管理不到位

品牌是人们对一个企业及其产品、售后服务、文化价值的一种评价和认知，是一种信任，也是一种商品综合品质的体现和代表。随着社会的进步和经济的发展、人民生活水平的提高，消费者结构也发生了很大变化，当维持生理需求的物质消费得到基本满足后，人们在精神方面的消费需求就表现得越来越突出，消费者在选购商品时，比以往更加注重心理和情感上的满足，此时，品牌的作用就变得越来越重要了，好的商品等于好的价格，这一点在服装、化妆品、家装及奢侈品消费上表现更为突出。受传统营销观念的影响，畜产品销售很大程度上依然处于“生产者—批发商—零售商—消费者”的传统模式，随着市场经济的发展，这种单一的营销和品牌传播渠道已不能适应品牌畜产品的建设与发展。同时，畜产品品牌建设方面的法律法规缺失，也难以有效遏制品牌侵害事件，面对疆外品牌的涌入，新疆畜产品品牌也面临着巨大的竞争压力，利益驱动下的盲目地方保护主义意识纵容了本地品牌的不正当竞争，品牌乱象却削弱了产品的市场竞争力。目前新疆巴口香系列产品虽然具有一定知名度和影响力，但在国内市场份额占比依然不高，如“西域春”“西牧源”“途阔”等畜产品品牌知名度和影响力远不如新疆的红枣、葡萄、哈密瓜、馕、大盘鸡等商品。2015 年，“中国最具价值品牌排行榜”75 个入选食品饮料行业品牌中，畜产品品牌只有 9 个，其中乳制品品牌 6 个、肉制品品牌 3 个，但作为牧业大省的新疆畜产品品牌却未能进入 500 强名单，再从近年来国内外畜产品食品安全事件发生率来看，新疆没有大的畜产品食品安全问题，所以说对品牌重视度和认识度不足不能不说是品牌发展的一大憾事。在管理上，缺乏理论指导和完整的品牌管理模式，在品牌定位上以自我为中心，忽视了目标消费者的需求，缺乏品牌管理、市场建设与培育、配售和服务网络、畜产品精加工与包装等方面的技术支撑和研发与创新能力，也是导致新疆生鲜畜产品品牌在发达市场上品牌认知度低的重要原因之一。

（六）缺少与现代畜牧产业融合发展相配套的社会化服务体系化

随着国家产业发展政策的调整、畜牧业供给侧结构调整和草食畜牧业的转型发展，牧区生产方式、生产目标、生产目的都发生了很大变化，特别是生产经营也从传统的以满足自给的“万物俱全”式生产开始向通过交换满足他人需求的自给半自给性生产和专门化的大规模商品生产转变，伴随产业融合发展趋势，产业链链条也在不断延伸，经济体所需的服务从内容到类型也在随之变化，但与其发展相适应、相配套的服务体系依然不够健全，特别是跨地区、跨行业的金融、保险、适用技术成果、人才培养、市场信息

等综合服务体系严重匮乏。

三、国内外牧业经营体的经验做法

（一）国内经验

1. 青海省门源县

（1）门源县永兴生态农牧业开发有限公司模式

公司包括永盛农牧机械专业合作社、永兴饲料加工厂和永旺绿色肉牛示范基地三大部分，是青海省农牧厅定点畜禽规模养殖场和农牧业产业化省级重点龙头企业，以及集畜牧、科研、改良、推广为一体的正规化畜牧养殖基地。

①永盛农牧机械专业合作社。永盛农牧机械专业合作社是门源县种草养畜及产品加工技术集成与示范基地。合作社与农户签订收购协议，种植的牧草及啤酒大麦由永兴饲料加工厂以保护价收购，保障了基地农户的种植利益，调动了当地牧民的种植积极性，带动农户 2 500 户，种植优质牧草、啤酒大麦等创收可达 2 500 万元，通过基地建设实现了饲草料种植的规模化、机械化，在保障饲草料来源的基础上，减少了流转环节成本，扩大了经济增长点，同时保障了饲草原材料的绿色健康品质。

②永兴饲料加工厂。永兴饲料加工厂生产的“金花”牌配方饲料在长期的市场销售过程中不仅得到门源县广大农牧民的认可，同时也销往海南州、果洛州和玉树州等地。

依托“龙头公司 + 基地 + 合作社 + 农户”的经营模式，永兴生态农牧开发有限公司形成的“种植业 + 加工业 + 养殖业 + 销售市场”绿色循环产业链，不仅有效降低了原材料的周转成本，提高了生产效率，同时也增强了企业的抗风险能力。

③永旺绿色肉牛示范基地。永旺绿色肉牛示范基地专业合作社本着“为客户创造价值，为自己创造未来”的理念，以“公司 + 合作社 + 农户”的经营模式，带动农户 100 余户，体现了民营企业灵活的管理优势，与当地农户建立了良好的合作经营模式。

模式一：为养殖户自己养殖的牛羊以入股的方式参与合作社的养殖、屠宰及销售的生产流程，最终按所占牛羊销售比例获取分红收入，同时，农牧户还可以通过在养殖场就业来提高收入。

模式二：为签订收购合同，经过对农牧民养殖技术的培训和指导，提供养殖饲料及羔羊和犊牛进行统一管理，并经过严格的检疫程序回收成品牛羊，保证市场需求及农牧民的牛羊销售。

（2）门源县麻莲草业有限公司模式

该公司是一家以舍饲养殖、饲草种植、销售为一体的规模化、集约化、现代化饲草基地，形成了以“青饲草种植—草产品加工—牛羊育肥”为主的产业链，经营范围以饲草种植、加工、青贮、销售及畜牧生态养殖为主。2016 年，公司种植青饲草 4 300 亩，专业合作社、农户种植面积达 8 000 多亩。依托集约化种植项目，不仅能够保证当地舍饲养殖业对饲草的需求，也能带动周边农户的经济效益，可对县域饲草加工业和舍饲养殖业发展战略的实施起到重要的保障作用。

2016 年，公司争取到麻莲乡扶贫资金 500 万元，用于发展饲草产业、助推麻莲乡精准扶贫工作。一是每年按 500 万元扶贫资金的 6%（即分红资金为 30 万元）给麻莲乡 209 户（贫困人口 806 人）建档立卡的贫困户进行分红，每户分红 1 435 元。二是与麻莲乡 170 户贫困户（贫困人口 648 人）签订了收购价为 360 元 /t 的青饲草收购协议，鼓励引导贫困户种植饲草 1 013 亩，户均增收 4 171 元，人均增收 1 094 元。

从门源县牧业经营体发展模式中可以看到，其合作主体构成上是以农牧民为主体，多元化兴办。专业合作组织既有牧民和牧区经纪人自己创办的，也有乡集体经济组织牵头办的；合作领域上形成了覆盖农牧区主导产业和优势特色产业的专业合作组织网络，涵盖面也从单纯的农畜产品销售发展到了种植、养殖、加工、运输、信息和销售等多个领域；在合作机制上按照有执照、有组织、有场所、有章程、有制度、有档案、有实体的“七有”标准来规范，在专业合作经济组织发展中逐步完善合作社章程，建立健全组织机构、财务管理、民主决策、盈余分配等管理程序和制度，改变发展初期运作无序的不规范现象，管理结构和股本结构不断优化。

2. 内蒙古自治区呼和浩特市

畜牧业是带动内蒙古自治区（以下简称内蒙古）呼和浩特市农民增收的优势产业。全区现有国家级龙头企业 38 家，自治区级龙头企业 556 家，中国驰名商标 66 件，获得农业部农产品地理标志登记保护证书的产品 57 件，名优特企业 159 家。目前全区销售额在 500 万元以上的农畜产品加工企业已达 1 849 家。除伊利实业集团股份有限公司和蒙牛乳业（集团）股份有限公司外，蒙羊牧业股份有限公司（简称蒙羊牧业）的崛起与繁荣又开辟了新的发展模式。

蒙羊牧业股份有限公司创新和完善了农企利益联结机制，一方面开拓创新产业思维，用新模式助推传统农牧产业优化升级，另一方面通过标准化的全产业链质量安全管控体系推进产品质量提升，保障消费者食品安全，探索出了“羊联体”合作新模式（图 4），2016 年 9 月，荣获内蒙古自治区农牧业厅颁发的“龙头企业与农牧民利益联结实效突出企业。

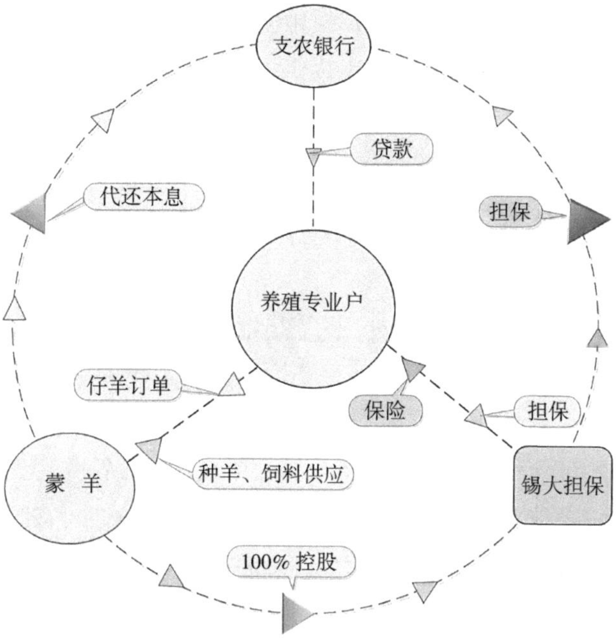

图 4 内蒙古蒙羊牧业股份有限公司“羊联体”模式

（1）“羊联体”模式

采用“基地 + 农户 + 公司 + 银行 + 担保公司 + 保险公司”的模式，一是为农牧民提供了担保和资金支持，二是通过推广“五个标准”“六个统一”为农牧民提供优质的种羊和养殖技术服务，三是解决了农牧民无稳定市场的问题。这种模式既稳定了企业的羊源，也为高品质羊肉产品的生产加工提供了完善的上游环节。而在“羊联体”模式实施过程中，蒙羊牧业与农牧户在自愿、平等、互利的前提下，在为消费者提供绿色、新鲜的羊肉的同时，也能够通过羊联体模式、运营活畜交易中心等多种方式提高广大农牧民的收入。

在“羊联体”模式下，养殖户可以通过合作养殖与放母收羔等多种模式与蒙羊牧业进行合作。在合作养殖模式中，蒙羊会协助合作养殖户寻求支农银行购羊贷款并对其进行担保。合作户养殖肉羊达标后，蒙羊会根据当年羊只收购市场价确定保证养殖户收益的“保护价”对肉羊进行收购。收购后本着当日屠宰、当日结算的原则，蒙羊牧业代合作户偿还购羊贷款本息并将利润返还合作户。在“放母收羔”模式中，蒙羊牧业将向合作户供应与贷款金额相符并达到合同标准的基础母羊及种公羊，合作户只需在 3 年内向蒙羊牧业缴纳符合标准与数量的羔羊。完成交羔任务后，蒙羊牧业代合作户偿还银行贷款本息，投放母羊及任务外羔羊归合作户所有。

到目前为止，蒙羊牧业是内蒙古地区第一家为肉羊投保的企业，已为17家包含巴彦淖尔市、鄂尔多斯市、包头市、呼和浩特市周边地区的肉羊养殖大户投保了肉羊养殖险。这一惠民举措不但为农牧民增收致富提供了全新的方法与借鉴，也从金融保险维度为农牧产业创新发展注入全新活力。与此同时，蒙羊牧业还在合作全程为养殖户提供配种、饲料、技术、防疫等服务，从多方面解决牧户的养殖难题，使养殖户在突发疫情或遇到自然灾害时也能保证生产生活，成为值得牧民信赖的“定海神针”。

（2）合作育肥业务模式

蒙羊牧业对有意向合作户的养殖能力、场地、经验、有效抵押资产等情况进行综合审核确定符合条件的合作户；确定合作后，由蒙羊牧业出资成立的锡大担保公司或由合作户自行寻找担保公司对其进行担保，蒙羊牧业协助合作户寻求支农银行购羊贷款；贷款成功后与合作户签订合作育肥合同，将与贷款金额数量相符并达到合同标准的羔羊投放给合作户，合作户进行育肥；育肥羊达到标准后，蒙羊牧业对育肥羊进行收购。蒙羊牧业根据当年羊只收购的市场价格确定“保护价”。若收购时市场价格低于保护价，蒙羊牧业以保护价对育肥羊进行收购；若此时市场价格高于保护价，则按照市场价格进行收购；合作育肥户履行合同约定，将育肥羊卖给公司后，蒙羊牧业本着当日屠宰、当日结算的原则，代合作户偿还购羊贷款本息并将利润返还合作户；合作期间蒙羊牧业全程可提供饲料、耳标、屠宰、防疫、技术、剪羊毛、修羊蹄等服务，大型合作户将派技术人员驻场。截至2016年6月，蒙羊牧业共发展合作育肥户108家，年育肥出栏210万只。

（3）放母收羔业务模式

蒙羊牧业对有意向合作户的养殖能力、场地、经验、有效抵押资产等情况进行综合审核，确定符合条件的合作户；确定合作户后，由蒙羊牧业出资成立的锡大担保公司或由合作户自行寻找担保公司对其进行担保，蒙羊牧业协助合作户寻求支农银行进行购羊贷款；贷款成功后与合作户签订合同，蒙羊牧业供应与贷款金额相符并达到合同标准的基础母羊及种公羊；合作户3年内每只基础母羊需向公司缴纳3只毛重22.5kg以上、满3个月的断奶羔羊。完成以上交羔任务后，蒙羊牧业代合作户偿还银行贷款本息，投放母羊及任务外羔羊归合作户所有。任务外羔羊，蒙羊牧业可按市场价格对其进行收购；合作期间蒙羊牧业提供配种、饲料、技术、防疫等服务，大型合作户派技术人员驻场。截至2016年6月，蒙羊牧业共发展放母收羔合作户135家，投放母羊8万只，收羔羊24万只。

同时，蒙羊牧业运用“互联网+”模式，通过运营活畜线上交易平台“六畜旺旺”，使供需双方直接对接，不仅简化了几个中间交易环节、降低了企业采购成本，在增加了农牧民收益的同时也降低了消费者的购买成本，实现了多方受益。蒙羊牧业把体系化的思维引入到农牧产业的发展，让农牧民、企业和消费者共同合作，不仅保障了产业链的发展，同时打造了稳固、安全、美好的肉羊生态圈。

此外，蒙羊牧业用工业化的思维发展农牧产业，以工养牧，提升农牧民养殖环节的利润，以商活牧，用商业化的思维盘活农牧产业市场，有效提升了产业层次、提高了产业运行效率、降低了成本，在增加农牧民收入的同时，也让消费者吃到了物美价廉的安全食品。

3. 中国台湾精致农业向文创农业的转型

用文化和创意手段去改造农业，农业会把生产、生活、生态更加完美地呈现在你面前。把文化创意和农业产品相融合，使中国台湾在创意农场和个性农产品品牌的各个方面都折射出文创的影子。在产品差异性方面，即便只做一个产品，也要力求做精做强。如南投县信义乡的“梅子梦工厂”，由原来单纯的梅子种植产业，发展成为包括梅子种植、梅子产品加工、梅子休闲观光和梅子文化创意在内的新兴产业链，把梅子做成了纪念品，梅子酒也承载了各种故事，厂区成为休闲游览区，“梅之乡”的梅子减产但梅子产业却连连增收，“梅子梦工厂”一个品牌融合了多重产业，不仅为当地带来了巨大经营收益，也形成了独具特色的信义乡梅子产业文化。在营销方面，更加注重风土人情的挖掘和传统文化的嫁接。中国台湾“芳荣米厂”成功地挖掘了当地农村古早味的原生态风华，经营到四代，经济结构转型为服务导向，芳荣米厂御除剥削印记，米厂走向合作之路，不但产品能持久于市场，更有着深厚的企业文化。在产品设计上，中国台湾许多著名的农牧场，在产品设置中都通过借助文化创意的力量，来创造更多的消费价值。例如台湾的清境农场，在优美的自然生态的基础上，借助文创转型，在场景设计、活动创意、产品概念等方面提升农场的趣味性及其多重消费价值。农场中的风车图腾设计，成为农场随处可见的人文景观；动物泥塑装置，令儿童游客喜出望外；采用网络语言形成设计产品名称，也吸引了无数青少年。再如台湾的飞牛牧场，摒弃原来单纯的养殖业态，实现文创转型，成为连接一至四产业的家庭休闲、娱乐消费场所。牧场中设立专门的儿童画场所，展示儿童画牛作品，令农场成为儿童画房，引发家长持久消费；原来单纯的养殖场，成为少年儿童的动物知识教习场，养殖场工具房，成为电视剧拍摄地和游人纪念照片拍摄处。在品牌建设上精心寻找灵感，创意产品包装。例如，中国台湾著名的掌生穀粒，采用原住民纺织的特色花布作为包装材质，充满了浓浓的在地文化气息；用古朴的牛皮纸制成传统口袋状外形，搭配上纸藤封口手柄，再配上白色棉纸以及传统书法文字撰写，十分古朴自然，形象价值从客户体验来看恰到好处，这是掌生穀粒的起点也是原点。掌生谷粒品牌在传统产业中加入创意，并以创意为核心，实现文化再生、创造品牌的品牌经营模式，不仅迎合了精致消费、文化消费、象征消费时代，更使其成为产业创新的先驱者。

（二）国际做法

1. 美国家庭农场为主的模式

家庭农场是美国农业生产、服务和技术推广的最基本组成形式和经营单位，大多数联合经营的农场和公司化运营的农场也都以家庭农场为依托，因此也可以说美国的农业就是在农户家庭经营的基础上运行的。根据美国农业部的标准统计方法，美国家庭农场可以按照不同经营者的身份划分为 4 种：自有农场（Full Owners）、分成制农场（Part Owners）、经理制农场（Managers）和佃农制农场（All Tenants）。而根据农场主对其所经营土地的所有权情况，美国家庭农场可以分为业主制、合伙制、公司制等多种组织形式，其中公司制又分为家庭公司制和非家庭公司制。截至 2007 年年底，全美有家庭农场 210 多万个，其中大约有 86%的农场由个人性质的农场主拥有，占总农场面积的 65.1%，合伙制农场的面积大约占 10%，公司制农场只占 3%。美国以家庭农场为主的经营主体具有与其农业发展水平相符合的特点，土地经营规模调整的灵活性较大、产品生产的专业化程度越来越高、产供销过程的契约化程度越来越高。纵观美国大中型家庭农场的经营特点，一是经营规模化和组织方式多样化，经营规模化表现为农场数目的减少和经营规模的扩大。二是在生产经营专业化方面，美国把全国分为 10 个“农业生产区域”，每个区域主要生产一两种农产品。北部平原是小麦带，中部平原是玉米带，南部平原和西北部山区主要饲养牛、羊，大湖地区主要生产乳制品，太平洋沿岸地区盛产水果和蔬菜。并在这种区域化布局的基础上建立和发展了生产经营的专业化。三是经过几十年的探索，建立了将共有土地以低价出售给农户、建立家庭农场的农业经营制度并促进了美国西部开发的热潮。

2. 日本“农业协会”发展模式

日本的农业资源禀赋较差，人多地少、山地多平地少、以小规模农户为主。日本的“农协”组织在推进现代农业发展的过程中起到了至关重要的作用，尽管农协并不是日本现代农业的直接经营主体，但其在代表农民谈判、组织协调、监督管理等方面都发挥了不可替代的作用。目前，日本全国有 99%的农户都加入了各类农协组织，农协组织的数量已经达到了820个。“农协”虽然不直接参与生产经营，但是它却在日本农民农业生产、经营的各个环节发挥着非常重要的作用，提供科技、教育、金融服务，组织农户规模性的参与市场竞争等，综合性服务为日本直接农业经营主体参与生产、市场竞争提供了重要的渠道和支撑。

3. 以色列农业合作组织发展模式

以色列是一个自然资源尤其是水资源十分匮乏的国家，其占总劳动力4%的农业人口却创造了10%的国民生产总值。其中以各级农业合作组织的经营主体和服务主体发挥着关键作用。合作组织分为基层和区域以及全国性的，基层组织负责与农民联合抓具体生产经营，区域性组织致力于农产品销售等，全国性组织服务于农业长远发展战略和技术，值得强调的是在农业合作组织的支持下，以色列农业科技在全世界名列前茅，创造出了“沙漠农业”奇迹。

4. 韩国“农业协同组合”发展模式

以农民自主性组合为基础，制定了《农业协同组合法》，通过协同组合为组员提供技术、资金、信息等服务，帮助扩大和流通组合成员生产的农产品销路，在提高农民的经济、社会、文化地位和农业竞争力的同时也改善了农民的生活质量、保证了国民经济的均衡发展。韩国农协的农业合作社采取了自上而下（先建立农协中央会，后建立基层农协）的组建方式，在组织体制上为基层农协和农协中央会两级组织型，中央会有利于直接听取基层农协及组合员的意见建议，有利于实现合作社的规模效益。韩国农协以一定的区域为活动范围，按一定行政区域中心设立基层农协，并为组合成员提供生产、生活所需的全方位、多层次的综合性服务，包括金融、保险、农户经营指导、生产资料和生活资料的供应、农产品销售以及农用机械与设施的共同利用等内容。建立了农协中央会与银行业援助基层农协的相互金融，对韩币2 000万元以下减免利息所得税有效提高了商业银行的竞争力，设立了负贷款制度，对农林水产业者建立了信用保证制度；在教育及辅助业务上重点开展新知识农业人培养、协同组织培养、生产支援生态环境友好型农产物、土壤审定、营农现场咨询、农村信息化、农民免费法律服务、农村医疗福利、农民权益维护和爱农村活动等相关内容（图5）。

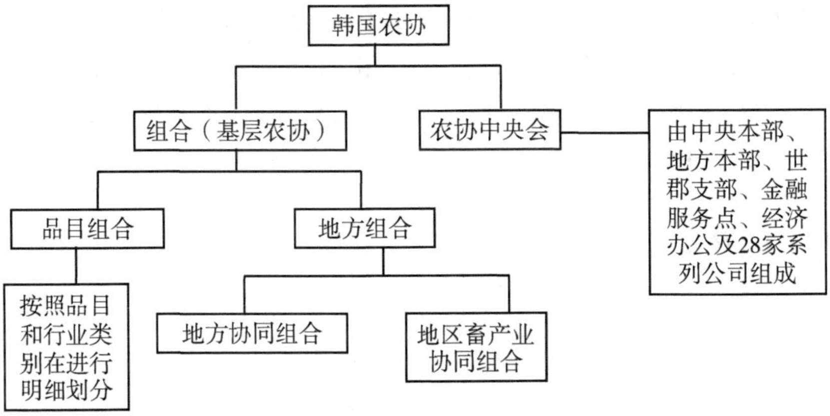

图 5　韩国农协组织机构

四、新疆不同牧业经营体比较分析

（一）组织模式比较

近年来，在国家、自治区各项惠牧政策的扶持下，草原畜牧业正朝着“集约化、规模化、产业化和设施化”方向稳步发展。但牧民组织化程度低、经营方式粗放、设施建设滞后、抵御自然灾害能力弱等问题，依然是畜牧业发展的障碍。因此，牧业经营体的发展，对畜牧业的转型发展增添了动力。目前，新疆主要的牧业经营体有养殖大户（专业户）的经营模式、家庭牧场经营模式、联户经营模式、合作社经营模式和“企业+合作社+其他”经营模式（表 1）。

表 1　畜牧业经营体组织类型比较

模式类型	组织形式	优势	劣势
牧户（散户）	单户家庭独自经营	管理成本低，易于调整养殖数量和结构	饲养成本高，商品率较低，风险防范能力弱
养殖大户（家庭牧场雏形）	以家庭成员为基础，成员内部进行分工	易于管理，可有效降低饲养管理成本，具有一定的规模效益，易于调整养殖数量和结构	防范风险能力较弱，市场话语权和市场占有率不高
联户经营	以家庭成员、亲朋好友为基础建立的较为松散的合作模式	可有效降低饲养管理成本，具有一定的规模效益和风险防范能力	契约关系不紧密，组织管理较为松散，易受外界因素干扰导致信任危机

（续表）

模式类型	组织形式	优势	劣势
养殖合作社	按照合作社法及相关要求成立的专业合作组织	管理规范、服务能力较好，市场等风险防范能力较高，有益于规模化、标准化生产	管理透明度较低，管理者管理水平参差不齐，经营不够规范，影响合作社示范带动效应
龙头企业 + 农户 + 合作社	由龙头企业牵头发起，组织农户、合作社共同参与的经济利益联合体	管理规范、服务能力较好，市场等风险防范能力较高，有益于规模化、标准化生产	管理透明度较低，管理者管理水平参差不齐，经营不够规范，影响合作社示范带动效应；利益分配机制会影响合作关系、效益

牧户、养殖大户和家庭牧场为基础，以农民合作社、龙头企业为支撑的畜牧业经济合作组织，具备了向新型牧业经营主体升级的基础和条件。

1. 养殖大户（专业户）经营模式

养殖大户统指种植或者养殖的规模明显大于传统分散经营农户的养殖户，其主要特征是在家庭经营的基础上，牧民以家庭为单位养殖的牲畜数量较多，以畜牧业收入为家庭的重要收入来源。养殖大户以家庭自有劳动力和基本生产工具为主，并利用各级、各部门提供的社会化服务进行经营。目前，新疆的养殖大户主要集中在草原畜牧业养殖，养殖大户具有大面积的天然草场和牲畜数量。当然，养殖大户的牲畜养殖规模在各地区的规定各不相同。

对养殖大户的认定目前没有特定的标准，通常采用农业农村部畜牧业数据统计监测的统一口径。主要的畜禽养殖品种大户标准如下：生猪年出栏 500 头以上为规模场；年出栏 50 头以上为专业户。家禽年出栏 10 000 羽为规模场；出栏 2 000 羽为专业户。肉牛年出栏 50 头以上为规模场；年出栏 20 头以上为专业户。肉羊年出栏 300 头以上为规模场；年出栏 50 头以上为专业户（表 2）。

表 2　养殖大户与规模养殖场的划分

畜种	年出栏数	认定结果
生猪	500 头以上	规模场
	50 头以上	专业户
肉牛	50 头以上	规模场
	20 头以上	专业户
肉羊	300 头以上	规模场
	50 头以上	专业户
家禽	10 000 羽	规模场
	2 000 羽	专业户

养殖大户保持了户营为主的特点，牧户的经济利益和其经营状况具有直接联系，经营状况较好，经济利益将会较大，反之，经济利益将会较小。相对于散户养殖来说，养殖大户克服了经营规模过小的弱点，但是保留了家庭经营的优点，牧民的积极性能够得到充分的发挥。根据对养殖大户的实地调研，养殖大户的养殖基地平均为 3 000m^2，固定资产投资为 67 万元，劳动力人数为 3 人，贷款数目为 13 万元，牲畜养殖量平均为 733 只，畜产品产值为 60.8 万元，净利润为 23 万元；但养殖大户注册商标数，对产品进行有机认证数较少，没有得到财政资金的扶持力度也较弱。

2. 家庭牧场经营模式

家庭牧场是家庭农场的一个演变，家庭牧场是以家庭成员为主要劳动力，从事畜牧业规模化、集约化和商品化生产经营，并以畜牧业收入为家庭主要收入来源的新型农业经营主体。自党的十七届三中全会提出可以在有条件的地方发展家庭农场之后，家庭农场逐渐成为我国新型农业经营主体的一个重要类型。

家庭牧场的特征是：一是家庭经营。家庭牧场是在家庭承包经营基础上发展起来的，同一般的专业大户相比，家庭牧场在生产经营的稳定性、集约化水平和经营管理水平等方面具有更高的要求，但二者都属于家庭经营。家庭牧场经营单位的主体仍然是家庭，家庭牧场主是所有者、劳动者和经营者的统一体。在保留家庭承包经营传统优势的同时，家庭牧场也吸纳了现代农业生产要素，是对家庭承包经营制度的发展和完善。二是畜牧业生产的适度规模化。家庭牧场必须达到一定的规模，才能够融合现代畜牧业生产要素，具备产业化经营的特征。三是市场化经营。遵循市场和畜牧业生产规律，实现盈利才是维持家庭牧场持续发展的前提。四是企业化管理。改变松散性管理模式，用企业化管理制度管理家庭成员和家庭牧场的运行，规范的运营管理是保障家庭牧场可持续发展的基础。

从我国对家庭农场的政策可以看出，家庭农场具有国家承认的经营许可证，而家庭牧场国家并没有出台相关的许可政策，因此，家庭牧场只是本文中根据家庭农场的概念赋予的名称。新疆各县（市）根据其自身特点，成立了自己的家庭牧场，并且每个县（市）对本县（市）家庭牧场的评定标准不尽相同。随着家庭联产草畜双承包责任制和牧民定居工程的推行，新疆草原畜牧业生产经营方式发生了很大变化，一些畜牧业经营能手的牲畜饲养数量不断增加，成为养殖大户（家庭牧场）。如果按照牲畜拥有量作为确定家庭牧场的标准，存栏 500 只标准畜的牧户北疆已经占到总牧户数的 0.6% 左右，南疆占到 0.3%，如果按 0.4% 计算，已有 1 500 多户牧户可以算作大规模的家庭牧场。调查中发现，虽然这部分牧户已具有较大的饲养规模，但距离家庭牧场的要求还有一定的差距，需要政府部门规范、扶持、引导其向标准化、规范化、商品化、产业化方向发展。

3. 联户经营模式

联户经营模式是在家庭经营的基础上，对畜牧业生产资料进行联合经营的一种模式。不论是统计数据还是调查数据，不论是南疆还是北疆，都反映了一个不争的事实就是随着人口的不断增加，小规模饲养户的数量占据了相当大的比例。这部分小规模牧户为了提高劳动效率，节约放牧成本，自发地形成了以两个或两个以上牧户，将所承包的草场和牲畜进行联户经营，这种经营模式还占有相当大的比重。这是由新疆的草场资源特点决定的，是当前新疆草原畜牧业转型的主要经营模式。这种模式因缺乏规范化引导还处于初级阶段，牧户之间都是通过口头达成的协议进行合作，有很大的随意性，是牧户自发组织形成的。通过调研可知，联户经营模式是一种牧户之间的合作机制，牧户之间建立信任关系，并将生产资料联合，每户草场进行联合经营，牲畜实现统一放牧的形式。家庭联户经营牧户段某，家庭牲畜为 350 头（只），与 12 户农户联合放牧，对牧户的草场进行整合，共计 1.8 万亩天然草场，牲畜数量 1 000 头（只），进行联户经营，2017 年纯利润为 20 万元。

4. 牧民合作社经营模式

牧民合作社是牧民在家庭承包经营基础上，按照自愿联合和民主管理的原则组织起来的互助性生产经营组织。牧民合作主要包括生产合作、生产资料合作、农产品加工销售合作和金融信贷合作等。牧民合作社是通过牧民之间的合作与联系，能够解决牧户传统的家庭经营的规模化低下、经济效益低的问题，可以通过生产资料、技术、资金等合作，提高集约化水平，提升产业化水平。

牧民合作社的基本特征：一是家庭承包经营为基础。牧民合作社是以牧民为主体，牧民自愿组织，但不会改变牧民家庭联产承包责任制的组织。二是以服务社员为根本。牧民合作社是牧民或小生产者组成的利益共同体，根据组织成员的需要来开展经营活动，利用合作社的力量维护牧户的利益，提升牧户的市场地位，也就是所谓的“生产在家，服务在社”。三是具有互助性质。牧民合作社是牧业劳动者进行自我服务的经济组织，加入牧业合作社的成员，都是在畜产品生产、经营或销售领域提供服务的牧业生产经营者。这种互助性的特点决定了合作社“对成员服务不以盈利为目的”的经营原则。四是效率优先，兼顾公平。牧民合作社通过牧户之间经济联合的方式，优化牧业生产资料和各种资源的配置，根据市场需求，利用统一生产、统一经营和集体谈判等途径实现牧户利益的最大化。牧民合作社遵循牧民自愿加入的原则，规定牧民合作社的每个成员在组织内部的地位都是平等的，并且实行“社员民主管理原则”，在决策上坚持以人为本的“一人一票制”。合作社多由中小农户在自愿联合的基础上进行集体加工和销售，社内各项事务由所有成员共同协商，合作社的收入一般也是在扣除必要的开支费用和积累资金后，按照每个成员投入的多少进行分配。

从新疆阿勒泰地区青河县 11 个牧民合作社的调研分析来看，合作社的基底平均建设面积为 1 500m^2，平均固定资产为 226 万元，平均劳动力人数为 5 人，平均年度劳动力培训 4 次，平均每个合作社贷款 100 万元，政策支持资金平均为 66 万元，平均畜产品产值为 62 万元，净利润为 15 万元。牧民合作社没有注册畜产品商标和开展有机认证。合作社多为家人或亲戚、朋友之间的合作，有一定的户主性，但在服务社员、维护社员权益、提升牧户地位特别是防范风险和利益分配方面较为薄弱。

5.“企业＋”经营模式

在联合国粮农组织的研究报告中，农业企业被认为是农产品价值链的非农联系环节。农业企业用订单合同或合作等方式与农户建立利益纽带，通过带动农户进入市场实现产供销、贸工农一体化，并且通过对农产品的加工、处理、运输和销售，将农业领域与消费者联结起来。农业企业包括农产品生产企业和为农产品的生产提供直接或间接服务的企业，其主要特征是：他们都是涉农的企业，可以是从事农产品产供销一体化经营的企业，也可以是从事一体化经营中某一个环节的企业；他们把农业产业链联结在一起，实现了农业产前、产中和产后的一体化经营，在进行管理创新的基础上降低了企业经营成本，多元化的运作更为明显；此外，同其他产业不同，农业在生产经营中还会受到自然因素的影响，农户需要承担比较大的自然风险，这就要求农业企业在产业化经营中能够为农户承担部分自然风险和市场风险。

从新疆“企业 +”经营模式的调研来看，选择的国有牧场为且末县昆其布拉克牧场，农业企业有塔城地区三农农牧发展有限公司、玛纳斯县现代良种牛繁育有限公司、伊犁巴口香公司 4 家，均具有企业牵头，联合合作社、养殖户提供生产加工用商品畜或牧草等，企业延伸有食品加工、餐饮服务等内容，有自己的冷链配送渠道和消费市场；“企业 + 合作社”模式经营的为“新疆大唐盛汇农牧业科技有限公司 + 塔城市博孜达克三牧养殖专业合作社”以及青河县广源种养殖专业合作社，都是在农业企业带动下从事畜禽养殖，以订单生产方式为企业提供商品畜。企业带动下的经营模式，基底建设面积较大，基地建设面积平均为 60 万 m^2 左右，固定资产投资平均每个企业为 160 万元左右，劳动力人数平均为 200 人左右，6 个企业中注册商标达到 4 个，有机认证 2 个，畜产品产值平均为 935 万元，平均净利润为 51 万元。

（二）畜牧业经营主体合作利益关系分析

牧业经营体的利益关系的讨论，要从畜牧产业链来看，包括产前、产中、产后、流通和消费环节，每一个环节都有各自独立的运营形式和经营主体。产业链上各主体的利益分配形成了畜牧业产业的利益关系。

畜牧产业依托组织架构的产业化经营模式基于散户转型至联户经营和家庭牧场阶段。作为经营模式中的基本组成单元，联户经营组织、家庭牧场、合作组织、龙头企业和政府主导的服务机构进行密切合作、实现各种资源和功能优化配置，实现效益最大化。如“活畜市场（专业市场）+ 政府主导的服务机构 + 龙头企业 + 家庭牧场（联户经营）”的产业化发展模式。在政府的领导下，或者龙头企业的带动下，可建立活畜交易市场，通过拓展牲畜的销售渠道，带动有组织的牧户规模化养殖。“龙头企业 + 合作组织 + 联户经营（家庭牧场）+ 政府主导的服务机构”也是一种比较高级的综合经营模式，其特点是合作组织由牧户（家庭牧场）组织成立，组织代表牧户（家庭牧场）利益协调与龙头企业、政府主导的服务机构的关系。政府主导的服务机构为各自单元提供服务，龙头企业与合作社签订购销合同，统一支付收购款，并给予适当的资金、技术支持和必要的人才培训，合作组织为牧户（家庭牧场）提供饲养管理技术。因此，牧业经营体合作的利益关系，可根据各经营体不同的性质进行组合，形成各具特点的利益联结关系；根据牧业产业链分析，牧业经营体的合作是一二三产业的融合，从整体上真正解决畜产品销售问题，各环节的利益联结关系形成了产业融合的条件。从目前的调研来看，养殖环节是畜产品的来源，但是养殖环节的利益却是这个产业链中较为薄弱的环节，因此，在以后研究中，希望通过一二三产业融合研究，将产业链上各环节利益联结机制进行系统分析，通过政策引导，对各环节利益进行合理分配。

1. 联户经营的合作方式

随着人口的不断增加，新疆小规模饲养户的数量占据了相当大的比例。这部分小规模牧户为了提高劳动效率，节约放牧成本，自发地形成了以两个或两个以上牧户，将所承包的草场和牲畜进行联户经营，这种经营模式所占有的比重之大是由新疆的草场资源特点决定的，也是当前新疆草原畜牧业转型的主要经营模式。这种模式因缺乏规范化引导还处于初级阶段，牧户之间都是通过口头达成的协议进行合作，有很大的随意性，需要政府部门进行正确的引导和扶持，使其向规范化、合作化的方向发展。

2. 合作社经营主体的合作方式

随着家庭联产草畜双承包责任制和牧民定居工程的推行，新疆草原畜牧业生产经营方式发生了很大变化，一些畜牧业经营能手的牲畜饲养数量不断增加，成为养殖大户（家庭牧场）。如果按照牲畜拥有量作为确定家庭牧场的标准，存栏 500 只标准畜的牧户北疆已经占到总牧户数的 0.6% 左右，南疆占到 0.3%，如果按 0.4% 计算，已有 1 500 多户牧户可以算作大规模的家庭牧场。调查中发现，虽然这部分牧户已具有较大的饲养规模，但距家庭牧场的要求还有一定的差距，需要政府部门规范、扶持、引导向标准化、规范化、商品化、产业化方向发展。

3.“企业 + 合作社”经营主体的合作方式

依托组织架构的产业化经营模式基于散户转型至联户经营和家庭牧场阶段。作为经营模式中的基本组成单元，联户经营组织、家庭牧场、合作组织、龙头企业和政府主导的服务机构进行密切合作、实现各种资源和功能优化配置，实现效益最大化。比如“活畜市场（专业市场）+ 政府主导的服务机构 + 龙头企业 + 家庭牧场（联户经营）”的产业化发展模式。在政府的领导下，或者龙头企业的带动，建立活畜交易市场，通过拓展牲畜的销售渠道，带动有组织的牧户规模化养殖。“龙头企业 + 合作组织 + 联户经营（家庭牧场）+ 政府主导的服务机构”也是一种比较高级的综合经营模式，其特点是合作组织由牧户（家庭牧场）组织成立，组织代表牧户（家庭牧场）利益协调与龙头企业、政府主导的服务机构的关系。政府主导的服务机构为各自单元提供服务，龙头企业与合作社签订购销合同，统一支付收购款，并给予适当的资金、技术支持和必要的人才培训，合作组织为牧户（家庭牧场）提供饲养管理技术。这种模式提高了牧户的组织性，节约了牧户直接进入市场与龙头企业交易的巨额费用，有效地解决了“小农户”与“大市场”的矛盾，提高了牧户的养殖积极性。

五、研究方法与结论

采取文献综述、实地调研、考察交流、专家访谈等方式收集汇总相关资料、数据，建立相关指标体系，运用 TOPSIS 法对数据进行分析和研究。结合以往学者的相关研究，基于新疆畜牧业经营主体的发展状况及变量数据的可获得性，选取 2014—2016 年新疆典型县畜牧业经营主体进行调研，包括养殖企业、养殖合作社、养殖大户等经营主体，评价指标体系包括 5 项一级指标、16 项二级指标。其中一级指标“基本信息”包括基地建设面积、注册商标、融资能力等，16 项二级指标主要反映经营主体的基本建设、规模及经营实力情况；“政策支持”包括财政扶持资金、固定资产投资总额两项内容，主要反映经营主体在政策方面的支持力度；“发展基础”包括机械化动力与饲草料基地面积两项内容，主要反映牧业经营主体的机械发展基础；“员工收入”包括管理人员平均工资和普通员工平均工资，主要反映经营主体内部员工的工资待遇水平；“畜牧业产出”包括牲畜养殖量、畜产品产量等 4 项内容，主要反映牧业经营体生产经营成果。运用 Topsis 法（逼近理想解排序法）构建模型，运用熵值法计算指标权重，对 28 家牧业经营主体综合情况进行分析后得出：28 家经营主体中，13 家“龙头企业”或者以“龙头企业 + 合作社”形式的经营主体均在前列。这一结果表明牧业经营体中企业参与牧业经营的重要性，以及采用“龙头企业 + 合作社”这种经营模式综合效益较佳，具有一定的比较优势。同时，随着农牧业产业化的发展，企业这一经营主体作为中国农业产业化快速发展的助推器，在各种产业化模式中的作用越来越突出，特别是“龙头企业 + 合作社 + 农牧户”等经营模式，能够拉长畜牧业产业化产业链，更好解决小生产和大市场的衔接问题，因此也将成为市场与牧户之间的桥梁，不断促进牧户与地方龙头企业之间的合作，能够最大限度提高信息的对称性，有效降低交易成本，最大限度平衡各方利益，为组织模式的长久发展提供保障。

六、新疆新型牧业经营主体优化组合模式构建及对策建议

（一）新型牧业经营主体优化组合模式构建

新疆牧业经营主体是在畜牧业经营主体大框架下形成的，政府在其中起到了较强的主导与调节作用，由此形成的经营体系在一定程度上有效促进了区域社会经济的进步与

发展；而牧户、企业、政府等参与主体的目标函数并不一致，各参与主体的利益分配机制与责任划分机制也不够完善，这又限制了经营体系的进一步完善，因此有必要在现存的运行机制的基础上，进一步对阻碍牧业经营发展的障碍进行排除，对部分路径进行纠偏。结合新疆区域、各地区生产生活方式及社会经济条件和发展水平本文提出以下几种优化升级模式。

一是小分散、大融合（产业内合作）模式，该模式主要推行区域以自给自足为生产生活方式的区域。二是链状合作（单链条）模式，该模式适用于区域范围内产业链各环节间能够有合作的可能性，可通过区域内“种养联合 + 农村电子商务”进一步强化。三是网状融合（多链条融合），即跨区域、跨行业的联合发展，该模式可通过引入政府主导的第三方服务支撑体系进行有效桥接。

1. 小分散、大融合（产业内合作）模式

首先，组合方式上。“小分散、大融合（产业内合作）”模式中，几家牧户自愿结成联盟，以协议等方式，成立一个利益共享、风险共担的组织，解决牧业生产链条中的技术、销售、服务、信息、市场等问题。为助力地区脱贫攻坚工作，首先可以将该类模式分为两种类型：一是“合作社 + 一般牧户”，另一类是“合作社 + 贫困户”。其次，在具体运作中，所需生产资料（草料、兽药、饲料甚至是草场等）可以由牧户自主成立的组织进行集中采购，这样可以降低因单个小户在市场上直接进行交易时带来的交易成本。再次，可以由政府主导的基层推广机构、金融服务机构统一提供配套服务，及时解决小户经营中的资金、市场等问题。最后，进行资源整合之后的小户，可以按照标准化养殖生产，统一产品质量标准，满足订单客户需求，也可以进行统一组织市场供应，进一步增强市场议价话语权，减少客户收购成本。因此，该模式适用于偏远、居住分散或交通、市场发育度不高、龙头企业无动力参与的地区。

2. 市场导向的产业协同发展模式

该模式可分为两种类型。一种是合作发起方做全链条成本估算与利润分配方案，各方达成一致签订合同实施。根据市场和所合作方需求进行生产或服务，物流企业服务于生产者和加工者，科技、金融、税收等社会化定制服务并通过相关法律、监督与监管体系全程追踪与监管政策、措施保驾护航。该模式适用于在城郊接合部、区域产业、经济较发达地区可以进行市场导向性的产业协同发展模式。另一种类型是通过资源整合，龙头企业拥有自己的养殖场、屠宰加工车间、冷链物流系统、市场、政策法律顾问及专业研发与营销团队，全产业链各环节的全部资源，成本、利润均可在自有体系内进行核算

与分成，通过自有相关配套服务体系，将交易成本内部化。该类型适宜于大中型全链条生产加工企业或涉农龙头企业。

3. 点状布局、网状融合模式

新疆畜牧业涵盖了农区、半农半牧区和牧区三大区域，但畜牧业主要分布在半农半牧区和牧区，因此，建立新型牧业经营体，必定要以现有或者成立新的组织协会为基础，打破区域资源的限制或垄断，整合区内、区间，行业内、行业间的有效资源，最终实现跨区域、跨行业的联合发展。该种模式主要依据规模性生产主体的资源禀赋优势，进行专业化分工标准化生产，采取定制式服务，通过产端的产量、存量、进口（购买），中间端的消费各环节主体以及市场端的需求、产品、品牌、质量、价格进行有效链接，实现三端布局与协作，成立集散中心、分流站点、加工点分布与主产品生产、品牌合作，并统一各自品牌产品生产、加工标准，按质、按标、按品种分类加工生产，统一配送，减少中间环节成本。该模式适宜于有较好经营基础和协调能力的各协会之间的合作，实现点状布局到网状融合。

（二）新型牧业经营主体发展的对策建议

新型牧业经营主体是顺应现代畜牧业发展和产业结构调整需求而诞生的一种跨产业、跨行业的新型合作与融合，“集约化、专业化、组织化、社会化、信息化”相结合是新型牧业经营体系的主要特征。李克强总理在 2017 年 12 月 13 日的国务院常务会议上强调“培育新型农业经营主体，尽量少靠行政支持示范基地等‘戴帽子’的办法，而应更多依靠改革并运用市场力量，实现公平竞争和优胜劣汰。”

新型牧业经营主体既涵盖了为产前、产中和产后提供专业化、市场化服务的专业服务公司、专业服务队、农民经济人等，也包括了畜牧业产中环节的生产经营组织。

在城镇化和工业化大背景下，农村劳动力流失严重，牧区传统经营主体分散、增值空间受限，从牧业经营体制来看，“谁来养畜”和“怎么养畜”是新型牧业经营体系建设最关键和最迫切的两个问题。从助力牧民增收来看，如何让农牧民在畜牧产业链中分享畜产品加工和销售等非牧产业链条的利润、从根本上改变养殖户在市场竞争中的弱势地位、依托新型牧业经营体助力农牧民脱贫增收是当前畜牧业发展中所急需解决的关键问题之一。通过研究，我们在新型牧业经营体培育方面提出如下几点建议。

1. 创新服务与管理模式，完善对龙头企业的支持力度

在管理机制上，新疆地域辽阔，资源禀赋与生产生活方式各有特色，区域畜牧业发

展差距明显，现实条件也各不相同，各级政府及有关部门应该根据当地的现实条件和畜牧业发展特点，慎重选取合适的牧业经营主体作为主要主体，同时也要适当发展其他形式的经营主体作为补充。各级政府要不断优化服务手段，做到政府引导而不参与、扶持而不干预，通过政府采购为经营体引进技术和物资，形成支持合作社发展的合力，做到“成熟一个、发展一个、规范一个、提升一个”，从供给侧结构调整入手，试点开展牧业经营体准入机制，确保资金、土地和经济体效益的最大化。

在扶持机制上，要加强农民合作社规范化建设，提高农民合作社发展社会认知度，对合作社采取差别化扶持政策。国务院出台的《企业信息公示暂行条例》中对农民专业合作社信息公示提出了要求，国家工商总局对农民专业合作社的年报、异常经营名录公示进行了规定，标志着农民专业合作社年度报告制度的正式出台。因此，也可以参考美国国家合作银行每年宣布一份全美合作社百强排名名单的做法，建立每年一次的全疆百强或五十强合作社排名，用以凸显这些合作社、企业在该年度的经济实力。建议把这一排名定为衡量全疆经营体发展状况的重要指标之一，并根据排名予以相应的项目或优惠政策等扶持。可以参考国内外的成功经验，进一步在组织管理和运行机制上进行探索和创新，制定出台适合于新疆南北疆不同区域的新型牧业经营体规章制度，明确新型牧业经营体的创办程序、组建规划、组织机构、内部制度、利润返还和成员的权利义务等内容，进一步规范经济组织内部运行行为；建立不同类型经营体考核指标体系，减少为项目或资金而合作以及经营管理不善的合作社数量。

在运输流通上，应根据家畜产品特点和畜牧业生产的风险，充分利用“鲜活农产品运输绿色通道政策”和“生鲜农产品流通环节税费减免政策”，一是在目录范围的鲜活农产品中增加冷鲜畜产品或分割肉产品的内容。二是在继续实行生鲜农产品流通环节税费减免政策的同时，加快制定对冷鲜畜产品和冷冻分割肉等流通环节的税费减免政策。

2. 基于资源禀赋制定新型经营体发展规划，形成产业集群

新疆不同地区因其资源禀赋不同，经营体发展的条件和模式也就不同，准确理解区域内合作组织的运行基础和发展潜力，是科学制定区域新型牧业经营体发展规划的前提，可以考虑在经济发达和市场化程度高的区域，布局发展以龙头企业为核心的多元化服务体系，在经济落后区域，则发展以政府涉农部门主导的农业服务体系。

自然资源，特别是饲草料资源是新疆草原畜牧业生产发展的基础，其空间分布及其组合对新疆不同地区的区域畜牧业发展和畜产品生产有着多方面的影响。加速新疆传统畜牧业向现代畜牧业的转型，就需要通过产业结构的调整、区域产业的合理布局和科技含量的提高，来协调和优化生态保护与牧区经济增长之间的平衡关系；通过区域集聚形

成有效的市场竞争，构建出专业化生产要素优化集聚洼地，使企业共享区域公共设施、市场环境和外部经济，降低信息交流和物流成本，形成区域集聚效应、规模效应、外部效应和区域竞争力，建立并完善区域间的跨区合作机制，进一步促进要素流动、引导产业的有序转移。

要因地制宜，以增强地方优势产业为目标，以现有经营能力强、带动效益好、发展潜力大的合作社为基础，立足现有资源禀赋以及养殖规模的实际，在产业链前端借鉴“专业合作社＋联户经营组＋农牧户”的运作方式，推动畜牧业结构调整，着力壮大提升羔羊、犊牛育肥、饲草料加工、标准化养殖等产业，使优势产业成为新型牧业经营体发展的良好基础，使新型牧业经营体成为优势产业发展的龙头，从而扩大产业规模，提升产品质量，实现生产经营效益最大化。

3. 遵从市场规律，强化畜产品品牌意识

在标准化、规模化养殖方面，一方面是要注重饲养和饲喂管理的标准化，生产适合企业加工标准需求的畜源，保障养殖户活畜销售的收益。另一方面要做好市场监测预警分析，并根据市场和企业生产加工需求，确定适度养殖规模以降低养殖成本和风险。

在品牌建设方面，一方面是要通过引导和宣传，逐步增强“商标兴农，商标富农”的意识。另一方面，要根据产业特点，有效发挥新型牧业经营体的组织力量，积极申报注册商标，将那些最具显著优势的畜产品特性通过商标充分地利用和保护起来，充分认识商标在畜产品走入市场中的重要性，通过广大牧民的参与后形成规模，由新型牧业经营体来推介打入市场形成优势。同时加强政府对合作社产品广告、营销、专卖店设置等方面的投入或相关费用的减免，鼓励合作联社参加农产品交易会、展销会等活动，并予以适当赞助，以扩大产品知名度和影响力。

4. 强化契约精神，健全利益联结机制

目前新型牧业经营主体总体数量偏少、层次偏低。根据合作社运转中出现的问题，要及时制定或健全完善符合农牧民专业合作社要求的内部管理制度，保障其操作运行的规范化，处理好服务与盈利的关系，做到内部不乱、外部吸引力不减，风险共担、利益共享。通过积极引导合作社与企业等其他经济组织，合作社与合作社间的结对活动，寻求“以企带社、以社带社”的资金援助渠道，拓宽资金来源，增强发展动力。注重畜牧产业链各主体间的利益联结和沟通协调，制定有益于龙头企业发展的长效扶持政策，探索稳定产业链各经营体间的利益联结和风险共担机制，通过龙头企业的带动，引导并带动畜牧业的适度规模化、产业化、组织化和信息化发展。

企业也应进一步创新和完善农企利益联结机制，与合作组织、农牧民有效深入对接，采取订单合同、价格保护、股份合作、服务协作等紧密型利益联结机制，将加工销售环节的部分受益让利给农牧民，与农牧民形成利益共同体和责任共同体。

5. 完善社会化服务体系，拓宽农牧民增收渠道

（1）新型牧业经营主体培育

不仅要在财政、税收、金融等方面扶持相关龙头企业的发展，也要积极培育中介组织，在加大对养殖户补贴力度的同时，更要注重对养殖户基础设施的投入，同时也要健全与现代畜牧业发展和新型牧业经营体培育相适应的社会化服务体系。加大对新型社会化服务体系建设项目的投入。依托项目为新型牧业经营体培养人才、提升服务水平；开展经营体运用电子商务平台进行信息获取和网上交易的技术培训，尽快搭建新疆“现代畜牧产业联合体”网络平台，并开展网上宣传和交易活动。

（2）部门协调机制

从肉羊到羊肉的产业链中，包含了畜牧、商务、工商、质检、交通、物流等多部门的管理、监督，同时也包括了养殖户、合作社、企业、商家、消费者等多环节的利益相关者。因此制定合理的行政部门管理、流通和市场信息互通机制，研究制定涉牧企业、合作社在畜产品生产、流通中的能耗补贴标准，实现降低生产与管理成本、降低经营风险、优化资源配置、提高经济效益的目的。

（3）风险保障机制

一是要建立各项畜牧业风险基金，降低牧民经营风险。风险的适用范围和补偿方法包括 3 个方面的内容：①疫情损失补贴，国家规定的疫情一旦发生后，对牲畜实施扑杀，给予一定的补偿；②专用于牲畜防疫的费用；③优秀经营者给予较高的补贴，鼓励牧民提高经营水平。风险基金可由政府、企业、牧民 3 家合理承担。二是要健全畜牧业保险制度。要结合新疆畜牧业生产的区域特色和生产特性，研发保险新品种；加大宣传力度、简化审批程序，提高农牧民参保意识；开展自愿和强制相结合的、适用于不同经营方式的畜牧业保险业务；强化服务意识，做到科学查勘、快速理赔，改进和规范理赔、承保工作流程，以及保险条款；适当调整养殖业保险补贴比例和标准；参考国内外成功经验，创新发展养殖业互助合作保险。三是鼓励畜牧业担保公司的发展，提高畜牧业融资效率。自治区各级政府应积极推动多元化、多层次畜牧业贷款担保中心的建立，为畜牧业发展融资提供更多的机会和更大空间。

（4）科技投入和人才培养

要加大对公益性科技成果转化的投入力度，培育新型职业农牧民、农牧民专业合作

社健康稳定发展的“瓶颈”性问题是人才资源，因此，要以提升合作社人员素质为切入点，提升合作社发展层次。同时，更要加强对合作社发起人、建设带头人和普通成员的教育和培养，以提升合作社的发展潜力。要建立业务培训制度，通过不同层面、多种形式的培训，使他们熟悉合作社理论和政策知识，增强管理意识、发展意识、创新意识，提高工作水平，减少经营决策的局面性和片面性，更好地引导广大牧民参与并办好合作社。

（5）金融扶持

建立相关部门联合的经营主体综合信用评级制度，建立不同经营类型、不同规模经营体的信誉动态评价体系，加大对利润高、影响力大、带动效益强的合作社、龙头企业的支持力度，既可直接补助资金，也可通过支持开展培训活动增加对经营体的智力投资，还可根据畜牧业生产特性，为认定的、企业信誉和效益良好的企业研究制定灵活、多样的金融产品、贷款利率和服务方式，在保证企业利益的同时也保障养殖户的利益。探索研发以村镇银行、贷款公司和资金互助社三类农村金融机构为贷款供给方的新型农村金融机构服务模式，进一步拓宽畜牧业金融服务的广度和深度、延长产业链条、打造产业链服务模式。

总体而言，党的十八届三中全会已经传递了“让市场决定资源配置”的信号，因此，牧业经营体系的构建也必须明确政府和市场的分工、合作，要以市场为导向，尊重现代草食畜牧业的发展规律；需要针对新疆牧业经营体发展中的问题，在政策、资金、技术、服务等方面提供有力的制度保障，进一步完善社会化服务体系特别是牧业金融、牧业保险体系、基本草原划定、土地与草地制度多方面的政策支持和协调。

参考文献

安琪尔，2015. 关于锡林郭勒盟新型农牧业经营主体的调查与思考 [J]. 内蒙古科技与经济（12）：13–15.

陈海燕，2014. 中国畜牧业政策支持水平研究 [D]. 北京：中国农业大学 .

陈伟生，2012. 统一思想，增强认识，全力以赴抓好畜牧良种补贴项目落实 [J]. 中国畜牧业（14）：23–27.

丁忠兵，2014. 相关利益群体视角下的牧业合作社治理研究 [D]. 北京：中国社会科学院 .

董帮应，2014. 基于规模经营视角的农户经营主体的变迁 [D]. 合肥：安徽大学 .

冯高强，2013. 安徽省新型农业经营主体培育研究 [D]. 合肥：安徽农业大学 .

郭健，2014. 建立完善利益联结机制推进农牧业产业化发展 [J]. 实践（11）：47–48.

黄胜忠，2014. 利益相关者集体选择视角的农民合作社形成逻辑、边界与本质分析 [J]. 中国农村观察（2）：18-25.

黄祖辉，刘颖娴，2014. 产品类型差异对农民专业合作社经营的影响 [J]. 青岛农业大学学报（社会科学版）(3)：7-14.

课题组，1998. 新疆牧区畜牧业的现状及发展对策 [J]. 新疆社会经济（1）：39-44.

课题组，2013. 金融支持新疆畜牧业现代化发展情况调查 [J]. 金融发展评论（11）：113-120.

李捷，刘娜娜，马永仁，2014. 基于产业链视角的新疆羊肉价值链分析 [J]. 草食家畜（4）：1-7.

李冉，沈贵银，王莉，2015. 我国畜禽良种补贴政策实施情况 [J]. 中国畜牧业（5）：30-32.

李尚玲，2009. 内蒙古自治区草原畜牧业补贴研究 [D]. 呼和浩特：内蒙古农业大学 .

李岩，2012. 黑龙江省农业补贴政策研究 [D]. 哈尔滨：东北林业大学 .

林秋平，李元辉，2014. 新疆农产品加工企业与农户利益联结模式的研究 [J]. 农村经济与科技（9）：63-65.

卢小玲，2009. 农业产业化经营利益联结机制研究 [D]. 太原：山西财经大学 .

马永仁，徐文修，朱美玲，等，2010. TOPSIS 法在设施农业种植模式综合评价中的应用 [J]. 新疆农业科学，47（12）：2 367-2 370.

穆月英，王艺璇，2008. 我国农业补贴政策实施效果的模拟分析 [J]. 经济问题（11）：87-89.

农业部，2016. 农业部发布 2016 年国家畜牧业补贴政策 [J]. 北方牧业学（4）：35.

冉元智，2010. 对我国畜牧业扶持政策的思考 [J]. 畜牧市场学（12）：15.

邵科，段晋苑，2014. 新型农业经营体系的内涵、特征与构建对策 [J]. 现代农业（2）：15-17.

邵科，朱守银，汪明，2014. 新形势下农业产业化利益联结机制完善的成效、问题与出路 [J]. 农村经营管理（7）：16-19.

宋启良，2014. 新型畜牧业经营主体发展现状分析 [J]. 当代畜牧（1）：31-32.

孙太清，2009. 农合组织利益联结机制应多种类型共同发展 [J]. 合作经济与科技（1）：24-25.

王娇，朱美玲，陈俊科，等，2017. 水资源要素对农牧民收入的影响分析 [J]. 中国农村水利水电（6）：197-199.

王勇，2014. 家庭农场和农民专业合作社的合作关系问题研究 [J]. 中国农村观察（2）：39-48.

王志刚，2012. 当前畜牧业相关政策介绍 [J]. 北方牧业（5）：34.

夏尚远，2013. 枣庄市新型畜牧业经营主体的发展现状、存在问题及建议 [J]. 山东畜牧兽医（10）：88-89.

新疆自治区财政厅农业处课题组，2012.T 支持新疆畜牧业发展的财政政策研究 [J]. 理财经纬（7）：5-7.

杨振波，任维滔，刘庆波，等，2014. 培育新型经营主体创新畜牧业产业体系——关于莱芜市开展培育新型畜牧业经营主体的专项调研 [J]. 中国畜牧兽医文摘（9）：7 .

尹兴宽，2008. 国外农业合作社的人力资本特征及启示 [J]. 商业研究（5）：213-216.

岳富贵，2013. 农区畜牧业产业化经营中的利益联结机制探讨 [J]. 北方经济（5）：64-65.

张宏霞，李嘉宣，2015. 中国人民银行乌兰察右中旗支行对乌兰察布市新型农牧业经营主体融资情况的调查 [J]. 北方金融（7）：66-68.

周振，谭玥琳，孔祥智，2014. 利益一致性、供销社推动与农民专业合作社的联合——基于河北省灵寿县青同镇农民专业合作社联合社的案例分析 [J]. 青岛农业大学学报（社会科学版）(1)：1-6.

李 捷 王 惠 王 琮 陈俊科 马永仁

新疆新型牧业经营主体发展政策研究项目支持

2017 年 10 月

国外草地保护措施对新疆草原保护建设的启示

根据新疆畜牧厅草原处要求，新疆畜牧科学院畜牧业经济与信息研究所政策经济研究团队对国内外草地保护及建设文献资料进行了收集、整理和分类，前往甘肃进行了考察，并与疆内外相关科研院所、各地州、县（市）畜牧局等有关单位专家、领导、农牧民进行了调研、座谈、交流。2015 年 11 月起结合调研数据和文献资源数据，对国内外草原保护建设政策进行了研究、分析和比对，从中总结出有益于新疆草原保护建设的经验与做法，为补充和完善新常态下新疆草原畜牧业转型发展中的草原保护政策提供借鉴与参考。

基于草地生态环境的多样性和复杂性，各国所制定的保护政策也有所不同，因此，本研究也对草地、草原和草甸以及世界主要草地农业生态系统进行了简单的介绍。

一、草地、草原和草甸

（一）草地（Grassland）

作为特殊的农业生产资料，草地具有草本植物占优势或有灌丛和稀疏乔木生长的景观。草地上的天然牧草和人工种植牧草为野生动物和家畜提供了饲料并成为其生存场所，因此草地具有初级（植物）生产到次级（动物）生产为主干的农学特征。

不同的学科对草地有不同的定义。地植物学上，把以草本植物占优势的群落称为草地；在草地学中，将以草本或灌木为主的植物群落通称为草地，甚至把疏林也包括在内。草地通常以多年生禾本科植物占优势，此外亦有以莎草科、百合科、菊科、蔷薇科、藜科、蓼科、豆科、唇形科，或者一年生植物为主的草地。

（二）草原（Steppe）

草原是生态环境脆弱地带，其建群种通常为多年生禾本科植物。分布于半干旱和半湿润地带，是以多年生旱生型草本植物占优势的水平或垂直地带性植被类型。

依据分布地区的热量条件及其优势种的温度生态型，草原被划分为热带稀树草原、亚热带草原、温带草原和高寒草原 4 类。前 3 类为水平地带性植被，后 1 类则属于垂直地带性植被。

世界各地的水平地带性草原，尽管降水量相差较大，初级生产力差别悬殊，但其共同特点是：每年都有一个气温较高、蒸发较强、干燥度较大的时期；季相变化明显；属于半干旱或半湿润气候。与此相适应，其优势植物通常叶片较小或狭窄，具有旱生结构，根系发达。

（三）草甸（Meadow）

出现在中度湿润条件下，以中生型多年生草本占优势，以富含腐殖质的草甸土为特征的植被类型。

草甸可出现在世界各地不同的植被带内，一般是非地带性植被。但是，其种类组成与地带性气候密切相关，特别是位于森林向草原过渡地带的草甸，具有明显的水平地带性特征。位于山地林线之上的草甸具有显著的垂直地带性特征。其形成和分布一般不受地下水的制约，而与大气降水和空气湿度有着密切的关系。根据不同的标准，草甸被划分为不同的类型，而草原地区的草甸类型会随土壤水分的改变而发生演变。

二、世界主要草地农业生态系统

（一）热带草地农业生态系统

大致分布在南北回归线之间，气候特点是全年高温，年平均温度在 22℃以上，光照 10 ～ 14h。根据降水、温度和湿度，热带可以分为不同的生态气候带，其中包括萨王纳（Savanna）草地、热带次生草地和卡帕拉草地。

1. 萨王纳（Savanna）草地

萨王纳（Savanna）草地定义为大致均匀散布着高大乔木、灌木和小树的同类热带草地。萨王纳是世界上重要的养牛基地之一，并有大量的山羊和骆驼，游牧是这一地区的主要方式。广泛分布于拉丁美洲、中部非洲（特别是东非）、澳大利亚北部、印度、东南亚和中国海南省的热带和部分亚热带地区。年降水量 500 ～ 1 500mm，每年有一个明显的旱季和雨季交替。

2. 热带次生草地农业生态系统

热带次生草地是指热带森林被消除后所形成的次生草地，其中一部分已经变成为永久性农田或人工草地。澳大利亚利用拉布豆、威地黄豆、木豆、桂花豆等豆科牧草改良热带次生草地，极大提高了草地生产力，成为世界上重要的肉牛基地之一。

3. 卡帕拉（Chaprral）草地农业生态系统

卡帕拉（Chaprral）草地农业生态系统泛指一切炎热干燥地中海型气候的常绿硬叶灌丛。卡帕拉年降水量 200 ～ 700mm，每年有一个明显的旱季。这一类型的灌丛草地分布在墨西哥及美国西南部。

（二）温带草地农业生态系统

温带草地是温带主要的天然植被类型之一，也是地球上主要的农业生态系统所在地。分布在南北纬 20° ～ 55°，其中最主要的有欧亚大陆的斯太普（Steppe）、北美洲的普列里（Prairie）、南美洲的潘帕斯（Pampas）和非洲的维尔德（Veld）。

1. 斯太普（Steppe）草地农业生态系统

欧亚草原统称为斯太普（Steppe）。原指西南亚与东南亚以旱生禾本科植物为主的草地，现在泛指欧亚大陆地势平坦开阔，排水良好，春季无水漫现象，以禾草植被为主的地区，是世界上面积最大的草原。自欧洲多瑙河下游起，呈连续带状往东延伸，经东欧平原、西西伯利亚平原、哈萨克丘陵、蒙古高原，直达中国东北松辽平原，东西绵延 110 个经度。气候特点是夏季炎热，冬季寒冷，年降水量 250 ～ 750mm，每年有一个旱季。

2. 普列里（Prairie）草地农业生态系统

普列里（Prairie）也称北美大草原或北美大平原（Great Plains）。分布于北纬 30° ～ 60°，西经 89° ～ 107°，是世界上面积最大的禾草草地。从加拿大南部起，纵贯美国中西部，直到墨西哥中部与萨王纳相接；东起伊利诺伊州西部和俄克拉何马州落叶林西线，西至落基山脉。是世界上草原经营现代化、生产效率最高的草地农业生态系统之一。

3. 潘帕斯（Pampas）农业生态系统

南美草原统称为潘帕斯（Pampas），意指平坦、广阔，以草本植物为主的地区。现泛指南美洲南纬 32° ～ 38°，亚马孙河以南，从大西洋海岸到安第斯山脉的广大地区。分为东部湿润潘帕斯（年降水量 800 ～ 1 200mm）与西部干旱潘帕斯（年降水量 350 ～

500mm）两部分。潘帕斯大部分分布在阿根廷境内，土层深厚，牧草丰美，为传统的印第安牧牛人的养牛基地。

4. 维尔德（Veld）草地农业生态系统

维尔德（Veld）草地也称南非草原，指各种类型的南非开阔地带，在某些地区与非洲萨王纳有所重复。主要分布在南非高原的东部与南部地区，大致从林波波河以南到西部的海岸地带。

5. 温带次生草地农业生态系统

温带次生草地主要指温带阔叶林和针叶林被砍伐后所形成的草地。其中一部分因森林恢复受阻，形成了以中生草本，含有灌木成分的草地或股丛草地；另一部分为以阔叶林为主的温带森林被砍伐后翻耕建立的人工草地。主要分布在欧洲、北美、新西兰、澳大利亚和日本。

（三）寒带和高山草地农业生态系统

寒带和高山为地球上生境最严酷的地区之一。年平均温度低于 0℃，最热月的平均温度不超过 10℃，生长季为 2—4 月。寒带的地带性植被为冻原，高山带位于山地森林线以上到常年积雪带之间。

1. 冻原草地农业生态系统

冻原草地由耐寒的北极—高山成分和北温带成分为主的藓类、地衣、小灌木和多年生草类构成的低矮植被，藓类、地衣较发达为群落组成的显著特点。

2. 高山草地农业生态系统

高山草地在世界各大洲的高大山系都有分布，我国的青藏高原为世界上最大的高山草地生态系统，欧洲阿尔卑斯山的高山草地因其早期的研究成果和独特的高山草地畜牧业著称于世。高山带的生态共同点是寒冷、昼夜温差大、强风、辐射强烈、空气稀薄、CO_2 含量少。高山草地各类型中，高山草甸以其降水量较多、草层密集、植物量相对较高，适于放牧牛、马、羊，局部地区甚至可刈割而最具农业生产价值。

（四）荒漠草地农业生态系统

荒漠是由超旱生的植物构成的群落。其特点是降水稀少，蒸发强烈，极端干旱，极强的大陆性气候，土壤粗瘠或盐碱化，多风沙，植被稀疏甚至无植被。但其最本质的特点还是干旱——物理干旱或生理干旱。荒漠在地球上主要分布在南北纬 20°～40°的地区以及沿岸有冷洋流经过的大陆西岸。

1. 热荒漠灌丛草地农业生态系统

热荒漠灌丛草地主要包括撒哈拉大沙漠、阿拉伯荒漠、塔尔和信德荒漠、美国南部和墨西哥荒漠、秘鲁—智利荒漠以及澳大利亚荒漠等。

2. 冷荒漠灌丛草地农业生态系统

冷荒漠灌丛草地主要分布在北美洲和亚洲的温带地区。平均温度低于热荒漠，多数情况下水分条件要好于热荒漠。北美洲的冷荒漠集中分布在美国西部的大盆地，故也称大盆地荒漠。苏联中亚荒漠根据气候条件分为北方荒漠和南方荒漠两大部分，北方为南哈萨克斯坦荒漠，南方荒漠以沙漠为主。我国的冷荒漠根据生态条件分为西部荒漠和东部荒漠两大部分，西部荒漠以准噶尔盆地的古尔班通古特沙漠为主体，同时还包括塔城和伊犁谷地的荒漠；东部荒漠包括塔里木盆地的塔克拉玛干大沙漠、柴达木盆地荒漠和河西走廊西部以及阿拉善—额济纳荒漠。

从世界主要草地农业生态系统来看，新疆基本属于荒漠草地农业生态系统的冷荒漠灌丛草地农业生态系统。

不同的草地农业生态系统，孕育了不同的动植物品种，进而衍生了不同的生产方式、生活方式、经营方式和组织形式，世界各国也从资源与生态保护和畜牧业发展的视角，制定了相关草地保护政策与措施。

三、中国草地资源类型

中华人民共和国草原法所称草原，是指天然草原和人工草地。天然草原包括草地、草山和草坡，人工草地包括改良草地和退耕还草地，不包括城镇草地。我国天然草地较集中的分布于北方干旱区和青藏高原。草地区划系统如下。

（一）东北温带半湿润草甸和草甸区

长白山山地丘陵草甸和灌丛亚区；兴安岭山地丘陵草甸草原亚区；三江平原低地草甸和沼泽亚区；松嫩平原草甸草原亚区；辽河平原沙地草原和山地暖性灌草丛亚区；呼伦贝尔高平原丘陵草甸草原和草原亚区。

（二）蒙宁甘温带半干旱草原和荒漠草原区

锡林郭勒高平原草原亚区；乌兰察布高平原荒漠草原亚区；晋西北、鄂尔多斯东部、陕甘宁青黄土高原丘陵草原亚区；鄂尔多斯西部、宁西北、陇中高平原荒漠草原亚区。

（三）西北温带、暖温带干旱荒漠和山地草原区

阿拉善高平原荒漠区；河西走廊平原山地荒漠和高寒草甸亚区；柴达木盆地荒漠亚区；新疆北疆干旱荒漠和山地草原亚区；新疆南疆极干旱荒漠和山地荒漠草原亚区。

（四）华北暖温带半湿润、半干旱暖性灌草丛区

华北西部山地丘陵盆地暖性灌草丛亚区；华北东部平原丘陵暖性灌草丛亚区。

（五）东南亚热带、热带湿润热性灌草丛区

长江中下游北亚热带平原山地热性灌草丛亚区；江南中亚热带中低山丘陵热性灌草丛亚区；华南南亚热带低山丘陵热性灌草丛亚区；海南热带丘陵山地热性灌草丛和干热稀树灌草丛亚区。

（六）西南亚热带湿润热性灌草丛区

四川盆地及盆周山地热性灌草丛亚区；云贵高原山地热性灌草丛亚区；滇西南高山峡谷热性灌草丛亚区。

（七）青藏高原高寒草甸和高寒草原区

藏西北高原高寒草原和高寒荒漠亚区；藏西南山原湖盆高寒草原和温性草原亚区；祁连山山地、环湖盆地高寒草原和高寒草甸亚区；青藏高原东部高原山地高寒草甸亚区；喜马拉雅山南翼暖性灌草丛和山地草甸亚区。

四、国外草原保护措施

（一）新西兰

新西兰位于太平洋西南部，东经 62°～174°、南纬 34°～47°。拥有永久性草场面积 1 386.3 万 hm^2，占国土面积的 51.8%，人工草场面积为天然草场的 1 倍。政府对不同地区的草场实行不同的所有制形式和投资办法。自然条件比较好的地方，草场均为牧

场主私人所有，投资建设草场由私人负责，草场可以自由转卖；干旱、半干旱地区的荒漠草场多为国家所有，牧场主要通过合同租用，或由国家土地开发公司建成可利用草场后再卖给牧场主。随着草原整体状况的改善、草原载畜能力的提升以及市场的逐步完善，新西兰政府近年来停止和减少了对私人草场建设的优惠，实行市场化原则，除保留少量的化肥补贴外，投资全部由私人承担。

新西兰在草地资源的保护利用上，一是重视人工草地改良，而且投入力度也大。属于牧场主的私有资产草场，牧场主投资兴修牧场水利、培育牧草、改良草种、优化土壤、施肥、除虫等，每隔 3 年或 5 年还进行免耕补播草种，以免牧草产量下降或者草地退化。新西兰牧场 100% 围栏，80% 的牧草来自欧洲，有完备的草种繁育及销售体系，牲畜全部实现良种化，牧草的种植和管理、饲料加工、挤奶、剪羊毛、屠宰和加工、运输、冷冻等都依靠机械完成。

二是有较高的经营管理水平。新西兰对牧场经营者实行严格的行业准入制，经营者必须具备专业知识，才能获准经营。高素质的牧场主能够科学合理地利用草地。牧场主重视草场建设，牧场内的围栏、牧道、林网、水渠等都可以做到统一设计、合理分布、科学利用。围栏内实行划区轮牧；严格限制草场载畜量；限制化肥、除草剂用量，限制畜产品的粗加工以防止畜牧业带来的环境污染。牧场经营实行成本收益核算。

三是有健全的社会化服务体系。新西兰的教学、科研、推广等服务机构是按经济区划来设置，他们分工明确，与牧场保持着密切联系，同时其畜产品的加工、储运、销售系统也很完备。政府通过大规模的市场推介活动来进行市场开发与培育，保障了畜产品销售渠道畅通。新西兰的干草及青贮饲料储备体系，保证了灾害年份饲草料的充足储备。

四是严格控制外来物种的入侵。由于气候湿润，新西兰牧场病虫害问题也较多，外来杂草和野兔对草地有破坏。为此，新西兰建立了非常严格完备的海关检疫及引进种隔离观察制度。还采取刈割控制杂草、天敌控制虫害等生态防治措施。

（二）澳大利亚

澳大利亚位于南太平洋和印度洋之间，地处东经 113°～153.5°，南纬 10.5°～41°，是跨纬度最少的一个大陆，南北间温差小，气温分布比较简单，99% 的面积属于热带和亚热带。拥有天然草原 4.58 亿 hm^2，是世界天然草原面最大的国家，牧场面积占世界牧场总面积的 12.4%，天然草场占国土面积的 55%。人工草地和改良草地所占草原面积的比重是一个国家畜牧业发达程度的重要指标之一。澳大利亚重视人工草地建设和草地改良工作，拥有人工草地 2 667 万 hm^2，占全国草原总面积的 58%，在全世界处于领先地位。

澳大利亚政府对畜牧业的保护手段之一就是加强草原建设，合理载畜，防止草原荒漠化。牧场主根据拥有草原的产草量确定牲畜的合理养殖规模，同时把草场划分为畜群专业牧场，严格控制畜群规模。通过划区轮牧、季节性休牧和配套的法规以鼓励和保持畜牧业的可持续发展。在采取优惠政策鼓励农场主发展生产方面，一是鼓励农牧民采用先进技术，国家规定，所有用于农牧业生产的先进技术一律免税；二是对农用物资实行免税，包括备用零部件和汽柴油等；三是对遭受重大自然灾害的农牧场主实行补贴。牲畜转场放牧的运输费，政府补贴 50%，对于不转场放牧的牲畜，政府补贴草料涨价的部分，与此同时，政府鼓励农场主卖出牲畜，实行缓税政策，推迟 5 年后再征收。

（三）加拿大

加拿大位于北美洲北部，在西经 52°～141°、北纬 41°～83°。草原面积约 2 770 万 hm^2，其中天然草原 1 530 万 hm^2，人工草地 1 240 万 hm^2。其草原权属主要有国家所有、个人私有和联户购买（按股份确定放牧牲畜数量）3 种类型，其中国家所有草原面积约占 6%。天然草原主要用于放牧，人工草地中 730 万 hm^2 用于生产干草和饲料作物（60%为苜蓿或苜蓿混播草），480 万 hm^2 用于放牧，约 30 万 hm^2 用于牧草种子生产。

在草场管理中，遵循生态保护和可持续发展的基本原则，建立了完善的草原监督管理制度，设计了天然草地利用和放牧管理体系，开发了供水系统，采用了科学的放牧管理措施和技术。一是科学管理草原，确保草原合理利用。加拿大各地草场按照草原状况确定适宜载畜量标准，确定了较低的载畜量，因此，即便达到核定载畜量的上限，也不会对草原造成破坏。二是重视草原监测，实施健康评估。加拿大萨斯卡彻温省政府委托萨斯卡彻温大学用 10 年时间制定了草原健康评价体系，编印了简便易操作的草原健康评价手册。三是加强围栏建设。90%以上的草场均建设了围栏和牲畜饮水设施，为禁牧、休牧和轮牧奠定了基础。

拥有高效的草原科研体系和完备的草原技术推广系统。一是合理确定科研重点，科学配置科研资源，根据全国 19 个农业研究所所在地的资源条件，统一规划研究重点，充分利用当地资源，促进科研与生产的结合。二是鼓励企业加大投入，拓宽经费来源渠道；三是鼓励农民积极参与，实现科研与生产紧密结合。加拿大有 40 多个直接隶属农业与农业食品部的非营利技术推广站，按照地理区域划分推广站负责的区域，为农牧民提供多种方式的服务，同时利用网络、电话、面谈等手段接受农民的咨询。

（四）美国

美国主体部分位于北美洲中部，地处西经 73°～125°、北纬 25°～49°。拥有永久性草原 2.35 亿 hm^2，占国土面积的 40%。草原资源中 40% 为国家所有，60% 为私有草地。

美国建立了科研—培训—推广为一体的草原管理体系。国有天然草原主要通过租赁方式由私人承包使用，但承包使用者必选严格按照规定的放牧强度进行放牧利用。对私有草原，政府通过鼓励草原科学利用试验研究与示范，用数据和成效对草原私有主进行技术培训和公众讨论，使其接受草原合理利用的科学方法，进而使试验研究成果得到推广应用，弥补了国家法规方面对私有草原管理的缺失。

建立了不同层次、不同类型的（草原）自然资源保护区。由于 60% 以上的草原为私人所有，为保护生物多样性、为濒危野生动物提供生产环境，联邦政府出资买断了具有重要生态区位的草原，购买金额由第三方评估后谈判确定。联邦政府出资实施了农业管理资助项目、农业水源改善项目、环境质量评估项目、湿地保护项目及草原保护项目等众多旨在保护自然资源的项目，各州政府也在其财政预算中安排了自然资源保护费用。

美国以苜蓿为主的人工草地十分发达，饲草料作物种植面积大，畜产品主要来自舍饲养殖，因此天然草原放牧压力小，几乎没有超载现象，科研人员更多关注的是天然草原的生态环境保护而不是产草量，这也是美国草原生态环境得到很好保护的主要原因之一。

1934 年，为解决公共草地过度利用问题，美国联邦政府制定出台的《泰勒放牧法》开启了公共草地持证经营的管理模式。美国虽然没有制定一部特别的《草原法》对草原使用、管理等各方面作出相关规定，但美国针对草原管理方面的突出问题制定了一系列具有较强指向性和有效性的普通法，如 1978 年颁布的《公共草地改良法》和 1994 年颁布的《草地革新法》等。在将草原视为重要的生产资料的同时，美国高度关注草原的自然生态属性，将草原作为重要的自然资源和环境影响因子来保护和管理，1960 年颁布的《多用途和持续生产法》、1964 年颁布的《自然保护区法》、1969 年颁布的《国家环境政策法》、1973 年颁布的《濒危物种法》、1976 年颁布的《联邦土地政策与管理法》等法律中都涉及保护草原等自然资源的内容。尤其是 1969 年颁布的国家环境政策法，首次提出了环境影响评价制度，将人与环境和谐共处的关系法律化为加强草原保护建设提供了法律支撑，也为草原生态评价和预警技术的发展与应用打下了坚实基础。

（五）英国

英国本土位于欧洲大陆西北面的不列颠群岛，处于东经 2° 至西经 7°、北纬 50° ～ 58°。英国属海洋性温带湿润气候，全年气候温和，年均降水量 1 100mm。冬季温暖，夏季凉爽，季节温差变化小，夏天南部最高气温不超过 32℃，最热的 7 月平均气温为 13 ～ 17℃，冬天北部最低气温不低于零下 10℃，最冷的 1 月平均气温为 4 ～ 7℃。国土面积为 24.4 万 km^2，东南部为平原，土地肥沃，适于耕种，北部和西部多山地和丘陵，适宜于发展畜牧业。在区域分布上，英国东海岸主要养牛，西海岸主要养羊。

英国农地利用和保护的中央政府主管部门是环境、食品和乡村事业部（Department for Environment，Food and Rural Affairs，简称 DEFRA）。其主要职能是统一管理环境、农村事务和食品生产，重点负责农村、环境等政策制定，参与欧盟和全球相关政策制定。农地保护的主要措施如下。

一是进行农用地质量评价。把农业土地分类系统作为规划许可的基础，地方规划局在决定农用地是否利用时除了考虑质量外，还考虑环境或遗产属性、地块大小、经济效益等因素。

二是制定政策鼓励土地改良，农场向大型化、规模化发展。对愿意合并的小农场，政府可提供 50% 的所需费用。对愿意放弃经营农业的小农场主，可获得 2 000 英镑（1 英镑≈ 8.9377 元，2020 年 12 月 31 日汇率）以下的补贴，或领取终生养老金。政府除对农业进行直接投资外，还对农业基本建设（如土地改良、田间供排水设施）和自然条件较差的山区提供补助金。整治、改良土地可获 60%的补贴；对农场主自己修建道路、堤坝、供电系统等则提供所需费用 2/3 的补助。对在土地条件较差的如高山地的农场以及改进农业工艺等也有奖励。英国每一个地区都设有不同类型的信贷机构从事农业信贷业务。

三是实行农产品价格保护政策。第二次世界大战后，英国政府对本国生产的各种农牧产品都规定了最低保证价格。如果这些农产品在本国市场上的实际销售价格低于最低保证价格时，差额由政府补贴。从而来调控农牧业生产，使之扩大或缩小经营规模，达到保护耕地的目的。不同农村地区不同的环境条件其农产品补贴标准不同，即按农民所在地区农业环境条件，根据农产品数量、作物面积、牲畜数目直接给农民进行补贴。如对威尔士和英格兰西部、中部养牛的补助为每年每头牛 123.93 英镑，种牛补助为每年每头牛 90 ～ 130 英镑（每个农场只能补助 90 头种牛）；对苏格兰、威尔士、北爱尔兰农村环境差的地区，每公顷农作物补贴 220.5 英镑；对英格兰及其他农村环境较好的地区，每公顷农作物补贴 225.8 英镑。

四是通过土地规划管理保护农地。国家规划政策指南第 7 部分（PPS7）——“乡村地区的可持续发展”中规定，对于 1 等、2 等以及 3A 等级的农业用地，在决定开发申请时，会综合考虑该地块其他的可持续发展指标情况（包括生物多样件；景观质量；美学和传统价值；到达基础设施、劳动力市场和农产品市场的距离；是否有利于保护自然资源，包括土壤质量等）。当占用农用地确实不可避免时，除非较好等级的农用地与上述其他可持续发展目标有所冲突，否则地方规划机构不得占用这些高质量农用地，而应当选择质量稍次的农业用地（3B 等和 4 等、5 等农用地）。对于占用 5hm^2 以上的绿地建房或者建 150 栋住房以上占任何面积的绿地，地方政府在批准规划许可前，必须通知中央政府，由中央政府给出指导意见。

五是制定严格的农村环境保护标准。先后制定实施了《饮用水指导法》《水法》《欧盟施用氮肥指导法》等措施，以研究解决农业发展与农村环境保护的衔接问题。2003 年《水框架工作指导》规定，2015 年所有的水均应达标。

六是对农村环境保护进行奖励。从 2005 年 1 月开始把以前给农场的种植和养殖补贴变为环境保护补贴，以鼓励保护环境和生物多样性的发展。

七是以税收支持环保。通过调整税收政策，引导农业向有利于环境保护和可持续发展的目标迈进。

八是先后制定了环境敏感区规划、守护田庄规划、有机农业生产规划、农地造林奖励规划和能源作物规划等各种农地环境规划来保护农地。

政府对土地和环境保护的补助，主要按照土地面积核定牲畜饲养量，核算补贴额度，一般给予 150 ～ 200 英镑 / 英亩（25 ～ 33 英镑 / 亩）的土地补贴；在环境保护工程中，以签订合同的形式，按完成面积计算固定补助。英国环保工程合同有两种：一是五年合同。高地一年补助 30 英镑 / 亩，低地补助 18 英镑 / 亩。按要求做到：少用化肥；修建排水渠，保护水域；生物围栏；混播种植，增加豆科牧草和生物多样性；增加和保护蜜源植物；原生态环境不能破坏；保持地貌原样，不能铲平、破坏。二是针对非常重要或非常贫穷的生态地区签订的十年合同。此外，英国民众普遍具有很强的法律意识，认为草场保护建设、牲畜疾病防控均是牧场主应尽的责任，是生产过程中牧场应自觉承担的事情，政府也会检查草场是否退化，若草场破坏、退化则会受到重罚。因此牧场主会根据草场状况和饲养季节不同的需要进行补播改良，秋季贮草或购置草料。

（六）瑞士

瑞士位于欧洲中南部，东经 10° ～ 5°、北纬 45° ～ 47°。瑞士是个多山国家，位于阿尔卑斯山脉南缘，实行自由经济政策。瑞士国土总面积为 412 万 hm^2，森林面积 108

万 hm^2，约占全国面积的 26%，草地面积 94 万 hm^2，约占全国面积的 23%。农业用地中的 3/4 用于种植牧草与饲料，阿尔卑斯山区的农民更是几乎全部经营畜牧业，主要饲养牛、猪、羊和马。

瑞士所有经管农场的农民必须经过专业教育，持有“联邦农业技师证书”，18 个州均设有农业学校，瑞士政府采取的一项重要的农业扶持措施是大力发展农业科学研究和技术培训。目前瑞士全国共有 7 所联邦农业科研站，分工明确，从事农业技术的研究与推广。瑞士政府相当重视农业生产的发展，对农业长期实施补贴政策，诸如对山区提供特别补助；对主要农产品提供价格补贴；限制和减少蔬菜水果的进口；对农民提供无息贷款；支持农业的机械化和专业化；加强农业科学研究和技术培训，重视农业知识普及。

（七）俄罗斯

俄罗斯位于欧亚大陆北部，地跨欧亚两大洲，地处东经 28°～170°、北纬 43°～78°，草原面积 625.65 万 km^2，土壤肥沃、资源丰富，由于跨越的自然地带丰富，各地的环境条件差异较大。俄罗斯主要草地类型为欧亚大陆草地、林间草地。俄罗斯政府在《俄罗斯联邦资源政策的任务和优先方向》中强调，要建立新的、以自然环境保护为目标的国家政策，使自然资源得到合理利用，减少对自然资源的破坏、污染和滥用。俄罗斯属于资源分散管理的国家，通过由政府或社会组建的协调机构来实现对资源的综合管理。目前，随着俄罗斯自然资源部职能的不断扩大，正在逐步把森林资源、野生动植物和环境、生态等管理职能合并进来，以强化相关职能，对自然资源进行更加有效的管理。俄罗斯自然资源部与联邦地籍局除负责资源管理，还对资源产业的发展通过立法、自然资源开发许可证管理、规划、权属登记、资源补贴、鼓励投资和税收等手段进行引导。俄罗斯注重草地建设和保护以及高产饲料作物的栽培，利用遗传工程技术，进行牧草育种。近年来还加强了对草地资源的监测工作，并加大了草地生产机械化水平的提高和牧草调制与加工贮藏新技术的推广应用。

（八）哈萨克斯坦

哈萨克斯坦位于中亚，地处东经 45°～85°、北纬 40°～55°。天然草地总面积约为 1.84 亿 hm^2，其中，打草场面积 500 万 hm^2，占草地总面积的 2.75%；人工草地面积 72.53 万 hm^2，占 3.99%，光热资源丰富。除北部地区外，多数草地可以全年利用。年产草量在 8 000 万 t 左右。哈萨克斯坦的牲畜在天然草地获得的饲草占各类饲草总量的 80%，个别地区可达 90%。

哈萨克斯坦在草地资源保护利用措施上，一是重视牧草品种选育。哈萨克斯坦利用植物学、土壤学及生态学原理，筛选出一些在荒漠环境中恶劣条件下能够生存并取得稳产高产的植物群落，进行广泛耕种，以达到牧场改良和饲料增产的目的。荒漠研究所通过实验选出大约 25 种较有前途的植物，如黑白盐木、木地肤、2 种猪毛菜、5 种蒿草及其他一些灌木、半灌木和多种一年生、多年生的牧草。这些植物增加了饲料品种的多样化，营养成分也齐全，能增加牲畜的食欲，提高饲草的利用率。二是建立自然资源保护区。建于 1926 年的阿克苏——扎巴加林自然资源保护区是哈萨克斯坦最早的自然资源保护区。位于阿拉木图附近的伊列一阿拉图斯克禁猎区曾经是一个很大的自然资源保护区，可近几年其面积在都市化进程中急剧缩小，从而也渐渐失去了它以往的魅力。近年来，哈萨克斯坦已成立相关机构保护生物多样性。在 1992 年提出并于 1994 年批准签订了国家生物多样性协定，自 1996 年起，致力于制定国家生物多样性保护和可持续利用策略，1998 年发布了哈萨克斯坦生物多样性保护和可持续利用报告。同时，哈萨克斯坦实施的国家环境行动计划的主要任务之一也是有关生物多样性保护。有关生物多样性保护机构包括：政府机构、学术机构、非政府机构、国际支持生物多样性保护项目等，但相关工作受到政府经费支持的制约。三是建立荒漠植被资源保护区。哈萨克斯坦荒漠植被资源保护工作包括保护具有重要经济和科研意义的野生植物。在采集这些植物时，一定要考虑到它们的天然恢复能力，否则，这些珍贵的植物资源会被采完消失。哈萨克斯坦荒漠区许多植物由于非常稀有而具有重要的科学意义，并被载入苏联和哈萨克斯坦共和国的红皮书里。哈萨克斯坦保护珍稀和濒危植物种类的主要方法和措施就是使这些植物分布地不受侵犯，防止在人为作用下这些植物灭绝的可能性。

（九）日本

日本位于亚洲东部、太平洋西北，地处东经 130° ～ 145.5°、北纬 31° ～ 46°。依据国家和地区的土地利用情况，将土地按照一定的层次等级体系划分为若干不同的土地利用类别。在土地利用分类上主要依据 4 个原则：一是依据自然情况进行土地分级，同时考虑生产技术进行土地利用分类。二是依据地理位置，通过土地交通情况分级进行土地利用分类。三是以土地分级为基础推算土地纯收入，判断不同利用种类的经济效果。四是以土地分级为基础推算土地纯收入，判断土地利用的相对有利性。

日本保障国土综合开发规划、国土利用规划、土地利用基本规划、部门土地利用规划实施的手段和措施主要包括以下几个方面。

一是土地管理规划和实施一方面依靠中央政府和地方政府，另一方面广泛动员地方公共团体、民间团体和居民积极参与，动员全社会的力量推动规划的实施。日本的土地

65% 为私有，35% 为国家所有和公共所有，产权很明确，因此土地所有者很在乎其土地的保护和高效利用，也有对土地进行改良和基本建设投资的积极性，这在国土规划实施、资源管理和可持续利用中起到了重要作用。

二是日本政府在制定、实施有关土地利用规划时，十分重视依据法律手段保障规划工作的顺利开展和规划内容的具体实施，如国土综合开发规划实施的依据是《国土综合开发法》，国土利用规划的实施依据是《国土利用规划法》，土地利用基本规划实施的依据是《城市计划法》《农振法》《森林法》《自然公园法》《自然环境保护法》等。

三是为保障规划的实施，并使地方圈建设得以保证，财政部门在金融、税收方面给予优惠，以保障地方圈建设。有效利用民间力量，并保证公共投资适当分配。政府部门与民间部门密切合作，共同进行地方圈建设。

四是国土管理部门在不断完善土地利用的法律，并不断协调国土综合开发规划、国土利用规划、土地利用基本规划、部门土地利用规划之间的关系，保证规划的有效实施。

日本《农促法》和《农振法》的实施适时地转变了耕地保护的思路，关注的重点不再是对耕地数量的严格管制，而是通过农地权利流转和规模化经营提高耕地的产出效益，以此实现资源保护与经济发展的相互促进。日本经验证明，在快速城市化背景下，仅靠管制和限制难以实现耕地保护的目标，而农地制度以及与之相互促进的各类用地协调制度、规划实施和政策保护则是实现耕地保护的重要途径之一。

为了提高规划的科学性，日本十分重视地理信息系统（GIS）和遥感（RS）在规划中的应用和历史数据的积累，同时不断探索适合本国国情的国土规划理论和方法，以增加规划的弹性和更好地实施规划。

（十）阿根廷

阿根廷位于南美洲南部，地处西经 52°～72°、南纬 21°～55°。国土面积的 55% 为牧场，农牧业发达，素有“粮仓肉库”之称，是世界粮食和肉类主要产出国和出口国之一。根据地形、气候、植被等特点和不同的农业生态条件，阿根廷把全国划分为 5 个大型牧区：潘帕斯区、东北地区（NEA）、西北地区（NOA）、半干旱区以及巴塔哥尼亚区。养牛区主要分布在潘帕斯草原区。

在草地资源保护利用上，一是注重适用技术培训和技术推广。阿根廷无论是各种协会、学会还是科研、教学单位，均十分注重一些适用技术的培训和推广，培训和推广的对象就是农牧民和牧场主，而农牧民和牧场主也十分踊跃参加。二是注重家畜、牧草品种的优良化和本地化。阿根廷的家畜和牧草品种均实现了良种化，而这些优良品种基本是本地的品种。这些品种适宜当地的气候、土壤条件，又经过多年精心培育而成。三是畜牧业与农业的紧密结合。在农牧业都适合的潘帕斯草原地区，提倡农牧轮作以促进农牧两旺。阿根廷土地高度集中，一般农场或牧场都拥有几千公顷的土地。实行农牧轮作的办法是一处人工牧场先种 4 ～ 5 年的谷物，然后再改种紫花苜蓿等优质牧草，用来饲养牛羊，4 年后再种植谷物，把牛羊转移到另一块由谷物改种牧草的地段。种了几茬谷物后的土地肥力减弱，再种有根瘤菌固氮作用的牧草，加上牛羊的粪便，使土质转肥，再种谷物就可不用或少用肥料，这也是阿根廷一般耕地基本上不施肥的原因。

五、国外草原保护政策对新疆草原保护建设的启示

虽然世界各国在草原生态治理、草地管理措施等方面各有不同，但对于生态环境重要性和草地经济性状的认识则是统一的，而且也取得了很多共性的经验和做法。由于各国的体制机制有所不同，因此就立法和管理措施而言，国外与我们有着很多的不同。但从新疆草原畜牧业生产和发展方式转变的角度看，很多发达国家已有的经验也是可以借鉴的。通过文献参考和对以上一些国家草原保护经验和做法的分析，我们得到以下一些启示。

（一）利益相关者之间的沟通协调与分工合作是政策措施制定和顺利实施的重要前提

草地生态经济系统与陆地上的其他生态经济系统之间有着千丝万缕的联系，草地生态经济系统内的各种资源之间也存在合作或竞争的关系，甚至于草地资源的不同用途之间也有着相互竞争的关系。世界各国的经济、环境及社会等各方面的状况决定了它们会采取何种模式来治理草原。因此，任何草原生态治理政策的出台都不能只考虑某一方面，而忽略各领域之间的相互影响。从国际经验来看，分散管理前提下建立协调机构实现综合管理职能只是一种替代手段，最终趋势还是从资源分散管理向集中统一管理过渡，它们可以同时对多种资源进行管理和协调。许多国家也进行了机构合并的改革，把若干种资源管理职能统一到一个资源管理部门下，进一步明确了各级政府之间、各个部门之间、各组织机构及个体之间在可持续发展方面承担的共同责任，使得不同层级政府和不同市场主体对可持续发展方面的每一项行动都有清楚的了解，从而能够区分各自的责任和义务。澳大利亚、美国、加拿大、俄罗斯这 4 个草原大国都曾经历了因草原退化而出现的严重的生态问题，从而强化了相应的管理机构和寻求立法方面的支持。澳大利亚有澳大利亚农业、渔业和林业部以及澳大利亚环境部，美国有内政部土地管理局和农业部，加拿大有大草原地区农牧场恢复管理局，俄罗斯有自然资源管理部。更重要的是，这些机构实施的是综合生态系统管理，或者说，它们可以同时对多种资源进行管理

和协调。此外，国外实行的很多草原生态保护和防止土地退化的法律都是通过这些机构来执行，从法律执行和政府监管的角度来看，这都是有利于政令畅通的。

由此可见，各国在草地保护政策、措施的制定上都经历了从最初单纯保护到可持续发展的过程，在保护政策的变迁和发展中，对资源环境、植物生长特性和农业发展间的相互作用和影响的关注也在逐步加大，政策的目的性、指向性和可操作性也在不断提高和完善。

（二）注重畜牧业生产和草地生态的平衡关系是畜牧业可持续发展的必要条件

草地管理是一个宏大的社会系统工程，而不单纯是一个草地生态治理的过程，它包含着对不同生态功能的草地和林地、农田之间关系的充分认识，也包括对草地生态经济价值与矿产资源经济价值和人类社会长期形成的文化价值等内容的平衡考虑。目前，国内在草地管理研究方面没能很好地解决草原生态属性和经济属性之间的平衡关系，由此引起了生产和管理目标之间的冲突和矛盾。

从国外草地保护建设政策和项目的变化可以看出，保护计划的出台都是从国家高度来联合各部门的力量对生态和自然资源进行统一的管护，他们的共同点是在草地和放牧管理中重视草场健康状况的评估，有自己的健康评估方法和流程，而且草原生态补偿政策具有普遍适应性和法律强制性，并对维护和改善草原生态系统服务者给予经济和非经济形式的补偿，实施的每一个项目不仅有其自身的目标，而且各项目之间还共同搭建形成了较为完整的草原生态治理框架，且所有这些计划和项目也都与种植、养殖生产者的经济利益相关。

各国的经验表明，草原生态治理不是一蹴而就的短期行为，政府不断积累经验，增进对有关问题的理解，对原有政策不断改进，才能推动草原生态治理，才能逐步提高认识水平。因此草原保护政策目标的确定也要随着畜牧业发展任务和环境的变化而作相应的调整。

（三）强有力的科技支撑和完善的社会化服务体系是生态保护、经济发展和各项政策得以落实的关键所在

先进的科学技术和管理方法在草业发展、草地治理等方面的应用，以及完善、有效的社会化服务体系建设是每一个国家都十分关注的内容。从以上这些国家的实践来看，他们对农场主的素质和资质都有着明确的规定和要求，因此农场主们也十分注重自身水平和能力的提升。无论是瑞士协会、学会，还是科研、教学单位都十分注重适用技术的培训和推广，而培训和推广的对象主要以农牧民和农场主为主，所有经营农场的农民必

须经过专业教育；新西兰按经济区划来设置教学、科研、推广等服务机构，各机构间分工明确，并与牧场保持密切联系；加拿大用10年时间制定了草原健康评价体系，按照草原状况确定适宜的载畜量标准，根据所在地资源条件合理确定科研重点、科学配置科研资源、统一规划研究重点，充分利用当地资源促进科研与生产的结合；澳大利亚鼓励农牧民采用先进技术并对所有用于农牧业生产的先进技术一律免税；美国建立了科研—培训—推广为一体的草原管理体系，用数据和成效对草原私有主进行技术培训和公众讨论，使其接受草原合理利用的科学方法，使试验研究成果得到推广应用；哈萨克斯坦利用植物学、土壤学及生态学原理，筛选出一些在荒漠环境中恶劣条件下能够生存并取得稳产高产的植物群落，进行广泛耕种，以达到牧场改良和饲料增产的目的。阿根廷的家畜和牧草品种均实现了良种化，而这些优良品种基本是适宜当地的气候、土壤条件，又经过多年精心培育而成本地的品种。

虽然很多管理措施都是经过长时间的总结而得出的，一旦先进的管理理念与传统的知识充分结合，将会有助于草地管理水平的提高。

（四）法律制度与公众参与是草原生态保护与畜牧业经济发展的重要保障

从社会经济发展现状来看，工业化和城市化对草原资源减少以及生态退化的影响不容忽视。根据农业部草原监理中心的执法案件，就破坏草场情况来看，退牧还草远没有开垦、乱采滥挖等对草原造成的影响大。但目前中国草原执法机构很难解决相关问题。从美国及其他一些国家的经验来看，其草原资源管理是与矿产资源管理设置在一个机构之内，有利于对存在竞争关系的不同资源管理部门进行协调，而且美国把人与环境和谐共处的关系法律化，为加强草原保护建设提供了法律支撑，也为草原生态评价和预警技术的发展与应用打下了坚实基础，这一点是值得我们借鉴的。

从各国情况看，他们都意识到草原生态治理是一个大的系统工程，它并不是某个部门的职权范围，也不是专属于某些群体的权利，它的效果的实现必须依赖于整个社会的认识，特别是牧民们的广泛参与和传统知识的运用，因此在草地生态治理上都非常注重社会的广泛参与，特别是通过普通农牧民的参与，让他们理解草原保护政策的目的和意义，并主动接受生态治理的措施和方法。各级政府会检查草场是否退化，若草场破坏、退化则会受到重罚，因此民众也都有很强的法律意识，认为草场保护建设、牲畜疾病防控均是牧场主应尽的责任，是生产过程中牧场应自觉承担的事情，牧场主也会根据草场状况和饲养季节不同的需要进行改良和保护。国家在制定、实施有关土地利用规划时，十分重视依据法律手段保障规划工作的顺利开展和规划内容的具体实施。在不断完善土地利用的法律，并不断协调国土综合开发规划、国土利用规划、土地利用基本规划、部门土地利用规划之间的关系，保证规划的有效实施。

六、完善新疆草原保护政策、措施的建议

新疆地处亚欧大陆腹地，位于东经 73° 41′～96° 21′，北纬 34° 22′～49° 33′，受阿尔泰山、天山、昆仑山和阿尔金山山体及气候的影响，天然草地分布具有鲜明的垂直地带性分布规律，在草地利用上也具有鲜明的季节性特点。新疆境内分布隶属于草原（包括温性草甸草原、温性草原、温性荒漠草原、高寒草原）、荒漠（包括温带荒漠、草原化荒漠、高寒荒漠）、草甸（包括低地草甸、山地草甸、高寒草甸）、沼泽四大草地类组的 11 个类、25 个亚类、131 个组、678 个型，涵盖了温带地区的全部草地类型。

从管理角度来说，既要依据行政界限实施属地管理，还应遵循自然和生态经济学的规律，从生态经济学研究的基础上进行草地管理，根据不同的地带、不同类型和不同的保护与利用方式，用科学的方法制定适宜的管理、保护与利用制度和措施是当前新疆亟需研究解决的一个重大课题。参考国外畜牧业发展中草原保护与治理政策、结合新疆草原保护实施情况，提出以下对策建议。

（一）依据《中华人民共和国草原法》建立健全草原监测系统和草场健康评估体系，为搭建资源、信息共享平台，实现各项机制协调运行，为宏观管理科学决策提供依据

与其他生态经济系统一样，草原也是一个完整的生态经济系统，在这一系统内，草、畜、人之间是互相影响、共生共存的关系。要想真正实现草地生态环境改善，就需要把那些具有一定内在关联的资源放在一起进行综合管理，这也是当前国际自然资源管理体制的发展趋势之一。发达国家各层级都有环境监测机构，而我国几十个生态站分别隶属于中国科学院、农业农村部、国家林业局和教育部等。在新疆机构设置也是如此，这种机构设置不仅造成技术资源分散，而且发挥的作用也比较小。中国草原面积大，类型多，可以考虑根据不同的生态功能片区来设置生态环境监测机构，做到随时跟踪。因此建议：依据《中华人民共和国草原法》建立草原监测调查的长效机制，从资金和技术上充分保证草原监测工作的有序开展。建议利用现代信息技术，尽快开展草地二调工作，摸清草原底数，完善新疆草原基础信息资源库；运用和完善现有草原监测系统，从传统的单一门类资源管理转向系统资源管理，并加强与国土资源厅、发改委、财政厅、林业厅、环保厅等在土地管理、项目审批、资源管理和生态环境管理等方面的合作，建立共享机制和共享平台，实现监测信息和资源利用的最大化；科学制订草原分类及健康标准，建立草场健康评估体系，针对不同草原健康状况，建立科学有效的放牧管理标

准、完善草原生态建设补偿机制，开展不同治理措施和管理方法的研究与应用，将草原生态评价和预警技术充分应用于生产实践之中。

（二）建立草原保护建设利用的长效机制，科学、规范管理草原，同时注重全民参与，加大草原执法力度

建议在政策制定上，建立紧密的各部门联合机制，制定切实有效的草地建设保护利用规划，充分利用经济政策来协调草地资源保护和草产业发展之间的关系，形成长效机制。可以借鉴美国、加拿大、澳大利亚等国的经验，开展草地资源利用的经济约束政策、草地资源保护的经济支持政策以及草产业的协调发展政策等相关研究，结合新疆生态和经济发展实际，建立草地生态系统可持续发展管理体系，有效处理和协调社会发展中经济与生态问题间的关系；在草地确权和基本草原划定的基础上，进一步明晰产权，落实责任人，健全责任划分及奖惩机制，监管与奖惩结合，提高执行效力，利用优惠政策引导草场承包人合理有效使用草场，加强对基本草原的保护与管理，加大草原保护执法力度，做好草原方针政策、法律法规、草原的功能与作用等方面的宣传，加强草地保护与生态治理的培训，提高农牧民自觉遵守草原保护的法律意识和自觉性，切实把草原保护管理的各项制度措施落到实处，形成常态化，促进草原可持续利用和生态、经济、社会协调发展；注重全民参与和农牧民生产、管理及经营水平的提升，提高农牧民自觉遵守草原保护的法律意识和自觉性。

（三）加大科技支撑和投入力度，深入研究保护与利用的平衡关系，达到草原永续利用的目的

建议持续加大政府扶持和研究经费投入力度，以项目带投入，以投入带保护，以保护促发展，以科技为导向，完善草地管理体系的分类标准，开展针对不同草原生态经济类型区的治理措施和保护性开发利用的研究；开展草畜平衡与畜牧业适度规模经营及草畜联营市场化、产业化发展的研究；采用现代化科技，扩大应用国内外先进的品种改良、草地利用与建设管理配套技术，大力推广应用草业发展、草地治理、病虫害防治等方面实用的科技成果，提高草地建设科技含量的管理水平，以利于草地管理目标的实现并适应畜牧业发展的需要。

（四）完善社会化服务体系，促进草产品的市场化发展和草畜联营的产业化发展

草业是生态型产业，具有明显的公益性，必须要联合管理、科研、推广等相关机

构，形成有效的社会化服务体系，探索市场化多元投入机制，鼓励社会资本特别是养殖等企业进入草业，实行市场化、企业化、产业化经营。建议针对不同类型草原健康情况，建立不同示范区，按经济区划定向定点开展对应服务，围绕提高草原生产能力，增强生态保护功能，重点推广现有有效科技成果的示范与应用，用数据和成效对草原承包人进行技术培训，使其接受草原合理利用的科学方法，发挥主动性，进而使试验研究成果得到有效推广应用。制定有效协作机制，规范服务范畴与具体内容，形成定期定点定量服务模式，跟踪服务结果，分析问题总结经验，不断提升服务效率。

中国、特别是新疆草原与欧美等发达国家的草原类型不同，则在这类草原的管理方面，世界上也无多少管理经验可循，更多的是国际草原草地研究界所提供的一些理论，其科学性和适用性既要取决于国内科学界的实证研究，还要取决于管理层对于相关理论的认识和吸收程度。新疆地域辽阔，草地也存在南北疆差异和类型差异，应视情况不同制定不同的管理制度。

总体而言上，国际经验需要有甄别地借鉴和引进，当前对于我们来说比较超前的一些国际经验可以做了解和动态把握，但更多是要结合新疆的区情和实际，总结、区分不同经济发展水平和不同的农牧业集约化程度下的管理措施并有选择的进行引进和采用。

参考文献

华倩，2015.“一带一路”与蒙古国“草原之路”的战略对接研究 [J]. 国际展望（6）：51-65.

李伟，2015. 新疆实施草原生态保护补助奖励机制初期成效研究 [J]. 新疆畜牧业（10）：22-27.

刘振虎，郑玉铜，李捷，等，2014. 浅析草原生态补偿机制 [J]. 草食家畜（11）：72-75.

刘志娟，2015. 草原生态保护政策对内蒙古羊绒业发展的影响及对策建议 [J]. 北方经济（1）：69-71.

任海军，唐晶，2015.“丝绸之路经济带”生态保护一体化战略研究 [J]. 兰州大学学报（社会科学版）（3）：53-61.

张立中，2012. 中国草原利用、保护与建设评析及政策建议 [J]. 农业现代化研究，33（5）：523-528.

新疆畜牧厅草原处委托调研任务

李　捷　熊　玲　王　惠　王　琼　刘金定　薛晓波　合斯莱提·斯马依　王田田

2016 年 1 月

新疆甘草植物资源保护研究报告

一、新疆甘草种类及分布

甘草是为多年生直立草本植物，具有抗逆性强、耐瘠薄土壤、耐半干旱、耐盐碱等功能，野生甘草只生长在北纬36°～42°的沙漠、戈壁滩、绿洲之间的狭窄地带，在我国主要生长在“三北”地区，尤以新疆、内蒙古自治区、宁夏回族自治区、甘肃分布较广。甘草是重要的荒漠植被，地上部分常呈群丛状，地下根和根茎发达，可覆盖约6m^2的土地，主根垂直生长，深度达1m以上；根状茎水平分布，长度可达8～9m。在盐碱地、荒漠地带均能良好的生长，具有耐旱、耐盐、耐沙埋等特性，适生性广，固沙能力强，生命力旺盛，是维护我国西部荒漠、半荒漠草原地区生态环境的重要植物，对保护生态环境、防风固沙、保持水土、调节气候、绿化荒地荒滩起到积极作用。作为重要的常用药材，具有补脾益气、清热解毒、祛痰止咳、缓急止痛和调和诸药之功效；同时，甘草也广泛应用于食品、化妆品、烟草、饲草、化工业等方面，是一种极其珍贵的植物资源。

（一）种类

据《新疆植物检索表》（第三册1983）记载，甘草属（*Glycyrrhiza*）共有15种，分布于北半球温带至亚热带，北美及澳大利亚。中国约10种，其中新疆有6种。被列入国家药典的仅有乌拉尔甘草（*G. uralensis*）、胀果甘草（*G. inflata*）和光果甘草（*G. glabra*）3种。其中乌拉尔甘草（甘草）对环境的适应幅度最宽，分布范围最广；胀果甘草耐盐碱及抗干旱性能最优，但对气温、热量要求较高；光果甘草抗逆能力较乌拉尔甘草和胀果甘草差，对水分条件要求高且不耐盐碱，因而分布面较窄，蕴藏量也较小。甘草属植物在新疆分布较广，因新疆南、北、东疆气候差异明显，甘草也因自身对环境适应性的不同而呈现不同的分布规律。北疆主要分布在额尔齐斯河流域，南疆主要分布在天山南坡水资源丰富的流域（70%以上分布在南疆喀什、阿克苏和巴州等地）。

1. 粗叶甘草（*G. aspera* Pall.）

产于乌鲁木齐、玛纳斯、哈密、奇台、鄯善等南北疆各地；生长于干旱草原、半荒漠和荒漠及绿洲。

2. 甘草（*G. uralensis* Fisch.）

也称乌拉尔甘草。产于南北疆各地；生长于荒漠、半荒漠和绿洲。

3. 黄甘草（*G. euycarpa* P. C. Li.）

产于托克逊、高昌区等地；混生于乌拉尔甘草和膨果甘草植物群落中，土壤有轻度盐渍化。有学者认为本种可能是光果甘草和乌拉尔甘草的杂交种，且本种仅限资料，未见标本。

4. 光果甘草（*G. glabra* L.）

产于乌鲁木齐、玛纳斯、沙湾、察布查尔、伊宁等北疆各地，生长于荒漠及半荒漠的渠边，撂荒地和田间。本种亦为欧洲主要甘草植物资源。

5. 胀果甘草（*G. inflata* Bat.）

分布于和田、喀什、阿克苏、巴音郭楞、哈密、吐鲁番等地，在塔里木河、孔雀河、叶尔羌河流域较为集中。

6. 圆果甘草（*G. squamulosa* Franch.）

分布于河北、山西、内蒙古、河南、江苏北部、宁夏、新疆等省区，生长于盐碱地、荒地或河岸阶地。据中国高等植物图鉴记载，未见标本。

新疆石河子大学李学禹教授在《甘草属分类系统与实验生物学研究》（2015）中发现并命名了甘草属、胡枝子属植物中的 14 个新变种和亚种，认为目前全世界有甘草属植物 20 种，中国分布 12 种，新疆地产有 9 种 2 个变种。

乌拉尔甘草 *Glycyrrhiza uralensis* Fisch.

无腺毛甘草 *G. eglandulosa* X.Y. Li.

光果甘草（欧亚甘草）*G. glabra* L.

蜜腺甘草变种 *G. glabra L. var. glandulosa* X.Y. Li.

疏小叶甘草变种 *G. glabra L. var. laxifoliolata* X.Y. Li.

胀果甘草 *G. inflata* Bat.

黄甘草 *G. eurycarpa* P.C. Li.

石河子甘草 *G. shiheziensis* X. Y. Li.

粗毛甘草 *G. aspera* Pall.

平卧甘草 *G. prostrate* X. Y. Li.

大叶甘草 *G. macrophylla* X. Y.Li.

（二）分布

在传统的商品交易中，习惯将甘草按产地划分为冬草区、西草区和新疆草区（西北草区）。新疆草区甘草集中分布在焉耆以北河流两岸的沙地上。20 世纪 50 年代，新疆野生甘草面积近 200 万 hm^2，约占全国的 80%。由于农田的大规模扩张和无节制大量采挖，20 世纪 80 年代末，新疆甘草野生资源急剧下降至 90 万 hm^2，2001 年，新疆甘草资源分布下降至 60 万 hm^2。新疆甘草以南疆的喀什、阿克苏、巴音郭楞等地州为集中产地，占全疆分布面积的 70% 以上，而喀什地区巴楚县色力布亚镇的镇名就有甘草的意思。从品种分布来看，乌拉尔甘草分布最广，由北疆的阿勒泰、塔城、博尔塔拉、伊犁、克拉玛依、石河子、昌吉、乌鲁木齐到东疆的吐鲁番、哈密，直至南疆的巴音郭楞蒙古自治州、阿克苏地区、克孜勒苏柯尔克孜自治州、喀什地区、和田地区等地州的 53 个县市均有生长，但以北疆额尔齐斯河乌仑古河沿岸、伊犁河谷、准噶尔盆地南缘玛纳斯河流域三角州最为集中，其他地区多在绿洲村庄附近、田边渠沿、路旁、果园荒地等有零星分部。

新疆从 20 世纪 90 年代开始探索甘草的人工栽培技术，喜获成功。目前在南北疆均有大面积的栽培甘草基地。

（三）面积与蕴藏量

根据 1958 年土壤、植被勘测资料估算，全疆甘草分布面积为 150 万～ 200 万 hm^2，蕴藏量 350 万～ 450 万 t。

1988 年中药资源普查统计，全疆分布甘草 90 万 hm^2，蕴藏量 100 万 t，其中包括 30 万 hm^2 的再生甘草面积。

据 2001 年草场资源调查统计，新疆甘草分布面积仅为 55 万 hm^2，其中以甘草为建群种集中成片生长的分布面积只有 36 万 hm^2，蕴藏量约为 65 万 t。数据显示 2010 年喀什地区有天然甘草地 9.33 万 hm^2，以膨果甘草和光果甘草为主，主要分布在巴楚、伽师、岳普湖、莎车、麦盖提、叶城等县，以巴楚县为最多，达 5.60 万 hm^2。在莎车、麦盖提、巴楚、岳普湖、疏附、泽普等县人工种植甘草 0.02 万 hm^2，主要为乌拉尔甘草，也称红皮甘草。

由于社会需求量不断增加，20 世纪 60 年代以后野生甘草资源的消耗量逐年增大。据不完全统计，新疆商品甘草年收购量 60 年代为 5 700t，70 年代达 2.25 万 t，80 年代初又增加到 3.75 万 t。截至 2013 年，以甘草为建群种的甘草群落分布面积与中华人民共和国成立初期相比已减少了 50% 以上。

二、新疆甘草产业发展现状

（一）新疆甘草的人工种植历程

一是引种驯化阶段。“七五”末到“八五”初期，随着甘草提取物及其制品的面市，甘草原料市场需求激增，新疆野生甘草采挖量急增，资源破坏严重。新疆维吾尔自治区药品监督管理局在开展实施甘草围栏管理的同时，石河子大学率先探索甘草的引种、驯化及人工栽培技术，建立了中国甘草种子库和新疆甘草种质资源圃。在巴楚县、兵团农一师及和静县开展了甘草人工栽培技术的研究。品种以乌拉尔甘草、胀果甘草和光果甘草为主，种植技术偏重于根茎繁殖。新疆生产建设兵团农一师发明了轮盘式甘草播种机后，种子繁殖方法得以重视，种植规模基本在百亩以内。

二是规范化种植阶段。“十五”期间，随着国家野生甘草限采令和中药材规范化管理办法的陆续出台，甘草人工种植热再度兴起，借助科技部西部开发专项支持，新疆开始了甘草规范化种植技术的研究，种植品种则以乌拉尔甘草为主，种子多来源于内蒙古、宁夏等传统产区，多选择相对用工量较少的种子繁殖方法种植，机械化播种与采挖技术基本成熟；种植规模基本在数百亩，也有过千亩的。2000 年，新疆人工种植甘草 3 300hm^2，阿克苏、喀什、塔城等地区也积极建立了大面积的甘草人工种植基地。

三是规模化发展阶段。“十一五”后期至“十二五”中期，现代农业技术的应用减少了种植难度和用工量，百亩乃至数百亩大条田种植规模迅速扩大，种植趋于规范化、产业化，规模多在数千亩，也有低于百亩的。种植区域分布基本呈北疆种植乌拉尔甘草为主，南疆围栏护育胀果甘草为主。2013 年，中国医药所属新疆天山制药工业有限公司与巴楚县人民政府签署了《中国医药保健品股份有限公司与巴楚县人民政府共同发展甘草产业会谈纪要》，在巴楚县境内拥有了 4 万多亩适宜种植甘草的土地资源，开展野生甘草围栏抚育、甘草产业化人工种植以及甘草采挖和收购等业务。

四是发展趋缓与质量提升阶段。“十二五”中后期至今，受国际甘草市场价格和需求、国家产业扶持政策的倾斜、进口冲击等因素影响，一定程度上制约了人工种植甘草产业的发展，滞后了甘草产业化的形成。但是在石河子大学甘草研究所的技术指导下，新疆联强农业资产经营有限责任公司的高产优质有机甘草项目喜获成功，在阿克苏建立了万亩免灌高产优质有机甘草人工栽培基地，三年生栽培甘草亩产量突破 3 t，甘草酸含量超过 3.5%，远高于国内栽培甘草 1.5% 的甘草酸平均含量水平，其品质足以与野生甘草媲美，备受国内外学者与企业界的关注。同时，为满足国内外甘草饮片市场的需要，积极探索了土壤深松模式下直根型甘草的栽培技术模式，并在北疆发展直根型栽培甘草基地近万亩，使新疆栽培甘草的产量与品质遥遥领先于其他省区。

（二）新疆甘草资源保护与管理

1. 新疆甘草资源的保护

第一阶段：20 世纪 80 年代，为扭转新疆甘草资源迅速下降的局面，自治区人民政府自 1983 年起采取了一系列加强甘草资源保护和管理的措施。一是 1983 年会同国家有关部委一起以巴楚、轮台、阿瓦提、察布查尔 4 县为重点，进行了甘草资源及其购销情况的调查，统一了各有关部门的认识，坚定了加强甘草保护、管理的决心；规定了甘草及其制品实行指令性计划，由新疆药材公司按计划经营，不得自由上市买卖。二是调整甘草制品生产厂家，限制生产总量。自治区原有分布在各系统的甘草制品厂 22 个，经调查研究报自治区人民政府批准关停转了其中 16 家，保留 6 家；限制甘草的出疆，实行“出疆许可证制度”，“出疆证”由自治区医药局和工商局联合签发。三是经自治区人民政府批准，征收甘草资源费，以草养草。专款专用，促进甘草资源的恢复和发展；鼓励保护或人工种植发展甘草资源。新疆医药管理局与外贸联合在巴楚县建立甘草试种站，试种两年后，人工种植甘草 800hm^2，护管 1.7 万 hm^2，创立了“养畜护草”有效的资源保护管理模式；1987 年，在中国药材公司支持下，新疆生产建设兵团和自治区医药总公司合作，在新疆垦区建设了甘草生产基地，分 4 年完成种植 4 330hm^2，护管 1.7 万 hm^2 的任务。

第二阶段：国务院发布《野生药材资源保护条例》，自治区人民政府于 1987 年 12 月 22 日颁发《新疆维吾尔自治区甘草资源保护管理暂行规定》，经自治区人民政府批准征收甘草资源费，专款用于发展甘草资源，使新疆甘草的保护、管理进入新的阶段。通过文件、广播、音像、示范等多种形式广泛宣传保护甘草资源的必要性和迫切性，各地区都因地制宜地设立了以野生资源保护为主的甘草基地，特别是甘草主产区的政府把保护发展甘草资源同农林牧同等重视，创立了“一户人、一栋房、一块草（甘草）、一片林、一群畜（主要是羊）”的模式和各种形式的承包责任制，1993 年仅新疆医药管理局甘草围栏护管面积就达 6.7 万 hm^2，有效地遏制了甘草资源下降的速度，使新疆甘草资源得到了一定程度的恢复。疆内各科研院所与大专院校在甘草的保护、栽培及质量评价方面也给予了特别的关注，在国家有关部委和自治区科技厅的大力支持下，取得了大量相关科研成果。

第三阶段：市场经济概念的渗入、政府工作重点的转移等，新疆甘草资源保护与研究跌入低谷，大量甘草保护、栽培等研究课题难以延续、大量研究成果遭闲置，许多甘草围栏保护区形同虚设，成片的甘草地被耕地所蚕食，利益驱使药农们“地毯式”的挖取财富，新疆的甘草资源遭受了保护下的劫难，2000 年甘草资源跌到了最低点，甚至对生态环境造成影响。

第四阶段：国家“西部大开发”战略，“退耕还林、还草，改善生态环境”政策的实施和国务院 72 号文的发布，掀起了新疆人工种植甘草的热潮。2000 年新疆人工种植甘草 3 330hm^2，亩产量 300 ～ 800kg。种植技术略不同以前，更偏重于种子繁育，种源也以内蒙古、宁夏为主。从 2015 年开始，新疆本土的甘草种子市场开始成形，目前已初具规模。

现阶段新疆甘草种植完全为市场化运行，省级政府无补贴，虽然部分县市有药材种植补贴，但对甘草种植补贴政策较少。根据《新疆维吾尔自治区中药民族药资源保护与产业发展规划（2016—2020 年）》，全疆已划定筹建 10 处甘草、麻黄草、罗布麻等草原资源保护区（基地）。其中，巴楚县野生甘草资源保护区面积达 13.9 万亩（全国最大）。新疆以甘草为原料的医药企业已种植甘草 20 多万亩。沙雅县胀果甘草原生境保护点也已划定为新疆 3 个农业野生植物保护点之一。

2. 新疆野生甘草资源的管理

（1）核定新疆野生甘草资源计划采集量的标准及依据

2006 年新疆畜牧厅发布了“关于规范麻黄草采集收购有关问题的通知”（牧草字〔2006〕38 号），明确规定对甘草采集、收购利用必须遵守国家和自治区法律法规及有关规定，要求各县（市）必须摸清本地甘草分布的面积、种类、蕴藏量，并据此制定甘草资源保护和建设规划，根据适宜采集量制订年度采集计划，确定禁采、封育、采集、建设和轮采区，并报请本级人民政府审核同意。同时将规划上报自治区草原行政主管部门（自治区畜牧厅）及草原监督管理机构（自治区草原监理站）备案。

根据农业农村部《甘草和麻黄草采集管理办法》规定，在年度甘草采集计划的确定上，每年 8 月自治区草原行政主管部门（自治区畜牧厅）下发关于上报下一年度甘草采集计划的通知，各地州转发至各县（市）；各县（市）草原行政主管部门（畜牧局）根据通知精神，按照本级人民政府批准的甘草采集计划，于每年的 10 月 10 日前向地

（州）草原行政主管部门（地州畜牧局）上报下一年度的采集计划；地州草原行政主管部门汇总所属各县市上报的采集计划，于 10 月底前将本行政区域内下一年度采集计划上报自治区草原行政主管部门，同时抄报自治区草原监督管理机构。自治区草原行政主管部门汇总各地州上报的下一年度甘草保护及采集计划后，于 11 月 15 日前上报农业部审批。自治区草原行政主管部门根据农业部批准的采集计划，将自治区年度甘草、麻黄草采集计划下达各地州，各地州转发至各县（市）执行。

（2）规范甘草采集证的申办程序

① 申请采集甘草的单位或者个人必须按照自治区下达的年度采集计划（限额），申请办理甘草采集证。

② 申请采集甘草的单位或者个人必须征求草原使用者的意见，认真填写甘草采集申请表，可从当地草原行政主管部门领取或从新疆畜牧信息网上下载申请表。

③ 申请人持申请表征得采集地的县（市）草原监督管理机构和草原行政主管部门的同意后，报自治区草原监督管理机构审核，最后报自治区草原行政主管部门审批。

④ 审批工作完成后，自治区草原行政主管部门给予办理核发采集证。

（3）规范甘草的收购管理

根据《中华人民共和国野生植物保护条例》第十八条规定“出售、收购国家二级保护野生植物的，必须经省、自治区、直辖市人民政府野生植物行政主管部门或者其授权的机构批准”。自治区对境内甘草实行收购许可制度，收购许可证一年一办。

（4）核准申办收购许可证的企业资质

① 从事收购甘草的单位必须是具有独立法人资格，符合其经营范围的商贸流通企业或制药、药材加工企业，个人不予办理收购许可证。

② 收购企业必须具备相应的收购、储存、运输和销售条件，并配备中药材或相关质量管理人员。

③ 收购企业必须收购持有采集证的单位或个人出售的甘草等野生植物，并向提供者索要采集证附页登记表，不得收购无证资源。

④ 收购企业必须做好收购记录，建立收购档案，记录内容包括收购时间、地点、种类、数量、采集证编号、采集证附页登记表等。

（三）甘草资源的开发与利用

新疆甘草资源主要以乌拉尔甘草、胀果甘草和光果甘草的开发利用为主。

20 世纪 50 年代以前新疆甘草资源用量很少，自 20 世纪 50 年代中期开始有了较大规模的开发，到 20 世纪 70 年代中期随着国内药用量的增长和对外出口数量的逐年增加，造成新疆甘草采挖量迅速上升。自1957—1986年的30年时间里，新疆甘草的总采挖量约58万t，最高年份采挖量达4.41万t。

计划经济时代，甘草的出口一直由外贸系统统一组织，货源一部分来自医药系统，另一部分由外贸直接从生产者手中收购。20世纪70年代初期，随着对外贸易的发展，甘草出口量开始增加，1971年出口量首次超过国内销售量，出口5 390t，1979年达到顶峰，出口28 274t。1981年开始国家对甘草的采挖、收购、出口数量进行控制，销售量有所降低，出口数量略高于国内销售。据2001年不完全统计，新疆甘草制品生产厂家（含生产甘草膏、甘草霜、甘草酸等）有26家；甘草加工、收购（站）点共59家。

新疆甘草资源开发虽然较晚，但在供应全国人民药用及出口换汇方面却做出了较大的贡献。新疆甘草自1957年调出128t开始，调出量逐年稳步上升，20世纪60年代中期调出量即居全国之首，1978年达到历史最高峰12 120t，1986年完成调出5 849t，占全国45%，为全国第一，30年共调出供应全国甘草108 852t。

甘草制品的销售受国际市场变化影响较大。20世纪60—70年代，国内制药用甘草膏每年300～500t，外贸出口自70年代逐渐增加，1979年达到2 000t，随后有所降低。1982年新建尉犁县甘草霜厂，年产甘草霜300余吨；1986年中日合营天山制药有限公司投产生产甘草甜味素，销路很好；1999年新疆的甘草系列产品（甘草膏、甘草霜、甘草粉、甘草酸、甘草酸单胺盐、甘草片、甘草渣等）年产值达5 000万元；2000年受市场影响，年产值下降至4 000万元左右。

2011年，新疆巴音郭楞蒙古自治州甘草进料加工规模逐年上涨，占据了国内甘草加工贸易份额的九成以上，成为新疆甘草料加工贸易的主要基地。同期，新疆康龙有限公司也加大了甘草种植面积和产品开发力度，但2013年后甘草市场受进口冲击和甘草苷含量等因素影响，公司收益受损较大。

（四）甘草产业与农牧民增收

2009年，第三师图木舒克市昆神植物提取有限责任公司通过“公司+农户”的运作模式，建成3万亩甘草种植基地。五十一团杨元清种植甘草1 100亩，2013年种子售价15元/kg，由于甘草种植对土地要求不高、需水量小又耐盐碱，而且甘草种植投入少，播种后也不需要太多的管理，每亩地纯收入可以达到5 000元。

奇台县乔仁乡2009年引进亿利资源集团甘草治沙扶贫项目，助力精准脱贫。采取“公司+农户+基地”的经营模式，建立4 000亩甘草种植基地。公司负责种苗供应、技术服务、订单收购“三到户”，农户提供土地和种植管护。3年后，4 000亩甘草带动该乡40户贫困户脱贫，实现了公司带动农牧民持续增收的良好发展格局。

新疆康隆农业科技发展有限公司甘草种植基地拥有国内较先进的人工种植甘草技术，现已批准为国家专利技术，采取“公司＋搬迁户＋科研基地”等形式，发挥“甘草先行，诸业带动”作用，做强做大甘草产业，创建了国家GAP药材基地，利用充足的原料，发展深加工，延伸产业链。公司以土地流转方式带动查和特农业开发区748户各族搬迁农牧民发展甘草产业，促进养殖业，为农牧民创造增收来源，2011年人均收入由750元增加10倍达到7 500元，近两年受市场、企业自身管理和运营等因素影响，一定程度上制约了企业的发展。

甘草浑身都是宝，据新疆昆神植物提取有限责任公司董事长叶玉平介绍，甘草价格由2007年2元/kg涨至2013年8元/kg，公司通过提升原材料价格、开拓新市场等方式，让下游产品增值，地下部分公司全部订单回收，地面部分通过职工采摘甘草叶子加工成饲草或者公司回收制成甘草茶等，都产生了很好的效益，职工种植积极性也明显增强。如果建成10万亩甘草基地，还可以养殖20万只羊，对缓解草场压力、拓宽农牧民增收渠道都有很好的帮助。

由于目前甘草收购没有按货物的优劣等级进行分价收购，完全由企业按种植面积、重量进行收购，因此农牧民种植只求利益最大化，不按照科学方法进行种植，导致甘草含苷量偏低、含酸量偏高，使得甘草品质与国家甘草标准差距较大。现人工栽培甘草亩产平均重量为800kg/亩。因甘草生长周期长，至少要3年甚至更长时间，所以必须达到一定种植规模才采挖，据新疆中药民族药研究所专家估算，当种植面积在400亩以上时才能产生经济效益。

（五）新疆甘草价格及进出口情况

进入21世纪后，甘草用途从单一药用拓宽至食品、饮料、烟草、日用化工、畜牧、建材等领域，甘草需求量明显增长。为了缓解国内甘草资源短缺状况，国家实行了甘草进口免关税政策，将甘草、甘草汁液与甘草浸膏等甘草类产品的进口关税从6%下调为零。这意味着中国政府已从鼓励国内企业出口甘草及其制品转向鼓励进口外国的甘草及其提取物类产品。部分客商抓住机遇大量进口中亚国家优质甘草，近年来，哈萨克斯坦、吉尔吉斯斯坦、乌兹别克斯坦已成为我国甘草进口的主要国家。从中亚五国进口的甘草品种主要为胀果甘草，也有少量光果甘草进口，新疆甘草进口口岸多以霍尔果斯口岸和阿拉山口口岸为主，自喀什海关、吐尔尕特口岸和伊尔克什坦口岸也有少量进口。我国出口甘草源主要来自新疆，出口品种为乌拉尔甘草，销往东南亚、美国和欧洲等国。另外，由于国内对甘草的需求大增，为保证国内企业甘草制品使用的优先权，国家有关部委也对出口甘草浸膏粉、甘草汁液和甘草酸等甘草制品实行出口配额制，即只有拿到配额的公司才能出口甘草制品，而非前十几年那样任何公司都能自由出口甘草制品。随着甘草在药品、食品和化妆品上用途的逐渐开发以及国际市场“甘草甜素热”的兴起，甘草成了国际市场的抢手货。通常欧美进口甘草酸或甘草浸膏等产品主要是作为食品甜味剂使用，用于生产“无糖食品”，在美国、德国和瑞士等国家，添加甘草甜素的食品约有成百上千种，且用量还在不断增加；日本港台和东南亚等国家、地区进口甘草也是以药用及食用为主。

自从 2000 年国务院将甘草和发菜、麻黄草的采挖纳入了国家管理，发文禁止乱采乱挖甘草后，国内甘草市场价格持续上涨，2002 年前后新疆甘草鲜草 2 ～ 3 元 /kg，后呈缓慢上升，2007 年小幅下跌至 2 元 /kg 左右，到 2013 年攀升达到顶峰，甘草鲜草为 7 ～ 8 元 /kg，种子可以卖到 15 元 /kg。后期由于进口甘草对市场的冲击，价格又一度开始走低。

据海关数据，近 5 年来受国际甘草市场影响，新疆甘草价格在 2012—2016 年间波动较大，新疆甘草价格走势与进口甘草数量和价格互为制约与推动。2017 年开始价格呈上升趋势，现在甘草鲜草价格为 4.5 ～ 5 元 /kg。其主要原因为进口甘草含苷量偏低，不适合做饮片等产品，存在生产的局限性。

据中国兴农网报道，2017 年巴音郭楞蒙古自治州博湖县产地家种 1.0cm 圆片售价在 16 元左右，0.8cm 以下圆片售价在 11 元左右。野生货 1.0cm 圆片售价在 18 元左右。

如图 1 所示，2012 年阿拉山口口岸位居进口甘草货值首位，霍尔果斯口岸进口甘

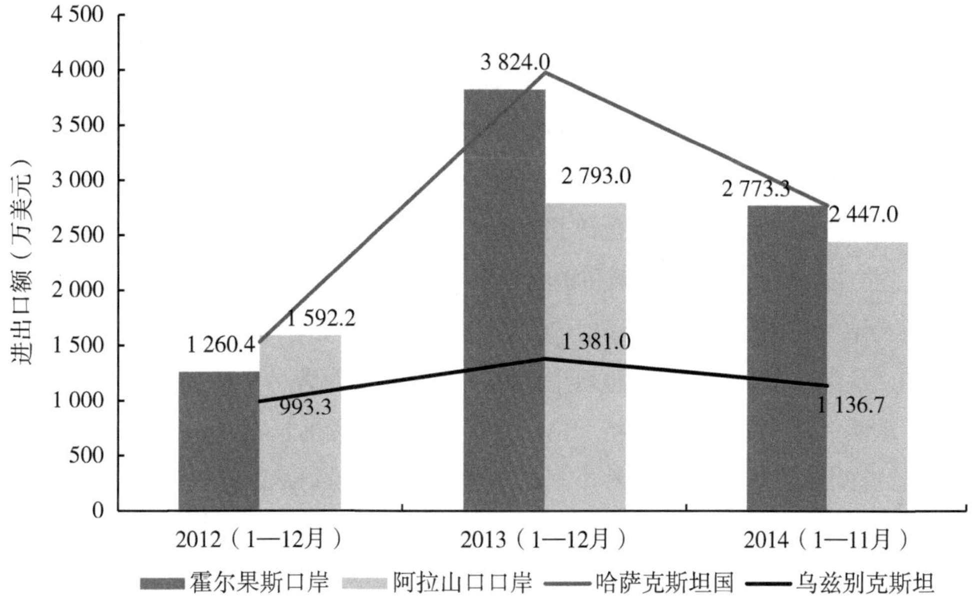

图 1　新疆部分口岸甘草进出口货额

草货值激增。自阿拉山口口岸进口甘草 1 592.2 万美元，占 55.1%，同比增长 93.3%；自霍尔果斯口岸进口 1 260.4 万美元，占 43.6%，同比增长 9.1 倍。自哈萨克斯坦国进口甘草 1 531.3 万美元，增长 7.6 倍，占 53%；同期，自乌兹别克斯坦进口 993.3 万美元，增长 2.7 倍，占 34.4%；自土库曼斯坦国和阿塞拜疆等国家和地区进口呈下降趋势；吉尔吉斯斯坦、阿富汗和塔吉克斯坦等国有少量进口。

2013 年自霍尔果斯口岸进口甘草 3 824 万美元，增长 2 倍；自阿拉山口口岸进口 2 793 万美元，增长 75.4%，上述两个口岸进口甘草值占甘草进口总值的 97%；同期自喀什海关、吐尔尕特口岸和伊尔克什坦口岸有少量进口。自哈萨克斯坦进口甘草 3 979 万美元，增长 1.6 倍，占 58.3%；自乌兹别克斯坦进口 1 381 万美元，增长 39%，占 20.2%；自阿塞拜疆进口甘草 797 万美元，同比增长 2.5 倍，占 11.7%。同期，新疆口岸自阿富汗、塔吉克斯坦、吉尔吉斯斯坦也有少量进口。

2014 年 1—11 月新疆口岸进口甘草 4 万 t，11 月均价跌至 8 000 元 /t 以下。自阿拉山口口岸进口 1.5 亿元，增长 5.3%，自霍尔果斯口岸进口甘草 1.7 亿元，下降 20.2%，上述两个口岸 2014 年 1—11 月进口甘草值占甘草进口总值的 97.2%；同期，自吐尔尕特口岸、喀什海关有少量进口。自哈萨克斯坦进口甘草 1.7 亿元，下降 23.5%，占 51.4%；自乌兹别克斯坦进口 6 968 万元，下降 9.8%，占 20.8%；自阿富汗进口甘草 5 017 万元，同比增长 1.6 倍，占 14.9%。同期，新疆口岸自阿塞拜疆、俄罗斯联邦、吉尔吉斯斯坦、塔吉克斯坦也均有少量进口。

2015 年 1—9 月新疆口岸进口甘草 1.6 万 t，较去年同期减少 50.3%，价值 1.3 亿元人民币，下降 53.5%，进口平均价格 7 998.6 元 /t，下跌 6.4%。

2012—2013 年新疆口岸甘草进口量增加的主要原因：一是国家鼓励甘草进口。为了缓解我国甘草资源短缺，我国在 2008 年施行了进口甘草免关税，对出口配额的分配上，也对进口甘草企业进行配额的奖励，大大鼓舞了企业进口甘草的士气。2011 年国家发展改革委员会与工业和信息化部共同发布的《食品工业“十二五”发展规划》中明确提出，“将鼓励和支持天然色素和植物提取物行业的发展，继续发展优势出口产品”。二是甘草提取物供不应求态势持续。2010 年前后，国际市场甘草酸价格一直上涨，原因是中国、日本等东亚国家大量进口中亚和其他国家的甘草，导致国际市场甘草价格普遍上升，从而带动甘草酸价格上扬。由于甘草酸国际市场前景看好，而国内对甘草采挖实行严格的许可证制度，现我国数十家甘草酸生产企业纷纷从国外进口甘草，用来生产甘草酸成品出口。2011 年，我国进口甘草的地区已扩大至包括乌克兰、乌兹别克斯坦、伊朗和阿富汗等国。

自 2014 年以来，受进口甘草含苷量偏低导致的生产局限、甘草价格的小幅上涨以及新疆甘草种植面积的增加和新疆甘草品质的优势，一定程度上也抑制了进口数量的增长。2016 年 1—9 月进口鲜（干）甘草货值 10 918.9 万元，同比减少 13%。

总体来看，新疆甘草进口量和进口价格以 2014 年为拐点，呈现冲高回落的“几”字形走势。自 2008 年实行甘草进口免税以来新疆甘草进口量迅猛增长，2012 年 1—12 月甘草进口量为 2.6 万 t 到 2013 年 1—11 月为 4.5 万 t 再到 2014 年 1—11 月为 4 万 t，新疆甘草进口量以 2014 年为拐点逐渐减少。甘草进口价格由 2007 年的 2 元 /kg，由于免税政策对进口甘草的需求增加甘草价格上升到 2013 年的 8 元 /kg 左右，随着国内甘草供应量的增加回落到 2017 年的 4.5 元 /kg 左右。

同期，甘草进口国家结构也在不断调整，虽然中东地区国家进口量有所增加，但份额不大。以哈萨克斯坦为代表的中亚国家依然是我国甘草进口的主要来源，甘草进口基本保持在总量的 80% 左右。

三、新疆甘草产业面临的困境与机遇

野生甘草大多分布于牧区干旱荒漠草场，生态环境十分脆弱，过度采挖造成的草场破坏也给畜牧业生产造成一定危害，牧药矛盾日趋突出。目前甘草资源短缺已经成为全球性问题，开发人工种植甘草成为最紧迫的课题之一。

（一）面临的困境

一是“掠夺式”采挖导致甘草面积锐减。20 世纪 50 年代，我国甘草年产量保持在 2 万 t 左右，但是随着甘草市场向好，国内开始掠夺式地采挖野生甘草，甚至连幼草也不放过，20 世纪 80—90 年代我国甘草产量一度飙升至 3 万～ 4 万 t。疯狂的采挖不仅造成甘草大幅减产，也导致甘草种植区环境的破坏和沙漠化，加之开荒造田、农业开发、水利建设、气候变化等导致的地下水位下降、部分河流下游断水等，致使原生甘草失去生存条件而大面积枯死，导致新疆甘草分布面积锐减，仅中华人民共和国成立后的 30 年间，因开荒等减少甘草资源约 70 万 hm^2；而这种现象在干旱少雨的塔里木河下游表现得更加突出。受经济利益趋势，过度乱采滥挖使部分甘草资源丧失了自身修复的能力，不再复生。

二是甘草的需求量与其资源短缺的矛盾凸显。甘草中含有的化学成分多达上百种，它们对人体有很多功效，被称为“百药之王”。近年来，甘草广泛应用于医药、化妆美容品、食品生产等领域，它是我国出口创汇的拳头产品。随着人们健康意识的增强，消费者更愿意接受副作用小的药品，更多的人开始选择中药材，因此市场需求量越来越大。尽管新疆人工种植甘草在很多关键技术上已经取得突破性进展但仍存在优质甘草种子的数量和质量难以保证等问题，甘草生产周期为2～3年，种子主要靠野生采集，随着野生资源的逐年减少，种子的采集量也越来越少；但近年来甘草资源有全球紧俏的趋势，加之一些国家工厂化种植生产，不仅缩短了甘草的生长周期同时还能保证甘草的药性，也增加了我国甘草进口的压力。至2006年，国内甘草制品出口受阻，全国甘草产量跌至4 000～5 000t，产量大幅缩减，国内甘草进口及加工企业的甘草制品存量较大，囤货增多，甘草制品出口价格下跌，原材料进口企业均持观望态度，谨慎进口，因此甘草进口量大幅下跌。据了解，甘草在国际市场上需求虽然大，但其并非为终端原料，西方各国主要使用甘草提取物作为工业原料，国外对甘草植提物的需求量每年以15%的速度递增，甘草需求量与甘草资源短缺的矛盾日益凸显，美国、日本、欧盟都是甘草植提物的主要消费国（地区），国际市场甘草缺口巨大。

据有关资料统计，我国目前国内每年的甘草需求约25万t，出口也在持续增长。自2012年起，受前几年甘草优势价格的影响以及甘草人工种植技术的日趋成熟，新疆人工种植甘草面积快速增长，种植区域遍布整个新疆。截至2016年12月，新疆甘草人工种植面积从几千亩快速发展到近10万亩，年产鲜甘草近10万t，除了新疆种植人工甘草，甘肃、宁夏、内蒙古、青海也是人工甘草的种植大省，每年人工种植面积超过30万亩，年产鲜甘草也达30余万吨。加之近几年吉尔吉斯斯坦、哈萨克斯坦等国大量采挖野生甘草，致使新疆口岸甘草进口猛增，我国国内总量超过需求量，供大于求，从而导致野生甘草价格下滑和市场萎靡。

三是甘草资源保护利用、政策引导与市场发育不足。甘草资源环境遭受破坏，导致新疆甘草资源储量逐年锐减、品种退化严重、药材质量明显下降，特别是新疆特色优势品种，如野生阿魏、雪莲、甘草、罗布麻、麻黄、贝母等资源局部区域的破坏程度达到60%以上。在资源利用上，虽然甘草被称为国之“药老”，素有“十方九草”“百药之王”的美誉，但新疆绝大多数中药民族药企业平均研发投入不到销售收入的1%，普遍缺乏独立的新药开发能力和原创性成果，生产品种同质化严重，一些比较成熟的科研成果，也不能得到及时有效的市场转化。据统计，1998年国家发布部颁标准的87个维吾尔药品种中，目前只有祖卡木颗粒、西帕依固龈液等10个中药保护品种，申请知识产权保护的不到20%。新疆通过国家食品药品监督管理总局认证，符合中药材生产质量管理规范（GAP）的种植品种只有3个、基地7个（甘草2个、红花4个、肉苁蓉1个）。截至2015年年底，疆内药品品种进入自治区医保目录的数量仅占15.3%，进入自治区基本药物目录的数量仅占12%，而进入国家医保和基药目录的品种则更少（新疆民族药品种进入国家基本药物目录的品种仅有2个，进入国家中药保护的品种仅5个），现有的甘草制品生产企业也只有少数几家能够正常生产，地产甘草药材未能得到合理开发利用，甘草饮片质量难以保证，药材、饮片流通市场比较混乱，不仅制约了疆内甘草品种的市场销售，也在一定程度上制约了新疆甘草产业和区域医药卫生经济的快速发展。

（二）甘草产业的发展机遇

《中华人民共和国中医药法》2017年7月1日正式实施，由国家制定了中药材种植、采集、储存和初加工规范与标准；鼓励发展中药材规范化种植；建立道地中药材评价体系，支持道地中药材品种选育，扶持道地中药材生产基地建设，加强道地中药材生产基地生态环境保护，鼓励采取地理标志产品保护等措施保护道地中药材。

《新疆维吾尔自治区中药民族药资源保护与产业发展规划（2016—2020）》也明确提出“十三五”期间在已完成31个试点县资源普查的基础上，全面开展了中药民族药资源普查，根据资源多样性特点制定有针对性的分类保护措施，为新疆生态环境保护和中药民族药资源供应保障提供数据支撑；在健全中药民族药资源保护法规和相关政策方面提出要建立资源保护与药材种植养殖专项补贴，完善农林、畜牧业保险等措施，解决产业发展中存在的同质化、重复建设、低效建设等问题；同时根据中央对新疆工作的战略要求和总体部署，制定符合自治区中药民族药资源保护与产业发展的法规规章和配套政策，推动出台《新疆维吾尔自治区中医民族医药发展条例》，制定了财政、金融、税收、价格、卫生、人事、科研、农业、林业、畜牧、土地、环保、知识产权、医保、旅游、信息化、商贸、保险、海关和行业监管等方面的一系列配套政策，并结合本土制药工业企业的实际情况，制定相应的优惠奖励政策。

为保护和合理利用珍稀、濒危野生植物资源，保护生物多样性，加强野生植物管理，根据《中华人民共和国野生植物保护条例》，农业部产业政策与法规司也出台了农业部农业野生植物保护办法（农业部令2013年第5号修订），明确提出“取得采集许可证的单位和个人，应当按照许可证规定的植物种（或亚种）、数量、地点、期限和方式进行采集”。

相关政策、规划和措施的出台，为新疆甘草资源保护性开发利用奠定了基础，明确了方向，为相关行业、产业管理部门的沟通运作创造了机会。

2015年5月，国务院办公厅发布了《关于中医药健康服务发展规划（2015—2020年）》的通知。该规划也是我国第一个关于中医药健康服务发展的国家级规划。规划提出，中医药将参与“一带一路”建设。“一带一路”沿线国家都有中医药和传统医药的使用历史，具有一定的群众基础，借助“一带一路”倡议构想的具体实施，中国与沿线各国广泛开展中医药领域交流和合作的前景广阔。

在国家“一带一路”的大环境、大机遇下，新疆作为最大的省级行政区，拥有国土面积1/6的土地资源，是甘草药材的主要道地产区，随着甘草市场的逐步向好和甘草产品价格的缓慢回升，新疆甘草产业大有可为。

四、促进新疆甘草产业发展的建议

目前甘草资源问题已经成为全球性问题，由于人工种植甘草的有用含量比较少，质量低下，甘草种植技术难以推广应用不仅限制了甘草人工种植业的发展，也难以起到对野生甘草资源的保护作用。国家相关部门已经开始重视这个问题，从而制定了相关的政策对甘草种植业进行资金、技术等方面的扶持保护，旨在保护野生甘草资源可持续利用的前提下大力发展甘草生产业以满足市场需求。随着全球经济环境的不断变化，甘草进出口贸易经过多年的发展，国内外市场、国内甘草产业和经营队伍都发生了巨大的改变。为保障新疆甘草资源的合理利用、产业结构的调整和进出口贸易的健康发展，就必须要加快调整产业结构和产品结构，利用生物科技等手段加快产业升级，鼓励新建或完善甘草研究机构，以生态保护为原则，以中医药传统理论为指导，以现代科学技术为手段，加大对甘草人工栽培、炮制与制剂、提取、质量评价、药效毒理评价、新药与保健品研究等产业的扶持。综合新疆目前甘草发展情况，提出以下建议。

（一）生态保护方面

甘草根具有固氮和改良土壤作用，其地面茎叶部分还是非常优质的饲草料。甘草种植与保护性开发利用在有效缓解种植地区牧草紧张、抑制草原荒漠化进程方面都会有很好的经济和生态效益。

第一要通过在适宜地区大面积推广人工种植甘草，为市场提供丰富的原料资源，以减少对野生甘草资源的乱挖滥采，避免更多野生甘草分布地的荒漠化。

第二需要进一步加强对野生甘草的围栏保护，尤其针对野生甘草集中的区域建立保护区，合理采挖利用，保证长期稳定地供应国内外市场，更有效的执行国务院颁布的《甘草麻黄草专营和许可证管理办法》政策，并遵循“先国内后国外、先人工后野生、先药用后其他”的原则，鼓励人工种植甘草。

第三还需要加强甘草资源的恢复工作，重点在甘草的适宜区、原生区或沙漠边缘地带开展的永久性种植，并予以保护，尤其在植被破坏严重、土壤沙化的地区发展甘草，发挥甘草良好的防风固沙作用，并能逐步恢复生态，依托甘草建立生物群落。

内蒙古亿利集团把甘草作为主要防风固沙植物，在新疆也有一些部门、企业和政府机构把甘草作为沙漠边缘地区的防风固沙植物，但大部分甘草的种植都是作为经济作物利用。可以说，甘草是省钱、省地、省工、效益高的“绿色银行”。

甘草不同于其他农作物，经济价值不是其人工种植的唯一价值体现，盲目扩大生产规模，无论市场如何变化，都会造成局部大面积的采挖而使土地裸露，这对多数甘草适生地十分脆弱的生态环境，无疑会产生严重的负担。就新疆甘草产业而言，必须要结合新疆生态环境和区域特点，合理布局甘草生产基地，充分发挥政策导向作用，控制生产基地的数量和发展规模，过大的种植规模会破坏生物多样性和自然环境的自我保护体系，因此基地建设要以科研为先导，充分发挥政策导向作用，合理布局，健康发展，而资源开发利用则必须着眼于生态效益，按照草原监理部门在《采挖证》核定的采挖数量内进行采挖。

（二）开发利用方面

坚持市场导向，遵循市场经济规律，通过优化资源配置，满足社会对甘草及其加工品的数量、多样、多层、优质、方便、安全等方面需求，从而提高市场竞争能力。

新疆甘草现有的产品主要为甘草饮片、甘草膏、甘草酸粉、甘草霜、甘草茶、光甘草定等初加工产品。原料多销往国内制药企业、食品保健品企业或是出口日本等发达国家，经济效益低。目前仅有少数企业对甘草新产品进行开发利用，如以甘草地上茎叶嫩尖为原料制成的“甘草茶”，以甘草地上茎叶为主要原料制成的“颗粒饲料”，以甘草饮片为主辅以其他中药材做成“甘草养生茶 / 甘草保健茶”等新产品，但产品规模较小，仅限在疆内部分地区销售。

进一步鼓励企业与科研机构的合作，充分利用科研机构的平台与技术，加速新疆本地甘草产品的研发，同时重点突出，重点发展骨干龙头企业、成长型企业和劳动密集型企业，发展甘草加工业，扶持地产品牌及产品的宣传与推广，逐步形成优势突出的甘草系列产品加工业产业集群，从而带动新疆甘草的整体经济价值，将资源优势、区位优势转变为经济优势，加强资源的深度开发利用，节能降耗，减少环境污染，走可持续发展之路。

（三）产业发展与脱贫增收方面

坚持以人为本，把促进产业发展、农村繁荣、农民富裕作为甘草种植加工业发展的出发点和落脚点。一是可依靠大中型企业带动，农户进行订单式种植，严格按照企业标准化技术要求进行种植，提供高品质的甘草原料，保障企业货源与产品质量的稳定性。产品资金风险、市场风险等由企业承担，农民可有保底受益。二是通过政府流转土地由企业承包种植，农民可以获得土地租赁费，还可以作为产业工人到企业工作，有两份收入，并通过参加企业开展的各种培训提升技术能力，从而逐步实现脱贫增收。因此通过甘草加工业的带动，建设专业化、标准化、规模化原料基地，通过集约化、科学化的种植，提高甘草品质，带动甘草价格，改变以往只求利益最大化的粗放式种植模式，形成企业与农户风险共担、利益均沾的利益联接机制，使农民能够分享到加工环节的利益。充分发挥双方的资源、经济、市场和技术优势，逐步形成甘草种植、生产和加工相协调的现代农业产业带，实现甘草加工与原料基地的有机结合。

（四）产品研发与科学研究方面

坚持科技进步，保护和发展传统工艺，加强甘草新产品的研究开发，提高甘草加工技术水平和产品质量，加大技术攻关和技术创新力度，引进和开发高新技术，推动甘草加工由粗加工向精深加工转变。

在研发上，一是合理利用甘草地上部分，经测定甘草地上茎叶粗蛋白含量仅次于苜蓿，是一种优质饲草，可以研究配比开发优质的饲料新配方、新产品；同时甘草地上茎叶的黄酮类物质含量也较高，亦可开展地上茎叶黄酮类物质的提取、分离，开发新型产品。二是针对不同种甘草的主要性质及优势特点，开发除常规产品以外的其他新型产品、新技术或新工艺；或是将现有甘草膏、甘草酸产品进行工艺升级，提取出高纯度、高附加值的新型产品；或是对甘草的主要功效成分进行研究，研制功效明确的新产品，开发新产品的生产工艺；或是根据甘草性质辅以其他中药材，开发新型的保健食品、药品等新产品、新工艺。三是对新疆甘草开展基础性和应用性研究，为新疆甘草产业发展奠定基础。基础性研究主要针对甘草的自然分布、生理形状、繁育体系、新品种选育等多方面进行试验、研究、总结；应用性研究主要针对不同品种甘草的人工种植技术、新产品新工艺的推广、验证等方面进行试验研究，加强人工栽培技术的研究工作，特别是地产品种的优良品种选育和种植技术规范化的研究，以及符合国际市场要求的甘草GAP技术的研究。四是加强新疆甘草质量标准的研究力度。新疆甘草的质量标准确定，还需有关医药卫生的科研、医疗生产机构，共同协作，对新疆甘草从品种、产地、生长期、采挖季节、含量、药理作用，临床疗效等方面进行全面系统的研究，给予正确的评价。明确新疆甘草的“身份”与“地位”，提供创名牌产品的技术依据。

（五）科学管理方面

坚持协同发展，不仅是种植者与生产加工企业间的信息沟通，更需要建立草原监理、国土资源、野生动植物资源保护与管理、医药检验检疫、海关等关联和相关部门间的数据与信息共享，建立市场监测预警分析团队，及时根据资源量和市场状况制定或调整扶持甘草产业链发展和甘草资源保护的相关政策与措施，提供科学依据，尽可能降低市场风险。搭建甘草信息发布平台，及时有效发布国际、国内市场信息及产品信息，使企业、农户能准确把控甘草产业的发展趋势，及时调整种植及生产规模和方向。

参考文献

巨克娜，2001. 甘草资源的开发利用 [J]. 青海农林科技（2）：36.

刘娅，韩新年，陈玲，2012. 新疆甘草的开发利用 [J]. 食品研究与发展，33（1）：209-212.

马彩梅，2015. 甘草及甘草渣的综合利用研究进展 [J]. 现代农业科技（1）：121-122.

孙志蓉，王文全，2004. 我国甘草资源供求分析 [J]. 中药研究与信息（8）：35-39.

王巧娥，任虹，曹学丽，2011. 甘草研究开发与利用现状 [J]. 中国农学通报，27（4）：290-295.

项昭保，霍丹群，2002. 甘草资源的开发与利用 [J]. 氨基酸和生物资源，24（3）：6-8.

李　捷　王　琼　涂振东　马永仁

农业部草原监理中心委托任务

2017 年 11 月

南疆四地州畜牧科技成果需求与示范推广调研报告

按照厅党组工作安排，2016 年 5 月，分别由何海源巡视员和帕拉提江·热依木巴依副巡视员带 2 个工作组前往南疆 4 地州开展了畜牧科技推广与服务需求调研工作。调研组分别走访了喀什地区、和田地区、克州和阿克苏地区的相关企业、合作社和基层推广工作站，并与相关领导、技术推广员、养殖户、企业负责人等进行了座谈交流，听取了地州、县（市）技术推广站的工作汇报和经验介绍，发放调查问卷 400 份，回收 361 份。通过调研和问卷分析，形成如下调研报告。

一、南疆畜牧科技推广机构及人员基本情况

（一）机构设置

从机构设置来看，四地州畜牧技术推广站隶属于地区（州）畜牧兽医局下属的全额事业单位。形成了以市（县）级畜牧兽医草原科技推广为中心、以乡级畜牧兽医草原科技推广为主导、以村级畜牧兽医草原科技推广为补充的较为健全的县（市）、乡、村三级畜牧科技推广服务网络。

（二）人员情况

从专业技术人员构成来看，四地州推广站中级职称人员占比较高，在学历结构上也以大中专学历为主，其次为本科学历，研究生和正高职称占比最少。阿克苏地区本科以上学历人员占比达 69.8%，但大多分布于山羊研究中心和局机关。从民族结构来看，少数民族职工占比较高，其中喀什地区高达 93.56%，阿克苏地区为 41.3%。从年龄来看，50 岁以下人员占比较高，特别是喀什地区 50 岁以下人员占比高达 90% 以上。

二、四地州畜牧科技推广工作的成功经验

随着科技成果在畜牧业生产中的示范推广，基层推广站积累了丰富的工作经验，畜牧业主导品种和主推技术应用也取得了明显的成效。

（一）采取多措并举，因地制宜开展技术推广服务

四地州因地制宜，多措并举，积极开展技术推广与服务工作。一是依托项目实施开展相应的技术指导和服务。二是结合生产需求，以养殖企业、养殖合作社、养殖小区、农牧民养殖户为主体，采取分片包乡、包村联户、蹲点帮扶、一对一指导、“专家 + 技术指导员 + 示范户”“基地 + 农户”、召开现场会等模式，推广畜禽品种改良、肉羊同期发情和人工授精、多胎肉羊繁育培育、奶牛性控冻精应用试验和示范等技术。三是开展院企合作、兵地（注：兵团与地方）合作等方式，推进畜牧科技推广与示范工作。部分县市推广工作采取直接服务群众模式，试行了市场化运作。

（二）建立考核机制，推进技术服务承包制和社会化服务

四地州积极推行技术服务市场化和社会化服务试点，制定技术人员目标管理考核办法，把基层服务效益与个人年底评优挂钩，对发挥作用好、群众公认度高的个人单位适当给予物质奖励。以技术承包或服务费的方式自愿协商收费标准，配种做到包配包成功率，服务采取多劳多得、盈亏自负，有效地激励和促进了技术水平、服务质量以及服务积极性的提高。在充分调动基层推广人员工作积极性的同时保障了基层推广队伍的稳定性，让农牧民从成果和技术中获益并乐于配合。

（三）重视人才培养，提升科技人员服务技能和业务水平

四地州基本都以“请进来，走出去”以及畜牧行业继续教育培训、远程教育培训、选派干部进修、组织科技下乡和技能培训等方式，不断更新畜牧技术人员的知识、技能和思维，提高畜牧科技人员业务素质。一是分批安排专业技术人员参加自治区级每人每年 30 学时的继续教育培训。二是选派技术人员参加自治区各行业部门组织的畜禽良种繁育、草原生态建设、生物灾害监测预警、动物疫病防控等专业培训。三是选派少数民族业务骨干赴内地或新疆畜牧科学院、自治区治蝗灭鼠指挥部办公室等单位进行特殊培养。阿克苏地区还依托国家绒毛用羊产业技术体系，分批安排科技人员参加疆外各类培训。四是与新疆畜牧科学院、塔里木大学、新疆农业大学、石河子大学等科研院所和大学建立合作关系，聘任或邀请自治区专家、学者来地州传经送宝，送知识、送技术上门，培养科技传承人和培训师资。五是发动地州科技人员走出去，分层次，对县（市）、乡（镇）基层技术人员和养殖户开展多种形式的培训，发放技术资料，普及实用知识，在锻炼提高科技工作者的服务能力的同时，为基层培养懂技术、会管理的新型农牧民，为增加农民收入奠定基础。

（四）依托院企合作，推广普及畜牧业先进科学技术

四地州都分别以新疆畜牧科学院、新疆农业大学、西北农林科技大学、塔里木大学等多家科研院所为技术依托，共同开展品种改良、疫病防控、草业生产、科技培训、畜牧业产业发展研究工作，有效提高了地州、县市畜牧业发展的科技含量，告别了技术人员到一线具体指导少、只会纸上谈兵，只有理论，没有实践，不能很好地解决养殖场（户）遇到的实际问题的老一套模式。

（五）摸清生产需求，提高科技推广针对性和实效性

四地州在推广畜牧科技过程中，一是按照“摸清问题、定好方向、选好人员、确定技术”的思路，弄清楚“基层缺什么，服务基层能做什么、如何做好”这 3 个问题，有针对性地开展技术服务。二是了解国家及自治区和各地产业发展政策与规划，依托政策、资金、人才、技术等扶持，利用网络和信息资源，整合区域资源，打破传统粗放和封闭的经营管理与生产模式，努力做到“思想上引、技术上教、物质上帮”，保障科技成果转化实效。

三、存在的主要问题

从走访调研和问卷分析来看，虽然各级政府都高度重视科技成果的转化工作，但基于畜牧业生产的特殊性和新疆地域、区域以及生产环境的独特性，畜牧业新技术在成果转化中的瓶颈制约并未得到有效解决。从南疆四地州调研情况来看，基层推广服务和成果转化中的问题集中表现在以下几方面。

（一）人员和机构设置

从人员结构来看，大多以中级职称和大中专学历人员为主，推广人员自身对新技术、新知识认知度低和理解力弱，也增加了农牧民对新技术、新成果和新理念的接受和使用难度。调研了解到，基层推广站人员不仅推广服务任务重，而且还要承担大量行政事务和临时任务，特别是在“两套班子一套人马”的机构，推广人员短缺的情况更为突出。

在机构设置上，推广机构基本参照行政体制结构而非市场需求进行设置，存在职能交叉重复等现象，不仅增加了科技成果转化示范和技术推广的难度，一定程度上也造成执法、公共服务和经济等方面的利益冲突。

（二）推广体系和推广方法

总体表现为缺乏畜牧行业实用技术成果示范与转化体系，现有技术服务体系力量薄弱，软硬件条件差，缺乏有效的科技支撑，畜牧业实用技术推广普及率低难以提升畜牧业科技含量。畜牧业生产科技装备、基层畜牧业技术服务人员技术素质和水平不能适应现代畜牧业快速发展的需要。

在人员系统培养上，技术人员知识更新不足，知识结构老化，原有的知识已不适应当今需求，技术人员虽然每年参加知识更新培训，但是这类知识更新培训多注重理论，缺少对实用技术和成果的解读，培训针对性和实用性弱，特别是乡（镇）畜牧技术推广人员缺少再培训的机会，缺乏对畜牧业新技术的掌握和市场预测、行情分析及经营管理指导能力，不仅影响了新技术的推广和运用，也影响了技术人员的推广技能和对畜牧业发展形势的了解与判断。

在方法上，技术指导员大多是依照养殖技术书籍进行宣读、讲解，农户缺乏感性认识和学习体验，以致很多新技术难以让用户熟练掌握和推广。

在方式上，对农牧民的培训模式单一，通常为举办培训班、咨询解答、散发资料等形式，由于此类培训内容抽象、技术成果实用性差，农民也不易接受。另外，有些培训内容缺乏针对性，没能与生产需求有机结合，解决不了生产中的具体问题，影响了群众学习新技术的积极性。

（三）成果或技术需求

从调研和问卷分析中都可以看到，基层服务需求最多的内容是养殖技术、常见病治疗技术、疫病诊断与防治技术（服务占比在 60% 以上），其次为育肥技术、饲草料调配技术和优质畜种（占比超过 50%）。但目前技术成果转化大多依靠科技成果转化项目资金支持，以完成项目指标任务为主，且呈“自上而下”的转化特性，成果“商业价值”认知度和接受度低，基层农牧民对成果适用性报以怀疑和观望的态度，导致成果因缺乏市场驱动性和需求针对性而难以转化。

（四）资金和基础设施建设

近年来，虽然国家加大了畜牧业的项目投入，但项目中针对畜牧业服务机构基础设施建设和培训设备购置与更新的投入仍然很少。基础设施投入不足制约了实用技术的快速推广，影响了现代畜牧业发展。以品种改良为例，大多数乡站因设施老化、冷配站点缺乏，甚至于边远乡村没有冷配站点而造成冷配技术难以普及。而推广服务资金的匮乏，不仅制约了地区专业技术人员到县、县（市）专业技术人员到乡村的服务频次，也制约了推广人员外出学习、培训和深造的机会，由此导致推广人员知识老化，技术落后，不能适应新形势下畜牧业发展的需要。

（五）激励与长效发展机制

近年来，国家不断加大了对“三农”工作的支持力度，每年的建设投入也在逐步加大，但在促进畜牧业产业化发展和科技成果转化方面缺少可持续发展的总体规划，项目投入也偏重于建设和保护，科研项目偏重于理论研究和单项技术的试点研发，加之部门之间信息、协调和沟通不畅等因素，资金难以整合的各自为战突出，特别是在支持畜牧业产业化发展的技术成果转化方面缺少长效机制和统一的规划目标，各类项目、资助标准、政策措施等存在部门冲突，一定程度上制约了新疆畜牧业科技成果的转化和科技含量的提升。

四、下一步工作建议

（一）稳定基层推广队伍，加速成果转化力度

保证基层推广队伍的稳定和推广成效，适用的技术成果固然主要，但稳定的基层推广体系和推广人员的推广技能才是成果被用户接受和采纳的关键。因此建立“科研人员 + 推广人员 + 用户”的成果推广与转化体系和转化风险保障机制，不仅能够充分发挥推广人员的作用，也有利于成果的转化应用和基层推广队伍的稳定，同时也有助于畜牧业“接地气”技术成果的发明创造。

（二）创新成果转化体系，注重成果的集成应用

目前大多技术成果都具有较明显的技术单一性特征，但畜牧业是一个受多因素影响的产业，这种单项技术发展势必会抑制畜牧业生产中多元主体、多种形式的有效竞争，因此畜牧厅有必要根据产业发展实际需求，有针对性地设立技术成果集成示范项目，在提高实用科技成果的技术效率和可靠性、搭建集成技术成果系统性应用和商业化拓展的条件平台以及保障成熟技术成果转化的新型服务体系。

（三）搭建成果转化平台，建立健全保障科技成果转化的长效机制

解决对技术成果先进性和可行性认知能力差距的有效方式是推动开发者与使用者双方的人才交流与合作，特别是促进技术成果应用主体引进人才，弥补自身能力的短板。

但新疆畜牧科学院科研人员的单位和个人双重身份属性依然是科研人员从事科技成果转化工作的主要制约因素。加大科技成果转化力度就必须尽快解决科研人员事业身份和行政身份两个管理政策之间的衔接与统筹问题，研究制定新型技术推广服务体系的配套措施，根据南疆四地州生产实际和发展需求，设置集成技术示范专项，切实解决制约畜牧业生产的现实问题。调研中各地州、县市都认为畜牧厅有必要在成果转化工作中制定支持基层与新疆畜牧科学院联合构建工作站的保障机制和扶持措施，并争取自治区设置集成技术成果转化示范专项资金，协调相关部门制定成果转化风险保障机制，建立健全科技成果转化平台和成果转化长效机制。

（四）加强基础设施建设，完善成果转化激励和保障机制

畜牧业生产的特殊性决定了其科技成果转化的高风险性，迫切需要探索新形势下的行业管理指导与市场经济规则合理对接方式、建立健全畜牧业成果转化的风险保障和人才激励机制。调研中各级推广站的推广人员和部分农牧民都认为有必要通过自治区财政专项资金来解决推广站基础设施建设、设备更新换代和推广服务运行经费。在落实投入保障的基础上，加强各级事业站职能业务与科技推广工作的有机结合，通过推广或技术人员聘用制、岗位责任制、工作任务公开制和技术服务考评制等方式，建立奖惩分明、管理有序的约束与激励机制和长效工作机制。

五、近期主要工作建议

一是结合各地州区域资源与产业发展实际，制定技术成果集成项目实施方案，设立集成技术成果转化专项资金，有计划、有针对性地开展推广服务工作，并可依托项目缓解基层推广服务经费短缺和设备不足的问题。

二是制定新疆畜牧科学院与各县市建立联合工作站的长效扶持机制和工作站绩效考核与补助办法，通过工作站与基层推广站联合实施科技成果转化专项项目，缓解基层推广人员不足、知识更新缓慢的问题。

三是建立科技成果与实用技术服务共享平台，为农牧民、推广机构和科研院所以及管理部门搭建信息沟通和交流的平台。

南疆四地州畜牧科技成果需求与示范推广调研组

李　捷　高　宁

2016年8月

新疆畜牧科学院“十二五”期间科研实力分析报告——基于科研选题所取得的成果与效率

科研院所是我国国家创新体系中的重要力量，是知识创新和技术创新的重要源头。对科研院所科研实力进行评价将为其学科发展、人才建设等科研活动提供参考依据。科研实力评价分析中存在一些缺乏度量尺度的定性因素，对这些定性因素的合理权衡将决定评价结果的准确性。层次分析法（Analytical Hierarchy Process）是20世纪70年代后期发展起来的一种决策新技术，它巧妙地利用矩阵特征值和特征向量运算，帮助人们进行群组判断，以确定某些定性变量的赋值。这种方法，思路清晰，方法简单，适用范围广，便于普及推广（秦吉，1999）。

作为新疆畜牧业科学研究的主要科研单位之一，新疆畜牧科学院及其下属各研究所科研实力的提升对新疆畜牧业科技及产业发展起着举足轻重的作用。而对新疆畜牧科学院现有科研资源及科研实力的综合分析，对进一步提高全院各个学科科研实力、科研效率、学术竞争力有着非常重要的现实意义。据统计，“十二五”期间新疆畜牧科学院共取得各类科研项目176项，各类经费总和近2亿元。获得自治区级科技进步奖12项，其中一等奖3项，二等奖4项，三等奖5项，作为参与单位获得国家级科技进步奖三等奖1项，同时在各个研究领域取得了多项科研成果。

本研究基于科研选题所取得的成果与效率，通过层次分析法建立起新疆畜牧科学院科研实力评价模型，对新疆畜牧科学院“十二五”期间科研实力和科研成果产出率进行分析、总结。课题成果在全面梳理本院“十二五”科研工作的基础上，建立了适用于本院的科研评价体系和方法，可为“十三五”期间科技发展规划的制定、学科布局与发展等提供分析和参考依据。

一、新疆畜牧科学院科研评价研究方法

科学研究活动同物质生产领域的其他活动一样，也存在着投入产出的问题。但科学研究活动与物质生产领域的活动又有着明显区别，有其自身的特殊规律性，这主要表现在：科研投入既有包括在人员、经费和设备上的有形投入，又覆盖科研素质、信息投入

上的无形投入；科研产出的体现形式上，既有经济效益，但更多的是体现在社会效益、人才培养以及科技水平的提高等方面。科学研究的过程可以归结为一个多投入多产出的开放系统，如图 1 所示。

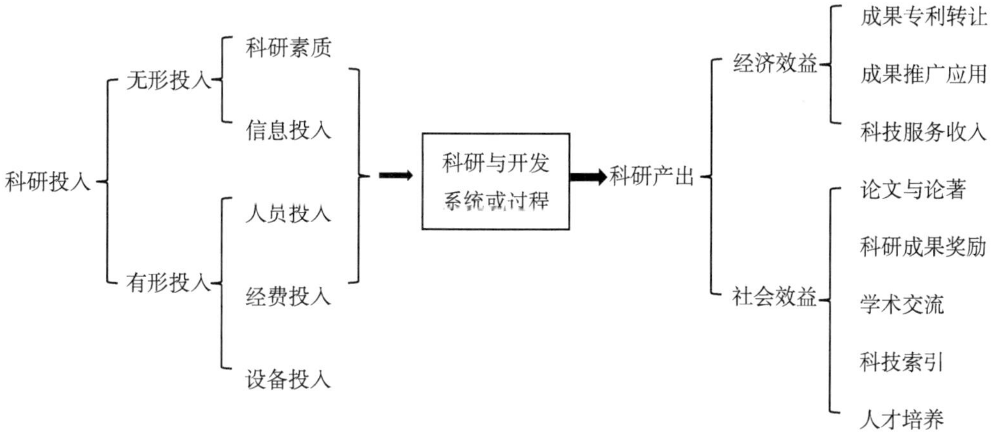

图 1　科学研究活动的投入产出

本研究遵循科学研究活动的投入产出原则，对新疆畜牧科学院（以下简称畜科院）下属畜牧研究所、兽医研究所、草业研究所、生物技术研究中心、畜牧业经济与信息研究所、饲料研究所和畜牧业质量标准研究所 7 个科研机构（以下简称畜牧所、兽医所、草业所、生物所、饲料所、经信所和质标所）“十二五”期间科研投入产出情况进行数据统计，利用层次分析法，计算得出各研究所的科研实力和科研成果产出率，为本院“十三五”期间学科发展、人才建设、基础条件投入提供一定的数据参考依据，为畜牧行业科研成果评价指标的界定与分析奠定理论基础。

（一）新疆畜牧科学院科研评价指标体系构建

本研究对新疆畜牧科学院投入产出指标进行分析，按照指标选取的全面性、科学性、可比性和可操作性等原则，将新疆畜牧科学院科研实力评价指标细分为 6 个一级指标和 13 个二级指标，具体如下。

1. 科研投入指标

作为科研院所，科研投入主要以项目、经费和人员投入为主。从现行岗位设置要求来看，各单位的高、中、初级岗位人员结构比例基本相同，所以本研究中科研投入主要以科研项目和科研经费作为研究指标，具体细分为国家级项目、省部级项目和人均经费 3 个一级指标进行统计。

2. 科研产出指标

根据新疆畜牧科学院特点，科研产出按获奖成果、认定成果与知识产权和论文 3 个一级指标，并细分为省部级科技进步一等奖、二等奖和三等奖、家畜新品种、新兽药、标准、专利等 13 个二级指标进行统计。

3. 数据来源

本研究数据主要来源时间为 2011 年 1 月至 2015 年 12 月。指标数据的采集内容涉及项目、经费、奖励、专利、标准等 16 项统计指标，其中部分数据来源于官方网站，部分数据由新疆维吾尔自治区科技厅和新疆畜牧科学院科管处、计财处及各研究所提供。所有数据在采集后又按数据分析方法要求进行了严格的核准、清洗及机构规范数据标引等处理。

4. 新疆畜牧科学院科研评价指标体系构建

新疆畜牧科学院科研实力评价体系结构由目标、准则和指标 3 个层次构成（图 2），

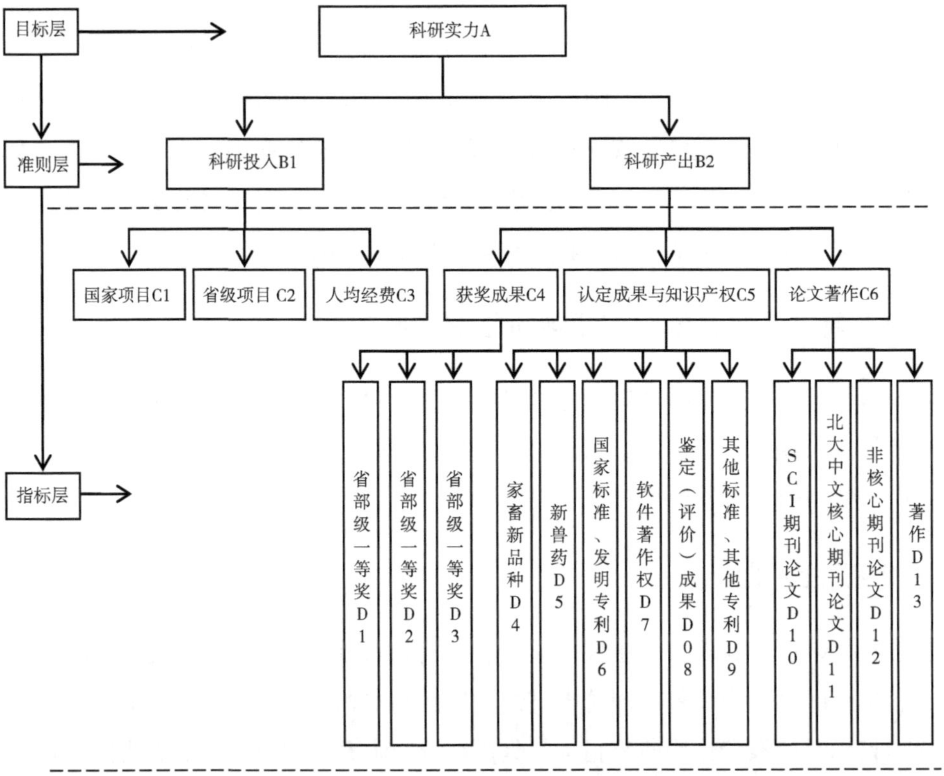

图 2　新疆畜牧科学院科研实力评价指标体系结构

各层次之间是支持与被支持的关系，通过 3 个层次的指标权重和专家赋值可以针对该院及下属研究所的科研实力进行综合评价。

（二）新疆畜牧科学院科研评价指标权重向量的计算

本研究在计算指标权重时采用层次分析法（Analytical Hierarchy Process-AHP）。层次分析法是一种将定性分析与定量分析相结合的系统分析方法，该方法把复杂问题中的各种因素，通过划分相互联系的有序层次，使之条理化，并根据一定的客观现实的判断，就每一层次的元素相对重要性给以定量表示，并最终利用数学方法确定全部要素的相对重要性次序（权重）。目前层次分析法已经广泛应用于解决复杂的社会、经济以及科学管理领域中的问题，如能源系统分析、城市规划、经济管理、科研成果评价、人员测评等（邓雪等，2012；王化中等，2015；金志农，2009；杨少梅，2006；王莲芬等，1990）。具体计算方法如下。

1. 构造判断矩阵

根据图 1，采用 Saaty 的 1-9 判断矩阵标度法（易程等，2010），构建判断矩阵标度含义如表 1 所示 。据此可以建立关于该模型的两两对比判断矩阵。

表 1　判断矩阵标度含义

标度	标度含义
1	两个指标相比，具有同样重要性
3	两个指标相比，前一个指标比后一个指标稍微重要
5	两个指标相比，前一个指标比后一个指标重要
7	两个指标相比，前一个指标比后一个指标强烈重要
9	两个指标相比，前一个指标比后一个指标极度重要
2,4,6,8	上述各相邻判断的中间值
倒数	若指标 i 与指标 j 的重要性之比为 a_{ij}，则 j 与 i 的重要性之比为 $a_{ij}=1/a_{ji}$

2. 一致性检验

根据要素重要性赋值构成的判断矩阵对其进行一致检验，具体步骤如下。

第一，求指标体系的判断矩阵每行元素的乘积 M_i；

第二，求 M_i 的 n 次方根的值（$\overline{w}_i$）；

第三，对（$\overline{w_i}$）利用公式$w_i=\frac{\overline{w_i}}{\sum_{i=1}^{n}\overline{w_i}}$计算权重值；

第四，求矩阵的最大特征值 $\lambda_{max}=\frac{\sum_{i=1}^{n}(Aw)_i}{nw_i}$；

第五，利用公式$C.I.=\frac{\lambda_{max}-n}{n-1}$，求得 *C.I.*，然后将 *C.I.* 代入公式 *C.R.*=*C.I.*/*R.I.* 中，将 *C.I.* 和随机一致性指标 *R.I.* 进行比较验证矩阵的一致性，*R.I.* 的取值表见表 2。

表 2　平均随机一致性指标 *R.I.* 取值

阶数	1	2	3	4	5	6	7	8	9	10
R.I.	0	0	0.58	0.89	1.12	1.24	1.34	1.42	1.46	1.48

3. 结果

在表 2 值的结果上，再根据专家打分，统计计算得出该评价各指标权重如表 3 所示。

表 3　新疆畜牧科学院科研实力评价指标权重

目标层	准则层	准则层权重	一级指标	一级指标权重	二级指标	二级指标权重	合成权重
畜牧科学院所科研实力评价体系 A	科研投入 B1	0.500 0	国家项目 C1	0.673 8			0.336 9
			自治区项目 C2	0.225 6			0.112 8
			人均经费 C3	0.100 7			0.050 3
	科研产出 B2	0.500 0	获奖成果 C4	0.581 5	省部级一等奖 D1	0.595 4	0.173 1
					省部级二等奖 D2	0.276 4	0.080 4
					省部级三等奖 D3	0.128 3	0.037 3
			认定成果与知识产权 C5	0.332 5	家畜新品种 D4	0.416 3	0.069 2
					新兽药 D5	0.283 6	0.047 1
					国家标准、发明专利 D6	0.154 8	0.025 7
					软件著作权 D7	0.044 1	0.007 3
					鉴定（评价）成果 D8	0.052 0	0.008 6
					其他标准、其他专利 D9	0.049 3	0.008 2

（续表）

目标层	准则层	准则层权重	一级指标	一级指标权重	二级指标	二级指标权重	合成权重
畜牧科学院所科研实力评价体系 A	科研产出 B2	0.500 0	论文著作 C6	0.109 5	SCI 期刊论文 D10	0.433 0	0.023 7
					中文核心期刊论文 D11	0.189 9	0.010 4
					非核心期刊论文 D12	0.079 9	0.004 4
					著作 D13	0.297 3	0.016 3

（三）新疆畜牧科学院科研评价指标数据归一化处理

本研究用绝对和相对、定性和定量相结合的指标体系，以寻求不同因素之间的可比性，从而最大限度地减少主观因素的影响，增加其客观性和说服力。评定各机构科研实力首先采集用于评定机构的指标，然后将各指标的数据归一化，归一化的目的是将量纲不同、大小悬殊的不同指标转化到同等的水平上，并按各指标在科研实力评定中起的作用分别给予不同的权数，综合计算加权值用于各科研机构的综合排名，所以其不受采集指标数量的影响，这样更加全面、公正、准确、合理、可靠。归一化方法如下。

$$r_{ij} = f_{ij} / f_{\max}$$

式中，r_{ij} 为第 i 种指标，第 j 种要归一化指标值；f_{ij} 为第 i 种指标，第 j 种实际指标值；$f_{\max}$ 为某指标实际最大值。

（四）新疆畜牧科学院科研评价数学模型构建

为了解新疆畜牧科学院各研究机构科研投入和产出的更加详细情况，分别对科研投入和科研产出两个分项指标进行横向对比，新疆畜牧科学院各研究机构科研投入和科研产出分项评价公式如下。

$$X = \sum_{i=1}^{n} w_i z_i$$
$$Y = \sum_{i=1}^{n} w_i z_i$$
$$S = X + Y$$
$$E(\%) = Y/X \times 100$$

式中，X 为科研投入指标评分，Y 为科研产出指标评分，S 为科研实力评分，E 为科研成果产出率评分；n 为各分项指标包含的指标数量；w_i 为各分项指标包含的各指标相对权重；z_i 为各分项指标包含的各指标量值。

二、新疆畜牧科学院“十二五”期间科研实力情况分析

“十二五”期间，新疆畜牧科学院围绕新疆畜牧业生产发展需要，以牛羊等草食家畜为主要研究对象，在家畜高效繁育、高效养殖、疫病防控、兽药研发、生物技术、优良牧草选育与种植、畜牧业信息和畜牧业经济等领域开展了诸多科学研究、技术开发、科技示范与推广工作，取得了一系列重大科技成果。新疆畜牧科学院及其下属各单位科研实力分析具体情况如下。

（一）新疆畜牧科学院科研实力评价指标权重分析

基于表 1 的评判原则，通过专家打分及统计分析，获得各项指标的权重。其中，科研投入与科研产出权重均为 0.5，说明科研投入和产出对科研单位的整体实力影响同等重要；科研投入指标中，权重最高为国家项目 0.336 9，其次是自治区项目 0.112 8 和人均经费 0.050 3，说明国家项目的认知程度最高，在体现整体科研实力方面更具代表性；科研产出指标中，权重最高为省部级科技一等奖 0.173 1，其次是省部级科技二等奖 0.080 4 和家畜新品种 0.069 2，说明科技奖励较知识产权、论文及其他成果更具有认可度。在成果与知识产权指标中，家畜新品种因培养周期长，难度大，所以其权重较其他成果突出；整体科研实力分析显示国家项目、省部级科技一等奖和自治区项目也是目前各研究机构评价学科建设、科学研究水平的重要指标。本研究主要指标权重与文献报道的国内相关科研评价指标权重的变化趋势趋于一致，也符合本院实情。

（二）新疆畜牧科学院“十二五”期间科研投入情况分析

按以上研究方法及收集的数据，计算得出本院下属各研究机构“十二五”期间科研投入评分如表 4 所示。

表 4　新疆畜牧科学院下属各研究机构“十二五”期间科研投入评分

统计指标	指标权重		畜牧所	兽医所	草业所	生物所	经信所	饲料所	质标所
主持及参与国家级科研项目（项）	0.336 9	数量	21	14	9	12	0	5	5
		归一化	100.00	66.67	42.86	57.14	0	23.81	23.81
		指标数	33.69	22.46	14.44	19.25	0	8.02	8.02

（续表）

统计指标	指标权重		畜牧所	兽医所	草业所	生物所	经信所	饲料所	质标所
主持及参与自治区级科研项目（项）	0.112 8	数量	25	23	15	18	6	10	13
		归一化	100.00	92.00	60.00	72.00	24.00	40.00	52.00
		指标数	11.28	10.38	6.77	8.12	2.71	4.51	5.86
人均经费（单位：万元）	0.050 3	数量	33.72	8.97	9.02	43.76	5.70	18.91	25.21
		归一化	77.06	20.50	20.61	100.00	13.03	43.21	57.61
		指标数	3.88	1.03	1.04	5.03	0.66	2.18	2.90
科研投入评分合计			48.85	33.87	22.24	32.40	3.36	14.71	16.79

注：科研投入满分为 50 分；此权重按科研实力总权重为 1 计算，科研投入权重占 0.5；人均经费指：财政拨款和其他资金总和（主要来源科目为 206 科学技术和 213 农林水支出）/ 在职科研人员数。

从各研究所科研投入总分值发现，主持或参与国家项目数指标对总分值影响最大，平均占到了科研投入总评分的 50% 以上。该指标与科研机构的国内学术影响力密切相关，反映了科研机构在其研究领域的国内学术地位。

以满分 50 分计算，各研究所中畜牧所科研投入分值最高，为 48.85 分，其国家项目指标分值为 33.69 分。数据表明该研究所主持和参与国家、自治区级项目数量最多。其中，围绕绒毛用羊、肉羊、肉牛在品种选育、高效繁殖和养殖等领域开展的科研项目数达 60.47%，且主持人人数占全所项目主持人数的 74%。表明这些研究领域在区内乃至国内有较强的影响力和竞争力，其科研选题也与新疆畜牧业产业发展的科技需求有着紧密联系。围绕马、驴、驼也有一定数量的科研项目，一方面与自治区近年对该类畜种的科研重视程度不断提高有关，另一方面也说明目前该所在这一领域有较好的研究团队和研究基础。其次是兽医所和生物所，分别是 33.87 分和 32.40 分。兽医所开展了口蹄疫、边境野生动物防疫、寄生虫、人畜共患病等多项研究工作。其中围绕口蹄疫进行的科研项目数最多，为 5 项，其中有 1 项为国家自然基金项目，说明该学科具有扎实的研究与团队基础；生物所的优势研究领域主要是羊相关候选基因分析、转基因育种技术、高效繁殖技术等，开展相关研究项目 23 项，占项目总数的 70%。

（三）新疆畜牧科学院“十二五”期间科研产出情况分析

按以上研究方法及收集的数据，计算得出本院下属各研究机构“十二五”期间科研产出评分如表 5 所示。

表 5　新疆畜牧科学院下属各研究机构“十二五”期间科研产出评分

统计指标		指标权重		畜牧所	兽医所	草业所	生物所	经信所	饲料所	质标所
省部级科技进步奖	一等奖（项）	0.173 1	数量	1	1	0	1	0	0	0
			归一化	100	100	0	100	0	0	0
			指标数	17.31	17.31	0	17.31	0	0	0
	二等奖（项）	0.080 4	数量	2	0	1	2	0	0	0
			归一化	100	0	50	100	0	0	0
			指标数	8.04	0	4.02	8.04	0	0	0
	三等奖（项）	0.037 3	数量	2	2	0	1	0	0	0
			归一化	100	100	0	50	0	0	0
			指标数	3.73	3.73	0	1.87	0	0	0
认定成果与知识产权	家畜新品种（个）	0.069 2	数量	1	0	0	0	0	0	0
			归一化	100	0	0	0	0	0	0
			指标数	6.92	0	0	0	0	0	0
	新兽药（个）	0.047 1	数量	0	1	0	0	0	0	0
			归一化	0	100	0	0	0	0	0
			指标数	0	4.71	0	0	0	0	0
	国家标准、发明专利（个）	0.025 7	数量	3	4	0	6	0	5	4
			归一化	50	66.67	0	100	0	83.33	66.67
			指标数	1.29	1.72	0	2.57	0	2.14	1.72
	其他标准、其他专利（个）	0.007 3	数量	41	10	18	0	5	6	9
			归一化	100	24.39	43.9	0	12.2	14.63	21.95
			指标数	0.73	0.18	0.32	0	0.09	0.11	0.16
	软件著作权（个）	0.008 6	数量	0	1	0	0	7	0	0
			归一化	0	14.29	0	0	100	0	0
			指标数	0	0.12	0	0	0.86	0	0
	鉴定成果（个）	0.008 2	数量	8	5	2	4	2	0	2
			归一化	100	62.5	25	50	25	0	25
			指标数	0.82	0.51	0.20	0.41	0.20	0	0.20

（续表）

统计指标		指标权重		畜牧所	兽医所	草业所	生物所	经信所	饲料所	质标所
论文著作	SCI 发文数（篇）	0.023 7	数量	10	11	1	19	0	4	0
			归一化	52.63	57.89	5.26	100	0	21.05	0
			指标数	1.25	1.37	0.12	2.37	0	0.50	0
	著作（部）	0.016 3	数量	12	18	5	0	10	9	1
			归一化	66.67	100	27.78	0	55.56	50	5.56
			指标数	1.08	1.63	0.45	0	0.90	0.81	0.09
	中文核心期刊发文数（篇）	0.010 4	数量	50	82	28	40	5	40	16
			归一化	60.98	100	34.15	48.78	6.10	48.78	19.51
			指标数	0.63	1.04	0.35	0.51	0.06	0.51	0.20
	非核心期刊发文数（篇）	0.004 4	数量	107	151	80	57	60	44	28
			归一化	70.86	100	52.98	37.75	39.74	29.14	18.54
			指标数	0.31	0.44	0.23	0.16	0.17	0.13	0.08
科研产出评分合计				42.11	32.76	5.71	33.24	2.30	4.20	2.46

注：科研产出满分为 50 分；此权重按科研实力总权重为 1 计算，科研产出权重占 0.5；中文核心指收录在 CSCD、北大中文核心期刊目录中的科技论文。

结果表明，省部级科技进步一等奖指标对总分值影响最大，该指标最能反映研究成果的技术创新性、经济效益、社会效益及推动行业科技进步的作用，突出了科学研究最终为经济建设服务的重要支撑，真实反映了科研机构所从事的科学研究的实际应用及结果。

以满分 50 分计算，各研究所中畜牧所、生物所和兽医所科研产出分值分别排名前三，分别为 42.11 分、33.24 分和 32.76 分，且分值明显高于其他研究所，其中最重要原因是都获得了自治区科技进步一等奖，分别为“新疆褐牛种质资源利用创新及产业化生产”“口蹄疫 O 型、A 型 和 Asia I 型三价灭活疫苗研制与产业化应用”和“绵羊高效转基因技术研究”，表明畜牧所、兽医所和生物所在新疆褐牛、口蹄疫和绵羊转基因相关研究领域有较高技术水平，并在研究成果推广中取得了大的经济或社会效益。

（四）新疆畜牧科学院“十二五”期间科研实力与科研成果产出率情况分析

综合上述科研投入和产出情况，计算出新疆畜牧科学院“十二五”期间科研实力与科研成果产出率评分，如表 6 所示。

表 6　新疆畜牧科学院下属各研究机构“十二五”期间科研实力与科研成果产出率评分

统计指标	畜牧所	兽医所	草业所	生物所	经信所	饲料所	质标所
科研投入评分	48.85①	33.29②	22.24	32.40③	3.36	14.71	16.79
科研产出评分	42.11①	32.76②	5.71	33.24③	2.30	4.20	2.46
科研实力评分	90.96①	66.05②	27.95	65.64③	5.66	18.91	19.24
科研成果产出率评分（%）	86.20③	98.42②	25.66	102.6①	68.38	28.55	14.63

注：①、②、③为机构在该类评分中的排名，科技投入与科研产出分值按满分 50 分计算，科研实力分值按满分 100 分计算。

从各研究所的科研实力总分值发现，各所分值悬殊较大。其中畜牧所、兽医所、生物中心整体实力水平相对较强，草业所处于中间水平，质标所和饲料所分值相近，经信所排名靠后。其分值基本反映出本院各研究所“十二五”期间的科研实际。

科研成果产出率评分主要以认证或出版的科研成果为指标参数进行计算，不包括科研成果实际应用转化效益部分，虽具有一定的局限性，但考虑到原始数据的真实性和有效性，其也可部分反应各研究所科研产出效率情况。从分值可以看出生物所、兽医所和畜牧所排前三名，分别是 102.6%、98.42% 和 86.20%。但从各研究所的科研成果产出率分值发现，其与科研实力并不是完全正相关关系，存在科研实力较弱，但产出率较高状况。如经信所，其科研投入、科研产出和整体科研实力排名均为最后，但其科研成果产出率分值排名第四。一方面可能与该所科研投入分值较低、基数较小有关（软科学项目经费较少），另一方面也体现出该所在较低科研投入的条件下较好地完成了相关任务，具备了一定的畜牧业经济与信息研究实力和水平。

三、结论与建议

（一）结论

本研究利用层次分析法研究了新疆畜牧科学院下属 7 个研究所“十二五”期间科研实力和科研效率，分析表明，畜牧所、兽医所和生物中心这 3 个研究机构在科研投入、科研产出和整体科研实力上均排名前三，这与各机构科研实际有明显关联：本院 71% 的国家项目、90% 的科技奖励、63% 论文著作、58% 专利来源于这 3 个研究所；畜牧所拥有国家绒毛用羊产业技术体系首席科学家及研究团队，生物中心拥有农业部重点实验室，其研究生学历人数占比居全院最高，兽医所对包虫病、口蹄疫的研究水平在国内外都有一定影响力，该所是本院 SCI 发文潜在被引指数最小的研究所（王琼，2015），该指数说明相对于本院其他单位该研究所的研究内容被国际同行的关注度更高，学术影响力更大；本院的二级岗位科学家也都集中在这 3 个研究所中。在由此可见，这 3 个研究所最终分值排名较高与其科研实力、学科建设、人才队伍整体较强，在同行中认可度高，争取项目能力强有着直接关系。其余 4 个研究所排名分别为草业所、质标所、饲料所和经信所，这 4 个研究所科研人员职数较少，学科影响力和人才队伍相对较弱，也直接影响其项目来源和级别。

（二）建议

第一、畜牧所、兽医所和生物中心在科研实力方面明显高于其他研究所，且这 3 个研究所均有主持国家项目的能力和经验。建议在“十三五”期间应加强其优势学科争取国家项目或行业专项等在国内有具体影响力的高水平项目的力度，在带动所内其他学科的共同发展的同时加强与院内其他各所间的合作。

第二、草业所、饲料所和质标所在科研实力方面属于本院中等水平，这 3 个研究所虽没有主持国家项目的经验，但也均参加过国家项目，在国内同行中具有一定的影响力和知名度。建议在“十三五”期间加强这 3 个研究所优势学科带头人的培养与引进，增强与国内外科研机构的横向联系，提高在国内的学术影响力和争取国家级项目的实力，在加强院内、外合作交流的同时，加速成果转化与应用力度。

第三、经信所虽成立较早，但由于其业务涵盖面广，大多为公益性和服务性工作，具有研究性低和科研人员专业类别多而杂的特性，科研项目工作的开展也较迟缓。建议在“十三五”期间加强该研究所的人才引进力度，同时给予固定的专项公益性和服务性经费支持，以促进该所科研水平的提升和服务质量的提高。同时该所应加大与国内其他经济与信息研究所的交流与合作，有目的性地培养研究所的优势学科与人才，同时根据经信所的研究特点，应加强与院内其他研究所的合作，深化信息技术的应用与服务。

第四、新疆畜牧科学院各研究所研究基础、学科建设、人才结构各有不同，因而争取项目能力差距显著，从而导致各研究所项目数量和项目经费悬殊较大。科研能力培养与提升主要依靠人才队伍、研究经费、学科基础等关键因素相互影响与制约，并非单独加强某一点就能增强整体科研实力的快速提升。建议从全院整体发展方向上做好资源整合与共享规划，根据各研究所现状和学科发展趋势，统筹制定适合与各研究所学科设置、人才引进与培养、科研项目等规划，在充分调动科研人员工作积极性的基础上，全面提升各研究所的科研实力与科研水平。

本研究将科研实力进行量化分析，数据收集过程中可能存在信息不全、数据误差等不足，尽管采用了一些统计方法，仍可能会对结果分析有一定影响。

参考文献

邓雪，李家铭，曾浩健，等，2012. 层次分析法权重计算方法分析及其应用研究 [J]. 数学的实践与认识（7）：93-100.

金志农，李端妹，金莹，等，2009. 地方科研机构绩效考核指标及其权重计算——基于专家分析法和层次分析法的对比研究 [J]. 科技管理研究（12）：103-106.

秦吉，张翼鹏，1999. 现代统计信息分析技术在安全工程方面的应用 [J]. 工业安全与防尘，25（5）：44-48.

王化中，强凤娇，陈晓暾，2015. 模糊综合评价中权重与评价原则的重新确定统计与决策 [J]. 统计与决策（8）：24-27.

王莲芬，许树柏，1990. 层次分析法引论 [M]. 北京：中国人民大学出版社 .

王琼，合斯莱提·斯马依，王田田，2015. 新疆畜牧科学院 SCI 论文产出分析 [J]. 草食家畜（1）：28-32.

杨少梅，2006. 层次分析法在员工绩效评价中的应用 [J]. 华北电力大学学报（7）:96-98.

易程，李春，2010. 基于 IS011620 图书馆绩效指标的层次分析法评价模型研究 [J]. 大学图书馆学报（2）：28-32.

王　琼　合斯莱提·斯马依　王田田　李　捷

2016 年 3 月

2015年伊吾县农业发展报告

伊吾县隶属新疆哈密市，位于天山北麓东段，东北部与蒙古国交界，西部与巴里坤哈萨克自治县相邻，南部与哈密市隔山相望，县境东西长215km，南北宽175km，国境线长274km，是全疆22个牧业县之一，人口约2万人，其中少数民族人口占67.1%，农业人口占71.2%，总面积19 519km^2，可垦荒地面积2.27万hm^2，耕地总面积0.6万hm^2，占可垦面积的26.58%；各类草场55.8万hm^2，占全县面积的28.3%，林业用地面积5.9万hm^2，森林覆盖率为1.5%。县域最高海拔4 888mm，最低海拔260m，县城海拔1 700m。最高气温43.5℃，冬季最低气温-40℃，年降水量11.5～200mm，年蒸发量2 000～4 378mm；年无霜期最长175d、最短80d，年平均日照时数2 500～3 326 h，属典型的大陆型干旱气候。

一、农业在县域经济中的地位及发展现状

（一）发展现状

1. 农村经济稳步增长

全年农林牧渔业总产值可达76 937.29万元，同比增长5.14%，其中，农业产值28 494.71万元，同比下降3.80%，林业产值9 304.38万元，同比增长9.76%，牧业产值37 694.20万元，同比增长12.11%，农林牧渔服务业产值1 420万元，同比增长1.45%。农林牧渔业增加值44 792.72万元，同比增长5.10%，其中，农业增加值16 370.21万元，同比下降3.80%，林业增加值5 322.11万元，同比增长6.05%，牧业增加值22 106.20万元，同比增长12.87%，农林牧渔服务业增加值979.80万元，同比增长1.45%。

2. 种植业结构优化

全年总播种面积95 191亩，其中小麦3 553亩，大麦200亩，其他谷物34 233亩，豆类3 397亩，棉花211亩，油料作物3 500亩，薯类284亩，蔬菜184亩，瓜果类

39 698 亩，其他农作物 9 931 亩。

3. 畜牧业稳步发展

全县 2015 年年末牲畜存栏达 18.4 万头（只），同比增长 4%，牲畜出栏达 30.12 万头（只），同比增长 9.1%，其中，生猪出栏 6.12 万口，同比增长 2%。肉类产量达到 9 850t，同比增长 6.1%。奶类产量 1 700t，其中：牛奶产量 1 650t，同比持平。禽蛋产量 375t，同比增长 7%。畜牧业产值占农业总产值的 48%，畜牧业收入占农牧民人均收入的 41%。畜牧业的发展成为伊吾县农业发展的主要动力。

（二）产业结构及特色

伊吾县农业以发展有机农业为主攻方向，种植业以哈密瓜、饲草、小麦、玉米、棉花、蔬菜为主；畜牧业以羊、牛、生猪、土鸡、鱼为主。坚持“一乡一品”产业结构调整布局，夯实农业稳定发展的基础，目前已初步形成淖毛湖镇为 6 万亩有机哈密瓜种植基地，苇子峡乡为 0.5 万亩野山杏基地、下马崖乡 0.2 万亩红枣基地、吐葫芦乡 0.5 万亩苹果蔬菜基地、盐池镇及前山乡有机牛羊肉和食用菌产业基地，山南开发区葡萄种植基地的产业格局。

为加大农产品深加工全覆盖并确保龙头企业提规模、上档次、提品质、拓市场、促增收，提升农产品加工企业生产能力，专门规划建设了伊吾县轻工业园区，引进农业深加工企业近 10 家。如引进的冰雪果业公司年收购哈密瓜 3 万 t、收购红枣 50t，哈密瓜酒生产线土建工程已完成，即将投入使用。喀尔里克公司年加工牛羊肉 10 万头只，力促食用菌罐头生产线年内投产；天佑公司饲料加工 2 万 t 颗粒饲料、山南葡萄干深加工企业进驻并投产，并在葡萄干等下游产品向保健品方向发展有新突破，在产品筛选、精包装、品牌宣传上有新业绩。目前天佑饲料、食用菌罐头加工厂房已建成投产。通过建立大中小企业并存的农产品加工业产业集群，发挥农产品加工业的整体效应，提高农产品的就地转化能力。

（三）农业在县域经济中的地位和作用

2015 年全县实现生产总值（GDP）45.6 亿元，同比增长 12.8%；完成地方固定资产投资 75 亿元；实现全口径财政收入 7.19 亿元，其中地方财政收入 4.24 亿元；城镇居民人均可支配收入 30 062 元，同比增长 15%，农村居民人均可支配收入 15 173 元，同比增长 17%。三次产业结构占比为 10.6 : 66.7 : 22.7（表 1）。

表 1 2015 年伊吾县三次产业占比 （单位：%）

项目	国民生产总值	第一产业	第二产业	第三产业
2015 年	100	10.6	66.7	22.7
2014 年	100	10.4	76.5	13.1

通过伊吾县三次产业占比可以看出，县域经济产业结构布局还不是很合理，2015 年县域产业结构在不断调整，第三产业比重不断增加，渐趋合理。在三次产业中，第一产业对经济增长的贡献率 10%，拉动经济增长 1 个百分点；第二产业对经济增长的贡献率 53.5%，拉动经济增长 5.4 个百分点，其中工业贡献率为 40.1%，拉动经济增长 4 个百分点，建筑业贡献率为 13.8%，拉动经济增长 1.4 个百分点；第三产业对经济的贡献率 36.5%，拉动经济增长 3.6 个百分点。

表 2 2014 年伊吾县农业产值占比 （单位：万元、%）

农林牧渔总产值	农业产值	林业产值	牧业产值	渔业产值	农林牧渔服务业总产值
76 938	28 495	9 305	37 694	24	1 420
各产业在农林牧渔中的比重	37	12	49	0.3	1.7

从表 2 可以看出伊吾县农业总产值中牧业产值所占的比重最大为 49%，畜牧业收入占农牧民人均收入的 41%。其次是农业产值，占 37%，渔业产值几乎可以忽略不计，说明在伊吾县畜牧业的贡献率在人均收入中占较大份额。2015 年上半年实现农林牧渔业增加值 7 795 万元，增长 4.5%，其中农业增长 4.6%，林业增长 0.5%，牧业增长 2.0%，农林牧渔服务业增长 2.3%。共完成播种面积 9.34 万亩，下降 1.7%；出栏各类牲畜 6.72 万头（只），增长 2.8%；为市场提供优质肉产量 3 197t，增长 1.2%；奶类产量 667t，增长 0.3%；禽蛋产量 133t，增长 1.5%；存栏 26.08 万头（只），增长 3.4%。该县粮、经、草、园比由 2011 年的 10∶53∶30∶7 调整到目前 2.91∶42.23∶46.6∶8.26。食用菌种植面积稳定在 25 万 m^2 以上，产量较上年增加 10%，达到 1 100t。哈密瓜生产能力达到 3 万 t，牛羊肉深加工达到 1 000t。实现农村经济总收入 4.5 亿元，同比增长 5%，农牧民人均纯收入达到 13 290 元，增长 19.5%。

二、农业发展的主要成就

（一）农业产业结构渐趋合理

伊吾县以工业化思维谋划农牧业，围绕“一乡一品”的发展战略进行农业产业结构调整、积极引导农牧企业在主要农牧产品深加工方面全覆盖，使农业持续增效、农民持续增收，不断打造农业经济的升级版。坚持“一乡一品”产业结构调整布局，夯实农业稳定发展的基础，目前已初步形成淖毛湖镇为6万亩有机哈密瓜种植基地，苇子峡乡为0.5万亩野山杏基地、下马崖乡0.2万亩红枣基地、吐葫芦乡0.5万亩苹果蔬菜基地、盐池镇及前山乡有机牛羊肉和食用菌产业基地、山南开发区葡萄种植基地的产业格局。

（二）坚持农牧产品精深加工全覆盖

伊吾县为稳步转变农业发展方式，坚持农牧产品精深加工全覆盖战略。专门规划建设了伊吾县轻工业园区，引进农业深加工企业近10家。加大农产品深加工全覆盖并确保龙头企业提规模、上档次、提品质、拓市场、促增收，提升农产品加工企业生产能力，引进的冰雪果业公司年收购哈密瓜3万t、收购红枣50t，哈密瓜酒生产线土建工程基本完成，8月即将投入使用。喀尔里克公司年加工牛羊肉10万头（只），力促食用菌罐头生产线年内投产；天佑公司饲料加工2万t颗粒饲料、山南葡萄干深加工企业进驻并投产，并在葡萄干等下游产品向保健品方向发展有新突破，在产品筛选、精包装、品牌宣传上有新业绩。目前天佑饲料、食用菌罐头加工厂房已建成投产。通过建立大中小企业并存的农产品加工业产业集群，发挥农产品加工业的整体效应，提高农产品的就地转化能力。

（三）坚持农产品外销平台和市场开拓体系建设

伊吾县树立抓农产品销售也是抓增收的理念，加快农产品外销平台和市场开拓体系建设，启动电子商务工程，将生产、加工、运输、销售等环节联成一体，多层次提高农副产品附加值，从根本上提高效益，解决小生产与大市场的矛盾，规避市场风险，通过龙头企业的带动，把农户与大市场连起来，使农民有可靠的市场销售保证，避免农产品生产的盲目性。力推在北京、广东、深圳、河南等内地市场建立以盐池羊肉、晚熟哈密瓜为主的固定销售网点，依托哈密瓜合作社在盐池产业园区建立保鲜库储存哈密瓜，畅通供货渠道。冰雪果业公司进一步加大哈密瓜的收购和产品深加工力度，鼓励企业在哈密瓜脆皮、果脯、酒类等深加工研发上有所突破，尽可能多卖“项链”，少卖“珍珠”，引导企业在农牧产品品牌上多下功夫，在包装外销上多做文章。

（四）坚持加大对龙头企业和合作社支持力度

县里对骨干龙头企业在信贷和税收政策等方面予以扶持，并努力为骨干龙头企业争取省及国家农业产业化项目资金和国有农业政策性银行和商业银行的优惠贷款，缓解企业资金短缺的压力；建立农业产业化发展基金，支持龙头企业扩规技改项目实施，申报省级以上优质农产品品牌、著名商标，通过绿色、有机农产品质量认证等分别给予“以奖代补”，鼓励和支持龙头企业发展。推进农牧民专业合作社良性健康发展。截至目前，伊吾县在工商部门登记注册的各类农民专业合作社 95 家，其中种植 33 家，养殖 56 家（生猪养殖 8 家），农机 3 家，其他 3 家。全县合作社注册资金 1.45 亿元，拥有入社成员 2 711 人。2 家国家级示范社，3 家自治区级示范社，13 家合作社获得地区等级示范社。”

（五）加快现代畜牧业升级，持续增效发力

在畜牧业发展上坚持以牛羊品种改良为切入点，继续巩固和加大人工饲草种植面积，优质牧草种植达到 3.9 万亩，不断提高单位产草量；大力推行牛羊品种改良力度，改良黄牛 3 200 头，羊胚胎移植 200 例，羊人工授精 5 000 只，改良当地生产母羊 5 万只，力争全县牛、羊的良种覆盖率分别达到 60%、80%。完成园区育肥牛 3 500 头、羊 6.5 万只，完成草原治蝗 15 万亩。提高已建成畜牧园区棚圈的使用率，力争使畜牧业产值占农业总产值的 48%，畜牧业收入占农牧民人均收入的 41%。

三、县域惠农政策及其实施效果

为激发农牧民发展现代农业的热情，伊吾县从瓜果种植、畜牧业养殖、饲草料种植、基础设施建设、农业合作社、龙头企业扶持等多个方面共出台 41 条优惠政策，同时各级财政（中央、自治区、地区、县四级财政）每年拿出 2 200 万元，做为畜牧业发展基金，用于优惠政策落实。

（一）哈密瓜模式化种植优惠政策

县里对哈密瓜种植采取直补和打包补贴，要求哈密瓜种子从伊吾县瓜办指定的有质量保证的合作社购买，以购买种子原始票据为补贴依据，直补到合作社，每亩补贴 20 元。将哈密瓜地春秋季深翻深度必须达到 40cm 以上；每亩瓜地至少施 $5m^3$ 腐植酸或 $1m^3$ 农家肥；按要求统一进行预防哈密瓜病虫害（含种前种子消毒）；参加哈密瓜农

业保险，以保险公司保险单为依据；瓜地需使用 0.012mm 加厚地膜，残膜回收率达到 90% 以上，并交到指定的回收点，地块四周无残膜等 5 项采取打包补贴的办法，全部完成进行补贴，少完成一项不享受补贴，每亩合计补贴 180 元。经验收组验收合格后统一兑现。

（二）优质牧草种植优惠政策

凡是种植苜蓿等多年生优质牧草，产量达到规定要求，地、县两级财政通过“以奖代补”形式对种植户分 3 年给予了每亩地 400 元的补助；种植青贮玉米等一年生优质饲草，产量达到规定要求，每亩地补助 100 元。对农牧区连片种植 30 亩以上苜蓿、沙打旺、红豆草等多年生优质牧草，政府 5 年共补贴 950 元 / 亩。此外，凡在县域内大面积种植人工饲草料地 1 000 亩以上，并享受当年生和多年生优质牧草种植补贴的企业、合作社或个人，需拿出总产草量的 30%，成本价交给指定的企业或合作社，以平价的方式统一出售给当地牧民。（畜牧验收部门统一核算亩产成本，确定草料价格和具体的总产草量、需提供的平价草数量）。

2015 年完成优质牧草种植总投资 2 778 万元，实际完成种植优质牧草 4.63 万亩，其中青贮玉米 0.77 万亩，一年生牧草 3.19 万亩，多年生牧草 0.67 万亩。奖补机制牧草良种补贴资金每年 350 万元，全部用于购买牧草良种补贴。

（三）合作社的优惠政策

通过示范社的创建活动带动全县所有合作社逐步达到制度健全、机制完善、管理规范的要求，全面提升了该县农民专业合作社的整体水平。优惠政策有：新获得国家级名优产品的企业、合作社以奖代补 50 万元，获自治区级名优产品的企业、合作社以奖代补 20 万元；对开展绿色、有机认证的合作社给予一次性奖励。获得绿色食品认证的合作社给予 3 万元奖励；获得有机产品认证的合作社给予 10 万元奖励；鼓励合作社积极申报名牌。对成功注册商标的奖励 5 000 元；对获得自治区级知名商标的奖励 10 万元；获得国家级知名商标的奖励 30 万元；每年开展县级示范社等级评定，对获得 AAA 级合作社的奖励 5 万元，AA 级合作社的奖励 3 万元，A 级合作社的奖励 1 万元。以合作社为主体的生产经营贷款按国家基准利率全额贴息，农牧业生产加工企业生产经营贷款按国家基准利率全额贴息 1 ～ 3 年。

2015 年有 13 家管理规范、成效明显的获得县级示范社以奖代补资金总计 37 万元。

（四）鼓励电商发展的优惠政策

在伊吾县依法注册、登记，财务制度健全规范，依法在本县纳税的具有独立法人资格的从事电子商务运营、应用、专业配套服务的线上网店和线下实体店的企业、合作社、个体网商（需在阿里巴巴、淘宝、京东等国内有影响力的网商平台注册），经营一年以上、销售业绩超过 20 万元的（销售额以银行对账单和物流企业提供的相关凭证为准），县财政给予每家一次性 1 万元补助；线下实体店每年给予 50% 的租金补助，最高不超过 2 万元，连补 3 年，有效提高了农牧民学习电商运营的积极性。

（五）积极争取农业综合开发项目

截至 2015 年年底，伊吾县共争取中央农村环境综合整治和农村环境连片整治项目 8 个，涉及村庄数 28 个，项目总投资 4 580 万元。另外，通过项目整合，还辐射带动了 6 个乡（镇）、开发区 29 个村垃圾处理设施的建设。有了农村环境连片整治项目资金做保障，加快了对农村生活垃圾和畜禽粪便的综合整治的步伐，项目村庄脏、乱、差的面貌从根本上得到了改善。全县 85% 的耕种面积采用膜下滴灌和喷灌技术，90% 的城市绿化面积采用节水技术，节水面积达到 11.76 万亩。饮用水源地水质达到国家标准；县城空气质量达到国家二级标准以上。

四、农业发展存在的问题

（一）新型经营主体引领作用不明显

截至目前，伊吾县在工商部门正式登记注册的合作社达 88 家，其中，种植业合作社 31 家，畜牧业合作社 51 家，农机合作社 3 家，其他 3 家。但产销能力、农技水平、加工能力等方面发展极不平衡，在发挥农业机械、科技成果应用、市场开拓等方面的引领作用不明显，还不能成为现代农业生产的骨干力量。

（二）缺乏持续发展地方特色农产品产业政策措施

优良品种开发力度不够，特色不够明显，特色优势农产品“规模小、品牌少、产业弱”，效益不高。农业产业化和农产品商品率低，农产品转化为商品还存在多方面的制约因素，服务农业产业发展的人力、物力、财力匮乏，不能充分发挥示范引导、政策扶持的作用。

五、发展展望与政策建议

（一）发展展望

从国内来看，新型大国的崛起为“十三五”发展带来了前所未有的广阔空间。经过“十二五”后几年深化改革和结构转型，国内的发展基础更加扎实规范有效，诚邀周边国家搭乘“顺风车”可带来更多机遇和发展空间。

从区内来看，丝绸之路经济带和五化同步成为发展新动力。在我区优势资源转换全面升级之时，新丝绸之路经济带的打造如约而至，经济优势、政策优势、资源优势、地缘优势、后发优势将不断凸显，有力促进经济持续快速增长和稳步提升。

（二）政策建议

1. 积极培育和构建新型农业经营主体

要因地制宜，统筹推进专业大户、家庭农场、农民合作社、农业龙头企业等新型经营主体，实现多元化、多形式共同发展。

以盐池乡为中心，从项目、信贷、补贴和政策等多个方面，大力扶持畜牧龙头企业、合作社，以带动周边乡镇扩大园区养殖规模。引导龙头企业、专业合作组织、养殖园区、养殖大户强强联手，建设壮大养殖基地，走“龙头企业 + 基地 + 合作社 + 农牧民”的道路，挖掘产业链条的附加值，推动一二三产业联动、上下游环节配套、产加销并进，拉长产业链，构建特色优势产业集群，促进农业结构不断优化。

2. 加大对龙头企业、合作社的政策支持力度

目前企业资金流动中最大的问题之一就是放款时间和额度的问题。由于畜牧业生产的季节性，可以考虑进一步扩展畜产品政策支持力度。例如，羊胴体可以算作鲜活农产品走绿色通道，但分割后的冷鲜肉则不属于鲜活农产品，不能走绿色通道；而包装后的冻鱼却可以属于鲜活农产品，享受绿色通道优惠。因此也建议有关部门能够根据家畜产品特点和畜牧业生产的风险，紧抓中央农村工作会议契机，充分利用“鲜活农产品运输绿色通道政策”和“生鲜农产品流通环节税费减免政策”，一是在目录范围的鲜活农产品中增加冷鲜畜产品或分割肉产品的内容。二是在继续实行生鲜农产品流通环节税费减免政策的同时，加快制定对冷鲜畜产品和冷冻分割肉等流通环节的税费减免政策。加大扶持力度，为合作组织发展提供政策保障。在财政、信贷等各个方面给予大力支持，协

调银行贷款，同时财政给予 30% ～ 50% 的贴息政策，使合作组织得到快速健康发展。

3. 加快推进健康养殖，实施品牌战略

转变养殖观念，调整养殖模式，大力发展畜禽规模养殖和养殖小区，抓好畜禽良种、饲料供给、动物防疫、养殖环境等基础工作，对新建养殖园区实行统一规划、统一设计、统一管理，依托已注册的“途阔”牌商标，发展有机盐池羊品牌生产，掌握产品定价权，加强与市场的对接，加快推动畜产品市场化运作，做精畜牧业，打造农产品名优品牌，提升加工产品附加值。

4. 发展电子商务，畅通农产品销售渠道

大力发展电子商务，整合各方面信息资源，用市场信息引导生产，调控产量。加快布局构建与县市内外各终端市场相链接的网络平台，支持农产品流通企业与农民专业合作社建立专业化的农产品销售网站。以订单农业推进农业标准化生产，不断完善“公司 + 基地 + 农户”的产业化经营模式，培植农业产业化龙头企业，促进农业产品的品牌生成和规模化经营，完善产销衔接，降低市场经营风险，努力实现农业增效、农民增收。

王 惠 李 捷 张玉华

中国农村微观数据采集项目支持

2016 年 1 月

2015 年鄯善县农业发展报告

鄯善县位于新疆维吾尔自治区天山东部南麓的吐鲁番盆地东侧，北与木垒县、奇台县为邻，东经七克台镇连接哈密市七角井乡，西部吐峪沟苏巴什村与吐鲁番市胜金乡接壤，南部经南湖戈壁至觉罗塔格与若羌县、尉犁县为界。全县总面积 39 800km^2，约占新疆总面积的 2.5%，辖 5 乡 5 镇，1 个国营农场，2 个省级园区，66 个行政村，17 个社区，总人口 23.13 万人。2015 年鄯善县地方公共财政农业支出 36 070 万元，占总财政支出（184 569 万元）的 19.54%。

鄯善县地处库木塔格山（沙山）北麓，西接火焰山东端。三面环山，地势东北高、西南低。北部为博格达山，中部为吐鲁番盆地和哈密盆地，南部为戈壁和沙漠，属温带大陆性气候，夏季炎热，冬季寒冷，昼夜温差大，日照充足，年均气温 11.3℃，年均降水 25mm。鄯善县地处亚洲腹部。由于远离海洋，群山环绕，地貌复杂，形成了独特的气候。夏热（7 月平均气温 29.2 ～ 33℃，曾出现过 48℃高温），冬冷（1 月平均气温 -10 ～ 11℃，最低气温出现过 -29.7 ～ -28.7℃），春旱干燥（年降水量为 17.6 ～ 25.3mm，但蒸发量极大，为 2 751 ～ 3 216.6mm），热量丰富（≥ 10℃积温为 4 522.6 ～ 5 548.9℃），日照充足（日照时数 2 900 ～ 3 100h），昼夜温差大（平均日较差 14.3 ～ 15.9℃，最大可达 17.0 ～ 26.6℃），无霜期长（192 ～ 224d）。对于棉花、葡萄和甜西瓜的生长发育极为有利，尤其是对提高葡萄、甜西瓜的品质更为突出。据含糖量的测定，葡萄 23°以上，最高达 31°；甜瓜 12°以上，最高达 18°，这就是鄯善的葡萄、甜瓜驰名中外的自然因素所在，是无核白葡萄、哈密瓜的原产地。1979 年、1998 年，鄯善县先后被授予“全国葡萄生产基地”和“中国哈密瓜之乡”资质。

鄯善县的土壤资源非常丰富，现有耕地、休闲地及农田四周的少数撂荒地共计 47 万亩，约占全县总面积的 0.8%；可垦荒地 90 万亩，约占全县总面积的 1.52%。全县土壤类型很多。农耕土壤主要是灌耕土，约有 26.7 万亩，占农田的 56.3%，全县各乡镇均有分布。其次为灌淤土，约有 8.2 万亩，占 17.4%。潮土有 9.5 万亩，占 20.2%。风沙土、灌溉棕漠土等有 2.88 万亩，占 6.1%。

该县区位优越交通便利，西距吐鲁番市 90km、乌鲁木齐市 280km，东距哈密市

340km，兰新铁路、兰新高铁、连霍高速、亚欧光缆、西气东输管线贯穿全境，是亚欧大陆桥入疆第二站，木鄯公路贯通北疆东疆，交通条件非常便利。

一、农业在县域经济中的地位及发展现状

（一）农业产值与产量变化

2015 年 1—8 月，鄯善县第一产业完成投资 1.21 亿元，同比增长 31.24%；第二产业完成投资 61.21 亿元，同比下降 13.44%；第三产业完成投资 9.17 亿元，同比增长 3.51%。一二三产的投资额占全部投资的比重为 1.69 ∶ 85.50 ∶ 12.81，其中第三产业投资比重较上年同期提高 1.8 个百分点。

2015 年 1—9 月，鄯善县实现农业总产值 26.60 亿元，同比增长 5.90%。其中，种植业产值 23.39 亿元，同比增长 6.46%；畜牧业产值 3.0 亿元，同比增长 1.77%；林业产值 0.14 亿元，同比增长 4.24%，其他 0.07 亿元，同比增长 9.55%。

2015 年 1—9 月，鄯善县各类牲畜存栏 31.18 万头（只），同比下降 7.78%；各类牲畜出栏 32.31 万头（只），同比增长 0.34%；鲜奶产量 595t，同比下降 0.83%；肉产量 8 914t，同比增长 6.82%；蛋类产量 213t，同比增长 0.47%。

2015 年，鄯善县秋茬哈密瓜种植面积达到 45 700 亩左右，亩产量预计 1.5t 左右，每亩预计效益 5 000 ～ 6 000 元，经济效益显著。2015 年，设施农业春提早、秋延晚两季种植率均达到了 98% 以上。

（二）产业结构及特色

根据《新疆维吾尔自治区鄯善县自治区现代农业示范区建设规划（2014—2018 年）》，鄯善县自治区现代农业示范区建设分为核心区、生产示范区两部分。其中，核心区以鄯善县鲁克沁镇为基础进行规划建设，全镇总面积 137km^2，耕地 6.5 万亩。最终建成汇集“农、科、教”融合，“产、学、研”一体，“教、学、做”合一的现代农业技术集成和示范培训核心区。

生产示范区建设包括：优质特色农产品生产示范区、现代畜牧业养殖示范区、农产品深加工区和产地批发市场、现代物流贸易园区建设。其中，优质特色农产品生产示范区以山南鲁克沁镇为中心、以山北辟展乡与七克台镇及沿线乡镇等保障农产品供给的区域为重点进行建设；现代畜牧业养殖示范区以鲁克沁镇及以南地区（鲁克沁镇、迪坎尔乡、达浪坎乡、吐峪沟乡，以奶牛、肉羊为主的生产示范带），以及山北连木沁以东地区（七克台镇、火车站镇、东巴扎乡、辟展乡奶牛生产示范带）为重点进行建设；农产

品深加工区和产地批发市场以葡萄哈密瓜科技特色产业园区、鄯善县连木沁镇葡萄加工基地、鄯善县鲁克沁镇绿色楼兰农业产业化示范基地为重点进行建设；现代物流贸易园区以连木沁镇交易中心、鄯善县干果交易中心为重点进行建设。

近年来，鄯善县以农民增收为核心，大力发展特色农业和高效节水农业，以葡萄哈密瓜科技特色产业园区、连木沁镇葡萄加工基地、鲁克沁镇绿色楼兰农业产业化示范基地建设为重点，稳定葡萄的种植面积，加快老葡萄园的更新改造，抓紧精品哈密瓜生产，加快畜牧业育肥基地建设，初步形成了以葡萄、哈密瓜、反季节蔬菜瓜果、牛羊育肥等为主体的高产、优质、高效、生态、安全的现代农业产业体系。

根据鄯善县农业产业发展的优势，结合新疆吐鲁番市“十二五”农业产业发展重点，依托示范区发展现状与基础，确定鄯善县自治区现代农业示范区主导产业为葡萄和哈密瓜种植、设施蔬菜、畜禽规模化养殖、农产品加工和休闲观光农业五大产业，其中农产品加工业将重点围绕葡萄、哈密瓜、奶畜产品建设培育。鄯善县现代农业示范区建设将重点围绕优质农产品生产示范基地、农副产品精深加工基地及物流园区基地建设，通过五大产业和三大基地建设，将示范区各产业连接成一个互相关联的产业集群，共同支撑示范区的协调可持续发展。

1. 葡萄、哈密瓜产业

鄯善县优质葡萄、哈密瓜种植及精深加工基地建设加快推进，楼兰酒业、新葡王酒业、绿人食品有限公司、金楼兰葡萄果业有限责任公司等农业产业化龙头企业发展壮大，葡萄、哈密瓜种植已成为鄯善县农业主导产业。示范区将依托鄯善县独特的光热资源优势，以建成区域优质特色农产品生产技术展示区和区域优质特色农产品供给区为目标，推广高效新品种哈密瓜种植，加强哈密瓜种植技术服务，及时指导农民按照标准化技术规程进行管理，确保哈密瓜品质。同时，积极培育哈密瓜营销企业，积极联系疆内外客商，拓宽哈密瓜销路。

2015 年建设葡萄标准化生产示范园 10 000 亩、精品园 200 亩，由县领导领办示范园（指挥田）工作，不断提高林果业种植管理水平。大力推广葡萄地周围沟、渠及路边栽植杏树的造林模式，主要在自然灾害频发区域，以及不具备营造防护林的大田葡萄四周栽植杏树，降低灾害损失，提高经济效益。同时深入推进哈密瓜品牌战略。积极引进培育和推广种植哈密瓜新品种，四季生产哈密瓜，抢占冬春季高端市场，提高市场占有率。积极鼓励和引导农民种植单作瓜，继续推进大田哈密瓜一年两熟技术，进一步压缩瓜套棉的种植面积。严格落实标准化生产，引导哈密瓜种植向优质化、精品化转变，进一步提升哈密瓜的品质。加大哈密瓜质量监管、品牌保护和营销推介，推动哈密瓜产业健康发展，确保广大瓜农的根本利益，实现哈密瓜增产增效。全年种植哈密瓜 8 万亩（其中精品哈密瓜 2 万亩）。2015 年建成葡萄酒庄 6 ～ 10 家，种植酿酒葡萄 5 000 亩。

2. 设施蔬菜业

近年来，鄯善县狠抓设施蔬菜，加大对农民蔬菜种植的指导和服务力度，根据蔬菜销售市场趋势，指导菜农调整种植结构，丰富蔬菜品种；同时，通过合作社对设施蔬菜进行统一收购，统一配发，统一销售，充分发挥农民专业合作社作用，抓好蔬菜销售。设施蔬菜业已具备良好的发展基础。依托现有的设施蔬菜基础，大力实施设施蔬菜标准化、集约化生产，建设蔬菜标准化示范区和绿色、有机蔬菜基地，打造“安全”“优质”“绿色”蔬菜名优品牌，提高蔬菜附加值和市场竞争力。加快蔬菜冷链物流保鲜业发展，形成包装、储藏、运输、配送、营销为一体的蔬菜服务体系。2016 年以来，鄯善县农业局紧紧围绕设施农业提质增效的发展要求，加大设施蔬菜产业结构调整的力度，积极推进设施农业蔬菜的销售工作。截至 5 月，鄯善县运往乌鲁木齐及周边区域的蔬菜达 7 743t，其中，辣椒 4 500t、番茄 1 800t、黄瓜 225t、茄子 135t、豇豆 585t、四季豆 280t、西葫芦 78t、小白菜 98t、其他蔬菜 42t。

3. 畜禽规模化养殖业

近年来，鄯善县加大政府扶持力度，扩大饲草种植面积，建立良种体系建设，加快建设畜禽规模化养殖小区，畜牧业快速健康发展。示范区将按照“统一规划、合理布局、相对集中、连片开发、高产高效”的原则，加快畜牧养殖设施化、生产规范化建设步伐，在各乡镇新建畜禽标准化养殖场、养殖小区，加快形成一批规模化的优质畜产品生产供应基地。加大优质高产饲草的种植，深入开展“三储一化”工作，进一步推广秸秆加工调制技术，要以现有的草产品、草产业、草加工为基础，加大饲草料的储备。加快引进改良牲畜品种，加大对现代畜牧业发展资金扶持力度，增加多胎肉羊生产示范户范围，培育和建设多胎肉羊繁育场和规模化多胎肉羊杂交生产场。继续争取国家、自治区发展肉羊产业相关政策扶持，推进肉羊标准化养殖场建设工作。依托示范区地理、良种、喜好优势，积极发展斗鸡特色养殖。抓好畜牧业内部结构的调整，稳定耗粮畜的生产，大力发展牛、羊、斗鸡、驴等家畜，逐步建立起优质、低耗、节粮、高效的畜牧业产业结构。

4. 农产品加工业

近年来，示范区加快农产品加工业由农产品初级加工型向精深加工型转变，大力培育农业产业化龙头企业，基本形成了农产品种养加一体化的经营模式。示范区将重点以农产品加工为主导产业，抓好楼兰酒业、戈壁阳光等农业产业化龙头企业，立足市场、技术、人力和资源条件，加大引进农业产业化龙头企业力度，改造和提升以葡萄、哈密瓜为原料，科技含量高、市场前景好、示范带动作用强的农产品加工企业，形成区域特色经济优势，使鄯善县成为全疆重要的农产品加工生产示范基地。

5. 休闲观光农业

示范区瓜果品种多、质量优、风味独特，是全国乃至全世界葡萄品种最集中、最齐全的地区，是葡萄、哈密瓜的真正故乡，已经逐渐成为一种共识，发展特色休闲农业具有良好的基础。示范区将以农业特色资源、吐峪沟大峡谷、库木塔格沙漠等景区、历史文化名镇为基础，加大投资和引导，强化管理，建设以“农家乐”旅游为主的休闲观光农业示范区，满足市民及游客的观光、采摘需求，做大做优休闲观光农业。

（三）农业在县域经济中的地位和作用

2015 年 1—8 月，鄯善县第一产业完成投资 1.21 亿元，同比增长 31.24%；第二产业完成投资 61.21 亿元，同比下降 13.44%；第三产业完成投资 9.17 亿元，同比增长 3.51%。一二三产的投资额占全部投资的比重为 1.69 ∶ 85.50 ∶ 12.81，其中第三产业投资比重较上年同期提高 1.8 个百分点。截至 2015 年，鄯善县三次产业结构为 6.2 : 77 : 16.8。地方属生产总值占全县生产总值的比重由 2010 年的 49.6% 上升到 61%。地方属经济结构由“十一五”末的 20.5 : 46 : 33.5 调整到 10.2 : 62.3 : 27.5。

二、农业发展的主要成就

（一）拓展服务领域，不断提高农机化水平

一是落实好国家农机购置补贴政策。加大政策宣传力度，完善补贴监督管理机制，将补贴资金用于发展设施农业、葡萄生产、秋翻冬灌、畜牧养殖、农产品加工、冷藏等促民增收的关键领域。2015 年，申请国家农机购置补贴资金 1 280 万元。二是抓好农机化示范点建设。结合县域优势和特色，在已建立的 4 个农业机械化应用示范点（设施农业机械化示范点、葡萄埋藤机械化示范点、畜牧养殖机械化示范点、农副产品加工机械化示范点）基础上，大力开展农机化示范推广和技术培训，展示各领域农机新技术、新机具的应用，切实发挥农业机械化示范作用。三是认真抓好秋翻冬灌工作。加强宣传引导，培养农民科学种植、精耕细作的意识，早谋划、早动手，确保 100% 完成秋翻冬灌

工作任务。

（二）创新体制机制，进一步增强农业农村发展活力

一是积极探索农村土地流转办法，推进土地承包经营权确权登记颁证工作。2015年，在做好政策宣传动员的基础上，正式启动农村土地承包经营权确权登记颁证工作。通过确权登记颁证，进一步为推进土地有序流转、纠纷调处、征地补偿和抵押担保提供重要依据。全年计划完成2万亩土地承包经营权确权登记颁证任务。二是加强农村集体资金资产资源管理。按照“建立归属清晰、权能完善、流转顺畅、保护严格的农村集体产权制度”的要求，以清产核资、建章立制、经营高效、强化监督为重点，构建农村集体“三资”监管新机制，实现集体资产的保值增值和收益不断增长，促进农村集体经济健康发展和农民有效增收。2015年，重点完成全县67个行政村集体“三资”清产核资工作。

（三）加强安全监管，确保农业生产健康发展

一是加强农产品质量安全监管工作。要深入开展“三品一标”（无公害、绿色、有机农产品和地理标识）认证与管理，加大农资市场整治，加强农产品检验检测，检测合格率达到98%以上，建立健全农产品质量安全监管体系和农产品质量安全追溯体系。二是做好农林牧业病虫害防治工作。面对病虫害发生日趋严重的形势，做好哈密瓜、葡萄、温室作物和棉花病虫害的预测预报及统防统治工作，积极应用综合防控手段，加强农作物统防统治，把虫情、病情和疫情控制在规定范围内，把农作物病虫害成灾率控制在0.3%以下，确保不发生成灾。认真贯彻落实重大动物疫病防控各项措施，抓好畜禽传染病的防治，做好规范化、信息化管理，确保重大动物疫病免疫密度达到100%，免疫抗体合格率达到80%以上，严防重大疫情发生。三是做好政策性农业保险工作。在总结近年来设施农业保险工作的基础上，进一步加大宣传力度，积极鼓励和引导农民参与设施农业、大田葡萄、棉花、牛羊养殖等政策性农业保险，2015年，确保具备种植条件的温室投保率达到100%，政策性保险有新突破。

2015年，鄯善县以打造特色林果“精品版”为重要任务，建立大田葡萄精品园200亩，大田葡萄示范园10 200亩，建立以葡萄为主的设施葡萄示范棚150座，全县完成林果品种改良3 548亩，葡萄架式改造2 227亩；全县新定植酿酒葡萄面积6 019亩，在10个乡镇（场）创办特色林果业标准化示范园172个，建立葡萄、杏、桑等特色林果采摘园、观赏园5个，全县完成鲜食葡萄销售150 076t。

三、县域惠农政策及其实施效果（政策、工程、补贴支持）

2014 年 1 月 1 日起鄯善县发布并实施了《关于葡萄及葡萄酒产业发展优惠政策及奖励办法》。通过政策及奖励办法，截至 2015 年 5 月，鄯善县已落实酿酒葡萄种植面积 5 338 亩，整地开沟 3 825 亩，订购酿酒葡萄苗木 176 万株。并已与 18 家酒庄企业签订葡萄酒产量任务考核目标责任书，实现年产 2.5 万 t 葡萄酒。该县 2015 年拿出 1 000 万元专项扶持葡萄及葡萄酒产业发展。

2015 年中央农业机械购置补贴资金情况。鄯善县争取中央农机购置补贴资金为 1 280 万元。截至 12 月 31 日，执行补贴资金 1 279.999 0 万元，结转补贴资金 0.001 0 万元。共带动农民和农业生产经营组织投入资金 2 550.601 1 万元；受益农户 2 843 户，受益农民合作社 27 个；共补贴各类农业机械 7 421 台，其中耕整地机械 716 台、种植施肥机械 1 台、田间管理机械 87 台、收获机械 5 台、收获后处理机械 42 台、排灌机械 2 690 台、畜牧养殖机械 62 台、动力机械 84 台、设施农业设备 3 734 台。完成深松整地作业补助面积 6.304 6 万亩，执行作业补助资金 189.138 0 万元。

2015 年鄯善县召开了农村土地确权登记颁证工作。3 个试点乡镇有 26 行政村，141 个自然村，共计 14 131 户，已完成入户调查摸底率达 57%。

2015 年以来，鄯善县采取多项举措全面开展农业水价综合改革试点工作。一是通过实行农业水权分配、成立水权交易收储转让中心对农民节约水量进行回购，建立健全节水奖补机制等一系列政策措施，在激励了农户的节水热情的同时提高试点区节水工程使用率，实现亩均节水 200m^3 左右，降低了农民水费支出，节约水量政府按照 0.61 元 / m^3 进行回购，单靠节约水量农民亩均增收达 122 元，亩均合计增收 350 元，真正意义上实现节水增效双丰收。二是农业灌溉条件明显改善，通过试点项目完成项目区斗渠衬砌 23km，农渠衬砌 17.45km，渠系建筑物 850 座、过路涵管 18 座、农渠进水口设置 55 座量水设施、新建高效节水面积 2 792 亩，进一步完善了项目区农业灌溉设施体系。三是创新了节水工程的建后管护机制，积极吸引社会资本参与农业高效节水后期运行管理。在园艺场试点区推行的节水工程“物业化”管理模式，弥补了“农民用水者协会 + 农户”管理模式中存在的运行管理和维修技术方面的缺陷，成效显著。

2015 年鄯善县在各类项目申报、专项资金争取工作中继续取得重大进展，为推进项目建设、促进水利事业的发展发挥了重要作用。截至目前，共争取上级水利专项资金 5 567 万元，其中，中央资金 1 392 万元，省级资金 4 175 万元。该县规模化节水灌溉增效示范项目建设地表水自压滴灌面积 26 681 亩，总投资 4 746.09 万元，其中，中央资金 3 797 万元，地方配套资金 949.09 万元。

2015年鄯善县小型农田水利重点县节水建设项目区位于鄯善县鲁克沁镇、达浪坎乡、迪坎乡及吐峪沟乡，建设滴灌面积2万亩，总投资2 049.72万元，其中，中央资金1 000万元，市、县配套资金1 049.72万元，现工程已完工并正常通水运行。

2015年鄯善县美和那提畜禽养殖专业合作社肉羊标准化规模养殖场等12个项目争取到2015年中央预算内投资325万元，用于羊舍标准化改造，及水、电、路、防疫、粪污处理等配套设施建设。

2015年开通了“农技宝”应用服务平台。“农技宝”是农业部与中国电信合作推广移动手机应用服务平台，涵盖了通知公告、我的任务、我的日志、通讯录、农户圈、专家会诊、农技知识、价格信息、田园相册九大板块。通过“农技宝”移动手机应用，实现农户、农技人员与农业部门的沟通交流，使用者将获取最新的农业政策、农产品价格信息及科学技术知识，实现“专家会诊”和远程答疑解惑等，同时为农业部门对农技人员的管理和考核提供信息化管理手段。

四、农业发展存在的问题

近年来，鄯善县农业农村经济取得了长足发展，农业科技创新和服务能力显著增强，农业生产条件明显改善，社会主义新农村建设稳步推进，农业发展的基础更加牢固。随着衡阳市援助鄯善县力度的加大，鄯善县现代农业发展的环境更加有利。但是，鄯善县自治区现代农业示范区建设中仍然存在一些问题及困难。

（一）农民增收难度加大

一是受区域水资源缺乏、农业基础条件薄弱、农民生产资料不足的影响，农民增收缓慢。二是农民收入主要依赖第一产业，收入结构单一，增收路子不广，影响着农民的增收。三是农业产业结构不尽合理，表现在产品质量不高，名优产品比例低；初级产品多，加工产品少，精深加工产品更少。四是农业生产资料价格不断上涨，农产品生产费用居高不下，造成了农民“增投不增收”。以上因素制约着农民收入的持续快速增长。

（二）农业持续发展的动力不足

设施农业持续发展动力不足。近年来，鄯善县设施农业发展较快，特别是设施蔬菜在全疆的地位不断提升，但是设施农业发展仍然存在一些问题及困难。一是设施农业产出低。设施农业管理者、生产者认识面有一定的局限性。设施农业建设、管理和种植技术起点低，反季节性不强，产出较低。二是土地和光热优势资源利用不足。设施农业一次性投入较大，资金的筹集积累有一定难度，不能形成集团化、连片、连栋建设，不能有效提高土地利用率和光热资源。三是新技术推广困难。种植户科技意识不强，新机具、新技术推广存在一定困难。果蔬的品质不高。缺少专用型、系列化设施农业果蔬品种，造成果蔬的品质不高。

畜牧业发展面临瓶颈。一是疫病防治困难。由于大量的分散饲养，难以有效地防止交叉传染、控制动物疫病、建立公共卫生防疫和环境控制标准；鄯善县村级动物防疫员队伍建设不稳定，从而造成疫病防治困难。二是资金投入不足，畜牧业发展基础相对薄弱，产业分化不明显。无龙头企业，形不成（龙头企业＋专业合作社＋农户）现代畜牧产业发展模式和合力。三是畜禽养殖方式落后，标准化规模养殖场（户）少，且规模不大，科学饲养水平偏低及良种化程度还比较低，缺乏市场竞争力，不适应市场优质化和多样化的需求。四是专业技术人员严重不足。随着人们对畜禽产品质量的高度重视，以及畜禽繁育体系的建设，现有技术人员已无法满足畜牧业产业化需求。五是畜产品质量安全监管难度大。“瘦肉精”等非法添加剂残留的检测仪器和试剂缺乏，检测费用昂贵，使检测能力低，监管力度不够。

（三）农业产业化经营明显滞后

农牧业产业化起步晚，农牧产品深加工龙头企业数量少、规模小、融资难、辐射带动能力不强，抵御市场风险和自然风险能力不强，特色农副产品加工转化率低，产品附加值不高。且企业加工经营范围窄，主要是葡萄干和葡萄酒加工企业，其他特色农副产品加工业没有形成规模，与农业产业化发展需要不相适应。农牧产品标准化体系建设、农牧产品认证、品牌工作滞后，影响了特色农副产品的加工和进入市场参与竞争的能力。农牧民组织化程度仍然较低，发展农村合作经济组织、建设农牧民专业合作社起步晚、规模小、服务层次低、内部运作不规范等问题，制约着农业产业化经营水平的提高。

（四）体制机制需要创新

近年来，示范区加快了体制机制创新，但体制机制仍然较为落后，体现在：一是农业资源配置方式需要优化，农业资源配置效率仍然较低，需要高效利用耕地、水、劳动力等传统要素的同时，引入资金、管理、技术等先进要素，利用有限的资源扩大农产品供给，提高农业生产现代化水平。二是需要加快土地制度创新，要激活农村房屋、土地等资源要素的内在价值，利用市场化、资本化途径使其产生财产收益，提高农民租金、红利等财产性收入的同时，将农村剩余劳动力从土地上彻底解放出来，为其到城市从事生产效率更高的二三产业创造条件。

五、发展展望与政策建议

根据2015年鄯善县自然资源禀赋、农业发展现状及存在的问题，提出以下建议。

第一，政府扶持加强节水灌溉的科学化和普及化。鄯善县由于受地理环境影响，水资源较为匮乏，该地区农业主导产业葡萄对水分要求较高，严格控制土壤中水分是种好葡萄的一个前提，且农作物生长与畜牧业发展都与水有密切联系。建议政府应加强节水灌溉的科学化和普及化的扶持力度，一方面利用现有技术推广应用科学灌溉的产品及技术。另一方面与相关科研机构紧密联系，研发适合本地区的科学灌溉新技术，鼓励在本县建设实验基地，发展智能灌溉系统。前期基础设施投入政府可以配套补助方式直接降低农民投入成本压力，充分利用现有水资源缓解水资源带来的压力，并成为全疆节水灌溉示范性地区。

第二，政府协调、促进、监督、引导"农户+合作社+企业"的合作与对接，促进农业全产业链发展。大力发展农业专业合作社，特别是合作社与对应大型企业的合作联合，引导建立健全联合机制与管理制度，紧密农民与合作社与企业之间的利益链接关系，实现农民专业合作社"双重酬"机制，使农民既可通过农业生产获取收益，又可通过农产品的深加工销售分红取得二次获益，鼓励农民的积极性，最终形成紧密合作的农牧业全产业链。

第三，政府引导农业信息化建设，由传统农业向现代农业转变。继续加强乡村两级信息化服务组织，开展面向农民的多元化信息服务，使农业信息化与农业产业化进行融合发展，面向全产业链提供专业化信息服务；切实抓好农业信息技术的应用，充分利用现有精准农业技术、3S技术，物联网技术、农业数据库技术（农业云计算与大数据集成）等信息技术在农业生产上的应用，提升农业整体水平；推行引导农产品的电子商务营销模式，解决小农户与大市场之间的矛盾，鼓励农户、合作社及龙头企业利用农业电子商务服务系统，实现网络与实物的对接，降低企业营销成本，拓宽产品销售渠道及品牌发展。

王　琼　合斯莱提·斯马依　黎　霞

中国农村微观经济数据采集项目支持

2016年1月

2015年阜康市农业发展报告

阜康市位于新疆维吾尔自治区昌吉回族自治州境内、新疆维吾尔自治区中北部，地处天山东段（博格达山）北麓、准噶尔盆地南缘，位于东经87° 46′～88° 44′，北纬43° 45′～45° 30′，东邻吉木萨尔县，西与米泉市接壤，南与乌鲁木齐县相望，北与阿勒泰地区富蕴县相连，境内东西最宽处76km，南北最长处198km。西距自治区首府乌鲁木齐市57km，距昌吉回族自治州首府昌吉市93km。总面积11 726km^2，总人口22万人，有汉族、回族、维吾尔族、哈萨克族等26个民族。下辖天池景区、阜康产业园（甘河子镇）和3镇3乡、3个街道。

阜康历史悠久，早在汉唐时期就是古丝绸之路上的重要驿站，明朝时建特纳格尔，清乾隆四十一年（公元1776年）建县，乾隆皇帝取“物阜民康”之意赐名阜康。1992年11月撤县设市。

阜康市地势自东南向西北缓缓倾斜，其地貌南部为天山支脉博格达山、中部为山前冲积平原、北部大部分为古尔班通古特沙漠。有水磨河、三工河、甘河子河等7条河流。属中温带大陆性干旱气候，冬季时间长，春秋季节不明显，夏季酷热，昼夜温差大。年均气温6.7℃，年均降水量205mm，年均无霜期174d。阜康市境内有博格达峰、天池、沙漠等旅游资源，还有石油、煤炭、天然气、石灰石、陶土、芒硝等矿产资源，1995年7月提交的地质报告显示石油储量达15亿t，煤炭远景储量达84亿t，石灰石储量达9 000万t，天然气储量1 500亿m^3。

一、农业在县域经济中的地位及发展现状

（一）农业产值与产量变化

2015年阜康市实现地区生产总值（GDP）152亿元，同比增长14%，其中，第一产业28亿元，增长5%；第二产业88亿元，增长18%；第三产业36亿元，增长12%；公共财政预算收入20.25亿元，增长10%。三次产业比例为18.4∶57.8∶22.8。农牧民人均纯收入16 300元，增加1 000元。

2015年1—10月，阜康市受农业水权水价综合改革的制约，农作物播种面积出现多年减少局面，达81.71万亩，较上年同期减少5.17万亩，下降5.95%。其中正播面积80.26万亩，较上年变化不大，套播面积仅为0.53万亩，减少4.37万亩，复播0.83万亩，较上年减少1.15万亩。

总播面积中粮食作物面积达34.67万亩，同比减少4.37万亩，下降11.21%，占总播面积的比重为42.43%，较上年下降3.4个百分点。其中小麦种植面积达到21.47万亩，较上年减少3.33万亩，玉米播种面积12.6万亩，较上年略有增加。

经济作物中，除打瓜种植面积达10.54万亩，较上年净增2.54万亩，增长31.73%，甜菜面积2.4万亩，稍有增加外，其他作物播种面积不同程度减少：油料面积13.48万亩，较上年减少0.81万亩，下降5.7%；蔬菜面积14.37万亩，减少1.27万亩，下降8.13%；薯类面积1.68万亩，减少0.3万亩，下降14.72%；棉花因上年价格低，种植面积仅为0.65万亩，是上年二成；瓜果面积0.6万亩，与上年持平。受订单带动，新增甘草等药材1.4万亩。饲草料种植面积1.89万亩，较上年减少0.4万亩，下降17.47%。

2015年遇多年少有的多雨气候，有效缓解了水资源的不足，但因过早高温影响了玉米等作物的产量，除棉花亩产逆势增加，达312kg，增长15%以外，其余各种作物单产普遍下降。小麦431kg，较上年减少8kg，下降1.8%；商品玉米748kg，减少47kg，下降6%；油料218kg，减少34kg，下降13.4%；打瓜136kg，减少10.1kg，下降7%。

（二）产业结构及特色

阜康市属大陆性中温气候，年均气温7.0℃，无霜期174d。由于独特的光热水土条件，阜康市农产品资源品质较好。主要农作物有小麦、玉米、瓜菜、加工番茄、打瓜、食葵、甜菜、酿酒葡萄、蟠桃等。现已形成20万亩优质高产粮食生产区；20万亩以加工番茄、打瓜、食葵为主的高效特色订单农业生产区；10万亩优质瓜菜生产区；10万亩优质人工饲草料基地；以酿酒葡萄和蟠桃为主的特色林果达到2.5万亩。设施农业面积达到1.5万亩，作为自治区蔬菜应急储备基地，储藏保鲜能力达到7万t。奶牛养殖、肉牛繁育初具规模，已被列入自治区畜产品储备基地。

阜康市旅游资源丰富，美甲天下的高山湖泊——天山天池就在其中，旅游资源带动当地“农家乐”民俗旅游（注：有汉族、回族、维吾尔族、哈萨克族等26个民族）发展势力迅猛，乡村游、生态休闲农业成为建设新农村的新举措，农民致富的新目标。

此外，阜康市设施农业面积达到1.5万亩，作为自治区蔬菜应急储备基地，储藏保鲜能力达到 7 万 t。奶牛养殖、肉牛繁育初具规模，已被列入自治区畜产品储备基地。

二、农业发展的主要成就

一是阜康市按照“高产、优质、高效、生态、安全”要求，不断推进“精特优”现代生态城郊型农业发展。注重农业综合功能开发，着力引进农业龙头企业，新建两个农产品物流市场，培育发展农业电商服务，全面推行农产品质量安全追溯建设，努力打造一二三产业融合互动的多业态、多功能的现代农业产业体系，率先在全州实现农业现代化。

二是全面推进农业农村改革。新增 1 个市级和 2 个乡镇农村产权交易中心；完成全市 70% 以上村产权颁证工作，并试点将农村集体资产折股量化到农民；稳步提升新型经营主体融资能力。2016 年计划颁发《农村土地经营权证》30 个。依托区位优势和水资源禀赋，完成总播面积 80 万亩，其中粮食 20 万亩，特色经济作物 50 万亩，饲草 10 万亩，农业订单率达到 92% 以上。

三是积极创新三大机制。创新农产品销售机制，建设九鼎农产品批发市场和比盈多斯巴依农产品交易中心。创新农业规模化发展机制，强化土地承包经营权流转管理和服务，流转规模达到 19 万亩以上。创新新型经营主体发展机制，加强自主创新和技术改造，拉长产业链，提高农产品附加值。

四是多方位与科研机构探索合作。阜康市正与中国农业大学技术合作，采取“学院 + 公司 + 合作社”的模式，通过整村土地流转整合 11 000 亩耕地，开展大宗蔬菜用水量对比试验，科学核定灌溉定量，破解初始水权水量的不足、蔬菜大规模生产以及农业初始水权确权改革的制约瓶颈问题；实施水肥一体化对比试验，创新施肥新方式，破解制约现代农业良性循环难的问题、破解经济效益和社会效益双丰收难的问题；引进蔬菜新品种区域试验示范，丰富蔬菜新品种，破解蔬菜品种单一、只有数量没有质量、市场竞争力不强的问题；多方位蔬菜绿色防控示范，打造绿色蔬菜品牌，破解农业生产安全的问题。集成沼渣沼液综合循环利用、绿色无公害生产、智能水肥一体化、储藏保鲜加工、水对比试验、新品种示范于一体的综合性现代农业示范区，将引领蔬菜生产向绿色、有机农业方向发展。

三、县域惠农政策及其实施效果

新疆阜康市突出“城郊高效现代农业”主题，坚持以农牧民增收为核心，以结构调整为主线，以科技进步为动力，积极转变发展方式，加快“五个升级”，促进农业快速发展。

（一）加快产业结构转型升级

投入 2.6 亿元，加快“四大农业示范区”建设。打造绿色高效农业示范区，依托滋泥泉子镇、上户沟乡规模化种植优势，重点发展瓜菜、制种、特色作物等产业，瓜菜种植面积达到 12.5 万亩，建成绿色有机农产品生产示范基地 3 个，1 000 元田达到 41.5 万亩，3 000 元田达到 10.1 万亩，5 000 元以上田达到 4.2 万亩。打造果蔬生产保鲜加工区，依托好益、智远等果蔬保鲜物流企业，大力发展农产品仓储保鲜加工产业，引进高地食品中央厨房等农产品加工企业 2 家，储藏保鲜库容达到 35 万 m^3。打造生态绿色植物观光区，依托玖运景致花卉苗木繁育中心，大力发展优质苗木花卉产业，先后建成了集休闲、旅游、观光、采摘、体验为一体的冰湖休闲农业观光园，集休闲、娱乐、餐饮、观赏名贵花卉为一体的福圣农业生态园。打造现代畜牧业示范区，大力推广“龙头企业 + 合作组织 + 养殖大户 + 千家万户”发展模式，依托天滋、玉源祥、福康源等企业，重点发展肉蛋奶生产，建成了全疆最大的万亩饲草产业园，标准化养殖小区新增 14 个、达到 50 个。

（二）加快经营主体转型升级

一是加快培养新型职业农民。立足于提升传统农民、转化返乡农民、引入新型农民，着力培养有文化、善经营、会管理的职业农民，培养规模经营户、科技示范户和营销专业户 1 430 名，累计培训农牧民 6 万人次以上。二是加快规范和建设农民专业合作社。充分发挥专业合作社在生产组织、技术服务、品牌创建、市场开拓等方面的作用，积极推广土地联营、草畜联营、租赁经营等合作发展模式，全市专业合作社达到 199 家。深化“五化”专业合作社创建活动，健全内部运行机制和管理，提升专业合作社规模化、规范化。三是加快发展农业龙头企业。鼓励有能力、有实力的工商企业、私营业主创办农业企业，支持龙头企业、专业合作社参与农产品基地建设和加工流通服务。目前，全市区级农业龙头企业达到 3 家，州级 4 家。四是加快经营制度创新。采取政策激励、服务跟踪、项目配套、信息引导等方式，转变农业生产经营和要素配置，土地流转面积由 2010 年的 3.56 万亩增加到 15 万亩。完善产业化利益机制，大力推广“龙头企业 + 合作社 + 专业农户”和“合作社 + 基地 + 农民”的生产经营模式，积极推行订单农业，健全贸、工、农一体化经营，全市农业订单面积占到总播面积的 86%。

（三）加快科技创新转型升级

一是推广先进适用技术。立足科技转化应用，重点推广农作物和畜禽良种、优质高产栽培及养殖、农业节本增效控害、动植物重大疫病综合防控、农产品质量安全和农业机械化促进、农业信息化等服务技术，推广农业新品种 102 个，畜牧业良种率达到 80%，高效节水灌溉面积达到 56.3 万亩。二是提高农技推广应用水平。深化农技推广体系、畜牧兽医体制改革，完善农技推广组织、责任、培训、保障体系。加强农业技术人才队伍建设，广泛开展农技人员联基地联大户活动，引导专业技术人员、特技特派员、大专院校赴基层开展成果转化。继续推进农业科技示范区、示范户建设，建立多元化科技示范推广体系，新认证绿色有机农产品 16 个、基地 8 万亩，争创新疆名牌产品 3 个。

（四）加快基础设施转型升级

完善基础设施条件。加强农田水利设施建设，完成 6 座水库除险加固。加快推进农业综合开发，加大中低产田改造力度，增加高产稳产良田，土地整理达 4 万亩。提高设施装备水平。深入实施农机化促进工程，加快先进适用机械设备推广应用，打瓜、甜菜、玉米等种植实现了全程机械化，农机总动力达到了 16.26 万 kW。完善农产品检验检测、动植物疫病防控设施，增强检测和重大动植物疫病防控能力。加强农业生态环境建设。以实施生态屏障、南部山区绿化、农村防护林工程体系为重点，全面推进生态绿化造林工程，着力形成建设绿色生态家园和发展绿色生态经济相互促进的良好机制。

（五）加快服务机制转型升级

强化社会化服务。大力推进植保、农机专业服务队建设，探索发展农业经纪人和营销员队伍。引导企业、合作社、专业大户向农业服务领域延伸。大力推进组织多元、覆盖全程、综合配套、便捷高效的现代农业服务体系建设，推进和完善乡镇农技推广、动植物防疫、农产品质量安全监管“三位一体”公共服务组织建设。扶持自我服务。重点扶持以农民专业合作社、农业龙头企业、农业产业协会，形成以服务促合作、以合作带服务的良性机制。强化政府服务。坚持问政于民、问需于民、问计于民，广泛宣传“三农”发展的先进理念，最大限度地凝聚人民群众的智慧和力量，最大限度地把全社会的发展积极性引导到“三农”发展上来。认真落实强农惠农政策，积极探索财政贴息、以奖代补、风险补偿、引导民间资金等方式，提高投入绩效。积极开展送科技、政策、信息下乡等活动，建立为农服务长效机制，努力为加快转变农业发展方式、推进农业转型升级创造和谐稳定的社会环境。

四、农业发展存在的问题

一是阜康市农业现代发展面临的资源环境约束日益突出。水资源消耗与水资源环境将面临重大压力，生态环境总体恶化趋势尚未遏止。

二是阜康市经济发展质量不高，生产方式仍较粗放，经济增长中存在高消耗、高污染、低效率、难循环的现象，体制创新和技术创新不足，经济内生性增长动力不足。

三是产业结构不尽合理、层次低，产品单一，产业链短。农产品营销体系尚不健全。

五、展望与政策建议

（一）展望

构建全产业链，实现农牧业增效创收。坚持以惠民增收为主线，努力把现代农业打造成为农民的绿色银行、市民的绿色游园、城市的绿色屏障。

优化农业产业结构。以提高农业综合效益和市场化程度为核心，大力发展“精、特、优”城郊型高效生态农业。提升绿色高效农业示范区，新建农业示范基地 6 个、休闲农业观光园 2 个，高效农业面积达到 40 万亩。扩大果蔬生产保鲜加工区，新增仓储保鲜 2 万 t、智能温室 1.4 万 m^2。升级生态绿色植物观光区，推广以林养林发展模式，启动油用牡丹产业试点，新增特色林果、种苗花卉 1 万亩。整合瑶池园、王母蟠桃园、冰湖采摘园等休闲观光示范园，争创国家级休闲农业示范市。优化升级现代畜牧业示范区，推进肉牛肉羊产业种养一体化，组建草畜联营合作社 5 家，新增饲草料基地 2 万亩。

创新生产经营体系。充分发挥龙头企业辐射带动作用，新引进农产品加工企业 3 家，农作物订单率达 95% 以上。规范整合农民专业合作组织，带动“一乡一业、一村一品”联合发展，创建星级合作社 40 家、州级示范社 8 家。着力打造农产品品牌，争创新疆农业名牌 2 个。积极推进外销平台建设，设立农副产品直销店 8 家，提高农产品市场占有率。

（二）政策建议

在中央新疆工作座谈会召开以来，新疆得到了中央以及援疆各省的大力支持和帮助，新疆的跨越式发展得到稳步推进。阜康市作为紧邻首府的重要城镇，在乌鲁木齐市经济社会发展的辐射带动下，经济发展不断得到提高，城镇建设规模不断得到扩展。在城镇化不断深入发展，经济社会发展水平不断提升的大好形势下，阜康市在整体发展中又存在着人口、资源、环境发展的不平衡，人地矛盾凸显等问题。如何促进土地资源合理、绿色地利用和管理，改变原有的粗放低效的利用局面，是阜康农业发展当前与未来要深深思考的问题。

温希军　黎　霞　李　捷

中国农村微观经济数据采集项目支持

2016 年 1 月

2015 年玛纳斯县农业发展报告

玛纳斯县水土光热资源较为丰富，总面积 1.1 万 km^2，拥有 110 万亩耕地、750 万亩天然草场、460 万亩林地。县域内地表水年径流量达 15 亿 m^3，拥有 10 万亩国家湿地公园，是新疆水资源最富集的地区之一。借助优越的自然光热资源，玛纳斯县积极发展现代农业。产业化发展步入快速发展轨道。依托澳洋科技、中信国安、中粮屯河、天康生物等产业化龙头企业，已建成 50 万亩棉花、5 万亩加工番茄、6 万亩酿酒葡萄、15 万亩制种玉米、40 万头生猪、100 万只肉羊、1 200 万羽肉鸡生产基地，是“中国优质棉花之乡、中国优质酿酒葡萄之乡、中国优质加工番茄之乡”，农牧民人均纯收入连续多年保持全疆前列。

一、农业在县域经济中的地位及发展现状

（一）农业产值与产量变化

截至 2015 年年末，玛纳斯县实现农林牧渔业增加值 5.6 亿元，比去年同期增长 5.0%，农林牧渔业总产值完成 9.9 亿元，比去年同期增长 5.8%。其中，农业产值完成 0.4 亿元，比去年同期增长 6%；牧业产值完成 9.2 亿元，同比增长 6.0%。

（二）产业结构及特色

1. 农作物种植结构

2015 年玛纳斯县农作物正播面积 109.95 万亩，比去年减少了 4.13 万亩。农作物主要以小麦、玉米、棉花、打瓜、油料、蔬菜、番茄为主，分别占总播面积的 6.3%、27.6%、50%、2.5%、1.6%、1.0%，其中番茄 0.9%。小麦面积 6.95 万亩，比去年同期增加 42 897 亩；玉米面积 30.37 万亩，比上年同期增加 64 361 亩，增长 26.88%，其中制种玉米 20.5 万亩，较去年增加 5 万亩；棉花 55.07 万亩，比去年同期减少 154 095 亩，下降 21.9%，打瓜 27 748 亩，较去年增加 19 314 亩；加工番茄 1.01 万亩，比去年同期减少 29 959 亩。

2. 农作物生产形势

2015年玛纳斯县克服春季低温等多种不利因素，狠抓田间管理、测土配方施肥、病虫害综合防治等措施，春播作物苗期总体生长良好，夏粮丰收在望。高效节水的技术得到广泛应用，2015年玛纳斯县棉花高标准滴管模式49.69万亩，占棉花播种面积的90.2%，高效节水灌溉技术的广泛应用，为棉花增产增收奠定良好基础。

3. 畜牧养殖业收益

2015年受生猪生产周期波动和当前牛羊疫病影响，牛羊肉消费疲软，羊肉价格较2014年有较大回落，养殖效益降低，出栏数减少。调查数据显示，上半年玛纳斯县产肉34 101t，蛋17 456t，奶53 210t，较上年同期分别增长25.7%、-8.3%和30.3%。牛羊肉价格比年初下跌5～8元/kg，鸡蛋价格比去年同期下降2～3元/kg；猪肉价格一直在低位运行，活猪价格一直在13～15元/kg；奶站牛奶收购价格也处于低价位1.7～2元/kg。上半年存栏57.9万头只，下降1.4%，牲畜出栏44.95万头只，同比下降1.73%。

（三）农业在县域经济中的地位和作用

1. 玛纳斯2015年经济运行总体情况

2015全年实现地区生产总值178.2亿元，同比增长7.8%，是“十一五”末的1.8倍；驻县团场生产总值达到50.2亿元，是“十一五”末的1.4倍；社会消费品零售总额30.5亿元，同比增长12%，是“十一五”末的2.1倍；公共财政预算收入10.1亿元，同比增长12%，是“十一五”末的3.4倍；城镇居民人均可支配收入24 818元，同比增长10%，是“十一五”末的2倍；农牧民人均纯收入20 018元，同比增加1 668元，是“十一五”末的1.8倍。五年累计完成固定资产投资548亿元，是“十一五”的4.9倍。县属三次产业结构由“十一五”末的39∶40∶21优化为2015年的30∶48∶22。

2. 现代农牧业实现新提升

预计完成农业总产值66.5亿元，增长5%。发展谷子、中草药等特色种植基地，巩固优质酿酒葡萄基地，压缩棉花面积，种植业结构进一步优化。建成高效节水面积86万亩，农业机械化水平达到93%，农业科技贡献率达到65%。建成萨福克杂交商品羊生产基地8个，全县出栏萨福克商品羊8万只，初步形成肉羊全产业链，以肉羊为主体的现代畜牧业产值在大农业中的占比达到43%。重大动物疫病防治成效显著。农村综合产权改革稳步推进，被确定为全国首批集体林业综合改革试验示范区。新增“三品一标”认证农产品6个、新疆农业名牌产品2个，新建农产品外销平台11个，品牌化战略深入推进。新创建区州级合作社11家，培育新型职业农民655人。创建为第三批国家现代农业示范区。

3. 新型城镇化展现新面貌

围绕“六统一、八配套”，加快城乡基础设施建设，解决了4个乡镇、25个村、1.5万群众安全饮水问题，城乡日供水能力由3万 m^3 提升至5万 m^3，城市污水日处理能力由1万t提升到2万t，新增城市集中供热面积20万 m^2。开展S115线改扩建工程的征收工作，建成双景路等城乡道路28km、绿道25km。新增绿化面积11万 m^2，城市建成区绿化率达到43.5%。改造棚户区660户，新建公租房886套、安居富民房780套，同步推进老城区供排水、建筑节能改造、停车场、路灯、公厕等基础设施建设。新型城镇化率达到53%。

二、农业发展的主要成就

玛纳斯县主动适应经济发展新常态，按照“调棉、兴畜、优林果、拓外销”的思路，在稳增长、调结构中寻找发展平衡点，推动农业转型升级，由传统农业大县向农业强县迈进。

（一）农业综合生产

玛纳斯县农业综合开发工作按照“打基础、兴产业、促增收、建新村”的思路，把加强基础设施建设放在首位，夯实新农村建设基础，并以推进现代农业和新农村建设为目标，强化管理，提高质量，圆满完成了各项项目建设任务。

玛纳斯县农业综合开发自1988年实施以来，从开荒项目、优质饲料粮基地项目、现代化示范区项目，到今天的统筹支持新农村建设示范区项目，经历了20多年的历程，积累和总结了丰富的实践经验。20年来农业综合开发项目建设，通过国家补贴、地方配套和群众自筹等多种方式，实施改造了农业综合开发项目47个，共投入资金12 199.07万元。其中，国家投入资金4 604.4万元，地方财政配套资金1 548.57万元，项目区群众及集体自筹资金5 230.10万元，银行贷款816万元。完成主要建设任务有开挖疏浚渠道222km，新修维修防渗渠道506.57万元，修建渠系配套建筑物3 617座，新打和修复机电井53眼，架设农变电线路37.38km，铺设农业化机耕道路413km，营造和补栽农田防护林14 855亩。农业综合开发是德政工程、惠民工程，20年来硕果累累。实践证明，农业综合开发项目的建设必将推动玛纳斯县农业和农村经济持续稳步发展。

（二）农牧业现代化发展

玛纳斯县以农业持续增效、农牧民持续大幅度增收为目标，加快转变农业发展方式，提升现代农业发展水平，在全疆率先实现农牧业现代化。

1. 提升特色高效农业示范区层次

玛纳斯县围绕平原规模型、山区生态型、城郊特色型现代农业布局，加快农业现代化进程。种植业方面，坚持集中连片、规模发展，加快建设优质棉花、粮食、酿酒葡萄、加工番茄、精品瓜菜、特色林果“六大基地”，建成全国最大的优质酿酒葡萄和制种玉米基地；按照“功能特色鲜明、产业优势突出、科技转化领先、服务体系健全、基础设施完善、管理科学高效”的要求，打造乐土驿镇万亩现代农业示范园、包家店镇塔西河村高效节水示范园、六户地镇万亩机采棉示范园等“十大科技示范园”，推动现代农业上台阶、上水平。畜牧业方面，依托天康公司、泰昆集团、新澳公司等龙头企业，大力推广“玛纳斯模式”，建设“四大基地”，即年出栏百万只优质肉羊生产加工及储备基地、百万头生猪生产基地、千万羽肉鸡生产基地和全疆最大的肉用种羊基地。截至2015年年底，畜牧业产值占大农业产值的55%，畜牧业收入占农民人均纯收入的比重达到50%。林果业和生态建设方面，要围绕建设绿色、生态、宜居玛纳斯的目标，加快县城周边20万亩苗木花卉基地建设，大力发展大规格特种苗木，建设全疆最大的大规格高档苗木花卉集散地，重点打造“两地一园”，即以平原林场为中心的大规格珍稀苗木生产基地，以园艺场为重点的高档葡萄酒优质原料基地，以南部山区为重点的万亩果园。依托环准噶尔南缘防沙治沙项目，发展经济生态林；依托国家湿地公园项目，恢复玛河湿地生态系统。2015年全县县域绿化覆盖率达到24%，林果业收入占农牧民人均纯收入的比重达到15%以上。

2. 提升农业产业化发展水平

玛纳斯县依托农业产业化龙头企业，大力推进农村经济合作组织发展，加快形成“龙头企业 + 合作社 + 基地”的农业产业化体系。支持兰州湾镇金土豆、凉州户镇乡都、乐土驿镇乐源等合作社壮大规模、扩大覆盖面，通过合作经济组织实现土地、劳动力资源整合，推行“五统一”种植模式，实现高新技术集成应用。截至2015年年底，80%的农民加入农民专业合作社，农产品订单率达到95%以上，土地流转率达到40%

以上，实现土地经营规模化、集约化。稳步推进设施农业发展，加强基地培育和市场开拓，打造北疆地区重要的设施林果和温室育苗基地。实施农产品品牌战略，打造一批知名品牌，提升产业发展层次和农产品附加值。着力抓好设施农产品加工业和储藏保鲜业，延伸产业链。大力加强以水利建设为龙头的农业基础设施建设，积极争取国家项目实施团结干渠和团结水库工程，全面推进大中型灌区节水改造，五年新增高效节水面积30万亩以上，高效节水面积占总播面积的80%以上，建成全疆节水灌溉标准化、规范化示范区，为推进农牧业现代化奠定坚实基础。

3. 提升科技兴农战略

玛纳斯县整合配套高新技术，全面推广机采种植模式，截至2015年年末，棉花全程机械化种植面积达到30万亩，棉花机械化收获率达到60%。积极探索农业科技成果进村入户的机制，以科技特派员为抓手，充分发挥科技示范园区的示范带动效应，推动农业科技成果转化。大力实施素质工程，完善县、乡、村三级公益性农技推广体系网络。突出发展有机农业、绿色农业，加快农产品产地认定和产品认证，农业标准化生产率达到80%，绿色食品、有机农产品比重达到50%以上。加快实施“一年一户一人一技”致富技能培训、农村“一户一人”转移就业培训和全民创业培训工程，大力培育“有文化、懂技术、会经营、守信用”的新型农民。截至2015年年末，全县农村劳动力技能培训实现全覆盖，劳动力转移达30%以上。

三、县域惠农政策及其实施效果

（一）退牧还草

2015年玛纳斯县在牧区实施的现代畜牧业转型、草原生态保护项目，该项目计划实施滴管4 400亩。共分3个系统，其中属于科澳公司2个系统、3 600亩，旱卡子滩乡加苏瓦提村1个系统、800亩。项目完成后，将按牧草高产种植模式，种植苜蓿、苏丹草、青贮玉米等优质牧草，预计年产鲜草1.2万~1.8万t，可满足1.8万~2万只肉羊舍饲食草量。

（二）凉州户等7乡镇安全饮水水源地改扩建工程

2015年玛纳斯县重点实施的民生水利工程。这个工程总投资1 750万元，建设内容为：新建供水管网3 500m，新修1万m^3调蓄水池1座。工程计划5月底完工并投入使用。工程建成后，水源地日供水量可达6万m^3，供水规模及调蓄能力在满足城乡近10

万人用水需求的同时，将为该县统筹城乡发展提供有力的供水保障。

（三）国家农业综合开发兰州湾镇王家庄村0.5万亩高标准农田建设示范

玛纳斯县项目建设内容为改造地表加压滴灌、滴灌系统首部设备配套及安装、沉淀池等内容。项目实施后，水资源的利用率可提高20%以上，预计可减少农业灌溉用水量52.7万m^3，使项目区水土不平衡矛盾得到了根本解决。预测作物产量及增加值为：土豆单产由实施前的1 500kg提高到1 900kg。

（四）定居兴牧工程

作为玛纳斯县民生重点工程，已投资1.331 2亿元，新建闵玛生态村、团庄村、大草滩村3个牧民定居点，新建住房750户，圈舍343座，开发饲草料地6 000亩。3年来累计发放创业生态奖补资金7 800万元，落实禁牧草场300万亩，草畜平衡面积462.14万亩，有效地保护了草原生态。定居有新房，配套有产业，增收有途径，3个牧区乡农牧民人均纯收入1.36万元。建成萨福克肉羊种源基地：科澳畜牧发展有限公司与自治区畜牧科学院建立了合作关系，通过胚胎移植等先进技术培育玛纳斯县“玛河肉羊”新品种。截至目前，肉羊出栏45万只、存栏40万只。萨福克肉羊核心种群数量达到了3 000只，年生产纯种萨福克种羊1 200只。精深加工方面实现新突破：科澳畜牧发展有限公司建立了萨福克羊良种繁育、育肥羊周转、有机肉制品精加工及销售、饲草料种植与加工、技术推广与培训于一体的现代化产业体系，全面推进肉羊产业升级和综合开发。公司与8个肉羊养殖场（合作社）签订了肉羊生产合作协议，实行“统一饲料配方、统一技术服务、统一防疫、统一品牌、统一销售”经营模式，设计年周转萨福克商品羔5 000只，满足屠宰加工厂羊源需求，根据羊肉市场需求按照略高于市场价收购萨福克商品羔羊，保证今后的商品羊源供应。公司已建成日屠宰分割能力在200只左右，集屠宰、速冻排酸、分割、真空包装、成品仓储等功能基本齐全的萨福克肉羊屠宰分割加工厂，在昌吉市建立的萨福克肉羊专营店投入运营，与中华老字号“东来顺”签订了羊肉销售协议，通过这一知名销售平台把公司的羊肉推向市场，扩大公司产品的知名度和市场占有率。优质饲草料基地建设：在旱卡子滩乡一棵树建立了4 000亩优质饲草料基地，已进行土地平整、道路、林带、滴灌安装等，计划2016年种植优质苜蓿、饲料玉米。

（五）农机购置补贴

为使农机装备能够更好地推动农业、畜牧业产业结构调整，2015年玛纳斯县除对常用的农业种植、收获机械进行补贴外，还加大了对农户购买采棉机、残膜回收机以及土地深松作业机械的补贴力度。在补贴类别上，也由原来的耕地机械、种植施肥机械、田管机械等 8 个类别，新增了对 GPS 和农田深松面积两个类别的补贴。目前，玛纳斯县种植业机械化作业水平达 93.5%，链式拖拉机已全面退出了农机田间作业，农机新技术应用率达 96%。拖拉机总数 12 040 台，生产企业 11 家，年收入为 5 320 万元。仅 2015 年玛纳斯县就发放农机购置补贴 3 020 万元，补贴机具 921 台架，受益户 769 户。

（六）棉花补贴

按照 2015 年度棉花目标价格改革补贴新疆兑付标准：陆地棉交售量补贴 1.99 元 /kg，特种棉交售量补贴 2.58 元 /kg。依据棉农提供的籽棉交售发票，“新疆棉花管理信息平台”2016 年 1 月 31 日 24 点的籽棉交售量信息，土地承包证、租赁合同等证明材料。经核实，玛纳斯县截至 2016 年 1 月 31 日籽棉交售量 178 639.44t，应补贴资金 35 549.25 万元，已兑付补贴资金 14 885.95 万元。剩余部分将于 2016 年 3 月 20 日前兑付完毕。此项补贴惠及玛纳斯县 5 034 户棉花种植户。

四、农业发展存在的问题

（一）产业化经营水平还需提升优化

涉农龙头企业层次较低。玛纳斯县多以初加工为内地企业提供原料为主，精深加工不足，知识产权缺乏，产业链条较短，市场开拓不足。

龙头企业与合作社、广大农民间尚未形成良好的利益联结机制。

（二）规模化经营、集约化管理、标准化生产仍处于较低水平

虽然玛纳斯县在发展现代农业方面取得了显著成效，但是由于农民意识守旧，仍存在恋土情结。110 万亩耕地，入股合作社、企业租赁的土地以及以家庭小农场方式进行规模经营、集约管理、标准化生产的面积比例较低，一家一户分散生产经营方式仍占较大比例，机械化程度较低，生产成本居高不下，增产不增效现象较为普遍。

（三）生产要素支撑力下降

随着城镇化进程，农民步入老龄化，老、少、妇成为农村从事农业生产的主力军，由于他们的素质较低，观念陈旧，成为发展现代农业的阻力。

生产资料成本较高，直接增加了农业生产成本，农民增收难度加大。

（四）农业产业关联度弱

农业产业关联度是指国民经济各产业部门对农业产业的依赖程度，是评价农业强弱的重要指标。近年来，玛纳斯县虽然依托地域资源优势，大力发展农业产业化，但由于牧民居住分散，较难管理，生产经营组织化程度低，加之畜牧产品生长周期长，牧民畜产品加工能力较弱，大部分属于初级加工产品，缺少精深加工产品，没有相应的保鲜设施与技术，市场应变能力弱，农业产业化发展相对迟缓。产品竞争力弱，对农业增值的贡献较小。

（五）牧区产业结构单一，经过近几年的调整，玛纳斯县农业发展取得了很大的进展，但仍存在着不合理的地方

玛纳斯县牧民仍然是以牲畜作为生产和消费的中心，单一的生产模式难以满足牧民生活的多样化需求，也不能充分发挥当地的自然资源和地域优势，不利于在传统民族产业的基础上发展新兴产业。加上游牧业的分散性制约着人口与生产要素的相对集中，致使游牧民很难获得高的农业经济效益。

（六）经济发展不平衡，受地理条件及人文环境等因素影响，该县农牧区经济发展不平衡的现象一直存在

从全县范围来看，农区比牧区发展要快。一部分农牧民通过改变生产经营方式，正逐步迈向小康生活，其地区经济发展水平和农牧民的生活质量也相对较好。而部分农牧民由于生产经营方式单一，仅靠种植业增收，收入渠道单一，经济发展水平也较低。从牧区内部来看，农业结构调整较好的地区比依靠传统畜牧业生活的牧民经济收入要高。

五、展望与政策建议

（一）玛纳斯县农业发展展望

着力构建绿色生态的产业体系，走有区域特色的绿色现代化道路。玛纳斯县改变对传统农业的定位，在巩固优质棉花、酿酒葡萄、特色苗木花卉、制种玉米、优质饲草料等产业基地的基础上，近年又提出了全力打造新疆一流特色高效农业示范区，建设百万只肉羊产业、百万亩有机生态观光农业、南部山区百万亩生态观光草场、北部沙漠百万亩沙产业和绿色屏障“四个百万”产业基地的思路。按照这一思路，玛纳斯

县把肉羊发展作为农业转型升级的战略产业，实现农牧民持续大幅度增收的主导产业，改善生态环境的绿色产业，促进民生改善、定居兴牧的支撑产业，努力实现“一万只纯繁核心群、十万只扩繁基地、百万只经济杂交利用”的发展目标，打造全国最大的萨福克肉羊种源基地，打响“中国萨福克之乡”影响力和知名度。在中部平原，玛纳斯县着力打造百万亩有机生态农业，大力发展经济效益较好的苗木花卉、特色林果业、酿酒葡萄、优质饲草料等主导产业，推动种植业从“千元田”向“万元田”迈进。在南部山区，玛纳斯县大力落实以草定畜、生态补偿等保护措施，既让草场能够合理载畜，获得经济效益，又让草场利用与休闲观光旅游发展相结合，开拓草原自然风光旅游观赏，着力打造南部山区集经济效益、生态效益、休闲观光效益等于一体的百万亩生态观光草场基地。在北部沙漠，玛纳斯县大力实施防沙治沙生态建设项目，落实沙漠生态保护措施，加快北部沙漠绿色屏障建设。同时，制定沙产业扶持政策，鼓励发展枸杞、肉苁蓉、沙棘等沙生作物，着力打造百万亩沙产业和绿色屏障，实现经济效益与生态效益的共赢。

（二）加快玛纳斯县农业可持续发展的对策

1. 发展特色农业产业

农业资源的优劣决定着区域发展的方向、发展模式与前景。新疆地区以优质的棉花、特色瓜果、畜牧业等而著称，近几年，特色农产品不断增长，在国内市场有一定的影响力。玛纳斯县应充分发掘玛河流域的生态资源特点，形成与其他地区不同的特色农业，如特色种植业、林果业、养殖业等，从而实现稳定、可持续发展。

2. 推广科技创新

大力推进科技兴县战略，提高农民科技素养，用现代化的农业技术、机械替代传统农业工作方式。鼓励农民学习先进的农业技术，加强农民的各种技能培训，有效促进土地合法、合理流转，拓宽农民增收渠道，增加农民收入。

3. 优化农业区域结构，促进产业化发展

现代农业的发展方向往往倾向于限制作物种类和增加种植技术的多样性，这样不利于绿洲的可持续发展。就种植业而言必须防止作物的单一种植，从生态学角度，单一化意味着生态系统的脆弱。玛纳斯县农业结构已显露出许多生态隐患。目前必须因地制宜调整农业经济结构，增加生态系统及生物的多样性，发展具有绿洲区域特色和竞争优势的名优特产品，进一步发展高科技含量的农副产品深加工与精加工，使区域经济从以农

业为主逐步向农业工业化过渡，通过产业化增值。

薛晓波　张玉华　李　捷

中国农村微观经济研究项目支持

2016 年 1 月

2015 年民丰县农业发展报告

民丰县位于昆仑山北麓、塔克拉玛干大沙漠南缘，东临且末县，西连于田县南越昆仑山与西藏自治区改则县接壤，北接阿克苏地区沙雅县，地势南高北低，属典型的温带荒漠性气候。南面受昆仑山和青藏高原的阻挡，使低纬度的暖空气不易进入，水汽来源很少，形成大陆性沙漠气候，各季节气温变化大，年平均气温变化较稳定，年降水量 36.5mm，年蒸发量 2 816mm，无霜期 194 天，全年日照 2 842.2h。民丰县境内有尼雅、其其汗、叶亦克、牙通古斯、安迪尔 5 条河流，地表水年径流量 5.798 亿 m^3，地下水储量 2.1 亿 m^3。河水季节性较强，夏季炎热，冰雪消融，洪水暴涨，泄洪量占全年的 73%，春秋水量减少，冬季干涸。县城距和田市 317km，经沙漠公路距自治区首府乌鲁木齐市 1 193km。民丰县是国家重点扶贫的贫困县之一，也是和田地区唯一的牧业县。县境东西宽约 130km，南北长约 451km，总面积 5.7 万 km^2，其中 47.2% 为沙漠、戈壁，21.1% 为山地。现有人口全县 3.9 万余人，其中维吾尔族占总人口的 90.4%，全县辖六乡一镇一牧场。

一、农业在县域经济中的地位及发展现状

（一）农业产值与产量变化

2015 年全县实现地区生产总值 90 223 万元，分产业看，第一产业增加值 15 396 万元，增长 4.3%，对经济增长的贡献率为 7.94%，拉动 GDP 增长 0.88 个百分点；人均生产总值 23 439 元（按户籍人口计算），增长 18.02%。农村经济稳定增长，2015 年农作物总播种面积 68 043 亩，比上年增加 7 972 亩，增长 13.27%，其中，粮食作物播种面积 36 337 亩，增加 178 亩，增长 0.49%；粮食产量 15 813t，增长 0.04%；瓜类种植面积 8 115.4 亩，增加 148.4 亩，增长 1.86%；瓜类产量 11 025.9t，增长 61.81%；油料作物播种面积 25 亩，增加 1 亩，增长 4.17%；油料产量 3.8t，下降 57.78%；蔬菜播种面积 5 697 亩，增长 3.4 倍；蔬菜产量 4 443.51t，增长 15.99%。

全县林地总面积 159 万亩，同比去年持平，人工造林面积 22.11 万亩，增

长 2.55%，新增人工造林面积 5 054 亩，比上年下降 75.36%；年末果园保留面积 62 020.6 亩；比上年增长 3.98%，水果产量 13 102.4t，增长 67.91%。

畜牧业保持良好增长态势。全县 2015 年年末牲畜存栏 406 909 头（只），增加 22 184 头（只），增长 5.77%；出栏牲畜 336 504 头（只），增加 7 980 头（只），增长 2.43%；出售商品牲畜 308 809 头（只），增加 9 816 头（只），增长 3.28%；年末共有能繁殖的各类母畜 344 001 头（只），增长 9.99%，育活各类仔畜 343 964（只），增长 1.77%。

农业生产条件进一步改善。全县农村用电量 1 580.67 万（kW·h），同比下降 62.08%；农用塑料薄膜使用 49t，比上年同比下降 25.67%，其中，地膜使用 14t，比上年同比下降 22.22%；地膜覆盖面积 4 500 亩，同比下降 33.57%；农用柴油 372t，下降 24.24%；化肥施用量达到 6 610t，下降 9.04%；农药使用量 10 499kg，下降 10.18%。

（二）产业结构及特色

按照“稳粮、强林、兴牧、促工”的工作思路，营造农牧民增收新亮点，加快推进农牧业产业化经营及产业结构调整。在全县推广尼雅黑鸡饲养，以“定点孵化、家家户户推广”的模式进行发展。牛羊育肥户在山区和农区分开进行，坚持“山区稳、农区增”。通过引种和提纯复壮，加大品种改良。转变观念，把“户户育肥”作为重点产业链培育和扶持；根据县域资源承载能力，明确区域功能定位，充分发挥区域资源优势，加快产业带建设，形成各具特色的优势畜产品产区，加大特色产业带建设力度，按照“突出发展家（特）禽，重点发展牛羊，加快发展特色养殖”的原则，逐步调优畜牧业内部结构，促进畜牧业健康发展。2015 年实现农林牧渔业总产值（现价）37 959.83 万元，同比增长 18.99%。其中，农业产值 15 018.87 万元，增长 23.60%；林业产值 1 465.52 万元，下降 18.30%；牧业产值 20 594.82 万元，增长 19.21%；渔业产值 63 万元，增长 3.40%，服务业产值 817.62 万元，增长 31.84%。在尊重农牧民意愿的前提下，大力推广“政府扶持引导、养殖大户示范、养殖小区带动、千家万户推广”的发展模式。至今已发放家禽 329 217 羽，成活率达到 99.2%。和田羊原种场建设项目总投资 911.35 万元。引进和田羊 500 只种母羊、45 只种公羊。

（三）农业在县域经济中的地位和作用

随着近年来新疆南疆农区畜牧业的发展，南疆地区畜牧业生产规模不断扩大，畜产品总量大幅增加，畜产品质量也在不断提高。特别是民丰县羊产业单产优势、规模优势和综合优势指数都比较高，因此其畜牧业产值也在区域国民经济发展中占有较高比重；从膳食结构上，牛、羊、禽肉特别是羊肉为刚性消费需求。因此畜牧业的发展和畜产品的供给对社会稳定和地方经济的发展具有很大的促进作用。2015 年农牧民人均纯收入 8 261.63 元，增长 24.77%。其中，第一产业收入 6 250.97 元，同比增加 1 215.51 元，增长 24.13%，占比 75.66%；第二产业收入 269.76 元，同比增加 70.16 元，增长 35.15%，占比 3.26%；第三产业人均收入 1 740.91 元，同比增加 354.43 元，增长 25.56%，占比 21.07%。

二、农业发展的主要成就

农牧业现代化全面升级，不断巩固以特色林果业和现代畜牧业为主的产业基础，启动以防沙治沙绿色生态工程、设施农业、安居富民、新型科技孵化场、民族团结嵌入式发展为一体的综合发展示范园，推进了设施农业“嵌入式”发展工程，全力打造了“基地化、规模化、标准化、商品化”的现代农牧业精品版，有效实现了农业生产集约化和高效化。一是确保了粮食安全。全县粮食种植面积稳定在 3.6 万亩以上，年均总产达 1 570t。同时抓好了“三圃一田”建设，做好种子工程。二是精品林果业管理水平全面提升。全县特色林果业面积达到 9.6 万亩，其中精品林果业面积 5.5 万亩。三是现代畜牧业提质增效。牲畜存栏 40.7 万头（只），出栏 33.7 万头（只）；家禽存栏 40 万羽（只）。累计新建养殖小区 33 个，新增养殖大户 388 户，成立合作社 75 户。四是特色种植业多元化发展。特色种植面积达 9 000 亩，其中：甜瓜种植面积 7 000 亩，其他特色种植面积 2 000 亩。五是设施农业规模化发展。共种植墙体大棚 240 座，拱棚 100 座。2015 年投资 1 870 万元，新建 100 座高标准温室大棚，并将其打造成为推动民丰农业现代化的示范基地。六是劳务输出取得实效。五年来共转移农村富余劳动力 6.3 万余人次，实现劳务创收 8 538.56 万元。七是气象服务“三农”能力得到提升。气象灾害防御体系，信息发布渠道更加完善，财政累计投入 95 万元，实施人工增雨作业累计 42 次。八是防沙治沙绿色生态工程加快推进。累计新增防护林 14.9 万亩，森林覆盖率由 2010 年的 2.97% 提升到 3.04%。九是电子商务进农村工作起步有力。电子商务综合服务园即将完工建成，依托网络平台开展对外合作，向全国销售特色农副产品，月销量突破 300t，月销售额达 300 万～500 万元。国土资源方面：累计投入 8 864.92 万元，实施了 7.53 万亩高标准基本农田整理。农林方面：累计投入 9 109 万元，完成了农产品质量安全检测中心、高标准温室大棚、烘干房、防沙治沙工程等 15 个项目建设。畜牧方面：累计投入 2.77 亿元，完成了农业科技园区内孵化场建设，叶亦克乡、萨勒吾则克乡肉羊繁育基地，萨勒吾则克乡无水草场等 63 个项目建设。

三、县域惠农政策及其实施效果

（一）实施进展

1. 全面推进扶贫开发工作

实现 9 个贫困村整村推进，2 892 户 9 599 名扶贫对象减贫。

2. 农村安全饮水工作成效显著

农村自来水供水保证率始终在 98% 以上，解决了 8 200 余人的饮水安全问题。

3. 各项惠民利民政策落实到位

累计发放各类惠农补贴 1.09 亿元。大力开展走访慰问，对 8 146 户（次）“低保户”进行了慰问，共发放慰问金 1 095.9 万元。

4. 职业技能培训情况

2015 年开展职业技能培训 3 800 人，完成地区下达全年预期目标任务 3 800 人的 100%。其中：新成长劳动力培训 180 人，纺织服装岗前培训 150 人，国家通用语言培训 190 人，农业富余劳动力培训 32 802 人。2015 年，全县累计转移农村劳动力 12 039 人次，完成地区下达全年预期目标任务 12 000 人次的 100.3%，其中：县内转移劳动力 9 720 人次，县外转移劳动力 2 319 人次，实现劳务创收 1 545.36 万元，农牧民人均创收 409.34 元。

2015 年，民丰县与新疆温州商会企业新疆昆仑尼雅生态农牧发展有限公司正式签署了以尼雅黑鸡为全产业链的生态农牧产业园项目。该项目计划总投资 21.75 亿元，主要分为生态农业种植区、尼雅黑鸡生态养殖区、产品加工区、休闲度假区、商务办公区和员工生活区。

（二）实施效果（对农民、农业、农村）

2012 年以来，民丰县确定了“生态文化立县”的发展战略，确定了生态环境可持续和资源开发可持续的发展思路，以发展经济林为主，注重在风沙危害较为严重地带发展生态林，实现生态效益、经济效益和社会效益的统一发展。近 3 年来，民丰县举全县之力实施防沙治沙绿色生态工程近 3 万亩，森林覆盖率由 2000 年的 1.72% 提高到

2.84%，在一定程度上遏制了沙漠进化、土地沙化、草场退化、生态恶化的趋势。这一目标的提出显示出民丰县改善环境的决心，向沙漠进军、向沙漠要地，在治理环境、改造沙漠的同时，还要把贫瘠的沙漠变成农民增收致富的试验田。为此，民丰县专门在尼雅河北岸一期规划3.5万亩沙地，建设"五位一体"防沙治沙综合发展示范园，这个示范园不仅包含防沙治沙绿色生态工程，还整合了设施农业、安居富民、新型科技孵化场和居民生活小区等4个项目，项目建成后不仅使尼雅绿洲风沙灾害得到初步遏制，还为农民增收致富提供了新机遇。民丰县还计划将其打造成为"80后""90后"农村新成长劳动力的技能培训园区，为今后民丰县防沙治沙生态示范工程建设和设施农业、家禽养殖业规模化发展打下坚实的基础，提供人才保障。在民丰县有一个现象，不论是药店、宾馆还是其他单位，门口都会挂着一块"平安"牌匾，它们在民丰县被叫作"平安细胞"，它们是构建民丰县平安机体的最小单位，也是最重要的单位。民丰县于2012年正式启动"平安细胞"创建工作，3年来，民丰县的"平安细胞"由少到多逐渐覆盖社会各个领域。目前全县"平安细胞"创建率达96%以上。民丰县用平安细胞构建社会稳定的健康机体，通过这种机制让全社会共同参与到平安建设工作中来。

民丰县社会环境的改变为经济的发展打下了坚实基础。民丰县也提出了激励人心的发展愿景，力争到2018年率先在和田地区实现农牧民人均纯收入突破万元。要实现这一目标，除了做好优势林果产业外，民丰县还在畜牧养殖业发展上寻求新出路。该县专门制定了畜牧业发展五大产业发展纲要，通过发展饲草料产业、肉牛肉羊产业、家禽产业、保护开发和田羊产业、畜产品加工销售产业，全方位推进畜牧养殖业综合发展水平。为了发展肉牛肉羊产业，民丰县专门投入660多万元，建立并投入使用肉羊繁育基地，通过市场化运作，构建"龙头企业+养殖合作社+养殖大户"的发展模式，助推肉羊产业发展。

四、农业发展存在的问题

一是生态环境十分脆弱，加快生态建设迫在眉睫。二是基础设施建设滞后，加快推进水利、电力、交通等基础设施建设只争朝夕。三是经济结构还不合理，经济增长和农民增收难度加大，扶贫攻坚任务异常艰巨。四是各类专业型、实用型技术人才短缺，成为制约发展的一大瓶颈。

饲草资源严重不足，饲料短缺，超载过牧是当前畜牧业发展面临的问题之一。从现有的羊、牛、禽等畜种结构来看，草食家畜是本地区的主体畜种，这就需要有充足的饲草资源作保障。随着县域牲畜总量的逐年增加，饲草的缺口也在逐年加大，畜牧业发展形势依然严峻，面临的困难仍然较多。畜牧业组织化水平不高，随着人民物质生活水平的提高，对畜产品的需求日益增多，县域畜牧生产能力有限，规模化程度不高，加之传统观念、地理位置、资源禀赋等社会和自然因素的影响，未能形成有效的市场效应；农村信息不畅，文化科技传播途径有限，畜牧产业组织化水平不高，导致农牧民观念陈旧，思想保守，科学管理和科技养殖难以实现。同时，畜产品的加工和流通环节薄弱，致使有资源优势未能得到充分的发挥和利用。随着国家、自治区对南疆畜牧产业的发展政策力度的加大，畜牧产值在农业产值中的比重也在逐年增加，但由于技术和饲草料资源等因素的限制，畜产品在经济作物、林果等产品上也不具备比较优势，一定程度上制约了农区畜牧业发展的进程。

五、发展展望与政策建议

（一）政策建议

一是加快农副产品及饲草料资源的开发力度，结合当地种植业和林果业副产品生产，充分利用秸秆、棉秆、棉籽、树叶、藤叶及果渣等资源，加大优质饲草料开发力度，保障畜牧业生产进入良性循环。

二是运用区域经济原理，做好产业结构和畜群结构的调整。农业生产主要以林果业和种植业为主，在产业结构调整时需要考虑农畜产品比较利益的差别，同时要根据区域经济理论考虑地理位置和市场对产业发展的局限，因地制宜地制定产业发展规划和畜群结构配置，以使畜牧业生产内部效益最大化。

三是提高畜牧业生产专业化水平，健全社会化服务体系积极引导和扶持牧民建立自己的合作社，通过联户经营、参与式管理、牧业协会等多种形式组织，发展多种生产类型和多种经营模式。

四是加大实用技术和成果的转化力度，提高劳动者生产技能和接受新技术、新知识的能力，健全社会化服务体系，保障畜牧业生产的可持续发展，实现牧民增收牧业增效的发展目标。

（二）未来发展展望

1. 加快推进农牧业现代化

坚持“稳粮强林兴牧促工”发展思路和“增收看产业、创新求突破”发展理念不动摇，大力推进农牧业现代化发展，实现“村庄美、村民富、村风好”的目标。一是全力确保粮食安全。依靠科技提高单产，增加总产，小麦播种面积稳定在 2 万亩以上，玉米播种面积稳定在1.6万亩以上，粮食总产达到1.58万t以上，确保粮食生产自给有余。同时，抓好小麦“三圃一田”种子工程，落实好粮食种植、收购各个环节的优惠补贴政策。二是按照三大林果基地布局，做优做强特色林果业。全力打造三大林果基地，即：灌区乡镇优质红枣、核桃基地，边远乡“安迪尔”品牌红枣基地，山区乡桃子、杏子错季节林果基地。推进特色林果业规模化、标准化、品牌化建设，到2020年林果业面积达到12.1万亩。

2. 内涵挖潜，强力推动畜牧业增收

坚持以改造提升传统畜牧业和开拓创新现代畜牧业为目标，充分发挥新疆昆仑尼雅生态农牧产业园带动作用，大力推广“企业+基地+农户”的产业化组织形式，着力构建现代畜牧业产业体系。

3. 外沿拓展，抓好特色种植业和设施农业

“十三五”期间，新增养殖小区26个、养殖大户180户，建设高标准人工饲草料基地2.1万亩。加大安迪河甜瓜、红柳大芸、昆仑雪菊、维吾尔医药材等特色种植、精细加工和品牌包装，打造具有民丰特色的农副产品。力争“十三五”期间建成20个示范点。进一步提高设施农业的种植、管理和经营水平，确保设施农业的高效益。“十三五”期间，完成300座设施农业建设任务。建设美丽乡村，抓好庭院整治。大力发展以庭院种植、养殖、加工、生态开发、休闲观光等多元化庭院经济，引导农民发展各具特色的庭院经济，“十三五”末，庭院经济力争实现户均纯收入1万元以上。

许承云　沙旦提·阿不都外力　肖海龙

中国农村微观经济数据采集项目支持

2016年1月

2015 年塔城市农业发展报告

塔城市地处新疆准噶尔盆地西北边缘的塔城盆地，东经 82° 41′～83° 41′，北纬 46° 21′～47° 14′。西北部与哈萨克斯坦共和国接壤，边境线长 155km，东与额敏县毗连，南与裕民县相邻。东距自治区首府乌鲁木齐市 637km，西距国家一类口岸——巴克图口岸直线距离 12km，是我国距离边境最近的开放城市之一，形成了口岸、合作区、城市三位一体的经济发展空间，向西开放的战略位置十分重要。巴克图口岸是我国最近的陆路通商口岸，已有 200 多年的通商历史。2015 年全市总人口 15.7 万人，由汉族、哈萨克族、回族、维吾尔族、达斡尔族、俄罗斯族等 25 个民族组成，少数民族人口占 41.2%，其中全国 10 万人以下人口较少少数民族有 4 个（俄罗斯族、塔塔尔族、乌孜别克、塔吉克族）。全市辖 4 乡 2 镇 3 场，146 个行政村，3 个街道办事处，1 个牧民社区，市境南北最长 90km，东西最宽 58km，辖区总面积 4 356.6km^2，耕地面积 130 万亩，草场面积 517 万亩（以上数据不含新疆生产建设兵团，下同）。

一、农业在市域经济中的地位及发展现状

（一）农业生产现状

1. 产值与产量

2015 年塔城市农林牧渔业总产值 36.2 亿元，较 2014 年增长 9%，其中，种植业产值 22 亿元，增长 10%；林业产值 0.36 亿元，增长 9.1%；畜牧业产值 13.16 亿元，增长 7%；渔业产值 0.09 亿元，增长 12.5%；农林牧渔服务业产值 0.59 亿元，增长 18%。

粮食总产 96.37 万 t，较 2014 年增加 14.3 万 t，增长 17.4%，其中，小麦总产 20.01 万 t，增长 3.3%；玉米总产 76.16 万 t，增加 13.48 万 t，增长 21.5%；谷子总产 0.19 万 t。经济作物中，油料总产 0.12 万 t，增长 2.2%；甜菜总产 2.42 万 t，减少 8.58 万 t，下降 78%；蔬菜总产 15.06 万 t，增加 1.96 万 t，增长 15%；打瓜总产 0.51 万 t，减少 0.49 万 t，下降 49%。

林业生产有所下降，全年完成造林面积 1.2 万亩，较 2014 年下降 29.4%。特色林

果种植面积 5.29 万亩，其中，高酸海棠种植面积 2.86 万亩。

全年牲畜最高饲养量达到 148 万头（只），较 2014 年增长 5.7%，年末牲畜存栏头数达 95.5 万头（只），较 2014 年增长 11.7%，其中，大畜存栏头数 12.5 万头（只），增长 2.5%；羊存栏 80.2 万只，增长 13.8%。年内牲畜出栏数 59.7 万头（只），增长 18.2%。各类牲畜繁殖成活数 66.7 万头（只），较 2014 年增长 6.2%。全年肉类总产量 2.27 万 t，奶产量 3.9 万 t，禽蛋类产量 7 472t，羊毛产量 1 317t。建成标准化肉羊圈舍 8.9 万 m^2，实施退耕还草 8 万亩、划区轮牧作业 2 万亩，建成自治区级、地区级优质肉羊种羊场 3 个。

2. 农业机械化与村庄治理

全市年末农业机械总动力 30.45 万 kW，较 2014 年增长 0.2%。农业机械保有量 8 436 台，较 2014 年下降 2.6%，其中，大中型拖拉机 5 523 台，增长 2.4%；小型拖拉机 2 669 台，下降 11.5%；联合收割机 251 台，下降 2.7%。大中型配套农机具 13 454 部（套），增长 1.4%。农业机械固定资产总值达 5.3 亿元，增长 13%。农业综合机械化程度达 98.8%。

农用化肥施用量 5.4 万 t，较 2014 年增长 9.1%；农药使用量 72.3t，较 2014 年增长 8.4%；农用塑料薄膜使用量 2 328t，较 2014 年下降 6.5%。农村用电量 7 951 万 kW 时，较 2014 年增长 9.2%。农田水利和农业基础设施建设加强，机电井保有量 2 205 眼，有效灌溉面积达 158.2 万亩，高新节水灌溉面积 117.4 万亩，覆盖总播种面积的 74.2%。蔬菜大棚 4 010 座，设施农业面积 0.8 万亩。新（改）建防渗渠 21.2km。

建设安居富民房 900 户，农村居住环境逐步改善。全年农村公路新建改造完成 162.4km。农村自来水普及率达到 81%，较 2014 年提高 3 个百分点。全市村队实现村村通电。成功创建为自治区休闲观光农业示范县。年末拥有各类农民专业合作组织 929 个，较 2014 年增加 127 个，会员 16 634 人，增加 3 184 人。农村党员干部现代远程教育深入开展，累计建设站点 209 个，全年培训农村党员干部及群众 3 万人次。

（二）产业结构及特色

近年来塔城市坚持以现代畜牧业快速发展为重点、坚持把文化旅游产业作为塔城市后发赶超的核心动力，工业经济也随之进行调整，重点扶持了三农农资向三农农牧的转型升级及瑞兆源农牧饲草料储备中心的建设。产业结构的变化代表着工业化进程的发展阶段，2010 年塔城市三次产业结构为 19 : 28 : 53，工业在二产中的比重为 8%；近年来，我们通过调整产业结构，2014 年三次产业结构调整为 21 : 20 : 59，工业在二产中的比重为 19%，2015 年再次调整为 21∶21∶58。

按照地委“三个下来，七个起来”的要求，对种植业结构进行了大幅调整，进一步扩大了粮食作物种植面积，完成农作物播种面积 160.85 万亩，良种覆盖率达到 98%。粮食作物播种面积 141.8 万亩，增长 5.3%，其中，小麦 53.2 万亩，下降 9.1%，玉米 88 万亩，增长 15.6%；谷子 0.6 万亩。经济作物播种面积 8.91 万亩，下降 47.3%，其中，油料面积 0.61 万亩，增长 1.7%，甜菜面积 0.52 万亩，下降 78.3%，蔬菜面积 3.54 万亩，增长 16.8%，打瓜面积 4.24 万亩，下降 51.8%。饲草料播种面积 10.15 万亩，增长 8%。粮经饲比例由上年的 83.7∶10.5∶5.8 调整为 88.1∶5.5∶6.4。积极推进以小麦、玉米为主的制种业发展，建成高标准良种繁育基地 13.1 万亩，万亩高产示范区 10 个。

（三）农业在县域经济中的地位和作用

2015 年全市实现生产总值（GDP）87.9 亿元，增长 13.2%。人均 GDP 达到 57 464 元，按全年平均汇率（1∶6.491 9）计算达 8 851 美元，比 2014 年增长 10.1%。第一产业实现增加值 18.5 亿元，增长 6.2%；第二产业实现增加值 18.7 亿元，增长 17.8%，其中工业经济实现增加值 7 亿元，增长 8.2%；第三产业实现增加值 50.7 亿元，增长 13.3%。3 次产业结构由上年的 21∶20∶59 调整为 21∶21∶58。一产比重持平，二产比重上升 1 个百分点，三产比重下降 1 个百分点。在三次产业中，第一产业对经济增长的贡献率 7.7%，拉动经济增长 1 个百分点；第二产业对经济增长的贡献率 33.2%，拉动经济增长 4.4 个百分点，其中工业贡献率为 6.7%，拉动经济增长 0.9 个百分点，建筑业贡献率为 26.5%，拉动经济增长 3.5 个百分点；第三产业对经济的贡献率 59.1%，拉动经济增长 7.8 个百分点。

二、农业发展的主要成就

塔城市以农牧业围绕现代畜牧业转变、种植业围绕养殖业转变、养殖业围绕优质肉羊业转变为重点，积极培育农牧业龙头企业，不断加快肉羊合作社养殖发展步伐，推进了现代农牧业工作的持续健康快速发展。截至 2015 年年底，已建成地州级种羊场 4 个，开工建设圈舍 4 万 m^2，购进优质肉羊 1.5 万只，落实信贷资金 2 500 万元，畜牧补贴资金 480 万元。

（一）订单种植成为现代农业的发展趋势

随着现代农业的发展，合作社的组织与运营形式日趋多样，以公司、企业与农民合作，发展农民中介组织，逐步克服了生产规模小、风险防范能力差等薄弱环节。合作社统一管理统一销售，增强了抵御市场风险的能力，而其中的订单农业更是让农民举双手欢迎。作为新疆玉米的主产区，农民参加合作社，合作社与企业达成意向，签订订单，除解决农民种植上的难题外，玉米的销路与价格也有了保障。“订单农业”不仅已成为塔城市现代农业的主要趋势，同时也成为农民增收致富的不二“法宝”。

截至目前，塔城市已登记农业专业合作社达929家，涵盖种植业、养殖业、加工业等多个门类。

（二）肉牛肉羊产业化水平逐步提升

塔城市以农区畜牧业的快速发展为重点，以培养农村专业合作组织为抓手，按照“三个下来、七个起来”的要求，发挥优势、强力推进以肉羊为主的现代畜牧业发展。同时，以现代农牧业转型转变为重点，实现农业增产、农民增收、农村繁荣为目标，加快调整农业产业布局，充分发挥龙头企业示范带动作用，以塔城市肉牛肉羊养殖示范区为引领，大力推广肉羊“142”养殖模式（1只种公羊，40只能繁母羊，2只奶山羊），发挥“115”养殖示范小区的作用，坚持扩繁、品改、育肥“三步走”战略，建立自己的种羊场，发展自己的羊品种，树立自己的羊品牌，辐射带动周边农区养殖户和畜牧业，走出了一条适合塔城的羊之路。逐步提升了产业化、规模化水平，不断加快畜牧产业化升级带动农牧民增收致富。塔城市也门勒乡肉牛肉羊养殖“115工程”示范区和齐巴尔吉迭新区在种畜生产经营、良种繁育、良种补贴和提高畜群生产能力等方面都总结出了很好的经验和做法。

三、县域惠农政策及其实施效果

（一）“惠农通”为农牧民提供了快捷金融服务

地区农行塔城分行实行资源费用倾斜政策，以金穗“惠农通”为依托、以惠农卡为载体，为农牧民提供方便快捷的金融服务。

截至2016年5月，地区农行塔城分行金穗“惠农通”工程累计发卡5.69万张，布放县以下的电子机具1 200余台，“惠农通”的有效服务点已达678个，预计到2016年末，1 400个“惠农通”服务点将覆盖全地区所有行政村。

农行塔城分行利用网络和城乡联动优势，不断拓宽农村金融服务渠道和金融服务范围覆盖面，“惠农通”服务点除具备银行卡查询、消费、转账等功能外，还增加了免费办理小额取款功能，不仅使农牧民在家门口就能享受现代金融服务，而且也使边远地区各族群众也能享受到方便快捷的基础金融服务。

（二）绿色通道为果蔬出口提供便利

巴克图口岸农产品快速通关“绿色通道”采取优先申报、快速查验、便捷通关等方式，加快了货物出口速度，大幅提高了通关效率。

（三）塔城市 2015 年农机购置补贴实施情况

2015 年塔城市共争取国家农机购置补贴资金 2 141 万元，全年共使用补贴资金 1 981.971 万元，结余资金 159.029 万元。（其中，机具补贴资金为 1 663.614 万元，深松作业补贴资金为 318.357 万元）。根据塔城市农业机械的实际情况，重点对畜牧养殖机械、设施农业机械、大型精量播种机，大型谷物收获机等先进适用的农业机械进行补贴。本年度全市农机购置补贴资金优先补贴 2014 年已购买的机具，并向主导产业和关键、薄弱环节倾斜，向农民专业合作组织倾斜。全年补贴各类农机具 728 台，享受补贴农户 527 户。

（四）塔城市 2015 年度农业综合开发项目

2015 年度，塔城市共实施农业综合开发项目 4 个，其中土地治理项目 3 个，产业化经营财政补助项目 1 个。分别为塔城市也门勒乡 0.5 万亩高标准农田建设项目、塔城市阿不都拉乡 0.5 万亩高标准农田建设项目、塔城市阿西尔乡 0.5 万亩高标准农田建设项目、塔城市 1 万只多胎羊养殖基地扩建项目。项目开发效益明显，实现了农业增产、农民增收的目标。

四、农业发展存在的问题

（一）农业增效和农民增收难度加大

受内蒙古、青海、甘肃畜产品入疆、国外肉品冲击、市场储备投放等原因影响，全疆畜产品价格持续走低，特别是自 2014 年下半年开始，全疆羊肉价格一路走低，目前塔城市羊肉零售价格降至 45 元 /kg，较 2014 年同期下降 25%，农户出售价格也仅维持在 36 元 /kg 左右，而养殖成本不降反升，养殖利润急剧压缩，前期高价引进肉羊的养殖户出现亏损，农户养殖、引购肉羊积极性减弱，观望情绪渐浓，对快速扩大全市肉羊养殖规模形成影响。

2015 年全市玉米种植面积继续扩大，占全市总播面积的 55%，农业用水短缺矛盾进一步显现，旱情有所隐现，影响农作物产量。加之 2014 年全球粮食供应充足，今年又受低油价促动，导致国际粮价大幅回落，2014 年 8 月至 2015 年 5 月，小麦价格下跌 18%，大米价格下跌 14%，玉米价格下跌 6%，如果新疆玉米价格走势与全球同步，塔城市在玉米种植增收空间受到挤压的同时也将压缩农牧民实现较高增收的空间。

（二）农产品品牌建设力度不足

虽然近两年地区高度重视，出台了加快农产品品牌建设的意见，正式启动了农产品品牌建设工作，但一些企业和基层部门，对品牌建设的重大意义认识不足，投入不够，还未形成抓品牌建设的强烈愿望和紧迫意识。目前，抓农产品品牌建设的政府职能部门主要有农业、工商、质监等部门，每个重点部门分属不同行业，各部门内部又有多个科室在负责此项工作，相互联系、沟通、协调少；3 种品牌创建程序繁杂，尚未形成品牌建设工作的合力。

同时，支持品牌建设的关键环节仍然薄弱。一是农业规模化、标准化生产程度较低，龙头企业缺乏统一、优质、标准化原料基地，农产品规模、品质有待提高。二是农产品质量安全工作有待进一步加强。人员、经费不足，农产品质量检测覆盖面仍然较窄，质量安全追溯制度还没有建立，无法真正从源头上控制农产品质量安全。三是农村经济合作组织发展相对薄弱，风险共担、利益共享的企农利益联结机制尚不稳固，制约了标准化、规模化生产，进而制约了农产品品牌建设。

五、发展展望与政策建议

（一）发展展望

中国与俄罗斯、哈萨克斯坦等中亚国家进入了全面合作的新阶段，塔城市作为我国对外开放的重要门户特别是枢纽和桥头堡的作用将进一步加强。塔城市“十三五”发展规划提出，塔城市要立足口岸优势，扩大向西开放，切实发挥国家级边境经济合作区和商业综合体平台作用，加大农副产品出口基地和出口产品加工基地建设，加强城市改造建设管理，提高城市公共服务水平和承载能力，加快推进出入境旅游，树立首府城市新形象。

克塔公路、克塔铁路的陆续开通，将使制约塔城市农业发展的交通瓶颈从根本上实现改变，随着交通条件的根本改善，与哈国进行经济交往的区位优势更加明显，巨大的人流、物流、资金流、信息流将成为塔城市农业发展重要的推动力量。

农业产业化的日趋形成，为工业发展提供了稳固的原料保障。围绕农民增收，产业、创业、就业“三业”同步推进，使全市的农业产业化经营获得长足发展，在农业现代化发展中主打绿色、生态、有机牌，“压棉、稳粮、优果、兴畜”，向市场紧缺产品和特色产品调结构，为大力发展农副产品加工企业，打造特色农业产业，壮大龙头企业提供了稳固的原料保障。

（二）政策建议

一是加快现代农牧业服务体系建设和品牌打造力度。农产品特别是冷鲜畜产品具有保质期、货架期短、产品易受温度影响而变质的特点。仓储、物流、通关、金融、市场等服务体系的脱节不仅会影响产品质量，同时也会增加畜牧业的生产成本，增加畜牧业全产业链建设难度。因此有必要大力发展具有核心竞争力和比较效益的特色农牧业，优化农村经济结构，以现有的优势产业、名牌产品、骨干企业为龙头，大力培育新型职业农牧民，推行全产业链生产经营模式，实现特色农畜产品的产业化经营和农牧业内部结构向合理化方向发展。

二是专项支持“互联网＋农牧业信息化”，实现农牧业生产与市场信息的互通共享。农牧业生产与市场信息服务带有很强的公益性，目前多数信息平台都以管理为主，而综合性的、与农牧民生产相关的市场与产业信息匮乏和信息数据不连贯，一定程度上增加了农牧业生产监测、预警和市场调控的难度。

三是在标准化、规模化建设基础上进一步强化建设的经济效益。近年来，标准化、规模化种/养小区建设力度在不断加大，建设成效显著，但在调研中也发现，很多小区仅仅在建设上实现了规模化和标准化，但在畜牧业饲喂管理、营养调配、疫病防疫、圈舍管理等方面并为形成适宜的标准，存在有为规模或项目而规模的现象，养殖规模与养殖效益方面的研究相对欠缺。特别是一些合作社，为项目而合作与被合作的现象也较多，因此有必要加大对合作社、标准化小区和规模化场等经济效益方面的研究和监督力度。

四是加大对塔城地区外向型经济发展的政策支持力度，大力发展外向型经济。充分发挥塔城地区的地缘优势和资源优势，全力抓好农产品基地建设，实施农产品品牌战略。抓住“丝绸之路经济带”建设的历史机遇，全面贯彻落实国家、自治区关于推动向西开放和发展外向型经济一系列决策部署，把发展外向型经济作为推进地区经济发展的重点战略，把塔城建设成北疆地区独具特色的农产品出口基地、陆上通道和集散中心，带动疆内外农产品货源向西输出。充分借助各大外销平台，突出主导产业、优势资源以及特色农产品，不断提升塔城地区农产品的知名度。

王田田　阿依夏木　黎　霞　李　捷

中国农村微观经济数据采集项目支持

2016 年 1 月

2015 年博乐市农业发展报告

博乐市隶属新疆维吾尔自治区，是博尔塔拉蒙古自治州首府，位于新疆西北部，与哈萨克斯坦共和国接壤，边境线长 95km，距离新疆首府乌鲁木齐市 524km，是中国西部重要沿边开放城市和第二座亚欧大陆桥的西桥头堡。境内国家一类开放口岸——阿拉山口口岸，是融工业、商贸、旅游、房地产开发等行业的国家级边境经济合作区和进出口贸易加工区。

博乐市也是新疆生产建设兵团农五师师部所在地，是全州政治、经济、文化的中心。辖三镇两乡、两个国营牧场和 3 个街道，驻有兵团农五师的 5 个团场，全市行政区域面积 7 790km^2，下辖 4 个街道、3 个镇、2 个乡，分别为青得里街道、顾力木图街道、克尔根卓街道和三台街道、小营盘镇、达勒特镇、乌图布拉格镇、青得里乡、贝林哈日莫墩乡。驻有兵团农五师的 5 个团场，居住着蒙古族、汉族、维吾尔族、哈萨克族等 31 个民族，总人口为 26.37 万人，其中少数民族 8.8 万人，占总人口的 33.4%。

博乐市属大陆性干旱半荒漠和荒漠气候，春季气温冷暖多变，夏季高温，气候炎热，伴有干热风，秋季气爽，冬季长而寒冷，年均气温 5.6℃，年均降水量 181mm。耕地面积 42.59 万亩，草场面积 851.1 万亩，林地面积 10.13 万 hm^2，森林覆盖率 7.8%。以农业发展为主，农业人口约占 50%。

一、农业在县域经济中的地位及发展现状

（一）农业产值与产量变化

1. 农业产值状况

2015 年博乐市农林牧渔业总产值为 32.04 亿元，比上年增长 4.5%。其中：种植业产值 23.61 亿元，占总产值的 73.69%，较上年增长 6.1%；林业产值 0.1 亿元，占总产值的 0.31%，比上年下降 52.3%；牧业产值为 6.6 亿元，占总产值的 20.60%，比上年增长 4.4%；渔业产值 0.29 亿元，占总产值的 0.91%，比上年下降 47.7%；农林牧

渔服务业产值1.43亿元，占总产值的4.46%，比上年增长7.1%。

2. 农作物产量状况

2015年粮食总产量41.36万t，较上年增长19.9%；棉花5.77万t，与上年持平；甜菜2.03万t，较上年下降39.4%；蔬菜产量6.84万t，较上年增长4.2%（其中工业番茄4.52万t，较上年增长45%）。

2015年肉类总产量1.18万t，较上年增长7.2%。绵羊毛产量908t，较上年增长5.1%；山羊毛产量42t，较上年增长20%。山羊绒产量7.8t，较上年增长9.6%。牛奶产量11.18万t，较上年增长7.6%。牛皮1.38万张，较上年下降3%；绵羊皮18.36万张，较上年增长4.1%；山羊皮1.75万张，较上年增长11.6%。禽蛋产量1.21万t，较上年增长1.4%。

农业机械总动力28.08万kW，较上年增长6.1%；大中型拖拉机4 724台，较上年增长4.3%；小型拖拉机5 060台，较上年减少1.2%。高效节水面积累计达到74.74万亩，高效节水灌溉自动化建设7 000亩，智能化1 000亩。

（二）产业结构及特色

博乐市农业产业主要以种植粮食作物和棉花为主，2015年粮食作物占农作物播种面积的50.97%，棉花占农作物总播种面积的46.06%。因此，博乐市的农业是以粮食和棉花种植为主，畜牧业生产为辅的传统农业。

2015年农作物总播种面积94.07万亩，与上年持平。其中，粮食作物47.95万亩，占总播种面积的50.97%，较上年增长19.8%；棉花43.33万亩，占总播种面积的46.06%，较上年增长15%；甜菜0.45万亩，占总播种面积的0.47%，较上年下降42.6%；蔬菜1.25万亩，占总播种面积的1.33%，较上年下降13.5%（其中工业番茄0.58万亩，较上年增长48.7%）。

2015年年末牲畜存栏39.97万头（只），较上年增长2.2%；家禽只数164.81万只，较上年增长1.3%。全年牲畜出栏30.72万头（只），较上年增长6.1%。

（三）农业在县域经济中的地位和作用

县域经济中农业的发展对国民生产总值的影响程度在经济发展的不同时期是不一样的。一般而言，经济发展程度越低，对国民生产总值影响的程度越大。在落后地区，由于经济发展与第一产业产值的相关性较高，需要将第一产业作为县域经济发展的基础。因此，保持第一产业良好的发展势头，是推动县域二三产业发展的先决条件。虽然第一产业对县域经济发展的作用有限，但县域经济的发展，必须在稳定第一产业的情况下，让一些条件较好的县通过生产要素的流动和聚集，促进二三产业的发展，从而推动整个县域经济的发展。2015 年全年，博乐市实现地方生产总值 103.3 亿元，较上年增长 11.8%。其中，第一产业 18.65 亿元，占总产值的 18.05%，较上年增长 5.4%；第二产业 34.53 亿元，占总产值的 33.43%，较上年增长 21.5%；第三产业 50.12 亿元，占总产值的 48.52%，较上年增长 7.9%。人均地方生产总值 59 976 元，较上年增长 15.4%。

二、农业发展的主要成就

（一）农村经济快速增长

2015 年，博乐市生产总值突破百亿大关，达到 103.5 亿元，是“十一五”末的 2.4 倍，年均增长 16.9%；地方财政收入突破 10 亿元，达到 11.99 亿元，是“十一五”末的 2.9 倍，年均增长 23.8%；社会消费品零售总额达到 30 亿元，是“十一五”末的 2.2 倍，年均增长 17.4%；城镇居民人均可支配收入 25 701 元，年均增长 13.8%；农牧民人均纯收入 13 248 元，是“十一五”末的 1.7 倍，年均增加 1 124 元。先后获得国家园林城市、全国科技进步先进市等 5 项国家级荣誉称号，获得自治区文明城市、优秀平安市等 17 项自治区级荣誉称号。

（二）农业生产水平大幅提高

克服大风、低温、干旱等自然灾害影响，主要农作物产量保持稳步增长。农业先进适用技术广泛应用，成功创建为国家现代农业示范区。土地规模化经营加快推进，实施互换并地 8.1 万亩，流转 27 万亩。全国农村土地承包经营权确权登记颁证整县推进试点工作稳步开展。农业机械化水平不断提高，机采棉模式种植 40.6 万亩，机械化采收 22 万亩。棉花目标价格改革试点工作扎实推进，首批 34.9 万亩 6 663.7 万元补贴资金发放到位。新增高效节水面积 7.6 万亩。新增标准化规模化养殖场 12 个，建设饲草料地 8131 亩，传统畜牧业逐步向现代畜牧业转变。严格落实动物防疫责任制，动物及动物产品产地检疫逐步规范。强农惠农政策全面落实，投入涉农资金 2.23 亿元。政策性农业保险参保面积达 51 万亩，农业防灾减灾能力明显增强。扎实开展农村劳动力技能大培训，转移农村富余劳动力 3.1 万人次，创收 2.6 亿元。

（三）生态环境保护建设力度不断加大

博乐市成功入选国家主体功能区建设试点示范县市。水利改革进一步深化，农业用水价格分类提高，水资源管理“三条红线”指标得到控制。基本草原划定工作顺利开展，严格落实草原生态保护补助奖励机制，实施禁牧 247.7 万亩、草畜平衡 375.8 万亩。违规违法开垦国有（集体）土地林地草场专项整治取得显著成效，集中查处了一批案件，有效遏制了非法开垦势头。强力推进污染物减排工作，实施工业企业节能减排项目 6 个。投入 1 103 万元，完成 11 个村队环境连片整治。实施人工造林 3 810 亩，建设绿色通道 8km。

（四）围绕市场变化，不断优化种植业结构

强化粮食安全保障，种植小麦 6 万亩；结合棉花目标价格改革试点，调减乌图布拉格镇以西 2 万亩次宜棉区和风险棉区，大力推广抗病高产的优质棉新品种，大幅提高机采率，机采棉模式种植达到 90%，机械化采收 60% 以上。积极发展酱用番茄、葡萄等特色作物种植，不断壮大规模。提高 1 106 座温室大棚利用率，扩大蔬菜生产量。把握好国家现代农业示范区项目建设的良好机遇，打造 35 万亩优质粮食生产基地和 40 万亩优质棉生产基地。加快多元化农技推广网络建设，解决农技推广“最后一公里”问题。

（五）围绕规模化养殖，加快发展现代畜牧业

坚持以种促养、种养结合，充分利用定居兴牧成果，创新发展模式，以规模化、产业化提质增效。努力争取支持肉羊肉牛产业发展项目资金，以汗庭牧元牧业为带动，着力推行“龙头企业 + 合作社 + 农户”的养殖模式，新建规模化养殖场 10 个，年内形成肉牛出栏 1.8 万头、肉羊出栏 22 万只的综合生产能力。坚持立草为本，完成 3 万亩人工饲草料地建设。加快饲草料加工机械引进，合理布局加工企业，提高综合利用率。加大动物疫病防控力度，建设 10 座牲畜防疫栏，提高防病能力。

（六）围绕优势资源，着力推进农业产业化

扶持壮大粮油等传统农产品加工企业，支持金麦源面粉、康源番茄等 4 家企业技改扩能。加快建立农企利益连接机制，拓展“订单”内涵。围绕城市需求，积极开展蔬菜保鲜、储藏、净菜加工，提高附加值。健全农产品检测体系，完成检测中心实验室计量和农产品检测资质“双认证”。强化农产品质量意识、标准意识和品牌意识，启动质量安全可追溯制度试点工作。

（七）围绕农村改革，增强农村发展活力

扎实推进棉花目标价格改革，努力保障棉农收益。积极稳妥地推进农村土地制度改

革，稳定农户承包权，放活土地经营权，建立健全农村土地承包经营权流转管理和服务体系，完成10个村3.5万亩土地整合。新增农民专业合作社6家，创建示范社3家。全面落实各项强农惠农富农政策。加强防灾减灾体系建设，扩大政策性农业保险覆盖面。继续把劳务创收作为农牧民增收的一项长期性工作，充分发挥专业合作组织、经纪人的作用，组织农牧民就地就近转移，有针对性地对“80后”“90后”人员开展劳动技能培训，确保转得出、留得住、能致富。

三、县域惠农政策及其实施效果

强农惠农政策在博乐市全面落实，2015年投入涉农资金2.23亿元。政策性农业保险参保面积达51万亩，农业防灾减灾能力明显增强。

（一）博乐市惠农政策、工程体系（政策、工程、补贴支持）

1. 农资综合补贴

近年国家综合考虑影响农民种粮成本、收益等变化因素，对种粮农民购买农业生产资料（包括化肥、柴油、种子、农机）实行直接补贴政策，以保证农民种粮收益的相对稳定，确保国家粮食安全。凡是计划内种植小麦的农户均可按种植面积享受农资综合补贴。全市实际种植小麦面积4.7万亩，全市共发放补贴资金4 958 562元，补贴面积47 224.4亩，涉及59个村队1 259户。

2. 农作物良种补贴

根据国家、自治区小麦、玉米、水稻、棉花优势区域布局规划，并结合主产县市种植规模，实行小麦、玉米、水稻、棉花良种补贴全覆盖（农户责任田、村队机动地、县乡政府给定居牧民划定的饲草料地，不包括各种开发地），使用良种的种植户（含国营农场职工、种植大户、劳改农场中从事种植生产的职工、农民）都可享受补贴。小麦、水稻、棉花每亩补贴标准为15元，玉米每亩10元。2014年，博乐市实际发放农作物良种补贴资金890.34万元，其中小麦良种补贴资金70.69万元（小麦面积4.71万亩，每亩补助15元）；玉米良种补贴资金291.53万元（玉米面积29.15万亩，每亩补助10元）；棉花良种补贴资金527.88万元（棉花面积35.19万亩，每亩补助15元）；水稻良种补贴资金0.24万元（水稻面积0.02万亩，每亩补助15元）。

3. 农业政策性保险

一是保险范围。农业政策性保险范围为棉花、小麦和玉米，近年博乐市曾开展设施农业保险。二是保险金额。按照非足额成本保险方式测算，棉花保险金额为500元、小麦400元、玉米300元。三是保险费征收标准。2014年，全市参保农作物面积51.8万亩（棉花、小麦、玉米），保险费总额2 279.8万元，其中，中央财政补贴比例为40%，自治区财政补贴比例为25%，自治州财政补贴比例为5%，博乐市财政补贴比例为15%，补贴资金总额303万元，农民自筹比例为15%，自筹金额393.87万元全部到位。今年因灾赔付总额达2 700万元。

4.“菜篮子”畜产品生产扶持项目

2010年起，博乐市开始实施国家“菜篮子”畜产品生产扶持项目。择优支持改建、扩建养殖规模大、生产技术好、增加产品产量、提高产品质量、示范带动作用强的畜禽肉蛋生产单位，国家和省级合作社示范社、现代畜禽养殖标准化示范场优先扶持。实行先建设后补助的方式，对完成项目计划建设任务、逐级验收合格、发挥示范带动作用的合作社、养殖场、法人企业实行以奖代补支持。市、县级畜牧和财政部门根据省份确定的扶持政策，组织符合条件的合作社、养殖场、法人企业，自愿逐级申报。支持畜禽品种和具体规模如下：存栏能繁母猪300头以上，且年出栏生猪0.5万～5万头；蛋鸡存栏3万～10万只，且产蛋鸡存栏不少于3万只，商品肉鸡存栏5万只以上，且年出栏量20万～100万只，单栋饲养量不低于5 000只；肉牛存栏200头以上，且年出栏量500～2 000头；存栏能繁母羊200只以上，或年出栏500～3 000只。每个项目国家投入50万元，重点对合作社、养殖场、法人企业改建、扩建提升畜禽生产和粪便处理能力的基础设施等投资实行以奖代补。

5. 中央现代农业生产发展资金

2012年开始，博乐市安排中央现代农业发展资金，主要用于畜禽标准化养殖小区水毁修复及改（扩）建，重点支持公共基础设施建设和畜禽粪污无害化处理设施建设，每个小区补助10万元以上。

（二）实施进展

博乐市严格遵守财政部、农业部关于国家农机购置补贴政策的“三个严禁”“八个不得”“四个禁止”等纪律要求，严格按照国补项目工作程序落实项目资金，确保国家强农惠农政策不打折扣落到实处。按照“抓惠农政策落实，就是抓农民增收、抓农村发展、抓社会和谐”的思想，把提高群众对惠农政策的知晓率作为落实惠农政策的前提，采取入户宣传、表册宣传、公示标语宣传等多种有效形式广泛宣传惠农政策，努力提高惠农政策的知晓率和透明度，使惠农政策深入人心、家喻户晓。

一是积极组织农业、林业、畜牧、农机、水利、财政、粮食等相关部门以维、汉两种语言形式加大对农机补贴、粮食直补、农资综合直补、良种补贴、政策性农业保险补贴等各项支农惠农政策的宣传。

二是广泛入户宣传，以深入开展“访惠聚”活动为契机，由驻村干部或各单位“结对帮扶”干部进村入户开展“一对一”惠农政策宣讲。与群众面对面，现场宣传、现场解答群众提问，用简单明了的语言让群众做到了“四个知晓”，即：知晓惠农政策是党和政府的关怀，知晓惠农政策的具体项目，知晓自己家庭应享受的惠农政策及标准，知晓惠农政策受益对象的确定原则和审批程序。

三是在村设置的政务公开栏，分期分批宣传惠农政策，公开政策受益对象及标准，并在村主要道路、“巴扎”等人员集中、人流量大的场所，张贴惠农政策宣传标语、悬挂宣传横幅、印发宣传单、宣传册，实现了惠农政策宣传，乡有宣传墙、村有公示栏、组有公示板、户有宣传册（单），使群众能及时看到惠农政策、知晓惠农政策、明白惠农政策，确保政策有效落实。

（三）实施效果（对农民、农业、农村）

博乐市共发放粮食直补、退耕还林、农机具购置、农资综合、抗震安居补贴、农村养老保险等惠农资金达 1.08 亿元。

1. 惠农政策的实施，增加了农牧民收入

博乐市在认真落实国家各项惠农政策的同时，地方财政还多方筹措配套资金，加大补贴力度，用于设施农业、牧民定居、农村合作医疗等富民安居、富民兴牧工程，让更多农牧民享受到惠农政策。通过“一卡通”的形式，将补贴款给到农牧民手中，直接增加农牧民的收入。

2. 惠农政策的实施，促进农业的大发展

通过惠农政策的实施，农业机械水平加强，农业生产规模化、集约化水平有了明显改善，农业生产效率有了大幅度提高，从而充分调动和保护农牧民购买使用农机的积极性，推进农牧民思想认识的转变，促进农机装备进万家，切实提高农业生产水平。

3. 惠农政策的实施，增强农村的和谐稳定

惠农政策的实施，有利于维护农村社会稳定，是构建和谐社会的保障措施之一，是建设生产发展、生活宽裕、乡风文明、村容整洁、管理民主的社会主义新农村的前提。

四、农业发展存在的问题

2015 年，博乐市农业现代化发展进一步加快，综合生产能力大幅提升，农牧民生产方式明显转变。但是，制约发展的一些长期性深层次矛盾依然存在，主要表现如下。

（一）农牧民增收幅度不大，后劲不足

化肥、农药、地膜、种子等涨价，使得农产品生产成本加大，农民增收难度明显偏大；农区养殖业总体分散，规模养殖户少，集约化程度低；部分养殖户的科学饲养水平低，管理粗放，效益不高；受干旱、蝗虫灾害、超载过牧等因素影响，草场退化的趋势没有得到根本缓解，制约了农牧民增收的后劲。

（二）农牧业产业化龙头企业发展缓慢

博乐市农牧业加工业基础薄弱，加工能力有限。农畜产品原料质量缺乏科学的分类和级别标准，产品无档次，成不了特色产品。农牧业资源的综合开发利用率低，农牧业生产链条长的优势和潜力尚未得到真正的开发。农产品以单一原料和初级产品生产为主，缺乏具有市场竞争力的知名品牌，抗御风险的能力低。龙头企业融资渠道少，带动农牧户能力不足。

（三）农牧业基础设施投入不足，抵御灾害的能力不强

设施农业、现代农业发展的水平较低，发展速度缓慢。品种改良工作力度不大，牲畜品种没有形成体系，不利于规模化、产业化发展和推广规范的饲养管理模式；动物重大疫病防治和检疫监督工作存在薄弱环节，现有基层防疫人员不足，幼畜、补栏畜禽、产后母畜的补免工作不到位；草原防火监控网络体系建设不健全，防火设施和物资不齐备，应急反应能力还不强等。

五、发展展望与政策建议

（一）发展展望

博乐市未来 5 年，依托国家级现代农业示范区、国家级农业产业化示范基地优势，继续“稳粮调棉、扩蔬兴牧”，以市场需求为导向，以提高先进技术应用率为支撑，着力打好绿色生态有机牌，努力实现农业增效、农民增收。

调整结构促进种植业多元化。稳定粮食生产，完成 7 万亩小麦种植任务。顺应棉花目标价格改革，促进棉花种植向优势产区集中，着力提高棉花品质，棉花机收率达到 90% 以上。实施高标准农田建设项目，新增高标准农田 3 万亩。大力培育发展特色农业，重点发展酱用番茄、甜叶菊、谷子等特色种植。支持种草种料，加快形成粮经草种植结构，推进人工饲草料地建设。新增高效节水面积 3 万亩。落实各项强农惠农政策，推进农业政策性保险。扎实开展农村土地清理试点工作，加快农村土地承包经营权确权登记颁证，推进土地经营权流转，发展适度规模化经营。

转变方式推进畜牧业规模化。继续推进肉牛肉羊产业发展，广泛宣传和用足养殖业保证保险贷款政策，提高申贷率，切实让广大基本养殖户受益，加快构建小群体、大规模的养殖格局。突出优良生产母畜扩群增量，加快优化畜群畜种结构，努力提高良种率、出栏率和周转率。充分发挥汗庭牧元牧业等养殖龙头企业引领带动作用，引导发展养殖联合体、合作社、联户经营。加快标准化建设，新建标准化暖圈养殖场 10 个。推进养殖技术、养殖模式、草料利用等方面革新，降低养殖成本，提高畜产品市场竞争力和养殖综合效益。严格落实动物疫病防控措施，确保畜牧业生产安全。主动应对畜产品价格变化，增强畜牧业抵御市场风险的能力。

农企联结推进农业产业化。围绕大宗农作物、特色作物和畜禽产品，大力引进培育有实力的龙头企业，推进农产品精深加工，延长产业链，提高加工增值率。积极发展农产品储藏、保鲜、烘干、肉类分割等初加工，引导农民通过合作社，进入农产品加工领域，分享产业链增值收益。加快实施“三品一标”认证品牌战略，积极创建绿色有机认证品牌，努力提升农产品市场竞争力。

拓宽渠道推进富余劳动力转移组织化。继续把劳务创收作为农牧民增收的一个重要途径，有针对性地开展职业技能培训，转变就业观念、提高创收能力；积极与企业订单培训挂钩，实现真正意义上的长期转移；根据城乡建设开工项目多、用工需求大和农业生产季节性劳务短缺的实际，充分发挥农民专业合作组织、经纪人的作用，组织农牧民就地就近转移务工。

（二）政策建议

一是严格按照无公害、绿色、有机农产品生产标准进行安全生产，提升农产品档次和质量安全水平，积极开展无公害农产品、绿色食品、有机农产品和基地的申报、认证工作，打造具有本州特色的知名品牌，通过品牌效应，提高特色农产品的价格和竞争力。

二是把农民增收作为根本出发点和落脚点，面向市场，依靠科技，选择具有一定区域规模、产业基础较好、市场前景广的特色农产品和产业，走集约化生产、区域化布局和产业化经营的发展路子。充分发挥合作社和协会作用。

三是按照全市特色农作物区域分布特点及乡镇区域种植结构特点，借助科技特派员等形式合理调配专业技术人员，对基层农技人员和种植大户进行重点培训，全面提高特色种植水平。

四是充分利用电视、广播、报纸、网站等各类传播媒体及定期组织龙头企业、中介组织、营销大户召开座谈会等方式，加大对特色农产品产销情况、国家政策、市场趋势、价格变化等信息的宣传力度，积极开拓区内外和中亚市场。

五是加大项目资金对特色农产品向规模化、集约化、标准化发展的扶持倾斜力度，积极引进辐射带动力和市场竞争力强的加工企业，加快现有特色农产品加工企业技改步伐，增强产品精深加工水平，提高产品档次和附加值。

苏尤力其米克　刘金定　黎　霞

中国农村微观经济数据采集项目支持

2016 年 1 月

促进新疆现代畜牧业发展问题研究项目
——伊犁州直属县（市）调研报告

根据老科技工作者协会“促进新疆现代畜牧业发展问题研究”项目研究内容，由老科协副会长李寿山及课题组黄训芳、李捷、王惠等一行 4 人，在州科协和畜牧局的陪同下，于 2016 年 8 月 4—8 日进行实地调研与走访工作。调研组一行分别走访了位于察布查尔县的新疆伊犁巴口香实业有限责任公司、尼勒克县苏布台乡套苏布台村的农牧民、位于新源县的新疆福润德农牧业发展有限公司、那拉提镇村委会以及伊宁县墩麻扎镇伊新牛羊养殖农民专业合作社，8 号上午在州畜牧局与畜牧局领导、部分离退休和在职的领导、专家进行了座谈交流。通过实地走访和座谈交流，对伊犁州畜牧业经营体发展现状、牧区牧民脱贫增收情况的调研总结如下。

一、发展现状

（一）调研企业

1. 新疆伊犁巴口香实业有限责任公司

始建于 2003 年，为民营股份制企业，主营业务包括农业种植、畜牧养殖、农牧产品开发、牛羊肉加工销售及对外贸易等。设计屠宰精分割生产能力为牛 15 万头 / 年，羊 100 万只 / 年，日加工牛羊肉串 150 万串的生产线和 9 000t 冷库。公司按照国际无公害畜产品“良好操作规范（GMO）”和“危害分析与关键点控制（HACCP）”作为养殖生产的标准和要求，向农牧民提供统一养殖技术，按照统一标准组织生产，并由公司统一收购，统一屠宰。生产的“巴口香”牌系列清真冷鲜、冷冻、精分割牛、羊、马肉，中高档西餐用肉、牛肉干及“叼羊”牌牛肉串等已占据疆内外诸多市场，部分产品也远销中亚各国。公司已建成包括农业种植、畜牧养殖、屠宰加工、精深加工和营销网络为一体的全产业链运营体系，并在成都、北京、上海、沈阳、深圳、武汉、江苏设立了 7 个办事处。开办了“慕家”餐厅店中店，推出以自产牛肉为特色的餐饮连锁和自产系列品牌产品店中销售的商业化运营模式，在郑州设立了分仓中心，并以购买服务的方式解决了冷链物流配送问题。

公司在察布查尔县有 3 600 亩育肥牛羊基地，5 万亩种植基地，2014 年伊犁农业综合开发将重点建设察布查尔县 13 800 头优质肉牛标准化养殖育肥基地。改扩建龙头企业带动产业发展试点项目，确定察布查尔锡伯自治县堆依齐牛录乡堆依齐牛录村兴农养殖专业合作社作为新疆伊犁巴口香实业有限责任公司的持股单位，将扶持龙头企业的财政资金 30% 所形成的资产作为参与项目建设的农民专业合作社持有的股份，在项目投产运行后，由项目单位以固定、利润和保本等多种形式对农民专业合作社或农民进行分红，充分保障农民权益，在龙头企业和农民专业合作社之间建立“收益共享、风险共担”的紧密型利益联结机制。巴口香实业有限责任公司育肥养殖将直接带动基地规模 1.6 万亩，间接带动基地规模 10 万亩，转化农产品 1.25 万 t，增加 1 500 个就业岗位，并且以市场经济的手段加强对农牧民养殖户的各项服务工作，使企业与农户，企业与肉牛购销组织之间，建立一种长期稳定的合作关系，并以合同的形式，把产、加、销、服各个环节有机地联合起来，形成龙头带基地，基地连农户的经营模式，逐步建立产销一体化的畜产品加工体系。

目前，公司在自治区和伊犁州的支持与关怀下，已成长为国家级农业产业化重点龙头企业，并先后获得伊犁州民营重点企业、伊犁州肉食品加工骨干企业、国家级重点扶贫龙头企业、税收上缴先进企业等荣誉称号和表彰。

2. 伊犁福润德农牧业发展有限公司

是新疆福润德投资有限公司的全资子公司，注册资金 3 000 万元。位于新源县那拉提机场以东 3km 处，于 2012 年 7 月开工建设，2014 年 8 月 25 日建成并试生产，总投资 2.5 亿元，是集牛羊屠宰、加工、冷藏、销售为一体的畜牧产业基地。设计生产能力为屠宰加工羊 100 万只 / 年、牛（马）5 万头 / 年，实际日生产能力 1 200 头 / 天，公司已取得中国商品条码证书、HACCP、ISO9001 质量体系认证及 QS 证书，并获得入沪许可和对港、澳、台、国外出口的资质。产品以 O2O 模式进行销售，线上与顺丰优选、天猫、京东、苏宁易购等知名电商合作，线下销往疆内各地及北京、上海、广州、长沙、重庆等城市，建立了航空、铁路、公路一体化的冷链物流。

公司以“公司 + 合作社 / 养殖户 + 基地”的方式进行合同签约式订单收购活畜，带动周边牧民养殖积极性，同时带动饲草料种植、食品加工等相关产业发展，并在特克斯县、巩留县开发建设了规模化畜牧产业基地，直接创造就业岗位 500 多个。

（二）调研合作社

伊宁县伊新牛羊养殖农民专业合作社

位于伊宁县境内，拥有2万亩天然草场养殖基地，年存栏羊10万只、牛8 000头。形成了“新疆托乎拉苏牧业有限公司＋合作社＋养殖户＋基地”的运作模式，在自有草原基地进行自繁自育的同时，还与周边数百位牧民合作开展绿色养殖，实行统一饲养、标准化、科学化管理，注重优良品种改良工作，坚持经济效益和社会效益相结合的原则，秉承“只要有力气就能够致富”的理念，积极引导和带动周边广大农牧户致富，结合当地可用资源现状，为贫困户调配饲喂配方，既降低了贫困户购买饲草料成本，也使当地资源得到了充分利用。达到出栏标准的牛羊按照行业标准分割加工成排酸冷冻牛羊肉制品、高档西餐牛排系列产品等进行销售。生产的“西牧源”品牌牛羊肉制品在疆内外享有较好口碑，产品远销全国各地的农贸、超市及餐饮连锁店，并在伊宁、乌鲁木齐、兰州、西安、成都、上海、南京等地设有直销门市部。

调研也走访了另外4个育肥合作社、托牛所、牛羊养殖合作社，他们多数都以家庭成员、亲朋好友为社员，合作社运作还不是很规范，缺少实际意义上的合作，有些合作社也因社员之间缺乏足够的信任度而处于分散养殖和独自经营的状况。

（三）农牧民

本次调研共与15户农户进行了走访和座谈，从交流情况看，大多数牧民都能够在县、乡政府支持下开展农牧业生产活动，并通过新疆畜牧科学院获得养殖技术的支持和辅导，但从合作经营来看，也存在对合作社不了解、对合作社牵头人缺乏信任的现象。农牧民还提出了如因为乡、村交通条件、农牧业生产环境、资源、信息等因素限制，制约了村集体经济的发展，特别是在劳务输出和劳动力分流方面存在较大难度；村基础设施落后，养殖需要的药浴池、配种站条件差；基层技术人员少，冷配技术不行，成功率不高；农村防疫员没有完全纳入财政；饲草料补贴1.5元／亩，补贴标准太低等亟待解决的问题。

二、存在的问题

（一）畜牧业生产能力难以满足企业生产加工需求

畜源短缺现象较为普遍，致使实际生产加工能力低于设计生产加工能力。福润德设计屠宰量为每天 6 000 头，但 2016 年实际每天平均仅屠宰 1 000 头。巴口香公司每年需要 15 万头不低于 450kg、3 岁以内的牛，以及 100 万只羊屠宰加工。尽管公司当前的活牛收购价格略高于当地市场价格，但伊犁地区仅能提供 6 万头符合国际卫生标准的牛，这与公司现有的屠宰、加工、销售能力仍有很大差距。为控制养殖成本，年均 2 万～3 万头的出栏牛中，仅 8 000 头为自产，其余均为收购牧民养殖的牛。

（二）畜牧业金融服务与保险体系薄弱，难以满足产业发展需要

畜牧业生产季节性特征明显，家畜存栏、出栏量和价格也受季节因素影响。大多数企业也都需从养殖户或合作社购买活畜，但因贷款额度和放款时间以及申请程序等因素，使得企业或经纪人在大量需要现金的时候缺少流动资金，虽然有些地方采取了“企业 + 合作社 + 养殖户”的合作经营模式，但因缺乏利益共享、风险共担的机制和严格的契约履约精神，加之缺乏有效的畜牧业风险保障机制，导致合作关系处于松散状态，企业压价收购损伤养殖户利益、养殖户囤畜观望高价售出等现象也时有发生。缺乏金融和风险保障支撑的产业体系不仅难以抵抗市场风险，而且也难以在激烈的市场竞争中实现产业稳定、持续发展的需求。

（三）畜牧业扶持补贴力度低，部分政策执行成本较高

虽然政府近年加大了对畜牧业的支持力度，财政投入增长也较快，同时多数政策要求地方财政配套资金，对于财政实力较弱的县难以全额配套到位，也进一步削弱了财政支持水平，畜牧业补贴措施划分到个人后，只有几十元，较少的数额对农牧民的积极性调动作用不明显。为了保证政府出台的相关政策的落实，县、乡政府和村组织需要进行详细部署，安排专人落实，如召开会议进行会议精神传达、转发各级政府制定的文件、制作宣传材料等，具体政策实施过程中还有大量的基础工作需要完成，如能繁母畜补贴政策的实施需要核实可获得补贴的能繁母畜数量、乡镇等基层单位负责良种精液的接受发放工作、草原奖补政策的实施也需要去核实草原面积、草原植被情况、牲畜数量等，以上诸多现实情况造成政策执行成本较高，同时基层工作人员数量有限，基层畜牧管理部门工作量较大而工作经费不足等现象也影响了政策的实施效果。

（四）畜牧良种补贴数量不足，个别畜种补贴标准低

在牛、羊的良种补贴上只有符合一定标准存栏要求的养殖户购买良种种公羊时才有机会获得补助，改良良种牛补贴也必须达到存栏数 20 头以上，低于 20 头的改良牛养殖户也没有机会获得补贴。从补贴标准上看，种公羊补贴政策自实施以来补贴标准一直是

800元/只，该标准远低于现在优质种公羊的市场价格（4 500～6 000元/只），种公羊补贴政策不仅补贴数量少，而且补贴标准低，因而对广大农牧民而言带动作用不明显。

（五）畜牧业经营主体管理者的整体素质亟待提高

在调研中无论是到龙头企业、合作社还是养殖户，都强烈意识到人才的短缺，急需企业、合作社的管理人才、专业互联网+的人才和市场销售的人才，认为现在的养殖技术培训缺乏实际操作效果，管理人员非常想在信息技术、电商平台、管理水平上能有一个实用的培训。

三、对策建议

（一）选好、选准龙头企业进行扶持

建议每个县根据本县特点和实际，选准1～2个龙头企业进行扶持。龙头企业具有很强的带动性，帮助龙头企业就是帮助广大农牧户。畜牧业要产业化，必须要降低交易成本，总成本低才能有竞争力。目前新疆畜牧产业规模小，各产业交易成本高，种植饲草料的将饲草料卖给企业，有交易成本，企业育肥后卖给市场、餐厅有交易成本，市场、餐厅卖给消费者有交易成本，整个产业链有若干个交易成本，总成本太高。只有龙头企业将全产业链做大做强了，这些交易成本才能降到最低，才能有竞争力。每个领域应该培育出1～2个龙头企业，把火力集中起来做大做强，只要做大了，肯定能带动周边的农牧户。

（二）对畜牧产业要有长效的产业支持政策

畜牧业生产具有很强的季节性，而且周期长、风险大。因此涉牧企业在融资方面更加需要相关的政策扶持。目前企业资金流动中最大的问题之一就是放款时间和额度的问题。由于畜牧业生产的季节性，可以考虑进一步扩展畜产品政策支持力度。例如，羊胴体可以算做鲜活农产品走绿色通道，但分割后的冷鲜肉则不属于鲜活农产品，不能走绿色通道；而包装后的冻鱼却可以属于鲜活农产品，享受绿色通道优惠。因此也建议有关部门能够根据家畜产品特点和畜牧业生产的风险，充分利用“鲜活农产品运输绿色通道政策”和“生鲜农产品流通环节税费减免政策”，一是在目录范围的鲜活农产品中增加冷鲜畜产品或分割肉产品的内容。二是在继续实行生鲜农产品流通环节税费减免政策的同时，加快制定对冷鲜畜产品和冷冻分割肉等流通环节的税费减免政策。像巴口香、福润德这样的龙头企业，经过多年经营积累和市场拓展，已经具备了较快发展的能力，开

发了自己的产品和品牌，获得了国内外大额牛羊肉订单，同时储备了后续配套发展项目，但由于畜牧业产业链长，周转慢，投资额大，防疫检疫复杂，仅靠公司自身财力很难完成，至少要有几年期的低息贷款支持。

（三）畜牧业产业的各项技能培训要落在实处

面对目前畜牧产业基层畜牧技术人员整体素质不高、畜牧业经营主体管理人才急缺、畜牧养殖技术培训可操作性不强等问题，建议一是增加对基层畜牧技术人员队伍建设的投入，提高现有技术人员的综合业务能力。二是建议加强对农牧户实用养殖技术的培训力度，如优良品种的选育，疫病防治、饲草料制作和使用、营养配比、圈舍修建等实用养殖技术的培训，逐步帮助农牧户实现标准化生产方式。三是建议在新疆大学等高等院校开办畜牧业经营主体管理人员高级培训班，系统全面的分期分批培养一批畜牧业经营管理人才。

李　捷　王　惠　李寿山

2016 年 9 月

促进新疆现代畜牧业发展问题研究项目
——哈密市伊吾县调研报告

根据老科技工作者协会“促进新疆现代畜牧业发展问题研究”项目任务，由老科技工作者协会张国梁会长、李寿山副会长、新疆畜牧科学院畜牧业经济与信息研究所李捷所长和福建省农业科学院农业经济与科技信息研究所曾玉荣所长等一行6人组成的调研组于2016年7月20—23日就新疆哈密市伊吾县牧业经营体运行与牧民增收现状进行了调研。

调研组分别走访了喀尔里克牧业发展公司、伊吾县润康养殖专业合作社，并与县领导、相关部门负责人、企业、合作社、养殖户进行了座谈交流。现将本次调研情况总结如下。

一、伊吾县基本情况

伊吾县隶属哈密市，位于新疆东北部，总面积19 519km^2，是全疆22个牧业县之一。县辖4乡、3镇、2个牧民搬迁开发区、32个行政村，截至2015年年底，全县户籍人口23 455人，草场面积838.5万亩（可利用面积794万亩），人工草料基地7.42万亩，生产总值由2010年的10.95亿元增加到2015年的45亿元，年均增长33%；农牧民人均纯收入由5 770元增加到14 345元，年均增长20%，增长速度明显高于城镇居民收入。

二、伊吾县畜牧业生产现状

（一）牧民定居情况

全县有2个牧民异地搬迁定居点和6个就地定居点，已实现全部定居。

（二）基础设施建设情况

全县现有棚圈1 656座，种羊场1个，扩繁场1个，示范户50户，青贮窖120座。

（三）饲草料基地建设情况

截至 2015 年，人工饲草料地 7.42 万亩，占全县草地面积的 1%（全县可利用草场面积为 749 万亩），其中退牧还草 2.6 万亩、农田水利建设 3.5 万亩、提升改扩建人工草料地 6.1 万亩。

（四）天然草原保护情况

现全县 41% 的草场实施禁牧，59% 的草场实施以草定畜、草畜平衡，最大限度的发挥草原生态功能。

（五）合作社发展情况

全县有牧业合作社 17 家，入社牧户 519 户，占全县牧业户数的 16%（全县牧户 3 239 户）。

（六）畜禽繁育和品种改良情况

全县牛良种覆盖率达到 45%，以西门塔尔、荷斯坦牛品种为主；引进种公羊 392 只，羊良种覆盖率达到 75% 以上，以哈萨克羊、巴什拜羊为主。利用扶贫资金及自筹资金购进多胎生产母羊杜泊羊 20 610 只。2015 年完成胚胎移植 15 000 例，人工授精 5 000 例，冷胚 3 000 例，受胎率达 50% ～ 60%。

（七）动物防疫体系建设情况

现已建立健全全县、乡两级兽医行政管理、行政执法和技术支持工作体系，建立和完善了基层动物防疫站的基础设施建设和防疫网络体系建设。

（八）政策执行情况

2016 年针对畜牧养殖业实施了生猪、家禽养殖、奶牛保险、品种改良、优质牧草种植、肉羊养殖、基础设施建设、驴奶奶价、牧民购草补贴共 9 项补贴政策。

（九）牧民收入情况

2015 年，全县牧业人均收入 5 598 元，占农牧民人均总收入的 36%。其中前山乡牧民人均收入最高为 10 126 元，依次是盐池镇 8 515 元、山南开发区 6 281 元、淖毛湖开发区 5 960 元、吐葫芦乡 4 898 元、下马崖乡 4 602 元、苇子峡乡 3 129 元和淖毛湖镇

2 980 元。不同地区收入差距较大。

三、伊吾县牧业经营体发展特点与面临的问题

（一）牧业经营体发展特点

从调研和座谈了解到，目前伊吾县运行较好且有一定带动效应的企业主要是喀尔里克牧业发展有限公司，合作社则以北牧农牧民养殖合作社为主。企业通过合作社这一纽带与养殖户建立了良好的合作关系，并初步形成循环发展的模式。在利益联结和合作方面，采取了“3+2”的管理和运营模式，具体如下。

“3”指针对社员的 3 种分配方式：一是对核心社员，农户自愿加入合作社，并签订协议，以牲畜、其他生产资料或现金形式入股农民专业合作社。社员本身作为合作社职工参与合作社内管理、生产等相关工作，由农户转化为产业工人，并领取工资。核心社员在享受活畜交易按股分红和市场产品销售二次分红的基础上，还享有入股资产的分红。二是对签约社员，没有资产入股，但自愿加入合作社，并签肉羊养殖协议。社员按合作社统一要求进行肉羊饲养，合作社优先收购社员饲养的家畜，社员也具有选择收购方的权利。销售肉羊给合作社的社员，年底可享受市场产品销售的二次分红。三是对贫困户社员，伊吾县扶贫办把盐池镇扶贫羊交给合作社统一管理饲养，贫困户与合作社签订协议，合作社按每只羊每年不等的金额向贫困户“分红”（连续分红 5 年）。此举不仅实现了政府项目扶贫资金的增值，而且使扶贫畜能够长期有效的在扶贫工作中产生效益。

“2”指成立的 2 种基金：一是产业发展互助基金。由股东成员喀尔里克公司一次性向农业银行注入贷款担保金 300 万元，银行按 1 ∶ 10 放大贷款额度，有效解决了合作社社员贷款额度不足和缺少贷款抵押与担保的难题，社员贷款额度可达 20 万元，在一定程度上缓解了畜牧产业季节性资金周转矛盾问题。二是社员生活应急基金。该基金由企业设立，主要用于社员家庭生活中孩子上学、突发疾病等家庭突发事件的急需经费，有效及时解决了社员的燃眉之急，增强了公司的向心力。

在循环经济和拓宽就业方面，利用牛羊粪肥进行大棚蘑菇种植，再把菌渣用于草场施肥。组建了巾帼打馕协会，形成了伊吾县盐池馕的品牌，拓宽了农牧民妇女就业渠道。

（二）市场运行情况

总体来看，公司运行 3 年来为全县拓宽了羊肉市场，全县 50% 以上的羊肉基本都通过公司外销，通过援疆项目，与双汇超市达成合作，并在郑州建立了 20 多家超市；

同时与北京巴依老爷集团合作，在集团餐饮店设立了店中店。现已承担自治区冻肉储备任务，目前拟计划申请创建活畜储备基地。

（三）面临的问题

1. 企业周转资金缺乏

肉羊养殖具有其季节性特点。每年秋季肉羊出栏时需大量的收购资金进行周转。贷款难、周转资金不足几乎是所有合作社所面临的共同问题。

2. 政策补贴标准偏低

养殖业不同于种植业，是一个周期长、投资风险大的产业，农牧民和企业都要以经济效益为主要目标，但目前种植业、养殖业和林业补贴标准的差异，在很大程度上制约着养殖合作组织和畜牧业的发展。

3. 企业承担风险较大

合作社成立初期，抗风险能力相对较弱，而畜牧业生产又是一个极易受自然、社会、政策等风险影响的产业，为了保障企业的正常运行和效益，同时也为了合作联社这一模式的稳定、持续发展，企业不得不承担包括市场、还贷等资本投入的风险，增加了企业的风险负担。

4. 企业风险防范能力欠缺

受全国经济下行压力以及畜产品关税和保护政策等因素影响，政策性银行也降低了信用风险等级，降幅高达 30%，公司优质羊肉价格由 2015 年的 130 元 /kg 下跌到今年的 30 元 /kg，企业资金链因市场而断裂，同时波及合作社的运行。

四、促进伊吾县牧业经营体发展和牧民增收的建议

注重畜牧产业链各主体间的利益联结和沟通协调，制定有益于龙头企业发展的长效扶持政策，探索稳定产业链各经营体间的利益联结和风险共担机制，通过龙头企业的带动，引导并带动畜牧业的适度规模化、产业化、组织化和信息化发展。

李　捷　王　惠　王　琼　李寿山

2016 年 8 月

基于产业集群理论的牧区经济联合体发展研究

一、研究的背景、目的、意义

（一）背景

自党的十八大首次提出“坚持和完善农村基本经营制度，依法维护农民土地承包经营权、宅基地使用权、集体收益分配权，壮大集体经济实力，发展农民专业合作和股份合作，培育新型经营主体，发展多种形式规模经营，构建集约化、专业化、组织化、社会化相结合的新型农业经营体系”之后，连续3年的中央一号文件也先后强调要培育壮大龙头企业，推动龙头企业与农户建立紧密型利益联结机制；要扶持发展新型农业经营主体，鼓励发展混合所有制农业产业化龙头企业，推动集群发展，密切与农户、农民合作社的利益联结关系；要求工商企业要与农民结成利益共同体，要强化农业社会化服务，推进农村一二三产业融合发展。由此可见，培育发展新型农业经营主体，构建科学合理的利益分配机制，不仅是农民分享产品产后加工、流通增值利润，增加农民收入的有效途径，也是我国目前经济发展新常态下，如何在经济增速放缓背景下继续强化农业基础地位、促进农民持续增收，必须破解的一个重大课题。

（二）目的

牧区联合经营体其实质即为新型牧业经营主体，是指具有一定养殖或加工规模、具备较好的生产设施、设备和经营管理能力，有较高的劳动生产率、资源利用率和畜产品生产加工效率，以商品化生产为目的的畜牧业经营组织。新型畜牧业经营主体既涵盖了为产前、产中和产后提供专业化、市场化服务的专业服务公司、专业服务队、农民经纪人等，也包括了畜牧业产中环节的生产经营组织。培育新型牧业经营主体是发展现代畜牧业的基础，是解决牧业劳动力结构性矛盾的客观要求，是增加农牧民收入水平的重要措施，是提高牧业抗风险能力和竞争力的必然选择，是满足居民对畜产品质量安全要求的保障，是加快畜牧业转型升级的必然趋势。畜牧业经营主体的组织形式和参与主体的变化，一方面增加了养殖户抵御自然风险、市场风险的能力，另一方面参与主体间的利益分配机制、利益体间的信任程度和合作意愿又形成了影响新型经营主体发展的内在风险。无论企业还是养殖户，获取利润是所有经营模式发展与合作的共同目标，科学、合理的利益分配机制，才是保障经营体内利益相关者长期、稳定合作的基础。

（三）意义

畜牧业是一个高度依赖自然资源且易受生产、气候、疫病、市场等多风险影响的产业。受动物生理特征的制约，其养殖过程和生产方式都与种植业有明显的不同。因新疆地域辽阔，畜牧业生产区域特征明显，生态环境、地域特征、民族习俗和资源禀赋的差异，形成了不同的农牧区生产方式、组织形式和经营理念。虽然农牧户、合作社、企业等多个主体间形成了草地、资本、技术等多要素共同合作的发展态势，但是不同类型的合作组织在其运作模式、效果和凝聚力等方面都有很大的差异，同时在牧业养殖合作组织与龙头企业的利益联结机制上也呈现出多形式、多层次的局面。本研究将是对新疆南疆地区、北疆地区和东疆地区不同类型合作社、合作联社、联户经营、家庭牧场等运行现状调研分析的基础上，对现有牧业经营体系的生产发展、组织类型、运行状况进行实证分析；从资源禀赋的视角，运用产业集群、边际效益、交易费用和专业化分工等理论，分析新常态下影响新疆新型牧业经营主体发展的制约因素；提出新疆新型牧业经营主体发展的政策建议，对提高牧民收入、增长牧区经济和牧业转型发展具有十分重要的理论意义和现实价值。

二、国内外研究现状

（一）国外研究现状

1. 实践经验

第二次世界大战以后，由科技革命带动的农业变革推动了现代农业的出现。其发展的主要特征是“以现代机械代替手工劳动、用现代科学技术改造传统农业、用现代管理理念管理和经营农业”，极大提高了农业专业化、集约化和市场化水平，推动了农业和农村取得根本性改善。随着现代农业的出现和发展现代农业经营主体也逐渐开始发展和成熟，从历程上来看，主要出现了以下集中农业经营主体创新模式。

（1）美国家庭农场为主的模式

家庭农场是美国农业生产、服务和技术推广的最基本组成形式和经营单位，其基本功能与中国的家庭承包经营户类似。根据美国农业部的标准统计方法，美国家庭农场可以按照不同经营者的身份划分为 4 种：自有农场（Full Owners）、分成制农场（Part Owners）、经理制农场（Managers）、和佃农制农场（All Tenants）。而根据农场主对其所经营土地的所有权情况，美国家庭农场可以分为业主制、合伙制、公司制等多种组织形式，其中公司制又分为家庭公司制和非家庭公司制。截至 2007 年年底，全美有家庭农场 210 多万个，其中大约有 86%的农场由个人性质的农场主拥有，占总农场面积的 65.1%，合伙制农场的面积大约占 10%，公司制农场只占 3%。美国以家庭农场为主的经营主体具有与其农业发展水平相符合的特点，土地经营规模调整的灵活性较大、产品生产的专业化程度越来越高、产供销过程的契约化程度越来越高。

（2）日本农业协会发展模式

日本的农业资源禀赋较差，人多地少、山地多平地少、以小规模农户为主。日本的农业协会在推进现代农业发展的过程中起到了至关重要的作用，尽管农协并不是日本现代农业的直接经营主体，但其在代表农民谈判、组织协调、监督管理等方面都发挥了不可替代的作用。目前，日本全国有 99%的农户都加入了各类农协组织，农协组织的数量已经达到了 820 个。农业协会虽然不直接参与生产经营，但是他却在日本农民农业生产、经营的各个环节发挥着非常重要的作用，提供科技、教育、金融服务，组织农户规模性的参与市场竞争等，综合性服务为日本直接农业经营主体参与生产、市场竞争提供了重要的渠道和支撑。

（3）以色列农业合作组织发展模式

以色列是一个自然资源尤其是水资源十分匮乏的国家，其占总劳动力 4%的农业人口却创造了 10%的国民生产总值。其中以各级农业合作组织的经营主体和服务主体发挥着关键作用。合作组织分为基层和区域以及全国性的，基层负责与农民联合抓具体生产经营，区域性组织致力于农产品销售等，全国性组织服务于农业长远发展战略和技术，值得强调的是在农业合作组织的支持下，以色列农业科技在全世界名列前茅，创造出了“沙漠农业”奇迹。

2. 理论研究

贝蒂尔·俄林（Bertil Ohlin）在其《区域贸易和国际贸易》一书中，提出了资源禀赋理论（简称 H-O 理论）。该理论认为，生产要素禀赋的相对差异决定了区域分工与贸易以及国际分工与贸易的产生。至此，在古典经济学中均强调了资源禀赋差异对生产成本的影响，进而论证了国际贸易的条件和基础是资源禀赋的差异，说明了自然资源对产业布局、区域分工、国际贸易的作用，认为各国应该根据本国的资源禀赋优势，通过国际贸易进出口相对应的产品，从而实现资源在世界范围内的最佳配置。史晓瑜（2011）

认为，资源禀赋是区域经济发展的重要物质基础，资源禀赋的结构决定了区域产业和产业结构的形成与发展。巴特尔（2012）认为，应依托资源禀赋优势发展农业循环经济促进农林牧协调发展。张立中（2011）在充分考虑草原区人口、草地资源禀赋和生产力水平等多重因素的影响基础上，探索了实现草原畜牧业适度规模经营的形式，结合适度规模经营关键环节，提出了发展草原畜牧业适度规模经营的对策建议。目前来看，有关资源禀赋的研究，多针对产业结构调整、适度规模经营等内容开展了相关研究。

迈克尔·波特等（2007）研究认为“集群是某一特定领域内相互联系的企业及机构在地理上的集聚体。集群包括一系列相关联的产业和其他一些与竞争有关的实体”。联合国贸易与交易发展大会《2001 年世界投资报告》中指出：“产业集群优势已超越低成本扩张而成为吸引外资投入的主导力量，推动“产业联系”将成为投资政策关注的焦点，进一步推动产业发展，必须走集群化道路”。在经济竞争中，产业集群是区域经济实现快速、健康发展的重要推动力量，同时也是实现区域经济布局合理化、资源配置优化、空间创新系统建立和区域竞争优势形成的重要战略手段。

（二）国内研究现状

2016 年中央一号文件指出：当前我国经济发展进入新常态，如何在经济增速放缓背景下继续强化农业基础地位、促进农民持续增收，是必须破解的一个重大课题；国内农业生产成本快速攀升，大宗农产品价格普遍高于国际市场，如何在“双重挤压”下创新农业支持保护政策、提高农业竞争力，是必须面对的一个重大考验；我国农业资源短缺，开发过度、污染加重，如何在资源环境硬约束下保障农产品有效供给和质量安全、提升农业可持续发展能力，是必须应对的一个重大挑战。城乡资源要素流动加速，城乡互动联系增强，如何在城镇化深入发展背景下加快新农村建设步伐、实现城乡共同繁荣，是必须解决好的一个重大问题。破解这些难题，是今后一个时期“三农”工作的重大任务。必须始终坚持把解决好“三农”问题作为全党工作的重中之重，靠改革添动力，以法治作保障，加快推进中国特色农业现代化。学术界对农业现代化的研究及结论相当丰富，无论是农业现代化的内涵、模式、机制设计、管理、效率评价，都有相应的研究出现。但是根据本文的研究需要，这里只梳理与现代农业经营主体相关的研究。

1. 在经营主体与现代农业关系方面

陈锡文（2013）认为在城镇化和工业化的大背景下，农村劳动力流失严重，农业传统经营主体分散，农业增值很难，这两个方面的原因决定了现代农业发展中，从农业经营体制的角度看，“谁来种地”和“怎么种地”是现代农业经营体系建设最关键和迫切的两个问题。刘奇（2013）提出现代农业一个显著的特点是要实现集约化、规模化，传统的家庭单位经营主体已经远远达不到要求，培育出新型的集专业化、规模化为主的经营主体才是现代农业规模经营的主要着力点之一。赵佳等（2013）分析了农业经营方式转变的动因和影响、组织制度创新的动力及其与农业经营方式转变的互动，揭示了合作社联合社组织制度创新与农业经营方式转变的互动逻辑，认为走合作经营才是现代农业的最优制度安排。杜志雄（2013）认为在改革和完善农村基本经营制度的关键阶段，经营主体的社会化、集约化、专业化、组织化结合才是符合现代农业发展要求的，而且大力培育新型农业经营主体迫在眉睫，无论是现代农业中粮食安全还是农业竞争力的提升都具有重要意义，而且他分析认为家庭农场是符合现阶段国情的最优主体。

2. 在农村家庭与新型经营主体关系方面

黄祖辉（2008，2010）认为改革开放在农村实行家庭联产承包责任制以来，就决定了我国农业经营主体必定要以家庭（农户）为主，即使到现代农业阶段国家大力发展培育新型经营主体，但是农业的特性决定了任何形式的经营主体的出现都离不开家庭这个子单元基础。并且他还提出这样一个命题“没有农业的家庭经营，农民合作组织就失去了存在的必要，即农民合作组织如果不以相对独立的家庭经营为基础，这个合作组织就不是真正意义上的合作组织”。张晓山（2013）也认为现代农业经营主体的培育并不是对农村家庭联产承包体制的变更，新的经营主体还是以家庭为基础，不改变农户原有的土地承包关系、土地权属、土地用途，只是在经营规模和经营模式上进行了增加和创新。李显刚（2013）认为 2013 年中央一号文件中鼓励和支持承包土地向专业大户、家庭农场、农民合作社流转的政策，表明农业适度规模经营将成为现代农业发展的新趋势，那么大力培育新型经营主体将是工作的重中之重，是现代农业发展的“第二个飞跃”。

3. 在现阶段新型经营主体选择方面

现代农业发展至今，农村经营主体处在传统经营主体和新型经营主体并存的局面，主要有农户、专业大户、家庭农场、专业合作组织、农业企业、其他社会组织（田志宏，2013），那么这些经营主体应该由哪一种占据培育的主体地位，还是在结构上采取均衡的发展？这一问题在学术界仍然存在较大的争议（张晓山，2013）。一种观点认为，当前农村人口压力巨大，短时间实现转移是不现实的，也就是说农村经营体制的创新还是要在以家庭为单元生产的基础上进行，不可能完全推倒重来；农业基础落后，收入低、基础差、科技含量低的问题没有得到充分解决，要把农业经营突然提升到发达国家那样的规模水平是不现实的：国家虽然明显加大了对农业的关注，并明确提出了发展现代农业的目标和办法，也在鼓励和提倡培育各种模式的经营主体，但是投入还是不够；所以就以上这些现实情况来看，他们认为新提出来的家庭农场这一经营主体是最适合现阶段国情的（刘雪梅，2013；王建华，2013；孙中华，2013；范传棋，2013）。另一种观点认为，现代农业的最终目标是“农民增收”，之所以当前农民收入低，主要是因为农民市场参与度低，分散性的农户没有市场竞争力，导致他们成为市场弱势一方，没有能力分享农业最终收益；农业产业化是现代农业实现的手段，但是分散的农户不可能达到产业化和专业化的要求，只有通过组织安排才能实现；农业具有显著的规模经营效应，如何在不改变农村基本经营体制的条件下最大限度的实现规模经营，创造规模收益也得依靠农业组织实现，同时也可以避免单个农户参与市场面对的高额交易费用；基于此，这部分人认为大力发展农业合作组织才是明智之举（孔祥智，2010；王曙光，2010；苑鹏，2011；卢春华，2012；李永东，2013）。还有另一种折中的观点认为，我国幅员辽阔，区域农业发展差距大，现实条件也不同，不同的地区应该根据当地的现实条件以及农业发展特点，慎重的选取合适的农业经营主体作为主要主体，而且也要适当发展其他形式的经营主体作为补充（高帆，2010；陈锡文，2012；郭远明等，2013）。

4. 在新型牧业经营主体利益联结方面

宋启良（2014）认为，新型牧业经营主体总体数量偏少、层次偏低、辐射带动能力弱，思想认识不够、支持力度小，政策扶持不够、资金缺乏和配套服务不完善是制约新型牧业经营主体发展的主要问题；邵科等（2014）在新形势下农业产业化利益联结机制完善的产销、问题与出路分析时认为，由于看重眼前的利益和趋向于风险最小化、收益最大化，即使与企业签订了合同，在市场价格高于企业的时候，农户选择将农产品卖给第三方的现象也多有存在，特别是市场价格的波动，也会导致企业或农户为降低采购成本或者增加生产收益而选择改变（放弃）既定的生产合同约定，造成另一方的利益受损。针对完善农业产业化利益联结机制面临的传统小农户占多数，履约意识和标准化生产能力不高；农民专业合作社综合实力偏弱，组织管理不够规范；龙头企业产品需求与农户期望存在落差，利润分享不够；利益联结涉及全过程多主体，政府等外部监督较困难等问题，提出农业产业化过程中，产品生产的毁约行为具有买卖双方的相互性，因此，利益联结机制的完善需要多方共同努力下的协作推进和配合。杨振波等（2014）在对莱芜市培育新型牧业经营主体的专项调研中，从外部环境和内部情况对存在问题进行了分析。认为外部因素主要是政策扶持力度和配套服务不够，内部因素则是因为主体规模小、实力不强，规模化、集约化、产业化程度不高；组织松散、功能单一、运行不规范，凝聚力和带动力不强，以及资金、人才缺乏，主体综合素质较低等。董帮应（2014）用系统动力理论、农业教育理论、政府管理论等，开展了农户经营主体变迁的研究。认为受经济发展以及分工分业程度的限制，农业社会化服务组织的外部环境存在区域性差异。并提出在经济发达地区，由于市场化程度相对高，应发展以龙头企业为核心的多元化服务体系；而在经济落后地区，则发展以政府涉农部门主导的农业服务体系。农业部农村经济研究中心谭智心等认为，农民专业合作社走向联合是必然趋势，并调研归纳目前我国农民合作社联合社主要有生产型联合、销售型联合、产业链型联合、综合型联合等 4 种类型。黄祖辉等人得出畜禽合作社的产业化类型倾向于“龙头企业带动型”的结论。黄胜忠（2014）从利益相关者集体选择视角分析了农民合作社的形成逻辑、边界和本职规定，认为农民合作社的形成是由利益相关者的两次集体选择决定；两次集体选择和交易契约的边界共同决定农民合作社的所有权边界和经营边界；农民合作社本质上是利益相关者相互关系的联结，并强调了“殊途同归”的重要性。

总体来看，各类新型经营主体并无绝对的优劣之分，其功能定位可能也因不同地区、不同的产品和不同发展阶段而各异。随着各类新型经营主体的发展，新型畜牧业经营体系已具雏形。但受各类经营主体经济实力的影响，在养殖产业链条中，生产环节在利益分配中明显处于弱势地位，其合理利益得不到保护。这也是近年来质量安全问题频发的重要制度根源。针对当前质量安全的形势，一位专家明确提出：合格安全的产品是生产出来的，而不是监管出来的。尽管不完全准确，但却反映了一个道理，如果各环节利润分配不合理，就可能导致部分环节生产行为扭曲，产品质量就难以保证。因此，我们对农产品质量安全问题，既要加强监管，更要构建科学合理的生产经营体系，要让产业链的各个环节都能得到合理的收益，才能保证产品的质量。所以，创新畜牧业经营体制机制，既要注重提高资源要素利用，实现集约利用、循环利用，也要构建合理的利益分配机制，形成合作共赢的利益分配机制。目前农业产业化经营中的利益联结机制多以龙头企业带动、市场带动、中介组织带动和合作经济组织带动等方式来体现，且多倾向于种植业，而从资源禀赋视角开展新疆新型牧业经营主体的研究则相对较少。因此，基于新常态下新疆畜牧业“稳增长、调结构、促改革、惠民生”的需求，新型农业经营主体培育和融合发展是新疆畜牧业转型和可持续发展的一项重要课题。

三、理论基础及研究方法

（一）产业集群理论

对产业集群的研究最早见于英国新古典经济学家马歇尔在 19 世纪末提出的产业区

理论。直到20世纪80年代中期，一些社会学家再次讨论产业区概念以解释在当时西方经济普遍衰退的背景下某些地区却保持增长的有趣现象，从而开始了关于"新产业区"的讨论。正当新产业区讨论方兴未艾之际，以波特为代表的战略管理学派在讨论国家竞争优势的过程中注意到异国的优势产业往往在地理上集聚，从而也开始了集聚经济的研究，并明确提出了"产业集群"的概念。他认为"集群是某一特定领域内相互联系的企业及机构在地理上的集聚体。集群包括一系列相关联的产业和其他一些与竞争有关的实体，如零部件、机器设备和服务机构的供应商、专用性基础设施的供应商等。集群也往往向下拓展到销售渠道和客户，横向扩展到互补产品的制造商和在技术、技能相关或有着共同投入品的企业。另外，许多集群也包括政府和其他机构，如大学、标准化机构、智库、职业培训机构及商会等，这些机构提供专门化的培训、教育、信息、研究和技术支持。"波特对于集群内在结构的分析是迄今为止最为全面的（Poter，1998）。随后，来自不同领域的学者从各自的学术视角出发来理解集群，从而使集群的内涵有明显的学科依赖性，从"弹性专精"到"竞争优势"再到"创新学习"的焦点切换解释了这种有趣现象；随着越来越多的类似现象在产业区的发祥地之外被研究者发现，特别是广大发展中国家产业区的涌现，使得产业集群的原始概念受到了挑战，集群的外延扩张便在所难免。因此，迄今为止，产业集群不仅没有形成统一的定义，而且学者们在使用这一概念时还具有很大的随意性，出现如区域集群、企业集群、新产业区等多种表达方式。以上这些概念虽然对产业集群关注的方面各有侧重，但实际上反映的是同一经济现象。鉴于波特先生的影响力，本文采用"产业集群"这种表达方式，并且界定产业集群定义如下：在地域上相互邻近的成员企业只从事某一产业或相关产业的生产和服务，成员之间有广泛的劳动分工和紧密的、基于长远关系的合作，这种合作可以是产业链，或是供应商—客户关系，或是其他竞争合作互动关系，并由此构成的产业生态系统。

产业集群的内在机理：根据"存在即合理"的假设，产业集群这种独特产业组织形式之所以风靡，必然有其内在的经济合理性。目前，对这一问题的解释存在以下3种基本观点：外部经济说、交易费用说和技术创新说。需要指出的是，这3种观点并不是绝对平行而是互有交叉的，因而从某种意义上来讲称其为3种不同的视角更为合适。

马歇尔（1920）在其划时代巨著《经济学原理》中首次提到了"外部经济"的概念。后来的学者一般都把马歇尔所说的因企业与同行业在地理上集聚而形成的外部经济称为"外部规模经济"，并将其成因归为以下3点：丰富的劳动力供求、专业化供应上的存在和技术知识的外溢（Henry，1999）。德国经济学家韦伯识别了两个层面上的集聚经济：一是因单个企业的规模扩大而形成的集聚经济；二是多个企业在某一局部的空间集聚导致的经济性。可见，这与马歇尔关于外部规模经济的分析是一致的。作为"新贸易理论”的倡导者，克鲁格曼认为是规模报酬递增而不是要素禀赋导致国家间的产业分工，并将此观点拓展到了区域层次，在对外部规模经济性来源的解释上，克鲁格曼强调的是劳动力集聚和专业化供应商，认为知识外溢效应仅限于一些高科技集群，其作用范围是国家甚至国际层次而非区域层次的。值得注意的是，也有观点认为，一些过度集聚而导致的负面影响，比如拥挤效应、对投入品的争夺导致成本上升、同行业过度竞争导致利润下降等，这表明外部非经济性也可能伴随着集群的发展而显现，集群的合理规模取决于外部经济性和外部非经济性的平衡。

企业结构、战略和竞争行为。这里所说的企业是指集群内部的企业，一般指直接参与集群主要价值链的企业。具体评价标准包括企业数量和规模、新增企业和关闭企业的比率、产权和财务实力等。此外，一国根据有关体制和价值观为个人和厂商设立的目标，引导资金和人才的流动等，也将直接影响到产业竞争优势。

产业集群竞争力概念界定：纵观国内外研究文献，目前还缺乏明确、统一的产业集群竞争力概念。有些人借用已有的“竞争力”概念，并以“产业集群 + 竞争力”的模式来界定产业集群竞争力，这种做法偏离了产业集群竞争力的本质。根据比较对象来看，有关产业集群的竞争力可以分为以下几类。一是产业集群内部企业与集群部分分散企业之间的竞争力，通常用产业集群企业与同等分散企业绩效上的差异来衡量，该竞争力解释了企业聚集于分散的经济原因。二是不同区域同类产业集群之间的竞争力，该竞争力衡量不同区域的同类产业集群在投入产出效率上的差异。三是不同行业的产业集群之间的竞争力。这些产业集群既可能位于同一区域，也可能位于不同区域，该竞争力衡量不同其他产业集群的资本和人才迅速成长，从而抑制后者的发展。这充分说明，产业集群的竞争力不能简单地定义为：产业集群 + 竞争力。

近几年，随着人们对产业集群及其竞争力认识的深入和发达国家产业集群竞争力的展现，产业集群竞争力的概念逐渐明朗起来。到目前为止，产业集群竞争力可以从以下 3 个视角来分析。以波特代表的“因素观”认为，各因素的质量水平决定了产业集群竞争力的强弱，因而强调的是质量导向。“结构观”认为，产业集群的结构可以分为横向结构和纵向结构。他们强调了产业集群的关系导向和产业集群竞争力由内到外、由低级到高级变化的动态过程。“能力观”认为，产业集群的能力主要体现在创新性综合能力、资源禀赋和资源的整合等能力。产业集群竞争力反映的是一个产业集群的综合实力，“因素”视角、“结构”视角和“能力”视角为我们分析产业集群的发展情况提供了一个参考。综合上述分析，产业集群竞争力概念可以定义为：是以产业集群的各种资产要素（包括企业、资源、基础设施和技术条件等）为基础，以企业间的动态网络关系及其层次性递进为运行方式，具有对环境的利用能力和规避能力，在全球市场竞争力中能为产业集群的整体绩效带来实质性功效的强劲竞争优势。把产业集群竞争力的定义落脚到竞争优势，是因为竞争优势能概括产业集群竞争力的"因素""结构"和"能力"3个属性，而且最根本的是产业集群较强的竞争力在于其所拥有的持续竞争优势。

（二）产业竞争力理论

波特（Porter，1990）的产业集群研究是结合其对国家竞争优势研究而展开的。他在1990年的《国家竞争优势》一书中，通过不同国家和地区之间的产业集群竞争特点对国家竞争优势作了具体的比较分析。他认为，国家只是企业的外在环境，政府的目标是为国内企业创造一个适宜的环境。因而，评价一个国家产业竞争力的关键是该国能否有效地形成竞争性环境和创新。具体地，波特把产业集群和竞争优势关系总结为：首先，集群是某一特定领域内相互联系的企业及机构在地理上的聚集体，该集聚体内部存在产业链上企业的纵向联系和竞争企业与互补企业之间的横向联系。其次，产业集群对产业竞争优势有重要的影响。具体来讲，一是集群提高了其中企业的生产率。二是集群可以推动创新，为将来的生产效率提高做好准备。三是集群促进新企业和新服务的形成。另外，集群往往能够提供一个巨大的当地市场，企业家能够从业已建立的关系网中开拓业务而收益。所有这些因素都降低了新企业的进入风险，同样，如果企业经营不成功，退出障碍也不大。集群的这种拓展强化了集群自身的发展活力；集群使得其成员在丝毫不削弱它们原有的灵活性的情况下能够获得只有大企业或者正式联盟才拥有的规模优势。

产业竞争优势形成的基本要素：在波特的国家竞争优势理论和钻石模型中，他特别指出集群的可持续发展能力是集群动力的函数，而集群动力是集群"钻石"四大元素之间互动的函数，也就是说这种竞争优势的获得是通过竞争者、生产者和消费者互动的高度本地化过程。具体来说"钻石理论模型"中的4个部分和维度的含义如下：要素条件。这决定一国在生产要素方面的地位，包括熟练劳动力供给和基础设施状况等在特定产业竞争中的必备条件。需求条件。本国市场对该产品或服务的需求，国内市场的构成和特点对公司察觉、理解和反映国际购买者的需求较为重要。支撑产业和相关产业。集群利用该区域内其他企业提供的产品和劳务的状况。因为一个强大的商业共同体有利于提高集群生产能力。一般来说，当地供应商的多样化，质量、成本、能力以及买卖双方关系的质量，对于集群成功具有重要作用。此外，使用相似的技术、可转移的人力资源、相似的专用基础设施或者服务于相同市场的企业，包括这些相关企业的数量和质量，以及他们与集群企业之间正式或非正式的联系。

（三）区域经济学理论

魏后凯（2006）在《现代区域经济学》中指出，区域是根据一定的目的和原则而划定的地球表面的一定范围的空间。他是因自然、经济和社会等方面的内聚力而历史奠定。并且有相对完整的结构、能够独立发挥功能的有机整体。区域的内聚力、结构、功能、规模和边界是构成一个区域的5个要素。具体来说，资源禀赋差异、集聚经济和转移成本、或者说生产要素的不完全流动性、经济活动的不完全可分性以及产品与服务的不完全流动性，是区域经济存在的客观基础和前提条件。区域经济学是运用经济学的观点，研究国内不同区域经济的发展变化、空间组织及其关系的综合性应用学科。他具有区域性、综合性和应用性3个基本的特征，主要研究内容包括经济活动区位、区域供给与需求、区域经济发展、区际经济关系、区域政策与管理。西方对区域经济学的发展和理论研究大体经历了3个阶段：一是第二次世界大战以前，区域经济研究的重点还主要局限在区位选择和空间经济方面；二是20世纪50—70年代，研究的重点开始转向区域经济发展与区域政策问题；三是20世纪80年代以来则比较注重实证研究和计量分析。近几十年来，各国学者在研究探索的过程中，已经建立了一套相对完整的区域经济研究方法，这些方法主要来源于4个领域，经济学方法、区位分析法、区域分析方法和数学分析方法。

产业集群的建立与区域经济的发展。产业集群理论是一种新型的区域经济发展理论。产业集群理论揭示相关企业为了获得竞争优势，集结在一起。它是一种新的区域经济发展理论。这一理论较之传统的区域经济发展理论更能适应经济的全球化、市场化、信息化和知识化发展趋势。产业集群理论不是静态地看待区域发展条件，不是简单地争论区域发展的平衡性与否，而是强调发挥区域各种资源要素的整合能力和协同效应，强调区域要从自身的特点和实际出发，发展有区域特点的个性化的专业区，强调区域创新能力的培养，使区域成为有很强“学习能力”的学习性区域，形成基于开拓共同市场而建立的较稳定的专业化分工和协作关系，不断整合自身资源与外部环境的适应性，使区域具有动态的竞争优势。在起始条件、经济基础、体制机制等不同的地区，都可以从本地实际出发，创造条件；逐步形成和发展能够体现和发挥自身优势的产业集群；产业集群与区域经济发展的内在联系。产业集群对于区域经济发展的效应主要体现在区域核心竞争力的提高。区域核心竞争力是区域所特有的，在资源利用、产品开发、生产、市场开拓及服务中，与其他地区相比具有较大的竞争优势，且不易被其他地区所模仿或学习的综合能力与素质。它的产生使得该区域在竞争中能获得较大的差别利益，能够极大地满足经济和市场不断发展的要求，为区域经济带来持续发展的能力。区域核心竞争力往往表现在地方特色产业集群上。对于产业集群来说，由于它是一个开放的系统，其发展就必然受到区域内外环境因素的影响与制约，影响产业集群发展的一系列区域特征变量构成了产业集群系统的环境，主要包括经济环境、政治环境、文化环境、法律环境、资源环境、以及区际交流等等，所有这些方面相互交织、彼此适应、共同作用对产业集群产生至关重要的作用。综上所述，产业集群与区域发展不是孤立存在的，也不是由此及彼的单向关系，而是一种双向的、互动的、紧密关联的关系。

（四）研究方法与采样依据

在产业集群的理论中，要想真正客观评价一个区域产业集聚成长状况，测度其在特定区域内的集群化程度，除利用现有通行的集聚指标描述外，考察区域内产业的集聚带动作用和分工专业化程度将更可能准确刻画产业的集群能力和程度。

1. 研究方法

（1）规范分析与实证研究相结合

本文欲结合已有的产业集聚和农业产业集聚的相关理论论述，通过对各样本地区进行具体分析，从而研究传统农区畜牧业的产业集聚发展。

（2）定量分析法和定性分析法

首先运用区域经济学、产业经济学、经济地理学的相关理论，从理论方面阐述农业产业集聚的内涵、特征、产业集聚效应等问题，然后借鉴大量统计数据，用区位熵指数来测度传统农区畜牧业的产业集聚状况，定量分析畜牧业的产业集聚效应。

2. 数据来源

由于现代畜牧联合体利益分配过程中关注了贫困社员的情况，并且现代畜牧联合体在经营过程中非常重视扶贫开发，主要是通过转移和吸引贫困农牧民就业，因此在就业指标方面，我们选取更加微观的贫困农牧民就业带动情况来考量；在带动收入方面，我们选取了现代畜牧联合体中调研的农牧户收入指标，其数值为调研的平均数值。基于此，本课题数据来源基于 3 方面数据：统计年鉴公开数据，伊吾县官方数据，企业、农牧民、合作社实地调研数据。最后利用区位熵公式，我们测度了伊吾县现代畜牧联合体在就业和增收方面的集聚拉动程度。

四、新疆牧区经济体利益联结机制现状

截至 2014 年 7 月底，我国农民专业合作社已达 119.29 万家、林业合作经济组织

15 万家。2014 年 9 月公布的国家农民合作社示范社名单中，新疆（含兵团）共有 99 个，其中畜禽养殖类专业合作社 27 个。截至 2014 年年底，新疆农业产业化经营组织达到 11 007 个，自治区级以上农业产业化重点龙头企业 394 家，其中，国家农业产业化重点龙头企业 33 家。2014 年年底，全区建成标准化规模养殖小区 3 100 多个，建立畜牧业专业合作组织 400 多个，畜产品加工企业 463 家，各类饲料加工企业 277 家。建成 21 个牛羊肉基地县、6 个猪肉基地县、26 个细毛羊基地县、6 个山羊绒基地县、7 个半粗毛羊基地县、4 个禽肉基地县市。

（一）类型

目前新疆牧业经营体主要以养殖大户、家庭牧场、畜牧合作组织、产业化龙头企业为主，经营过程中形成的组织类型主要有"公司 + 农牧户""公司 + 合作组织或协会 + 农牧户""公司 + 畜牧业基地 + 农牧户"和"混合型"等几种类型。在以上类型中，牧业经营主体的利益联结机制也不尽相同，分配形式多种多样，既包括了农业生产过程环节的生产经营组织，也涵盖了为农业生产中各个环节提供服务的经营组织。概括起来，主要有以下几种。

1. 合作型

以地缘或血缘关系为纽带，两个或两个以上牧户按照自愿、平等、互利的原则，将草场进行联合，实行统分结合的双层经营机制，最终实现保护草原生态、提高劳动效率和增加牧民收入的目标。目前最常见的是在一定范围内，相邻几家牧户或亲属自愿联合，将牲畜合并一起放牧，并将草场合并一起共同有计划地利用。

典型案例：福海县阔克阿尕什乡阔克卓尔尕村是 1995 年实行定居的牧业村，牧户有 154 户，户均耕地面积为 80 亩。草原承包到户的政策调动了牧民生产的积极性，牧民的生产生活水平得到了很大的提高。但是以家庭的分散经营受养殖规模小、专业化程度低等条件的制约，畜牧业和种植业的生产效益总体不高。如牧民玛胡苏提汗通过与 4 户邻居联合经营，按照牧民技能的不同进行分工，使联户经营的牧民的人均收入提高了 1 倍多，达到 2 万元以上。因此，牧区联户经营模式既是改善草原生态环境，也是促进牧区劳动力转移的手段，符合牧区实际的发展。

2. 收购型

这种利益联结形式是利益联结的初级方式即公司或合作社按市场价一次收购农牧户生产的畜产品，但双方不签订合同，自由买卖，价格随行就市。除此之外，农牧户与公司之间没有任何经济联系和价格约束，两者的关系极为松散。收购畜产品这一经济联系，是通过纯粹的市场活动进行的，企农关系既不稳定，也互不负责。养殖户只是价格的被动接受者，仍处于原料提供者的地位，但也在一定程度上为畜产品的生产提供了主要销售渠道。如福海县大尾羊有限责任公司、金牧源牛羊加工企业、和硕县清州牛羊肉屠宰厂等，这种传统的买卖方式仍是牧区农牧民推销畜产品的主要方式。

3. 合同型

公司与农牧户签订经济合同，按合同价收购农牧户的畜产品。利益联结的主要形式，是以契约为纽带的联结机制。由龙头企业或中介组织与基地和农户签订产销合同，确定种养品种、数量，实行保护价收购，养殖户的小生产经营通过龙头企业与市场相联结，形成农业产业化经营的方式。合同式利益联结形式对龙头企业和农户双方都有了经济约束，并在畜产品的生产、收购环节上互相负责，农户有了固定的龙头企业，龙头企业建立了可靠的原料基地、购销合同虽然没有从根本上改变农民提供原料的地位，但使其可能遇到的市场风险有了承担者，充分调动了养殖户生产经营的积极性。和布克赛尔县蒙哥尔肉类开发有限公司有机牛羊肉产业化经营采取“龙头企业 + 农牧户”模式，双方签订合同，明确每批牛、羊出栏时间、数量、等次和价格，一般价格与市场价格相当或略高，双方共同遵守，保证合同兑现。这种利益分配机制，有利于龙头企业与养殖户建立较为稳定的联系，降低双方的市场风险、交易成本，但龙头企业居主导地位，分散的养殖户处于弱势被支配的地位。交易一次结束，养殖户收益也是一次性。

4. 服务型

专业合作组织 + 养殖户，专业合作组织具有带动散户、组织大户、对接企业、联结市场的功能，成为引领农民进入国内外市场的主要经营组织，发挥其提升农民组织化程度的作用。

合作社或公司与农牧户签订经济合同，不仅限制收购价，公司还为农牧户提供产前、产中、产后等一系列综合性服务。如福海县尚仁养殖农民专业合作社（专业合作组织 + 养殖户）、吐鲁番一碗泉畜牧养殖园区（养殖小区 + 专业合作组织 + 养殖户）、伊犁伊新牛羊养殖农民合作社（企业 + 专业合作组织 + 基地 + 养殖户）、克州阿图什市吾玛提养殖专业合作社（专业合作组织 + 养殖户）和静县连心农牧业合作社等，采用“合作社（养殖园区）+ 基地 + 农牧户”的联结模式。合作社给农牧户提供良种、培训、生产全过程技术服务，回收全部产品，优质优价，此种模式，不仅能使农牧户生产过程使用良种、接受技术服务，有较高和较稳定的收益；同时能确保产品的优质、安全，增强市场竞争力。

5. 返利型

他们之间的经济利益通过组织章程及合同连接起来。经济利益的分配方式主要是：中介组织将农户的产品收购后统一向有关企业销售，中介组织不以营利为目的，经营盈余实行“按交易量返还及按股金分红相结合”的方式进行分配，也就是说，中介组织的中介盈余，在提取一定的中介组织积累后，一部分按交易额返还给成员，另一部分按成员入社股金进行“分红”，并且以返还为主，以分红为辅。在“公司 + 协会 + 农户”的模式中采取这样的利益协调机制，在这样的制度安排下，公司与协会的关系是委托代理关系，协会与农户的关系则为组合关系，公司代理加工、出口等业务，并收取固定的费用，余额全部返还协会，再通过协会分配给农民。

合作社的资金来源主要包括入社成员出资、政府补贴、他人捐款等，合作社总资产归属社员大会。每户入社牧户带牛进驻养殖小区，需出资 5 万元标准化牛舍建筑费，从而具有长久使用权。如需退出合作社，则可将标准化牛舍长期使用权转让。在经营上合作社与多个奶产品加工企业建立了稳定的供应关系，在管理上合作社实行“七统一分”的管理模式，即统一配种改良、统一技术指导、统一购买饲草料、统一疾病防控、统一集中挤奶、统一奶牛保险、统一鲜奶销售、实行分户饲养。在分配上合作社按照社员代表大会决议规定年终盈余实行按 60% 与社员交易量返还，25% 扩大再生产，10% 再分配，5% 提取公益金，合作社提留的公积金形成的资产按比例量化到每个成员，国家投资和社会捐赠款形成的固定资产为成员共有。如昌吉市三工镇的海奥奶业专业合作社，还有草畜联营合作社都是这种类型。

案例：昌吉州呼图壁县雀尔沟镇巴哈提汗草畜联营合作社和大草原草畜联营合作社。合作社按照“群众自愿、自负盈亏、形式多样、草畜平衡、政策性补贴对象不变”的原则，以“三权”作为资本入股，最终成功建立了流转草场经营使用权，牲畜、草场折价入股，资产由合作社统一管理，按股实行固定分红，资产融合的运营模式。社员不参与合作社经营管理活动，只是等着年底的固定分红。

北疆地区昌吉州的“草畜联营”合作社具有“养殖场（小区）+ 合作社 + 农户”的结构特征，虽然有技术交流、信息互通的优势，也制订了股份分配机制，但因其缺少龙头企业的带动或介入，未形成有效的产业增值链局限了合作社的增收渠道，也难以实现既定的股份分配方案，致使合作社还未脱离传统的“合作”状态，受合作效益的影响，其带动和示范作用也未能完全体现出来，同时这种养殖合作社模式防范和化解风险能力低，当不确定因素发生时，容易导致合作社的解体。

6. 股份制

农牧民以资金、土地、技术等要素入股龙头企业，参与经营管理或监督。采取利润返还和按股分红的分配方式，最大限度地保障农牧民的利益。在这种机制下，龙头企业与农户有严格的经济和法律约束，真正形成“利益共享、风险共担”的机制，有利于调动农牧民的积极性、增加农牧民的收入、促进畜牧业产业化的发展。

案例：以基地化生产为主，在市场的牵动下，以龙头企业带动基地和合作社，再连接牧户的经营方式，将牧户、基地和企业很好地联结起来，形成规模较大的专业化的生产。在该模式之下，企业通过合作社将牧户组织起来，形成规模化生产基地，并且企业能够提供基础设施支持、资金支持和提供服务，形成比较完整的产业链。如哈密市伊吾县的北牧农民专业合作社与喀尔里克公司形成了“公司＋基地＋合作社＋农牧户”的肉羊养殖、畜产品加工、生产和市场销售产销链，建立了相对稳定的利益分配机制，但因畜牧产业和畜产品市场的高风险性，其合理、稳定的利益共享、风险共担机制则是经营体稳定持续发展的关键因素。股份合作式利益联结形式有助于实现从不同利益主体的联合向利益共同体的转变，养殖户不仅可以获得出售畜产品的收入，而且可以参与共同体的重大决策，分享联合体的利润，使得利益联结机制朝着“风险共担、利益共享”的方向迈进了一大步。

在公司与农牧户利益联结机制中，收购型、合作型属于松散型的利益联结机制，合同型、服务型、返利型属于半紧密型的利益联结机制，股份制属于紧密型利益联结机制。目前，牧区畜牧业产业化经营中利益联结机制以松散型居多，紧密型较少，除个别企业与养殖户签订了简单的购销合同外，绝大多数连这种最初级的联结方式也不具备，双方仅仅是市场上的买断卖断关系。以调查数统计，股份制占利益联结机制总数的比例，紧密型不到3%，78%为松散型，19%为半紧密型关系（表1）。

表1　牧业经营主体利益连接机制

利益连接机制类型	优点	缺点
松散	交易自由，获取最大市场利益	关系不稳定，交易成本高，风险大
半紧密型	一定程度降低交易风险	农户处于弱势地位
紧密型	利益共享、风险共担、降低交易费用、提高牧民收入	

这3种类型各有其优缺点，无初级与高级之分，绝不能强制性地把利益联结方式限

制于任何单一的模式，只能因地制宜，鼓励龙头企业与农牧户形成比较稳定、紧密的利益共同体。

（二）新型农业经营主体发展中存在的问题

1. 主体规模较小、实力不强，规模化、集约化、产业化程度不高

南疆上规模的养殖户不多，多为分散养殖，因为土地面积有限、饮用水受限，限制了规模经营，此外，由于土地的集中连片流转较难，与农户存在矛盾纠纷，新型农业规模经营主体承包期普遍较短，承包没有连续性，不敢投入，影响了土地的产出效益。而且大部分新型经营主体与转让土地的农户之间仅仅是通过口头达成转包协议，没有规范的文本合同，存在不确定性。

2. 组织松散、功能单一、运行不规范，凝聚力和带动力不强

从目前调研情况发现，一部分现有经济体很大程度上依赖于政府扶持资金或项目资金来维持运行，甚至有些合作社成立之日就是"夭折"之时，究其原因，不乏借助合作社之名获取国家政策性扶持（资金等），扶持资金没有申请到合作社也就不存在啦。也有一部分希望扩大发展的经济体因得不到扶持而难以发展，特别是在享受金融和政策扶持力度上，一是为"政绩"不考虑实际的现象依然存在；二是部分经济体负责人为资金而不是为发展而建经济体；三是区域内经济体数量多、实力参差不齐、重复建设和投入人为导致了不公平竞争现象的存在。这些问题不仅会造成公共资源的浪费，同时也影响到产业链的稳定和经济体的公平竞争环境。

调查中发现，目前成立的多数合作社，都是生产经营性合作组织，服务型的合作组织缺失，服务体系缺失。偶尔有些养殖小区附近有多家联合组建的"饲料生产合作社"已经算是服务性合作组织。但大多数都处于"养殖"类型，而上游"繁育"到下游"销售"专业类型的服务型合作社很少，专门的"技术服务""技能性服务"合作社更是少之甚少。

3. 资金、人才缺乏，主体综合素质亟待进一步提高

部分农业企业实力较弱，创新能力不足，产品附加值不高，同质化现象严重。一些农民专业合作社运作不规范，内部制度不健全，组织化程度低，抵御市场风险能力弱。农产品加工初加工多，深加工少，粮食、畜禽加工能力大，水产、蔬菜加工能力弱。此外，新型农业经营主体内部生产经营人才严重缺乏，农村技术型人才占农村劳动力的

比例仅为 1.6%，受过中等及以上农村职业教育的劳动力占劳动力总数的比例不足 4%。一是直接经营畜牧业的经营人才越来越少。调查中发现，在畜牧业规模化、集约化、组织化程度不断增强的过程中，一部分牧民开始被逐渐转移出来，从事二三产业，而这部分被转移出来的牧民大都年龄在 20 ～ 45 岁，尤其是以青壮年为主。也就是说剩下的 50 岁以上的人群继续留在传统畜牧业生产中。二是代际传承开始弱化。调查中发现，目前留在畜牧业产业中继续发展的年龄近乎老年，50 岁以上进行放牧的较多，而且他们不愿意让下一代从事畜牧业，尤其是放牧。往往是积累到一定财富等资源后，就把牲畜进行转包或变卖，自己和子女到城镇生活，不再从事畜牧业生产。三是年轻一代不愿继续从事畜牧业生产。在 20 岁以下的群体中，所谓的“牧二代”等群体已经开始进入现代市场经济潮流之中，伴随着求学、打工等历程，已经开始逐步适应城市化的生活节奏、内容和方式，不再愿意继续回到草原从事畜牧业，甚至说虽是“牧二代”，但早已不知也不会“牧”了。

4. 经营模式类型多样，扶持境遇大不相同

随着国家和自治区畜牧产业发展政策性引导和支持力度的加大，新疆畜牧业经营模式也是越发丰富起来，但其实际运行过程中问题依然很多。调查发现全疆畜牧业合作社注册登记的很多，但是实际按照《中华人民共和国农民专业合作社法》和配套规定规范组建和运营的不足 5%；家庭牧场和联户经营这种比较适宜在新疆草原畜牧业发展的经营模式在实际运行中遭遇尴尬，这样的尴尬体现在中央和自治区指导意见中的鼓励与地方基层实施扶持“无法可依”不衔接。家庭牧场的界定标准、主体权益、注册登记、后期管理，以及运行监管等都没有明确的相关法律法规和制度配套。一些县市虽然有了家庭牧场（养殖大户），但是这些家庭牧场不属于“合法”家庭牧场，是“没有登记的媳妇”、弱势群体。

5. 管理多头，信息不对称

作为产业链的最前端，养殖业是畜产品供给侧的关键节点。从畜产品生产到畜产品，不仅是一个生命体的流通过程，也是一个生命体的转化过程。但从养殖和畜牧业基础设施建设到畜产品加工和畜产品市场营销这一过程分属不同的行业归口部门管理，圈舍养殖、饲养管理端归畜牧厅，屠宰于 2015 年由商务厅移交畜牧厅监管；宰后加工、流通由工商、质监等部门监管；市场由工商、商务厅等部门监管；在这一链条上，各管理环节之间缺少信息沟通和共享平台，生产者、加工者、消费者之间也缺少信息沟通的渠道，信息不对称不仅会增加管理成本，而且在一定程度上出现了重复建设和盲目生产的现象。

6. 产业链短，养殖户很难获得二三产业的经营利润

通过调查发现牧业经营体目前的组合模式多为“合作社＋牧户”“企业＋牧户”“企业＋合作社＋牧户”等，产业链很短，养殖户只是出售养殖产品，再没有更多的获得二次、三次收入的机会，如和田地区的曼爬克农民养殖专业合作社，家庭成员分别负责采购、养殖和销售工作，作为合作社的一部分，其屠宰场只做屠宰而不做加工，原因一是市场冷鲜羊肉需大于供，胴体都难以满足市场需求，所以不需要进行深加工；二是南疆地区为维吾尔族聚居区，其饮食习俗是以冷鲜肉为主，不喜食冻肉，当地精深加工肉产品市场不足，难以收回加工成本。这种组织模式的社员关系较为松散，基本以满足地方需求为主，在饲养管理、养殖技术、疾病的预防治疗等方面缺乏交流，其带动能力、发展能力、影响力和抵御风险的能力都有很大的局限性。

五、新疆牧区经济联合体产业集群效应实证分析

（一）产业集群研究维度

在产业集群的理论中，递增规模收益和运输成本被认为是企业区位选择的两个最主要影响因素，他们共同解释了产业集群的形成和成长的内在机制。从新产业区的研究来看，规模收益的实现很大程度取决于产业内的专业化分工水平和企业间的协作程度。对于那些以特色组合形式的经营模式主体来说，要想真正成长为一个有竞争力的产业群，就可能与关联的政府、企业、合作组织及个人围绕着关联产业和产业链形成有机的分工与协作关系。协作是相对于各独立组成部分进行简单汇总而形成的企业群体的业务表现，即两个企业之间共生互长的关系。协作是在资源共享的基础上产生的，它可以使企业的整体效益大于各独立组成部分总和的效应。从文献来看，企业间的协作可归纳为采购、技术、生产和市场等几个方面。因此，从这些个角度而言，要想真正客观评价一个区域产业集聚成长状况，测度其在特定区域内的集群化程度，除利用现有通行的集聚指标描述外，考察区域内产业的集聚带动作用和分工专业化程度将更可能准确刻画产业的集群能力和程度。

（二）产业集群效应

1. 产业集聚与“三农”

农牧民增收一直是“三农”问题的核心内容之一，如何提升农牧民收入也是党和国

家非常关心的重点问题。同时，这个问题也是反映当地畜牧业产业集聚水平的一个重要指标。农民收入由家庭经营收入、工资性收入、转移性收入和财产性收入这四大来源构成，新常态下观察农民收入的一个重要视角是农民收入与国民经济的联系日趋紧密，必须把农业置于宏观经济背景下进行分析。对于纯粹传统农牧民来说，四大来源中，家庭经营收入不确定，工资性收入近乎为零（新兴代农、代牧工作者除外），转移性收入相对稳定，财产性收入更是少之又少。所以，要想促使农牧民增收，针对稳固和提升家庭经营收入、拓宽工资性收入是一个有效路径选择。相关研究也表明培育产业集群是发展经济和提升农牧民收入的有效途径。当前，中国很多地方政府都采取了培育特色主导产业的区域发展战略。虽然具体路径存在差异，但他们基本都是一条“人造产业”模式，即政府通过特色工业园区建设来培育主导产业并形成集群以带动整个县域经济发展。

2. 伊吾县现代畜牧联合体集群效应传动

通过对新疆伊吾县“现代畜牧产业经济联合体（以下简称现代畜牧联合体）”进行了调查取样。调查发现，新疆伊吾县畜牧业发展中逐步形成了与以往散户经营、养殖合作社经营、联户经营、家庭农牧场等经营方式不同的畜牧联合体模式，现代畜牧联合体是基于“龙头企业 + 合作社 + 农户 + 基地”模式下，实行新型利益联结机制的经营方式，该经营方式将企业、合作社、农户、政府四方主体联结在一起，互相之间资源共通、利益共享、风险共担。该组织形式和经营模式在提升农牧民一次收入的同时，可以二次增加农牧民收入，有利于降低产品交易费用、产生规模效益、稳固范围经济效能，提高农牧民生产的积极性，同时有利于形成品牌、便于产品质量安全追溯体系的构建，实现经济效益、社会效益和生态效益的综合协调发展。

（三）伊吾县现代畜牧联合体产业集群效应实证分析

伊吾县现代畜牧联合体在就业和增收方面的集聚拉动程度表现明显。由于现代畜牧联合体利益分配过程中关注了贫困社员的情况，并且现代畜牧联合体在经营过程中非常重视扶贫开发，主要是通过转移和吸引贫困农牧民就业，因此在就业指标方面，我们选取更加微观的贫困农牧民就业带动情况来考量；在带动收入方面，我们选取了现代畜牧联合体中调研的农牧户收入指标，其数值为调研的平均数值。

1. 方法选取与模型构建

在现有文献中，用于测度产业集聚水平的常见指标有绝对集中度（CRn）、HHI 指数（赫芬达尔指数）、空间基尼系数、区位熵指数和 EG 系数等。在研究中，基于课题目前进展和获取数据的可得性，我们选择用区位熵来测度伊吾县现代畜牧联合体产业的集聚水平。

$$LQ_{ji}=\frac{X_{ji}/X_i}{X_i/X}$$

其中，X_{ji} 是地区 j 内的产业 i 的就业人数（或产值、收入水平），X_i 是产业 i 的全部就业人数（或产值、收入水平），X_j 是地区 j 的全部产业就业人群（或产值、收入水平），X 是全部区域内的就业人数（或产值、收入水平）。

根据现代畜牧联合体内合作社、企业、政府在畜牧业、种植业等方面协作状况的问卷调查结果，计算存在协作关系的比重，并以此来衡量现代畜牧联合体内行业上下游环节的协作紧密程度。

2. 数据来源和变量说明

研究所用数据可分为三类：一是统计年鉴公开数据；二是伊吾县官方数据；三是企业调研及公开报道数据。最后进入分析的是就业和增收个体指标 2012—2014 年的数据样本。从统计学的意义上讲，这个数据的样本时间走势数据规模小，加之数据浮动性（行业竞争等原因，不易十分准确获取）等特点，需要持续跟踪研究。但总体上，课题组认为该模式具有很强的代表性，研究结论还是具有重要启示和借鉴意义的。

利用区位熵公式，我们测度了伊吾县现代畜牧联合体在就业和增收方面的集聚拉动程度。由于现代畜牧联合体利益分配过程中关注了贫困社员的情况，并且现代畜牧联合体在经营过程中非常重视扶贫开发，主要是通过转移和吸引贫困农牧民就业，因此在就业指标方面，我们选取更加微观的贫困农牧民就业带动情况来考量；在带动收入方面，我们选取了现代畜牧联合体中调研的农牧户收入指标，其数值为调研的平均数值。

（四）结果和分析

1. 现代畜牧联合体产业集聚与就业拉动

从就业扩展方面来看，2012—2014 年集聚程度逐渐提高，由 2012 年的 0.437 87 提升到 2014 年的 4.770 61；从区位熵数值来看，2012 年（$0.437\,87<1$）现代畜牧联合体在转移吸引劳动力就业方面还不具备明显优势，还处于内部消化阶段；但从 2013 年（$1.105\,46>1$）和 2014 年（$4.770\,61>1$）该现代畜牧联合体的劳动力除了吸收消化了内部资源外，明显开始对外扩张，对于外部劳动力的吸引和转移开始增强，并且在区域内具有明显吸引集聚优势，而且整体趋势还在增强（表 2）。

表 2　就业扩展区位熵　　（单位：人）

年份	现代畜牧联合体贫困农牧民就业人数	现代畜牧联合体农牧民就业人数	伊吾县贫困农牧民人数	伊吾县农牧业就业人数	区位熵
2012	129	982	3 265	10 883	0.437 87
2013	303	2 330	1 350	11 476	1.105 46
2014	510	2 356	600	13 223	4.770 61

数据来源：调研和官方数据整理所得。

2. 现代畜牧联合体产业集聚与收入增加

利用区位熵公式，我们测度了伊吾县现代畜牧联合体在带动农牧民收入方面的集聚拉动程度。从收入拉动方面来看，2012—2014 年集聚程度整体趋于平稳，但略有提升，由 2012 年的 1.012 98 提升到 2014 年的 1.777 84；从区位熵数值来看，2012 年（1.012 98 ＞ 1）近乎等于 1，现代畜牧联合体在收入拉动方面表现出与外围几乎相同的集聚能力；但从 2013 年（1.304 87 ＞ 1）和 2014 年（1.777 84 ＞ 1）现代畜牧联合体在收入拉动集聚方面表现出超出外围优越性的特点，其在区域内具有明显吸引集聚优势，但整体水平变化趋稳（表 3）。

表 3　收入拉动区位熵　　（单位：万元）

年份	现代畜牧联合体农牧民畜牧收入	现代畜牧联合体农牧民收入	伊吾县畜牧业收入	伊吾县第一产业收入	区位熵
2012	0.303 04	0.757 59	1.366 00	3.459 30	1.012 98
2013	0.446 98	0.867 44	1.461 70	3.701 50	1.304 87
2014	0.697 29	0.993 22	1.564 00	3.960 60	1.777 84

数据来源：调研和官方数据整理所得。

3. 现代畜牧联合体产业集聚与产业链扩展

从调查发现，现代畜牧联合体的主导产品所涉及的行业包括畜牧业、种植业、食品类、仓储冷藏等领域。其中，又以畜牧产品的生产为主体，逐步扩展了相关产业链各个环节。通过调查可知，现代畜牧联合体基于畜牧业经营组织基础上，扩展种植业生产 3 类，食品餐饮 8 类、仓储冷藏 12 类。很明显，在产业带动上，起到了“1→1，2，3……”的效果，产业集聚更加明显，基本覆盖了产供销、农工商各个上下游生产环节，其中仓储物流业拉动最大，占比 46.15%，其次为食品餐饮类，占比 30.77%，这与畜产品、农产品的时效性、季节性、周期性特点和对温度、湿度要求严格有关（表 4）。

表 4　产业链扩展集聚　（单位：个、座）

产业类别	基地 / 仓库数量	所占比重（%）	服务市场
畜牧业	3	11.54	国内、国际
种植业	3	11.54	国内、国际
食品餐饮类	8	30.77	疆内外
仓储冷藏类	12	46.15	疆内外为主、国际为辅

数据来源：调研整理所得。

结合指标值的判定标准，表 2、表 3 和表 4 的测度值说明伊吾县现代畜牧联合体产业集聚能力凸显，其在就业和收入拉动方面优势明显。但同时可知，目前现代畜牧联合体在就业拉动上吸引集聚能力仍将进一步彰显，而在收入方面集聚优势趋于稳定。这与收入受制于产品价值增值、生产成本和产业稳定变化效度一致；而作为就业吸引能力，则更加受制于产业需求和外部政策引导，持续变化明显。整体上，现代畜牧联合体在畜牧业方面的产业集聚已经从初始阶段发展到了集聚状态，其中产业链得以扩展，从畜牧业基础向产业上下游的原材料生产、产品配套服务及销售流通扩展。但同时也可以看出，目前该区域仅是基于一个企业主体、多方合作社扩展，可以整体看作一个现代畜牧联合体，但现代畜牧联合体群还尚未形成。

六、新疆牧区经济联合体集群发展的制约因素

发展壮大畜牧业，政府重视、强力支持是前提，是做好、做大、做强肉羊产业的关键，产业由一把手挂帅，就可以举全区之力，各部门相互协调、帮助，政府办不了的事情由公司办，公司办不了的事情由政府办。优化调整产业发展模式加快产业升级步伐，夯实产业发展基础，做大做长产业链条，突破制约产业发展的瓶颈问题。把握契机，汇集人才，用人文关怀引领团队，让绿色健康贯穿产业，大力宣传羊肉饮食文化，要想健

康长寿，请吃鹤乡羊肉的饮食理念，以优良品质信誉赢市场，为百姓的餐食增添更多的时尚美味。以高效管理得效益促发展。抢抓机遇，创新产业发展思路，坚定不移地推动羊业健康可持续发展。伊吾县“企业 + 合作社 + 社员 + 基地”的经营过程中，利益联结机制是决定产业化经营能否成功的关键因素。

（一）融资渠道狭窄，资金支持不足

虽然政府对农业龙头企业的发展相当重视，并制订了大量的优惠政策以鼓励企业带动农牧户参与农业产业化，保证农牧民收益，但是由于政策落实不到位，缺乏政策的延续性和配套性，特别是融资难的问题一直困扰着龙头企业。企业面对农民收购，必须以现金形式支付，资金支出大，流动资金严重不足，无法真正为龙头企业提供有效的资金支持；金融机构出于自身利益考虑，对于企业的信贷支持非常有限，企业无法享受融资优惠政策，导致政府的支持政策大打折扣。

（二）政府推动不够，改革创新乏力

从一定意义上说，农业产业化也就是农业的市场化，因此基本上是市场行为，但是在农业产业化建立和发展时期，必须要有政府行为。各级政府的积极组织、协调和推动，应在农业产业化的实践发展过程中，注重自身并引导相关方面进行改革与创新。从伊吾县现代畜牧联合体发展来看，政府仅仅做了“红娘”、随了份子钱，继续在包括体制机制、组织形式和经营管理模式等方面的改革与创新较少，这对于初期运行期间的现代畜牧联合体无疑是不利的。政府今后要依托更多与市场对接的平台、整合更优更便捷的对接渠道和服务模式来推动现代畜牧联合体的有机联结、有效发展，追根溯源在于改革和创新的动力不足，驱动因素匮乏，不足以激励相关主体朝这一目标改进。

（三）尚未达成一致，集群凝聚不强

全疆各地畜牧业区域发展不平衡等原因，牧区诸如哈密市伊吾县畜牧集聚样本的个体在新疆毕竟是少数，而且由于行业竞争性、区位布局要求等原因，伊吾县再打造 3 ～ 4 个类似的联合体的可能性已经很小。同时，不可否认的是，县域产业集聚，尤其是畜牧业产业集聚的意识尚未达成一致，各自产业导向和战略布局也不尽相同，这些都一定程度上约束和影响畜牧产业全局的集聚集群步伐节奏和努力程度。

（四）收益或已最佳，短期难以扩容

通过表 3，我们发现现代畜牧联合体在收入拉动方面表现出与外围几乎相同的集

聚能力；但从 2013 年（1.304 87 > 1）和 2014 年（1.777 84 > 1）现代畜牧联合体在收入拉动集聚方面表现出超出外围优越性的特点，其在区域内具有明显吸引集聚优势，但整体水平变化趋稳。这已经说明，现代畜牧联合体成本收益方面已经达到一个最佳状态，如果仅仅一味扩大规模和增加牧民、合作组织等主体的进入，极有可能增加生产成本、打破现有平衡，反而使得现代畜牧联合体呈现收益下滑趋势，不利于其持续发挥增收和稳收方面的优势所在，更加不利于社会稳定。基于这一点，就约束了现代畜牧联合体不能盲目扩容整合，而应该依托现代畜牧联合体自身市场反馈情况进行调整和发展规划。

（五）科技手段欠缺，信息平台建设滞后

虽然现代畜牧联合体基于畜牧业经营组织基础上，已经将产业扩展到种植业生产、食品餐饮和仓储冷藏等内容上，但其目前更加侧重于线下、实体店交易，初级加工产品贸易为主，对于国际国内市场基于"互联网+"思维下科技手段运用较少，"线上体验""模拟产品开发和服务"等信息化内容较少，尚未建立完整信息化平台和数据库，这对于进一步开拓市场、高精准链接消费者、订单式生产和销售产品、提升整体品牌效应和竞争力都非常不利。

七、新疆牧区产业集群培育对策建议

经过前面的分析，我们应该认识在当前农村经济快速发展的新形势下，发展具有地方区域特色的畜牧业产业集群，已经成为提高畜牧业产业竞争力，增强畜产品竞争优势的重要途径和必然选择。因此，现阶段我们要着力做好以下几方面的工作，以产业集聚来推动畜牧业的发展。

（一）加强对合作社的宣传和扶持力度

加强政府对合作社产品广告、营销、专卖店设置等方面的投入或相关费用的减免，鼓励合作联社参加农产品交易会、展销会等活动，并予以适当赞助，以扩大产品知名度和影响力。加大对合作社发展的项目投入。依托项目为合作社培养人才、提升服务水平；开展合作社运用电子商务平台进行信息获取和网上交易的技术培训，尽快搭建伊吾县"现代畜牧产业联合体"网络平台，并开展网上宣传和交易活动。并提出参考美国国家合作银行每年宣布一份全美合作社百强排名名单的做法，建立每年 1 次的全疆百强或 50 强合作社排名，用以凸显这些合作社、企业在该年度的经济实力，同时建议把这一排名定为衡量全疆合作社发展状况的重要指标之一，并根据排名予以相应的项目或优惠

政策等扶持。

（二）加大对龙头企业的政策支持力度

畜牧业生产具有很强的季节性，而且周期长、风险大。因此涉牧企业在融资方面更加需要相关的政策扶持。目前企业资金流动中最大的问题之一就是放款时间和额度的问题。由于畜牧业生产的季节性，可以考虑进一步扩展畜产品政策支持力度。例如，羊胴体可以算作鲜活农产品走绿色通道，但分割后的冷鲜肉则不属于鲜活农产品，不能走绿色通道；而包装后的冻鱼却可以属于鲜活农产品，享受绿色通道优惠。因此也建议有关部门能够根据家畜产品特点和畜牧业生产的风险，紧抓中央农村工作会议契机，充分利用“鲜活农产品运输绿色通道政策”和“生鲜农产品流通环节税费减免政策”，一是在目录范围的鲜活农产品中增加冷鲜畜产品或分割肉产品的内容，二是在继续实行生鲜农产品流通环节税费减免政策的同时，加快制定对冷鲜畜产品和冷冻分割肉等流通环节的税费减免政策。

（三）建立政府多部门协调和资源整合机制

在伊吾县畜牧产业联合体内，各经营主体在交易联结、互助联结和资产融合等方面已经形成了较好的利益联结和共享机制，企业承担了更多的风险责任。从肉羊到羊肉的产业链中，包含了畜牧、商务、工商、质检、交通、物流等多部门的管理、监督，同时也包括了养殖户、合作社、企业、商家、消费者等多环节的利益相关者。因此制定合理的行政部门管理、流通和市场信息互通机制，研究制定涉牧企业、合作社在畜产品生产、流通中的能耗补贴标准，实现降低生产与管理成本、降低经营风险、优化资源配置、提高经济效益的目的。随着消费者对畜产品质量安全要求的加大，企业也非常重视畜产品的质量安全工作，同时希望能以新疆畜牧科学院质检中心为技术依托，整合县域或哈密市现有闲置检测设备，在伊吾县喀尔里克公司建立农畜产品质量检测分中心，承担并开展产品安全检测工作。

（四）完善“现代畜牧产业联合体”主体评估

科学有效系统评估对于“现代畜牧产业联合体”持续健康发展不可或缺，评估结果也是查找差距和问题，总结经验和不足的有效手段。构建公司评估体系，前提要基于市场导向、效益导向，同时兼顾当地“现代畜牧产业联合体”成立目标导向和社会责任导向来进行评价。合作社可以参考美国国家合作银行每年宣布一份全美合作社百强排名名单的做法，制订一套合理科学的评价指标体系，建立每年一次的全疆百强或五十强合作社排名，用以凸显这些合作社在该年度的经济实力。政府主体和基地评价目标，更加偏重资源整合、政策效能、支持程度和社会满意度等社会层面考虑，同时兼顾全局谋划、区域协指标构建。建议将最终评价排名定为衡量全疆合作社发展状况的重要指标之一，并根据排名予以相应的项目或优惠政策等扶持。

（五）融入“一带一路”全局战略发展框架

“一带一路”是跨地区、具有全球视野、强调与相关各国打造互利共赢的“利益共同体”和共同发展繁荣“命运共同体”的战略构想，需要以更加宏大的视角思考其战略发展前景。新疆畜牧业发展要有长期性、全局性和共赢性考虑，借助“一带一路”倡议契机，推动实现区域内畜牧产业政策沟通、贸易畅通、物流流通、消费相通，促进畜牧产业开放型经济新体制的建立，包括基础设施互联互通、畜牧资源合作、产业园区和产业集聚打造，借助和依托沿线基础设施的互通互联、贸易和生产要素的优化配置，形成“面向世界的高标准自贸区网络”，实现区域内集聚和全局集聚点、集聚带的形成。

总之，通过对伊吾县现代畜牧联合体现状分析可知，同样是养殖，伊吾县现代畜牧产业联合体生产管理模式，实现了农牧户、合作社、企业、政府单一行为的成本最小化和效益更大化。即：$X(1, 2, 3) > X(1) + X(2) + X(3)$。

由“喀尔里克公司＋北牧合作联社＋社员＋基地”的现代畜牧联合体运行模式，有效整合了区域内产业链条，降低了生产和物流成本，体现了现代畜牧产业联合体的基本特征。其龙头企业和产业联合体的有效链接、利益和风险分担机制、企业注资银行保证金、合作社扶贫模式、企业承担社会责任以及股份分配机制和二次分利的做法，不仅具有很好的可复制性，而且也具备了在全疆开展试点性示范推广的基础。

王　惠　马永仁　李　捷

2016 年 4 月 5 日

参考文献

陈俊科，马永仁，王惠，等，2015．新疆畜牧业发展竞争力评价研究 [J]．草食家畜（1）：10-16.

李捷，2014．新疆畜牧业生产区域布局特性研究 [M]. 北京：中国农业科学技术出版社.

马永仁，王惠，李捷，2014．新疆畜牧业生产区域比较优势研究 [J]．草食家畜（6）：6-14.

新疆畜牧科学院畜牧业经济与信息研究所，2015．新疆畜牧业经济与信息科研进展 2011—2015[M]．北京：中国农业科学技术出版社.

新疆休闲观光农业发展研究

一、研究背景、意义及现状

（一）研究背景

休闲观光农业又称休闲农业、观光农业、农村旅游、乡村旅游，是指利用田园景观、自然生态及环境资源，结合农林渔牧生产、农业经营活动、农村文化及农家生活，提供民众休闲、增进民众对农业及农村生活体验为目的农业经营，是一种在生产性的农庄上经营的观光旅游业。休闲农业起源于19世纪30年代，随着现代社会高速发展，城市化进程加快，城市居民普遍背负着都市生活压力，而农村悠闲与宁静的环境吸引了城市居民，于是在都市生活的人们到城市周边体验乡村生活，享受短暂的农村休闲与宁静。生态休闲农业逐渐在意大利、奥地利等地兴起，随后迅速在欧美国家发展起来。

20世纪90年代中国休闲农业开始发展，到21世纪初，休闲农业已进入一个全面发展时期，旅游景点增多，规模扩大，功能拓宽，分布扩展，呈现出一个良好的发展新态势。随着全国休闲农业的发展，新疆休闲农业也逐步兴起，最先在乌鲁木齐及其周边城镇以农家乐的形式慢慢发展起来。住在大城市的居民吃农家饭、住农家院、摘农家果、干农家活、看民间歌舞、享受农家乐带来的短暂的休闲时光。新疆各地结合本土优美的自然环境和丰富多彩的风土人情，大力发展休闲农业。2010年，新疆成立了休闲农业与乡村旅游发展协调工作小组，其休闲农业和乡村旅游开始步入快速发展阶段。2014年年底，新疆休闲农业促进中心正式成立，致力于促进新疆的休闲农业和乡村旅游发展。2018年《自治区乡村振兴战略规划（2018—2022年）》出台，提出“农牧区有条件发展休闲观光和旅游服务的村庄，重点是发挥特色民俗文化、特色景观资源、特色区位优势，开发乡村旅游服务产品，因地制宜提升乡村旅游服务配套设施，大力发展集吃、住、娱乐和观光旅游为一体的特色村庄，依靠消费升级支撑村庄集聚提升。”2019年自治区党委一号文件明确提出“到2020年，全区休闲农业和乡村旅游接待游客力争突破1亿人次，占全区旅游接待人次比重超过30%，实现消费收入600亿元以上”。站在新的历史起点上，推进休闲农业和乡村旅游大发展，必须进一步提高思想认识，聚焦总目标，深入研究，统筹谋划，找准切入点，精准发力，推动工作落实，加快实现农区变景区、田园变公园、劳动变运动、农产品变商品、农房变客房，将休闲农业和乡村旅游打造成为展示新疆形象、强农富农惠农的一张靓丽名片。

（二）研究意义

休闲农业是社会经济发展进入新阶段的产物，是农业多功能的拓展和延伸，是现代农业的重要组成部分。新疆作为一个多民族聚居的农牧业资源大区和旅游资源大区，发展休闲农业的前景十分广阔。新疆为休闲农业的发展制订了“围绕繁荣农村经济、带动农牧民就业增收、推进现代农业发展这个目标，尽快在自治区不同区域里将各种休闲农业发展模式因地制宜地发展起来”的总体思路。“十二五”期间是新疆加快实现新型工业化、农牧业现代化、新型城镇化的关键时期，也是着力破解“三农”问题，繁荣农业经济、稳定农村社会、富裕农民牧民的重要战略机遇期。推进“三化”建设、破解“三农”问题，需要产业融合发展，就产业自身的性质看，没有哪一项产业可以像休闲农业那样，能将一二三产结合得如此充分，没有哪一项产业能够像休闲农业那样，将城市和农村、市民和农民联结得如此紧密。因此，未来一个时期，大力发展休闲农业，对于推进新疆的“三化”建设进程，着力破解“三农”问题具有十分重要的战略意义。

1. 发展休闲农业，是农业生产提质增效的有效途径

近年来通过不断努力，新疆农业已形成粮油、棉花、特色林果、畜产品、区域特色农副产品、设施农业六大特色产业，主要农作物良种覆盖率达 94%，农业综合机械化率达 80%，已成为全国最主要的商品棉、啤酒花和番茄酱生产基地和全国重要的畜产品、甜菜糖及瓜果生产基地，啤酒花、番茄、枸杞、香梨、石榴、核桃、红枣等特色农产品享誉国内外。在看到以上成绩的同时，我们也应清醒地看到，新疆农业物质装备水平、农作物产量虽然不断提高，但是农业抗御自然灾害的能力依然薄弱，可持续发展能力不足，而且随着农资和农产品市场价格波动影响，依靠传统农业精耕细作、提高单产维持发展的方式难以为继。新疆由于气候特殊，农作物生产周期长，农业综合效益不高。因此，夯实农业基础设施、集约利用农业资源，拓展农业多功能，延伸农业产业链条，提升农业综合效益，是新疆未来农业发展亟须解决的问题。

发展休闲农业，客观上促使农牧业资源集约生产，尤其要求有一定观赏价值的农作物要集中连片种植，形成对游客有较强吸引力的景观资源。如昭苏县的 7.33 万 hm^2 油菜花、霍城县的 32 000hm^2 薰衣草、博湖县的 0.66 万 hm^2 人工芦苇，由于集中连片种

植，不仅形成了颇为壮观的休闲农业自然景观带，还打造出了休闲农业生产基地，改善了农业生产规模小、格局散的现状，加快了农业生产规模化、机械化进程。观光农业作物的种植对农田的土壤改良、灌溉设施完善、农产品品种优化、农业病虫害防治、智能化管理的依赖，客观上改善了农牧业基础设施条件，提高了农业生产的科学技术含量，提高了农牧业抵御自然风险和市场风险的能力。此外，广大游客对休闲食品提出的无公害、绿色、有机等要求，有助于促进农牧业标准在休闲农业生产基地的贯彻落实。在新疆这样一个冬季比较寒冷、漫长的区域，发展休闲农业还可以有效延长农业生产周期，如吐鲁番市大力发展以设施农业为主的休闲农业，使农业生产一年四季不断，既增加了蔬菜的有效供给，也维持了稳定的客源。发展休闲农业可以延伸农产品产业链条，有效联结农业产前、产中、产后各个环节，促进农、工、贸、产、加、销一条龙发展。如吐鲁番市的皇家瓜园，倾力打造哈密瓜产业的全产业链，充分利用了哈密瓜的自身资源，使普通的哈密瓜产品价值倍增。休闲农业还能将传统的果蔬采摘、餐饮娱乐、休闲垂钓、土地认领、农事劳动、畜禽喂养等农事体验活动和磨制、酿造、制酪等农畜产品加工体验活动，经过科学的包装设计，打造成对广大市民游客有着较强吸引力的休闲项目，创造成具有一定经济价值的商品，较好地提升了农业的综合效益。因此，大力发展休闲农业，是加快农业生产提质增效的有效途径。

2. 发展休闲农业，是农村生活繁荣稳定的现实需要

新疆的休闲农业资源大多分布在中心城市周边、城镇郊区和少数民族聚居的广大农村牧区。在国家实施西部大开发战略以来，特别是中央新疆工作座谈会召开以后，全国兄弟省市对口援疆的力度不断加大，农村基础设施投入明显增强，新疆农村牧区水利设施、交通运输、电力通信等基础设施建设步伐加快，尤其是 2010 年“安居富民”和“定居兴牧”两大涉农民生工程实施以来，农牧民生产生活条件及居住环境得到了明显改善。但与统筹城乡一体化发展和社会主义新农村建设的要求相比，广大农村、牧区特别是条件艰苦的边远地区的水利、能源供给、生态设施、农村文化卫生福利、农村仓储物流市场等基础设施建设还不够完善，广大农牧区生产、生活条件和村容村貌以及农牧民业余文化娱乐生活，还不能适应现代文明建设的需要，加快农村、牧区基础设施建设，统筹城乡一体化发展，维持农村、牧区繁荣稳定任重而道远。

发展休闲农业，可有效改善农村、牧区的基础设施建设和村容村貌。从新疆首批 19 家自治区休闲农业示范点的基本情况来看，虽然区域分布不同，但是每个示范点的路、水、电、通信、排污等基础设施建设较为完善，可进入条件好，而且经营场所经过一定的规划设计，建筑和相关服务设施布局合理，和周围的生态环境和谐共融，自成一

景。新疆休闲农业资源丰富，多数位于农村、牧区且尚未开发，发展休闲农业，将有助于这些地区农村、牧区的基础设施改造和村容村貌的改善。如阿勒泰地区的禾木村在未开发休闲农业之前，整个村落生产生活比较落后，开发休闲农业后，通过道路、水、电、排污、房屋等基础设施改造，借助喀纳斯景区得天独厚的自然资源，禾木村一跃成为2010年中国最具魅力的十大休闲乡村之一。发展休闲农业，可引导生产、资本、人才、技术等各项生产要素向农村、牧区流动，休闲农业作为新兴产业和朝阳产业，已成为企业家们投资的热点，如乌鲁木齐市一家物流公司投资兴建哈德葫芦岛休闲农庄，和田地区一家房地产公司投资兴建洛浦县玉龙湾生态休闲度假村。类似企业投资农村发展休闲农业，繁荣了当地农牧区的交通运输、商贸物流、餐饮娱乐、金融服务等相关产业，培养了一批懂经济、会经营的新式农牧民和专业技术人才，使广大少数民族农牧民能够就地、就近享受到和城市市民一样的公共服务。

3. 发展休闲农业是促进城乡互动和民族团结的有效载体

休闲农业充分利用乡村自然风光、民俗风情、农业生态、农民生活场景等资源，让市民走出城市、走向农村开展休闲娱乐活动，为城镇居民及广大游客休闲度假、观光体验、健身娱乐、采风购物等旅游消费活动提供服务，不仅能满足人民群众日益增长的旅游需求，带动农民增收致富，而且能够促进城市居民与农牧民在文化经济科技知识、现代文明生活方式等方面的交流，丰富农村、牧区业余生活，促使部分外出打工的农牧民返流回乡创业，有力地推动了城乡互动。尤其是通过开展农业节庆活动，传承了文化，聚集了人气，有助于城乡文明之间的良性互动。市民通过回归自然，感受农村的古朴气息，陶冶了情操。农牧民通过接触现代文明，更新了思想理念，增进了互动。此外，在新疆这样一个多民族聚集区，发展休闲农业，丰富农牧民的现代文化生活，促进汉族和少数民族以及各少数民族之间在语言、文化、饮食等诸多方面的交流，有助于各民族之间增强沟通了解，促进民族团结和社会稳定。因此，大力发展休闲农业，是促进城乡互动和民族团结，维护农村生活繁荣稳定的有效载体。

（三）新疆休闲观光农业发展现状

1. 新疆休闲观光农业示范县与示范点创建情况

根据《农业部国家旅游局关于开展全国休闲农业与乡村旅游示范县和全国休闲农业示范点创建活动的意见》（农企发〔2010〕2号）为加快休闲农业和乡村旅游发展，推进农业功能拓展、农业结构调整、社会主义新农村建设和促进农民增收，农业部、国家旅游局决定开展全国休闲农业和乡村旅游示范县与全国休闲农业创建示范点。2010—

2017 年新疆休闲农业示范县共为 11 个（表 1），通过开展示范县创建，为探索休闲农业与乡村旅游发展规律，理清发展思路，明确发展目标，创新体制机制，完善标准体系，优化发展环境，提供有力支持。2019 年，农业农村部确定昌吉市、福海县、沙湾县、伊宁县和拜城县 5 个县市为全国农村一二三产业融合发展的先导区。

表 1　2010—2017 年全国休闲农业与乡村旅游新疆示范县名单　（单位：个）

年份	示范县 / 市名称	数量
2010	昌吉市	1
2011	乌鲁木齐县	1
2012	伊宁县	1
2013	博湖县	1
2014	玛纳斯县	1
2015	泽普县、昭苏县	2
2016	阜康市、和静县、察布查尔县锡伯自治县	3
2017	沙湾县	1
合计	—	11

2010—2015 年全国休闲农业与乡村旅游的新疆示范点为 19 个；新疆休闲农业与乡村旅游示范点分布在南北疆，主要在北疆地区为 15 个，东疆地区为 2 个，南疆地区为 2 个（表 2）。

表 2　全国休闲农业与乡村旅游新疆示范点名单

序号	示范点名称
1	新疆华联建设投资集团有限公司板房沟现代农业科技示范园
2	吐鲁番皇家瓜园生态农业休闲观光园
3	阜康市瑶池休闲农业园
4	库尔勒市普惠休闲农业园
5	岳普湖县达瓦昆沙漠休闲风景区

（续表）

序号	示范点名称
6	昌吉市杜氏休闲农业庄园
7	阿瓦提县刀郎部落
8	博湖县西海渔村休闲农业园
9	克拉玛依市荒漠绿洲生态园
10	乌鲁木齐市天山丽都休闲农业观光园
11	霍城县解忧公主薰衣草休闲观光园
12	尉犁县罗布人村寨
13	察布查尔锡伯自治县锡伯民俗风情园
14	奇台县壹方阳光休闲观光农业园区
15	哈密市贡瓜休闲观光园
16	尉犁县兴平乡达西村
17	新源县那拉提镇阿尔善休闲农庄
18	阜康市城关镇美丽冰湖休闲观光采摘园
19	布尔津县阿山鹿王文华苑

2. 新疆休闲观光农业发展的基本情况

新疆各地结合本土优美的自然环境和丰富多彩的风土人情，大力发展休闲农业。截至 2017 年，新疆休闲农业各类经营组织（户）达到 6 370 家，接待游客 1 919 万人次，实现营业收入 39.73 亿元，带动农户数 10.1 万户。培育国家、自治区休闲农业和乡村旅游示范县（市）26 个（含国家 级 11 个），示范点 258 个（含国家级 19 个）；中国美丽休闲乡村 17 家；中国美丽田园 7 处；中国重要农业文化遗产 4 处；全国休闲农业和乡村旅游星级示范企业（园区）164 家（三星级以上）；全国休闲农业创意精品获奖产品 34 项。其中，乌鲁木齐拥有乌鲁木齐县 1 个自治区观光农业示范县和 19 家自治区休闲观光农业示范点。2018 年，全区休闲农业和乡村旅游接待游客接近 4 000 万人次，实现消费收入 250 亿元，分别占全区旅游业的 26.7% 和 8.2%，已成为高成长性、高带动性的乡村产业，为推进农业发展方式转变、优化调整产业结构、促进一二三产业融合发展发挥重要作用。 新疆休闲农业正在快速稳步发展，将成为新疆新农村经济发展的亮点。

二、新疆休闲观光农业发展的优劣势分析

（一）优势分析

1. 旅游资源丰富

新疆休闲观光农业发展具有得天独厚的资源条件。

（1）自然资源丰富

新疆共有 56 种旅游资源类型，占全国旅游资源类型的 83%；共有旅游景点 1 100 余处，居全国首位。举世闻名的喀纳斯湖、天山天池、那拉提大草原等独特的景观都为新疆休闲观光农业发展奠定了良好的自然资源基础。

（2）文化资源丰富

新疆拥有汉族、维吾尔族、哈萨克族等 47 个民族，各个民族形成了不同的风俗习惯和丰厚的历史文化，具有独特的民族风情，文化资源异常丰富。以乌鲁木齐市为例是典型的多民族文化交融地区，拥有距离首府最近、规模最大、分布最集中、生产生活方式最具特色的哈萨克民族居住区，回族饮食商业文化以及哈萨克游牧文化，特色鲜明，民族文化资源丰富多彩，地道纯正。

2. 产业基础雄厚

新疆作为歌舞之乡、瓜果之乡、黄金玉石之邦，除了拥有丰富的自然资源和文化资源，有丰富的天然草原，还有啤酒花、番茄、葡萄、哈密瓜、杏、香梨、石榴、核桃、红枣等特色农产品享誉中外，为休闲观光农业发展奠定了重要的产业基础。并且设施农业是现代农业发展的一种重要形式，是农业建设的有效载体，有利于推进高效农业规模化，对于增强农业竞争能力、推进农牧民增收致富有着极为重要的意义。近年来，乌鲁木齐县积极将城郊农业、旅游农业，农牧相结合，为了优化种植结构、提高生产各方面效益、促进农民增收致富，致力于发展设施农业。按照“规模调大、结构调优、集中连片”的总体设施农业建设要求，在水西沟镇东湾村、大庙村及平西梁村由村集体将土地从农民手中流转回来，采取集中推进的方法发展设施农业取得了明显的成效，水西沟镇东湾村、大庙村建设 2 000 亩连片设施农业基地，已打造成为全市最优质无公害蔬菜采摘的一条街。

3. 发展环境优良

中央一号文件连续 9 年提到要拓展农业的多种功能，大力发展休闲观光农业。《新

疆维吾尔自治区农牧业现代化建设规划纲要（2011—2020年）》《自治区党委、自治区人民政府关于加快农业产业化发展的意见》等一系列文件都对新疆休闲观光农业发展进行了部署。《自治区乡村振兴战略规划（2018—2022年）》、自治区党委2019年一号文件明确提出“到2020年，全区休闲农业和乡村旅游接待游客力争突破1亿人次，占全区旅游接待人次比重超过30%，实现消费收入600亿元以上”。陈全国书记在自治区旅游发展大会强调，“要充分展示美不胜收的田园风光，把这些优势资源更多地融入各类旅游项目，让香甜的瓜果和从春到秋的山花吸引各地游客慕名而来、流连忘返”。中央和新疆政府还推出各类扶贫资金、产业资金、休闲农业贴息资金以及小额贷款贴息资金等扶持优惠政策，充分体现出国家、新疆对于休闲农业发展的支持。

乌鲁木齐市休闲观光农业发展有了巨大的市场潜力和发展机遇，主要有以下方面：建设休闲现代农业等一系列政策的出台为休闲观光农业发展提供了平台；城乡统筹发展战略的实施为休闲观光农业发展奠定了战略基础；建设国际性、现代化宜居城市的定位对休闲观光农业发展产生了新要求；城市社会经济的加速发展给休闲观光农业发展提供了发展动力；城乡居民生活方式的变化为休闲观光农业发展提供了新条件；交通网络日趋完备使休闲观光农业发展迎来了新机遇。在各方面的影响下，促使休闲观光农业已成为当前乌鲁木齐市休闲现代农业发展的重点新兴产业。并且借力丝绸之路经济带旅游集散中心，拥有广阔的国内、国际旅游市场，自治区着力推动旅游与特色产业融合的新产品开发，主动引导和支持高铁旅游、自驾游、房车游、乡村休闲游、医疗养生旅游、温泉度假游，高端特种旅游等新业态发展，尤其是随着丝绸之路经济带旅游集散中心的建设，无疑将吸引更多的国内外游客。

（二）劣势分析

1. 休闲观光农业景点分散

新疆休闲观光农业起步较晚，仍处于发展初期。在发展过程中，由于休闲观光农业资源分布不均，各观光点间的距离相对较远，“行长游短”的问题比较突出，不利于吸引游客，成为阻碍新疆休闲观光农业发展、扩大规模的主要原因。

2. 基础设施不完善

目前，新疆休闲观光农业发展现有的基础设施较难满足迅速增长的游客需要。一是公路、铁路建设有待完善。二是住宿、餐饮设施不完善。三是景点卫生条件有待提高。具体表现如下：新疆公路交通密度居全国各地区前列，但公路总体等级水平较低，普遍存在技术等级低、路况差、旅游交通耗时长、舒适度低等问题，制约了旅游目的地重游率的提升。尽管我国农村的面貌有了很大改善，但与城市相比还有一定差距，目前农村存在餐饮住宿点少、垃圾桶等清洁设施匮乏、仍然使用旱厕、住宿点的被褥没有达到一日一换等状况，这些都会使游客有所顾忌。

3. 休闲娱乐项目单一

新疆休闲观光农业体验活动主要停留在果树采摘、垂钓、吃农家饭等活动上，难以给人留下深刻印象。总的来看，农业体验项目单一，参与性、刺激性、新鲜感都相对匮乏，其他休闲观光农业体验产品均在开发阶段，民俗文化资源挖掘不够。并且农业资源和乡村景观是休闲观光农业的主要依托对象，缺乏对该地区特色文化产业的深层次发展。大部分乡村经营产业规模较小，不能提供较高的服务质量，不能满足消费者的需求，品牌意识淡薄。并且产品结构单一，没有较为完整的产业链，容易受到季节的影响，造成资源的浪费。

4. 缺乏有效管理，服务质量较差

作为一个新型发展产业，由于地理、历史等多方面原因，新疆休闲观光农业观光点多而分散，并且分属于不同的行政单位，在对休闲观光农业进行开发时，由于缺乏一定的开发经验，导致整体开发和资源优势难以发挥，乡村景观规划不够详尽，使得大多数项目存在相似性和盲目性，没有形成当地乡村景观独有的特色。并且缺乏对地区自然资源进行合理配置，导致景观布局不合理，基础设施不完善，不能使资源得以有效地利用。许多休闲观光农业旅游区的经营权多被分散的小经营户分割，如沙湾县温泉景区被诸多实力弱小的经营户所分割，管理混乱；鹿角湾草原的避暑经营以散落的经营户为主，尚未形成规模化的产业集聚体。新疆休闲观光农业的经营者大多为农民，往往会采用家族式管理模式，经营管理中存在问题，如休闲观光农业从业人员素质不高、缺乏创新及服务意识，发展同质化程度高，没有形成相应的培训体系，使得整体服务质量较差，导致游客休闲观光后不想故地重游，甚至还出现游客投诉现象。

5. 品牌化意识不强，规模不大

虽然新疆的主要城市在发展休闲观光农业时，有各种各样的发展理念，但是由于新疆地处亚洲中部，与外界的交通不便利，基础设施建设相对滞后，在创造优秀休闲观光农业品牌意识方面，在发展规模和效益方面与我国发达地区的休闲观光农业还存在着一定的差距。新疆休闲观光农业虽然受异域风土人情的影响有一定的特色，进而需要进一步加大基础设施建设的投入，但是由于相关产业发展不完善，缺乏相对应的资金投入，

在一定程度上制约了产业的发展，同时，由于当地环保意识的淡薄，对地区自然景观保护，生态环境修复以及废弃物处理得不到保障，从而使得休闲观光农业不能更好地发展，对形成较有影响力的品牌有一定的约束。

6. 经营受季节因素影响大

由于新疆地处亚洲中部，冬季时间长，春夏秋时间较短，而来新疆旅游的最佳时间就是夏秋季节，休闲观光农业又与旅游资源密不可分，因此新疆休闲观光农业受季节因素影响，生产经营时间较短，新疆休闲观光农业的发展受阻。

（三）机会分析

1. 巨大的客源和市场

2018 年，新疆累计接待国内外游客 1.5 亿人次，比上年增长 40.09%；实现旅游总收入 2 579.71 亿元，比上年增长 41.59%；除了日益增多的国内游客外，邻近新疆的国外游客也为新疆休闲观光农业的发展提供了巨大的潜力，增加了更多的机遇。

2. 休闲需求增加

国际经验表明，当一个国家或地区人均国内生产总值（GDP）超过 5 000 美元时，就会形成休闲度假的消费需求，休闲消费能力显著增强。2017 年，新疆人均 GDP 达到 6 606.54 美元（按 1 美元≈ 6.802 5 元计算），已经超过 5 000 美元。城乡居民收入不断增加，加上家用汽车普及率的提高，通过外出观光旅游来提升生活品质已经成为越来越多家庭的选择，闲暇出门、旅游休闲度假，正成为新疆各族人民的生活方式。

3. 机遇

西部大开发战略的提出、3 次中央新疆工作座谈会的召开、“一带一路”倡议、丝绸之路核心区建设等一系列举措，均为新疆休闲观光农业发展提供了前所未有的历史机遇。针对“十三五”期间新疆旅游业的发展，国家旅游局将加大旅游援疆力度，在旅游发展基金中增加 1 亿元，总计安排 3.5 亿元，重点围绕主要旅游城市、重点景区、特色旅游城镇，着力提高景区道路等级，扶持建设一批旅游厕所、游客集散中心、标识标牌、自驾车服务体系、应急救援体系等旅游公共服务配套设施，帮助新疆完善旅游产品、提升旅游服务、开拓旅游市场、壮大新疆旅游产业规模，发挥旅游产业强有力的综合带动作用，推动新疆经济社会发展。

4. 社会日渐稳定和谐

近年来，在党中央领导、全国各方支援下，新疆认真贯彻习近平总书记关于新疆工作的一系列重要讲话精神，新疆的经济发展、宗教事务管理、民族团结等各方面都发生着积极、向好、可喜的变化。“访民情、惠民生、聚民心”活动使得基层基础进一步稳固。稳定和谐的社会风气加大了人们对新疆发展旅游的信心，为其休闲观光农业发展提供了更大可能性。

（四）威胁分析

1. 环境威胁

大量投资者受休闲观光农业广阔发展前景的吸引，参与到新疆各地休闲观光农业发展建设中，各方投资者在追求经济利益时往往忽视生态环境保护，出现过度开发、恶性竞争、破坏环境等现象。

2. 周边省份竞争

目前，区域旅游竞争日益激烈。新疆周边的西藏、甘肃、内蒙古、四川等的旅游资源也十分丰富，物质产品也比较充裕。与这些省（自治区）相比，新疆存在社会环境不稳定、经济发展落后、旅游服务意识差等问题，降低了新疆休闲观光农业发展的吸引力与竞争力。

3. 受季节影响明显

新疆地处亚欧大陆中心，属于典型的温带大陆性气候。受气候影响，新疆旅游淡旺季非常明显。夏季、秋季属旺季，国内外游客纷纷来新疆游玩，休闲观光农业发展良好。冬季、春季天气寒冷，除了新疆本地游客，很少有外地游客在这段时间来新疆旅游，休闲观光农业发展受阻。

三、新疆休闲观光农业发展模式分析

（一）休闲观光农业发展模式的类型

新疆休闲观光农业发展模式日趋多元，在发展中逐步向集约、集群经营的带状、块状分布过渡，向集养生、保健、文化、教育、娱乐于一体的综合服务型拓展，向社会工商资本投资、龙头企业参股、农民专业合作社集资、家庭农场和种植养殖大户领办、农户广泛参与等多种经营模式转变。新疆探索创新出各种独具特色的发展模式，现代农业展示模式、市民参与体验农事模式、乡村民俗文化模式、农家生活体验模式、生态旅游观光模式、休闲度假娱乐模式；依托这些发展模式，新疆休闲观光农业经营主体实力不断增强，综合效益不断提高，已发展成为农业农村经济的新亮点。

（二）休闲观光农业发展模式的典型案例分析

1. 现代农业展示模式

主要在城市的近郊和风景区附近开展农业游、林果游、花卉游、渔业游、牧业游等各具特色的主题活动，以科学技术为支撑，以设施农业、循环农业、高科技农业等为平台，以观光、教育为主要功能，向游客传达农业发展的悠久历史以及呈现现代农业的科技成果，促使游客心情愉悦、更好地体验农业。此模式可以概括为 4 种类型，包括农业观光园、农业博览园、农业科技园区和科普教育园。主要以公司（合作社）+ 园区 + 农户的模式为主。

如玛纳斯县兰州湾镇万亩富硒有机蔬菜休闲农业观光园，该园位于玛纳斯县西北 3.5km，全镇耕地总面积 14.9 万亩。万亩富硒有机蔬菜休闲观光农业观光园位于国家湿地公园和玛纳斯县生态旅游观光农业示范区的入口处，示范园的面积为 2 万亩（其中马铃薯为 5 850 亩、山药为 1 700 亩、番茄为 2 800 亩、叶菜为 2 000 亩、葫芦为 840 亩、食葵为 3 100 亩、葡萄为 2 048 亩，其他为 1 662 亩）。该基地充分利用土壤含有丰富的硒元素的优势，实施生态休闲采摘园 167.7 亩，分别种植各类特色有机富硒蔬菜、甜糯玉米、黑美人马铃薯、紫薯等农产品，修建的标准化保鲜库面积 2 300m^2，库容 11 000m^3，年储存蔬菜达 3 000t 以上，依托规模化节水灌溉增效示范项目和小型农田水利重点县建设项目，配套完善了示范园的基础设施建设，使示范园内高效节水管理面积达到了 100%，并集成运用了测土配方施肥技术、智能化节水滴灌技术、GPS 卫星导航播种技术、精量播种技术、病虫害综合防治物联网技术等。有机蔬菜休闲观光农业观光园以“村党支部 + 合作社 + 农户”的发展模式，将支部建在产业链上，将党员聚在产业链上，规范化管理、市场化运作、标准化生产，合作社产业链不断延伸，品牌效益逐步凸显。村集体投资 15 万元入股金土豆合作社，每年集体经济可分红 4.5 万元，发展早熟马铃薯产业链，实现了“小土豆”与“大市场”合理对接，趟出了一条村社大联建的路子，成功打造“一村一品”，推广了一年两季的种植模式，打响了“土豆花海、杂粮有机”的美丽乡村文化品牌，通过村社联建该村村集体经济不断发展壮大，2016 年集体经济收入 10 万元。

以华联集团公司为引领的板房沟现代农业科技示范园，园区始建于2001年，占地1 200亩，目前已建成3座连栋智能温室，216座节能日光温室，园区建有新疆农业文化馆、绿色食品展销厅、珍禽园、果蔬风情园、食品加工厂、保鲜冷库、餐饮会务等设施。是集现代农业生产示范、蔬菜新品种种植、新技术展示生产、农业旅游观光、农业科普教育和推广、农产品展示展销、休闲度假等功能于一体的现代农业生态园。

2. 市民参与体验农事模式

现代人对农家生活的体验比较少。由于一些影视剧的影响，一部分现代人会有想体验农家生活的想法。而体验农家生活型的模式，恰好把握了这部分人这样的心理，将位于城市近郊的农地集中划分为若干地块，出租给城市居民，用来种植花草、蔬菜、果树或经营家庭农艺，旨在让市民亲身参与农业生产，体会耕作的乐趣。休闲体验作为市民农园的重点，多数租用者只利用节假日到农园作业，平时交由农地提供者代管。根据使用对象的不同，该模式分为家庭农园、儿童农园、银发农园3种类型。多以“农户＋合作社”模式为主，主要集中在农产品资源富集的农村、牧区，当农牧业生产形成一定规模，对土地开发利用客观上形成集约化要求，需要大面积流转土地（草场）进行集中连片开展生产经营，由种养大户牵头成立乡村旅游农民专业合作社，其他农户以闲置的资金、资产、技术等入股合作社，共同参与休闲旅游开发，共同按照投入要素比例进行分红。

如托里乡是乌鲁木齐县以牧为主、农牧结合的主要牧区之一。84%的土地为牧草地，耕地仅占2.05%，托里乡总人口5 192人，近90%为哈萨克族，56.8%为牧民。全乡土地面积144.78万亩，其中牧草地121.73万亩，耕地2.97万亩，林地面积10.89万亩。种植类型单一，以种植苜蓿和薯类为主，经济作物较少。托里乡风力发达，最大风力可达6级，以东北风为主。紧连中心城区，交通便利；利用良好的交通优势和现有平坦的地势、风能、太阳能、野生植物资源等，发展牧业旅游、新能源、野生植物资源为主题的体验休闲游。传统畜牧业转型升级，结合牧业打造哈萨克族牧业体验游。逐步升级传统畜牧业，由放养向设施牧业方向转型，提供精细化生产结合现有的“冬不拉之夏”节庆活动和托里乡的牧业基础，开展休闲牧业体验游。开发新能源与野生植物资源，并与旅游活动相结合，开展特色体验活动。托里乡拥有丰富的风能资源和野生植物资源，对新能源加以利用，打造生态农牧业；通过风电基地、万亩草场、沙葱种植的建设，带动休闲观光、特色采摘等旅游活动。

乌鲁木齐县永丰乡属温凉干旱气候，冬暖夏凉、光照充足，适宜农产品生长，也为开展旅游休闲活动提供了良好的气候环境；永丰乡气候适宜、耕地资源丰富，全乡可耕种面积占乌县耕地的1/4，拥有多种名优特农产品，是乌鲁木齐市近郊重要的农副产品基地：拥有以亚洲地理中心、公盛庙、烽火台等为代表的文化资源，是对乌鲁木齐县以自然风光为主的旅游资源的重要补充。集合现代高科技手段，以农业生产基地、农业园等为依托，将科技渗入农业，结合休闲农园、农业科技生态园、农业产品展馆等，为游客提供学习农业技术、增长农业知识的旅游活动。针对该处的地理性标志，强化地理、科普教育功能，并以其为主导联系周边农家乐，发展与地理、农业相关的旅游活动。展示农业新技术的运用：与科技局、科研院所和大专院校等机构合作，开展农产品新品种培育试点；在温室大棚中运用电采暖、立体农业等技术，打造科普教育基地；利用光照资源发展休闲观光农业：在未利用地上开展光伏农业、光伏畜牧业建设，将太阳能等新能源与农业、畜牧业发展相结合。

如奇台县半截沟镇腰站子村采用“研院所 + 合作社 + 种植基地 + 农户”新模式，开发绿色、健康、高值的优质农产品，而黑小麦就是合作社的“明星产品”。2016年聘请设计院对该村万亩示范园进行总体规划，按照区域特色更明显、建设方向更明确、内部结构更合理、功能定位更科学、组织体系更健全、目标任务更具体、保障措施更可行的要求，合作社从农民手里面流转过来20 000多亩地，其中600亩种植黑小麦。因黑小麦亩产350kg，相比白小麦亩产少近200kg，营养价值高，铁、锰、镁、硒等微量元素的含量均比普通小麦高很多，有保健功效，物以稀为贵黑面粉的价格为15元/kg，而普通白面粉约3元/kg。村民不仅能拿到土地承包费，入股合作社年底还能拿到分红。同时建设有机农产品加工基地，包括有机面粉加工车间、食用油加工车间、有机手工挂面加工车间等，并设有市民体验区，市民既可体验种植的乐趣也可体验加工制作的乐趣，在这样的模式下，市民可以像一个真正的农户一样体验插秧的感觉，他也能够感受到农民的质朴以及生活的不易，因此，这样的体验模式具有教育意义。

3. 乡村民俗文化模式

在有地方民族特色的地区，将农村独特民间习俗文化及艺术、民俗风情和独特的居民建筑作为休闲农业活动的主要内容，让游客充分体验到独具特色的乡土风情和浓郁的民俗文化气息。该模式主要有民俗文化、乡村节庆旅游、民间手工艺和古镇建筑4种类型。目前，乌鲁木齐县主要以乡村节庆游、民俗文化游为主，重点打造甘沟乡杏花村的“杏花节”、白杨沟菊花台的“菊花节”、萨尔达坂乡东南沟的“白牦牛节”。多以“企业 + 村委会 + 农户”模式。企业先与村委会合作，再通过村委会组织农户参与民俗文化、乡村节庆旅游、民间手工艺等休闲农业和乡村旅游经营。企业不与农户直接合作，但农户接待服务、参与休闲旅游项目开发则要通过企业专业培训，并制定相关的规定，以规范农户的行为，保证经营服务水平。此模式通过村委会，便于企业与农户协调、沟通，利于克服企业与农户因利益分配产生的矛盾。同时，村委会对企业起到一定的监督作用，保证规范、有序发展。

如甘沟乡—萨尔达坂乡民俗风情休闲区。农牧结合，以哈萨克族为主的牧区乡，哈萨克族居民占总人口的85%，属山区牧业乡。耕地面积较少，山地面积占2/3，多为高山牧场；种植种类单一，以牧草为主，粮食作物、经济作物为辅；依托菊花台、西白杨沟、乌拉斯台、金泉沟、青草台等聚集的景区、景点，带动牧家乐、民俗风情体验等第三产业快速发展。以现有的杏花种植、五彩岩石、民俗风情、山地环境为依托，以乡村风土人情、哈萨克族民俗文化为旅游吸引物，突出哈萨克牧业文化和民俗文化特色，开展牧业文化展示、民间技艺、时令民俗、节庆活动、民间歌舞等旅游活动，增加休闲农业文化内涵。

4. 生态旅游观光模式

尤其在生态资源丰富的地区，以绿色农业、生态农业、自然景观为基础，在此基础上进行设计改造，增强农业的观光、休闲、教育等功能，以达到游客体验与回归自然的需求。该模式主要有生态农园、湿地公园、水上乐园、森林公园和露宿营地5种类型。利用景区优势蓝天白云，碧水青山，开展各种与自然有关的休闲活动，如登山、滑雪、森林浴等，实现人们放松心情和回归自然的想法。多以“政府 + 旅游企业 + 行业协会 + 旅行社”模式。这一模式充分发挥旅游产业链中各环节优势，政府负责休闲农业的规划和基础设施建设，优化发展环境。休闲农业公司负责经营管理和商业运作。农民旅游协会负责组织村民参与地方戏的表演、导游、工艺品的制作、提供住宿餐饮等，并负责维护和修缮传统民俗，协调公司与农民的利益。旅行社负责开拓市场，组织客源。通过合理分享利益，避免过度商业化，保护乡土文化和民俗文化，增强本地居民参与开发的积极性。

阜康市九运街王母桃园，采用“公司 + 旅行社 + 景区 + 农户”的模式，是由新疆德天利农业发展有限责任公司成立于2012年4月，是一家以农产品生产加工、保鲜科研、销售及休闲观光为一体的民企，注册资金1 000万元，企业位于城关镇维民村，占地160亩。截至2015年年底，公司资产总额6 600万元。位于九运街六运中心村的王母桃园由新疆德天利农业发展有限责任公司投资，是目前新疆最大规模的集休闲观光、采摘旅游、婚纱摄影于一体的，以蟠桃为主题的绿色生态公园，始建于2015年4月，已完成文化广场，设施果蔬区、特色林果区、荷花观赏区、花卉展示区、认领采摘区、餐饮住宿区、娱乐游玩区、农耕文化展示区、农事体验区等。最佳旅游季节为每年5月

1 日至 11 月 1 日。桃园距离天山天池 5A 风景区直线距离 20km。

如阜康市三工河乡“合作社 + 园区 + 农户”的模式成立瑶池旅游专业合作社，2005 年阜康市为规范旅游接待秩序，建设了瑶池休闲观光农业园，并将散落在三工河谷内的自发从事旅游接待经营的农牧民，引导至瑶池休闲观光农业园从事依法依规的旅游接待。2006 年 102 户经营户自发成立了瑶池旅游专业合作社，成立了董事会和监事会。2013 年为规范旅游管理，将瑶池合作社做大做强，新疆西域旅游股份有限公司与合作社签订了长达 12 年的合作协议，共同管理该园，从事旅游经营活动。该园位于国家 5A 级景区——天池风景区域内，东西长 5km，南北宽 2km，占地面积 15 亩，是集旅游接待、民族文化展示、风情体验、餐饮为一体的休闲观光园。同时也是天池区间车辆的换乘站，所有游客在此都可以进行长时间停留观光。一年四季可以接待旅游游客，5—10 月为旅游旺季。近几年来，阜康市将生态保护和农业产业化结合起来，从完善基础设施入手，投资 2 000 余万元，基本完成了“两纵三横”的道路框架，供水、排水、绿化、通信等基础设施建设逐步完善。

乌鲁木齐市水西沟镇生态农庄。水西沟镇经济作物收入主要依赖设施农业，经济作物种植中，设施农业种植面积达到 85%，收入占 88%。2015 年，水西沟镇旅游接待 104 万人次，约占全县游客量的 40%。旅游总收入 16 900 万元，人均旅游消费 162.5 元。依托水西沟镇优美的田园风光和生态农庄，以水西沟镇设施农业、体育运动场馆、农家乐、旅游服务设施等为基础，开发观光采摘、农庄休闲、体育运动等主题娱乐，为游客提供休闲、度假、餐饮、娱乐、健身等服务。升级和改造现有老化的大棚及温室、鼓励生产无公害农产品改变种植结构，从蔬菜种植向瓜果、苗木、食用菌、花卉种植转变；依托设施农业开展休闲、观光与体验旅游。通过大庙村、东湾村、平西梁村、闸滩村等温室基地的改造建设，带动村庄采摘观光、农庄休闲体验等旅游活动。

5. 休闲度假娱乐模式

充分利用区位优势和地区特色，将观光采摘、体育健身、休闲度假相结合，游客在农区内观光、采摘、参与农事、体验农民生活、感受乡土乐趣的同时，还可以住民宿、度假、娱乐休闲、食用无公害绿色农产品。该模式主要有休闲农庄、乡村俱乐部 2 种类型。多以“政府 + 公司 + 农户”模式。这一模式实质是政府引导下的“企业 + 农户”合作方式，由各级政府或行业部门按县域规划，确定休闲农业和乡村旅游建设项目，组织引导当地村民实施开发。当地村民或与外来投资者一起承建旅游公司，经营管理按企业化模式运作，利润由村民（休闲农业资源所有者）和外来投资者按约定比例分成。既减少了政府旅游开发投入，又使当地居民真正得到实惠，还减少了行业部门的管理难度。

如昌吉市华兴农场采用“公司＋农户”的模式，昌吉州华兴生态旅游有限公司位于昌吉市大西渠镇政府以北9km处。2008年4月注册成立，注册资金500万元，现有总资产2 056.22万元。建有营业面积2 700m^2的星级宾馆休闲场所，配有网球场、篮球场、羽毛球馆、室外健身区等。昌吉州华兴生态旅游有限公司为自治区级休闲观光农业示范点，每年的大型节日都会举办丰富多彩的节庆活动，如风筝节、烧烤节、亲子旅游节等，吸引大批游客前来游玩。如昌吉市北林山庄，北林山庄始建于2009年，坐落于昌吉市北郊国家级农业科技园区内，是一家集吃、住、行、游、购、娱于一体的大型农家乐，先后被自治区旅游局和国家旅游局评为自治区四星级农家乐和国家乡村旅游金牌农家乐以及自治区休闲观光农业示范点等。山庄距昌吉市区仅3km，交通十分便利，有多路公交车经停山庄门口。从乌鲁木齐市开车到此山庄也仅需半小时即可到达。山庄依托大面积的苗木、果树和花卉繁育基地优势，以绿色环保旅游和乡村特色餐饮为主打品牌，大做生态、休闲、养生、保健文章，开设多个供游客自助体验作餐的区域，让顾客尽享乡村田园风情，品尝山珍野味乐趣。

6. 农家乐专业村模式

农家乐专业村模式是城市消费者非常喜欢的旅游模式，人们可以深入了解当地人的生活习惯，吃到最具特色的食物。以水西沟镇方家庄村和平西梁村“农家乐”餐饮接待服务为中心的回民特色小吃享誉疆内外，从“季节性”经营走向了“常年性”经营，从小规模走向了大发展，每到周末或节假日，游客纷至沓来，方家庄新村整齐划一的布局，现已成为水西沟旅游区一道亮丽的风景。今年又推出“康养＋农业”“康养＋医疗”模式，创建居家养老模式，建立医疗卫生室、老年休息室、老年餐饮室、健身室、舞蹈室、便民服务大厅“五室一厅”的老年康养服务中心，打造云尚康养别院，发展养生养老、休闲旅游、生态康养于一体的特色产业，吸引游客休闲度假。

如吉木萨尔县起家地休闲农庄，吉木萨尔县起家地休闲农庄建设于2013年，由吉木萨尔县起家地乡村旅游专业合作社经营，注册资金700万元，总资产2 150万元。该休闲农庄位于大有镇北3km处，县城南17km处，距县城到大有镇县乡公路500m，县乡公路西侧的半山区内，该区域大体可分为半山丘陵区和泉水溢出带两部分。半山丘陵区适合发展牛、羊及家禽养殖生产，泉水溢出带适于栽种桃、杏、李、葡萄、草莓、百合等林果，以及接待休闲度假、观光旅游的游客。此片区于2007年签约了50年的经营权，总面积1 500亩，合作社先后投入了大量的资金进行建设，现已建好千只肉羊育肥圈舍1 200m^2，两栋百头牛育肥圈舍700m^2，同时配置了大型饲料粉碎加工和精饲料加工机械，修建了 380t 饲草青贮池和饲料库房，修建鸡舍 840m^2，具备了规模养殖生产的基础条件。2014 年在本区域修建了饲养 5 000 只肉蛋兼肉鸡的鸡舍，鸡舍四周栽种数千株海棠果、松、榆、杨等各品种的树苗。根据本区域地处半山丘陵地带的实际情况，具有冬暖夏凉的自然气候特点，2014 年合作社投资了 300 万元资金修建了十五座蔬菜水果保鲜库，可在蔬菜水果生产旺季，价格低廉时收购进行保鲜储藏，淡季再入市销售，调剂市场余缺有无，既能让广大市民吃到自然状态下生产的果蔬，经营者也可获得较好的经济效益，前景也比较乐观。2015 年又修建一次性可接纳 200 人食宿的楼房 1 500m^2，该楼不远处有 180 亩的天然湿地，溢出的泉水从两栋小楼中间流过，远处时而可看到野鸭在水中游动，给入住的旅客带来休闲乐趣。让游客喝天然矿泉水，吃农家饭，买无公害绿色农产品，走乡间小道、追忆童年时代的美好时光，看自然风光、体会湿地公园的生态美丽。

吉木萨尔县桦树园子湿地公园度假村，是由吉木萨尔县金岭古道生态旅游有限公司成立于 2015 年，经营吉木萨尔县泉子街桦树园子湿地公园度假村，注册资金 300 万元，总资产 3 000 万元。该度假村位于吉木萨尔县泉子街镇，距离县城 28km，园区占地面积 2 000 多亩，属湿地保护区，园内有小西沟古遗址。自 2010 年起，从最初的家庭农家乐，经过近几年的建设开发，逐步形成了以果蔬采摘，农家土豆宴，夏日垂钓，冬日滑雪、溜冰等休闲观光生态旅游园区。

（三）休闲观光农业发展模式的比较分析

1. 规划建设

现代农业展示模式、生态旅游观光模式、乡村民俗文化模式、农家乐专业村模式基本都会依照区域规划、乡村旅游规划、景区规划等统一规划建设，而市民参与体验农事模式与休闲度假娱乐模式建设的随意性比较大。

2. 经营理念

现代农业展示模式以科学技术为支撑，以观光、教育为主要功能，对于休闲观光农业带动的经济效益分量较小；而生态旅游观光模式、乡村民俗文化模式、农家乐专业村模式、休闲度假娱乐模式在经营过程中，业主重点会将消费者休闲的愿望尽可能地满足，从而提高经营效益。

3. 发展特色

现代农业展示模式多以“公司（合作社）+ 园区 + 农户”的模式为主；市民参与体验农事模式多以“企业 + 合作社 + 农户”模式为主；乡村民俗文化发展模式以“企业 + 村委会 + 农户”的模式为主，都能结合自身资源优势，有一定的自身特色；而生态旅游观光模式多采用“公司 + 旅行社 + 景区 + 农户”模式，农家乐专业村多以“政府 + 村委会 + 农户”的模式，但发展模式基本上没有能够独树一帜的特色。

4. 营销宣传

生态旅游观光模式、乡村民俗文化模式和休闲度假娱乐模式经常会通过各类节庆日开展主题活动来吸引消费者，现代农业展示模式、市民参与体验农事模式会通过销售网点等媒介进行宣传；而休闲度假娱乐模式和农家乐专业村发展模式基本上没有开展行销策划，只是简单地以消费者口口相传的方式进行宣传。

5. 融资机制

现代农业展示模式、市民参与体验农事模式、休闲度假娱乐模式对于融资有一定的概念和做法；乡村民俗文化模式和农家乐专业村发展模式则基本没有引入融资机制。

6. 管理服务

生态旅游观光模式、乡村民俗文化模式、休闲度假娱乐模式和农家乐专业村模式基本以合作社经营为主，管理服务水平受农户自身素质影响，水平参差不齐；现代农业展示模式和市民参与体验农事模式多以企业经营为主，农户以职员身份开展工作，行为约束力较强。

四、新疆休闲观光农业发展存在问题及对策建议

（一）新疆休闲观光农业发展存在的问题

1. 缺少科学合理的建设规划

一是休闲观光农业的从业者们缺少对休闲观光农业的认识。以合作社、农民自主开发为主，业主为了尽早营业回笼资金，在开发建设上随意性较大，缺少整体规划和科学论证，凭着一股热情，一哄而上，存在着一定的无序性和盲目性。还有的农户看到同村的人搞休闲观光农业富起来，既不做市场调查分析，也不做规划设计，仅仅利用现有的

农田、果园、牧场、养殖场就搞起来了，结果因为休闲观光农业经营者没有全面调查和分析城市客源类型、游客来源、客流规律、市场规模、游客消费能力和需求等因素，也不了解周围相邻区域的基本情况，就盲目发展休闲观光农业，造成项目设计功能雷同，布局不尽合理，设施不配套，市场定位不明，简单仿效，粗放经营，导致逐渐衰落甚至停业。同时又造成这一区域内项目建设重复，开发层次和产品品质低，配套设施和环境较差，形成互相竞争，恶性循环的不良结果。二是休闲观光农业与发展旅游产业互动不足，没有与建设社会主义新农村和统筹城乡一体化发展结合起来。设施农业发展迅猛，土地利用总体规划和城乡规划均未对设施农用地作出明确的统筹，导致设施农业项目处于自发性、随意性状态，许多项目和村组签订协议后，直接申报审批或备案。造成项目布局散乱随意，项目建设没有得到有效的规划管控。界限划分困难。设施农业项目实际建设过程中，项目设施的用途交叉，结构复杂，造成设施农用地和永久建筑界限难以区分。临时建筑被作为永久建筑固化。如果要分清两者的界限，必须从固化面积、建筑结构、建筑用途等方面进行全面综合的分析考量，给实际操作带来困难。建设现状堪忧。设施农用地虽然按照农用地政策监管，但是现实中存在随意改变用途的现象。导致日后无法履行土地复垦协议，形成违法违规用地。

2. 发展经营理念过于陈旧

休闲观光农业是提供物质与精神双重产品的产业。休闲观光农业是满足消费者生活需求，而非生存需求的产业。休闲观光农业未来是文化创意产业的组成部分，特色、品质、创意是未来休闲观光农业的核心，休闲观光农业与乡村旅游未来发展的灵魂也是创意。目前几种休闲观光农业的发展模式，对于消费者“吃、住、行、游、购、娱”的基本需求要素都难以满足，更别提满足高层次的需求了。很多地方对发展休闲观光农业非常不重视，大多数项目的建设投资都集中在景区，而对开拓休闲观光农业则缺乏认识。另外，经营者对于休闲观光农业的发展认识理解不到位，休闲观光农业是以农业生产经营为基础，农业、加工业、服务业与旅游业相结合的新型融合产业，可有的经营者忽视或者脱离农业生产经营，单纯地搞旅游，靠卖门票来维持经营，势必导致衰落停业难以维系。

3. 发展特色不明显

近年来，人们的消费观念日趋理性，黄金周期间，越来越多的城里人不再赶热闹到大景点旅游，而是选择一处乡村田园放松休闲。休闲观光农业如“天女散花”般涌现。然而各类休闲观光农业也因定位不明、特色不浓，使得消费者开始觉得休闲观光农业千篇一律，吸引力不够，回头率不足。一些农家乐只能开展棋牌、卡拉 OK 等简单的活动项目，缺乏特色项目；有条件作为科普基地的休闲观光农业园没有进行开发，尤其对于少年儿童求知、求真、求趣的需要不能满足，使本身具有的特色没有得到充分展现；可以让游客亲身体验生产、收获、制作过程的休闲观光农业项目没有进行挖掘，没有形成较完整的产业链和产业体系，很难与沿海城市郊区的休闲观光农业相媲美；对于适合提供民宿的地方，没能建造出体现现代科技与农业传统相结合的住房设施等，这些问题都对增加休闲观光农业收入影响较大。

4. 营销宣传太过单一

休闲观光农业在营销宣传方面缺少专业策划团队和手段，仅仅通过举办节庆活动、打出宣传标语达到营销目的还远远不够。休闲观光农业的宣传费用占各类产品宣传份额非常低，就拿电视广告为例，黄金时段多为酒、车、化妆品等产品的宣传广告，广告费用占产品利润比也很高。而休闲观光农业产品的宣传广告很少，投入的宣传费用，在昌吉州可基本忽略不计。我们都知道休闲观光农业投入大，回笼资金周期长，经营者自然不愿意花太多的钱和精力去做营销宣传，但这将直接影响营业收入和未来发展。经营者受传统宣传影响，总认为宣传就是做平面广告，就是浪费钱，其实目前可选择的宣传平台和渠道有很多种，宣传的方法手段也是非常巧妙的，所以太过单一的营销宣传会直接影响休闲观光农业经营收入和未来健康发展。

5. 缺乏融资机制

想要将休闲观光农业整体品质提升，可以通过融资得以实现，而目前各类休闲观光农业主要依靠企业和农户个人筹集资金，很难达到一定的规模从而实现提升品质的要求。就拿休闲观光农业与景区建设协同发展模式中的阜康市三工河乡瑶池旅游专业合作社为例，基础设施的投入建设为 2006 年，虽然当时投入了 2 000 余万元，但距离现在已过去十几年，无论道路、绿化、房屋等硬件设施都已陈旧落后，很难再达到当今消费者的心理预期和需求。因此需要更加完善的融资机制，在保障经营者权益的基础上，通过融资实现品质提升。

6. 从业人员管理服务水平不高

由于从业人员管理水平有限，导致休闲观光农业的运行制度和管理机制不健全，经营管理不够规范。现代休闲观光农业的发展在财务管理、人力管理、服务管理等多方面都需要专业人员，而昌吉州的休闲观光农业的从业者大多是原来从事农业生产、加工、营销的工作人员，对休闲观光农业这类新型融合产业缺乏与时俱进的管理经验。由于经营者缺乏必要的管理知识，组织能力及管理技能准备不足，他们往往凭借着自己的经验对项目的建设及经营管理做出决策，明显跟不上市场对其发展的要求。园区内部的导引、休息、安全、卫生、消防、娱乐、餐饮等服务设施的开发与管理也很不完善，从业人员与休闲观光农业所应具备的专业化水平还有比较大的差距。管理较为粗放，服务水平较低，缺少开发、经营、管理和公关礼仪的专业人才和管理运行机制。

7. 缺少文化特色内涵

缺少文化特色内涵，自主创新项目开发较少，内容单调，参与性、互动性不强，开发层次不深。我们都知道，休闲观光农业区别于城市中很多休闲娱乐场所的关键，在于它拥有与自然融为一体的，具有乡村气息的，倡导农耕文化的特色内涵。而目前多数休闲观光农业的发展，逐渐丢失了这一最本质的需求。模仿和追逐城市休闲娱乐场所的基础建设，而忽视了其文化特色内涵的挖掘。没有很好的保留农村原有的、吸引城里人的优势，而是将城市建设搬进农村，只看重外在建设，忽略了文化挖掘；此外，许多地方一味突出现代感，追求高端，利用了许多非自然手段，甚至改变自然原有的模样，忽略农业朴素、低调的特点，使得人工痕迹非常明显，丢失了建设的初衷与原则。

（二）新疆休闲观光农业发展建议

1. 完善规划，建立科学管理机制，优化休闲观光农业布局

一是做好与相关规划的衔接。休闲观光农业的发展与规划要在各级政府和各个有关部门的监督下制定。发展规划的制定要集开发、保护、管理于一体，并能与当地的经济社会发展总体规划相契合；与土地利用总体规划相匹配；与旅游发展、城乡建设等相关规划相衔接。

二是优化休闲观光农业布局。天山北坡产业带在完善“吃住行游购娱”传统旅游要素的基础上，推动实现向“商养学闲情奇”多功能拓展，积极引导发展高端民宿、康养基地、精品酒庄、教育农园等新业态。伊犁河谷产业带要以区域城镇居民、自驾游、过境旅游团队为主要客源市场，加快发展田园观光、摄影基地、休闲度假等休闲农业精品项目。准噶尔盆地北缘产业区重点开发以当地冬季冰雪、渔业捕捞、冰上项目为内容的资源主题型休闲度假体验项目和户外滑雪休闲垂钓项目，加快实现农牧业生产、生活区同自然风景游览区、户外休闲体验区和景区沿线民俗村的科学布局。吐哈盆地产业区要积极发展以观光农业、休闲采摘、亲子农业、特色民宿为主的休闲农业，开发保健食

品、休闲果品、康养饮品等旅游产品。焉耆盆地产业圈要重点围绕打造“一湖四县百庄”葡萄酒产业，建设一批精品葡萄酒庄园。同时，结合特色农业、草原生态、湖泊水面等优势资源，积极开发春季田园风光游、夏季餐饮美食游、秋季户外休闲游、冬季冰上运动游等全季休闲旅游项目。塔里木盆地南缘产业圈要重点发展民俗风情型、参与体验型、农事节庆型、农家餐饮型休闲观光农业。积极推动开发观光、采摘、餐饮、婚庆、歌舞、娱乐、养生、教育等形式多样的休闲体验活动和民俗文化活动。深度开发南疆特色林果和传统香料作物加工工艺和包装设计，推动农副产品更快更多转化为休闲旅游产品。

三是制定行业标准。借鉴资源禀赋相似的其他省、市、区乡村休闲旅游的标准，结合新疆实际，加快研究制订一系列休闲农业和乡村旅游技术规程和服务标准，用标准创响品牌，用品牌吸引资本、用资本聚集资源，提升产业的标准化、行业的规范化。对休闲农业和乡村旅游聚集区，要不定期地对设施状态、安全责任、服务水平开展督促检查，保障服务规范、运营安全。

四是建立休闲农业专项资金。统筹国家、自治区及县（市）3 个层面在农业发展方面的扶持资金，设立休闲观光农业发展专项资金，用于前期启动、推进以及项目建设，积极设立农民培训专项资金、农民专业合作社专项扶持资金、优质品牌专项扶持资金等。

2. 创新经营模式，增强休闲农业发展的集聚能力

可借鉴以下 5 种经营模式。

一是农家乐专业村发展模式即“政府 + 村委会 + 农户”的模式。在城郊的乡村，鼓励思想观念灵活的农民“开拓户”利用自家果园、菜园、花圃或小型养殖场等，开发相比传统农业盈利点高的观光、采摘、餐饮、无公害农产品销售等休闲旅游项目，将其树立为“示范户”，带动当地其他农户加入。

二是市民参与体验农事模式即“企业 + 合作社 + 农户”模式。主要集中在农产品资源富集的农村、牧区，当农牧业生产形成一定规模，对土地开发利用客观上形成集约化要求，需要大面积流转土地（草场）进行集中连片开展生产经营，由种养殖大户牵头成立乡村旅游农民专业合作社，其他农户以闲置的资金、资产、技术等入股合作社，共同参与休闲旅游开发，共同按照投入要素比例进行分红。

三是现代农业展示模式多以公司（合作社）+ 园区 + 农户的模式为主。这一模式实质是政府引导下的“企业 + 农户”合作方式，由各级政府或行业部门按县域规划，确定休闲农业和乡村旅游建设项目，组织引导当地村民实施开发。结合村镇资源，进行深

度旅游开发，依托田园景观优势，开展关于农业生产、农业产品采摘的活动来吸引城市消费者前来体验。当地村民或与外来投资者一起承建旅游公司，经营管理按企业化模式运作，利润由村民（休闲农业资源所有者）和外来投资者按约定比例分成。既减少了政府旅游开发投入，又使当地居民真正得到实惠，还减少了行业部门的管理难度。

四是乡村民俗文化发展模式以“政府＋企业＋村委会＋农户”的模式为主。这一模式充分发挥旅游产业链中各环节优势，政府负责休闲农业的规划和基础设施建设，优化发展环境。休闲农业公司负责经营管理和商业运作。农民旅游协会负责组织村民参与地方戏的表演、导游、工艺品的制作、提供住宿餐饮等，并负责维护和修缮传统民俗，协调公司与农民的利益。旅行社负责开拓市场，组织客源。通过合理分享利益，避免过度商业化，保护乡土文化和民俗文化，增强本地居民参与开发的积极性。

五是生态旅游观光模式多采用“公司＋旅行社＋景区＋农户”模式，这种模式依附于景区，也主要依靠景区客源，在游览景区后，游客顺便到乡村进行食宿和休憩，依托旅游景区把部分服务功能分离出来，吸引周边农民参与旅游接待和服务，并融入一些乡情活动，从而促进农民增收致富和周边乡村发展。

3. 完善人才队伍，建立各项科技人才培养工作机制

一是大力发展职业教育，推进职业经理人队伍建设。要不断完善培训资金的多元投入机制。休闲观光农业培训大部分是针对农民，不同于常规的职业教育，在培训资金投入上，要充分发动政府、农户、企业及社会力量进行共同出资。要逐步培育休闲观光农业经营者、企业家等主体，发挥其在休闲观光农业产业中的主导性。二是鼓励休闲农业和乡村旅游企业与旅游单位、职业院校联合，采取多种形式进行专业人才定向培养。针对行业干部队伍、企业管理人员开展规划设计、项目策划、市场营销等专题培训，针对从业人员大力开展接待礼仪、游客服务等相关知识和技能培训，为发展休闲农业和乡村旅游提供人才支撑。三是要加强项目扶持。建议在农业科技成果转化推广项目中设立休闲观光农业科技专项资金，加强休闲观光农业科技重大问题研究，促进科技创新和文化创意引领支撑休闲观光农业发展。

4. 开展试点示范，扩大休闲观光农业带动面

加快打造一批生态环境优、产业优势大、发展势头好、示范带动能力强的休闲观光农业目的地。一是建立观光型试点。在特色农牧资源富集的农牧区，积极引导薰衣草、油菜花、红花、玫瑰、洋甘菊等景观农作物集中连片种植，因地制宜对以杏、桃、梨、苹果为代表的规模化林果园进行景观化改造设计，分类打造一批与森林、草原、湿

地、高山、雪岭等多种自然景观融为一体、体现新疆特色的乡村田园风光。二是建立休闲型试点。在疆内热点旅游线路上，加快布局建设一批与传统观光产品互补的休闲旅游体验项目，借助当地旅游节庆和特色农事节庆活动，策划推出一批以“春赏花”“夏纳凉”“秋采摘”“冬戏雪”为主题的休闲农业和乡村旅游精品线路。支持将新疆名优特及精深加工农副产品开发设计成为旅游产品，进景区、进景点，在高速公路服务区、主要交通干道旅客集散点等建设一批旅游商品销售专区，开办一批旅游商品营销店。三是建立体验型试点。在区域中心城市近郊，注重运用现代科技手段，改造提升一批农业科技生态园、农业产品展览馆、农业博览园等，为游客提供了解农业历史、学习农业技术、增长农业知识、参与农业生产的休闲体验项目。组合推出一批推介农业嘉年华、休闲农业特色村镇、农事节庆等形式多样、富有特色的周末休闲旅游活动。四是建立产业扶贫型试点。在南疆深度贫困地区，结合农村人居环境整治、美丽乡村建设，加快提升改造乡村基础设施建设。因地制宜鼓励农户利用房前屋后的闲置空地和特色民宿等资源发展农家乐，建设一批适度规模的休闲采摘园、特色养殖园和设施农业休闲项目。

5. 规范管理，打造休闲观光农业品牌

一是政府规范行政管理。政府要从战略和全局的高度深化思想认识，将休闲农业和乡村旅游工作纳入重要议事日程，作为建设现代农业的一项战略产业统筹谋划。要强化品牌意识，以市场需求为导向，充分利用当地资源，全面规划，合理布局，打造品牌。要支持休闲观光农业项目，加强监督管理，对企业为了谋取经济利益以休闲观光农业开发为名义而产生不合理的破坏行为进行管制，确保休闲观光农业企业合法经营。加大对已认定的全国休闲观光农业和乡村旅游示范县、示范点、中国美丽休闲乡村、中国重要农业文化遗产、全国休闲观光农业星级企业、自治区休闲观光农业示范县和示范点的动态管理，确保服务质量和水平。

二是企业规范经营管理。新疆休闲观光农业应确定其在旅游业中的竞争优势，根据市场需求进行品牌定位，强化品牌意识，通过品牌形象设计，提高市场竞争力。建立健全企业管理体系，全面推行标准化的管理服务规程和规范化的管理服务体系办法，完善信息通讯等服务设施，建立休闲观光农业功能布局、环境保护等质量等级评价体系，强调景区的接待以及餐饮食宿等服务标准。同时要组织企业员工培训，提高服务人员的服务水平。

三是旅游管理、自然资源等部门跟进服务保障。农业农村部门要主动加强与文化旅游、自然资源等部门的沟通联系，建立健全联席会议、项目评审、联合执法等协调机制，统筹各方力量，形成推进工作的合力。健全完善休闲农业与乡村旅游统计与考核评

价体系，将休闲农业与乡村旅游相关指标纳入自治区“1+3+3+改革开放”工作部署考核内容，进一步细化目标、明确主体责任和进度要求，督促各地各部门把各项工作任务落到实处。

6. 加大宣传力度，拓宽休闲观光农业营销渠道

一是要探索组织休闲观光农业创意活动、魅力乡村评选、建设中国美丽家乡、旅游示范村评选、农业文化遗产挖掘活动等活动，吸引旅游行业者及媒体的关注，实现直接对目标客户推广的目的。二是委托专业单位，依据不同消费者的需求，开发规划出一批休闲观光农业与乡村旅游精品线路，从而推广本区域的休闲观光农业知名度，打造公共区域品牌和专属品牌。三是加入现在最流行的植入性宣传，通过旅游达人参加真人秀活动，品尝、体验、购买各类休闲观光农业所能提供的商品，从而激发消费者的消费欲望。四是搭建针对游客的相关资讯平台，进行游客游玩攻略资讯沟通，内容包括吃、住、行、游、购、娱等方方面面。五是坚持政府宣传与企业推介相结合、业界推广与公众促销相结合的方式，利用政务网站网，及时发布更新行业资讯信息，通过公众信息服务网、旅游电子商务网等网络平台开展网络营销。在重大节假日前和重要农事节庆节点，充分利用网络、电视、报纸、微信等开展宣传推介，鼓励开展富有地方特色的民俗演义、农事体验、节事节庆活动。启动“新疆人游新疆、美丽休闲乡村旅游行”系列活动，借助区域特色农事节庆活动尤其是“中国农民丰收节”，吸引区内城镇居民下乡消费，提升农村消费活力。通过多层次、多渠道、多角度的宣传推介达到休闲农业市场开拓的目的。通过多层次、多渠道、多角度的宣传推介达到休闲观光农业市场开拓的目的。

王　惠　马永仁

自治区农业科技推广与服务项目支持

2019 年 6 月 5 日

青海省畜牧业发展调研报告
——基于青海省门源县牧业合作组织的调研

根据老科技工作者协会“促进新疆现代畜牧业发展问题研究”项目需求，新疆畜牧科学院畜牧业经济与信息研究所李捷所长等一行3人于2016年8月26—28日对青海省西宁市以及海北藏族自治州门源县畜牧业发展情况进行了调研。通过与青海省畜牧科学院、青海大学科研处等相关领导、专家的座谈交流，以及门源县永兴生态农牧开发有限公司、门源县麻莲草业有限公司等经营体的实地走访，形成如下调研报告。

一、门源县基本情况

青海省门源回族自治县位于青藏高原的东北边缘，总面积6 902.26km^2，海拔2 388～5 254m，县政府浩门镇海拔2 861m。属高原大陆性气候，具有春季多雪多风、夏季凉爽多雨、秋季温和短暂、冬季寒冷漫长的特点。全年日照时数2 264.8～2 739.8h，年太阳辐射547.0～644.6MJ/cm^2，气温日较差11.6～17.5℃，年平均气温0.8℃，年平均降水520mm，年蒸发量100mm。境内各类草场面积686.4万亩，其中可利用草场583万亩，存栏各类牲畜56万头（只），是青海省重要的商品油料基地、藏区青稞良种繁育基地、牛羊育肥贩运基地。两千多年的畜牧业发展历史，培育了浩门马、白牦牛、褐色羊等优良畜种。

二、支持合作社发展的典型做法

（一）永旺绿色肉牛示范基地专业合作社

合作社成立于2013年4月，隶属于门源县永兴生态农牧业开发有限公司，公司包括永盛农牧机械专业合作社、永兴饲料加工厂和永旺绿色肉牛示范基地三大部分，是青海省农牧厅定点畜禽规模养殖场和农牧业产业化省级重点龙头企业，以及集畜牧、科研、改良、推广为一体的正规化畜牧养殖基地。

合作社本着“为客户创造价值，为自己创造未来”的理念，以“公司＋合作社＋

农户”的经营模式，带动农户 100 余户，体现了民营企业灵活的管理优势，与当地农户建立了良好的合作经营模式。

模式一：为养殖户自己养殖的牛羊以入股的方式参与合作社的养殖、屠宰及销售的生产流程，最终按所占牛羊销售比例获取分红收入，同时，农牧户还可以通过在养殖场就业来提高收入。

模式二：为签订收购合同，经过对农牧民养殖技术的培训和指导，提供养殖饲料及羔羊和犊牛进行统一管理，并经过严格的检疫程序回收成品牛羊，保证市场需求及农牧民的牛羊销售。

永盛农牧机械专业合作社是门源县种草养畜及产品加工技术集成与示范基地。合作社与农户签订收购协议，种植的牧草及啤酒大麦由永兴饲料加工厂以保护价收购，保障了基地农户的种植利益，调动了当地牧民的种植积极性，带动农户 2 500 户，种植优质牧草、啤酒大麦等创收可达 2 500 万元，通过基地建设实现了饲草料种植的规模化、机械化，在保障饲草料来源的基础上，减少了流转环节成本，扩大了经济增长点，同时保障了饲草原材料的绿色健康品质。

永兴饲料加工厂总投资 2 800 多万元，成立于 2012 年 3 月，拥有年生产能力 10 万 t 的全自动电脑配料高档生产线一条，生产的“金花”牌配方饲料在长期的市场销售过程中不仅得到门源县广大农牧民的认可，同时也销往海南州、果洛州和玉树州等地。

依托“龙头公司 + 基地 + 合作社 + 农户”的经营模式，永兴生态农牧开发有限公司形成的“种植业 + 加工业 + 养殖业 + 销售市场”绿色循环产业链，不仅有效降低了原材料的周转成本，提高了生产效率，同时也增强了企业的抗风险能力。

（二）门源县麻莲草业有限公司

该公司成立于 2015 年 1 月，是一家以舍饲养殖、饲草种植、销售为一体的规模化、集约化、现代化饲草基地，形成了以“青饲草种植—草产品加工—牛羊育肥”为主的产业链，经营范围以饲草种植、加工、青贮、销售及畜牧生态养殖为主。2016 年公司种植青饲草 4 300 亩，专业合作社、农户种植面积达 8 000 多亩。依托集约化种植项目，不仅能够保证当地舍饲养殖业对饲草的需求，也能带动周边农户的经济效益，可对县域饲草加工业和舍饲养殖业发展战略的实施起到重要的保障作用。

2016 年公司争取到麻莲乡扶贫资金 500 万元，用于发展饲草产业、助推麻莲乡精准扶贫工作。一是每年按 500 万元扶贫资金的 6%（即分红资金为 30 万元）给麻莲乡 209 户（贫困人口 806 人）建档立卡的贫困户进行分红，每户分红 1 435 元。二是与麻莲乡 170 户贫困户（贫困人口 648 人）签订了收购价为 360 元 /t 的青饲草收购协议，鼓励引导贫困户种植饲草 1 013 亩，户均增收 4 171 元，人均增收 1 094 元。

三、经验总结

（一）发展特点

1. 合作领域

形成了覆盖农牧区主导产业和优势特色产业的专业合作组织网络，涵盖面也从单纯的农畜产品销售发展到了种植、养殖、加工、运输、信息和销售等多个领域。

2. 合作社主体构成

以农牧民为主体，多元化兴办。专业合作组织既有牧民和牧区经纪人自己创办的，也有乡集体经济组织牵头办的。

3. 合作机制

按照有执照、有组织、有场所、有章程、有制度、有档案、有实体的“七有”标准来规范，在专业合作经济组织发展中逐步完善合作社章程，建立健全组织机构、财务管理、民主决策、盈余分配等管理程序和制度，改变发展初期运作无序的不规范现象，管理结构和股本结构不断优化。

（二）主要措施

1. 加强领导，精心组织

首先，乡党委、政府把专业合作社的发展列入重要议事日程，指定一名主要领导具体主抓此项工作，并通过多次召开群众大会，对专业合作经济组织发展进行动员、部署和落实，组织村经纪人到海东市对合作社组建及发展方式进行实地考察学习，为推进合作社发展奠定了良好的基础。在此基础上，结合实际，充分尊重群众意愿，始终坚持按照“民办、民管、民受益”的原则，及时注册成立合作社，乡政府引导而不参与、扶持而不干预，为合作社健康发展营造了良好的氛围。

2. 明确制度，规范行为

针对专业合作组织起步时间短，经验不足，运行还不规范的实际，加强对专业合作组织的业务指导，做到“边发展、边指导，边规范”。尤其以北山村专业合作社为主，在组织管理和运行机制上进行大胆探索，制定出台了《门源县北山畜牧业生产专业合作社规章制度》等18项，明确了合作组织的创办程序、组建规划、组织机构、内部制度、利润返还和成员的权利义务等内容，进一步规范了合作组织内部运行行为，对指导、规范专业合作经济组织建设与发展起到了积极的推动作用。

3. 政策支持，优化环境

乡党委、政府充分运用州县支农资金，积极争取金融部门的扶持，增强合作社对畜牧业生产能力、兴办加工、服务设施等项目的投入，现已在北山村以社员个人入股和州县财政支农资金扶持，并按合作社集体入股的方式共整合股金25万元，收购种公羊200只，由合作社统一管理养殖；有偿使用储草棚80m^2、304型拖拉机1台、手扶1台、打捆机1台、包膜机1台、割草机2台，用于饲草料加工。通过这些措施，提高了合作社的市场竞争能力。

4. 打造品牌，提升竞争力

乡党委、政府把打造品牌作为推动专业合作社发展的一项重要内容，牢固树立品牌意识，积极支持合作社申报无公害产品和绿色产品认证，注册商标，提高知名度。打造了商标开发利用的良好基础。

5. 加强培训，锻造队伍

基于多数专业合作社的参与者都是牧民，经营管理者主要由社员担任，大多数社员文化程度低，对市场经济知识知之甚少的现状，积极组织了以专业合作社法律法规、经营管理等知识为主的考察、培训和学习，通过集中、外出考察学习等方式培训专业合作社专业人员40多人次，使合作社成员的业务素质有了明显提高。

（三）取得的成效

1. 增强了农畜产品的市场竞争力

农牧民专业合作组织的建立，改变了家庭联产承包责任制下农户个体作战、势单力薄、参与市场竞争的能力有限的局面，合作社组织分散的农牧户统一生产标准、统一注册产品商标、统一市场销售产品，让牧户在市场竞争中赢得与其他市场主体平等的地位，加强了产销衔接，解决了畜产品“贱卖”和“卖难”问题。

2. 推进了农牧业产业化经营

专业合作社组织的发展，促进了资产的有效重组，带动了各种要素的合理配置，实现了生产的联合。目前，门源县皇城乡股份制联产经营组有 20 组，带动农牧户 62 户；租赁经营组 19 组，带动农牧户 38 户，两种模式共带动牧户 100 户，占全乡总户数 24.6%。通过集约化经营，全乡共整合草场 91 147 亩，占草场总面积的 11.8%；饲草料 1 245.7 亩，占饲草地总面积的 14.8%；牲畜 15 055 头只，占牲畜总头数的 18.7%；共转移劳动力 110 人，占总劳动力的 12%。

3. 加快了富余劳动力的有序转移

随着农牧民专业合作社的组建，合作社吸收本地富余劳动力，尤其是有文化的青年人群参加进来，并通过专业合作社的服务部提供劳务信息来介绍就业，从而有效解决了富余劳动力转移和就业问题。

4. 增加了农牧民收入

首先，农牧户相互联合，提高了市场谈判地位，避免了无序竞争，提高了农畜产品的销售价格，维护了农牧民自身利益；其次，将生产、加工、销售各环节联为一体的经营模式，农牧民可以从出售农畜产品中直接收益；最后，由于产业链条的延伸和拓展，农牧民可以通过合作社的再分配机制，获得产后加工、流通环节的增值收入。

（四）存在的问题

一是辐射带动能力弱。二是利益联结机制不稳固。三是经营管理水平不高。

四、值得借鉴的经验

（一）加大政府支持力度

各级政府及有关部门要不断优化服务手段，创新扶持机制，加大对专业合作社的支持力度，既可直接补助资金，也可通过支持开展培训活动增加对农牧民专业合作社的智力投资，还可通过政府采购为农牧民专业合作社引进技术和物资，形成支持合作社发展的合力，真正做到“成熟一个、发展一个、规范一个、提升一个”。

（二）做好专业化生产布局

要因地制宜，以增强地方优势产业为目标，以现有的合作社为基础，立足现有资源禀赋以及舍饲、半舍饲养殖规模的实际，借鉴“专业合作社+联户经营组+农牧户”的运作方式，推动畜牧业结构调整，着力壮大提升羔羊育肥、饲草料加工、舍饲养殖等产业，使优势产业成为合作社发展的良好基础，使合作社成为优势产业发展的龙头，从而扩大产业规模，提升质量，求取效益。

（三）进一步强化品牌意识

一方面，要通过引导和宣传，逐步增强农牧户“商标兴农，商标富农”的意识；另一方面，要根据产业特点，有效发挥合作社的组织力量，积极申报注册商标，将那些最具显著优势的畜产品特性通过商标充分地利用和保护起来，使他们充分认识商标在畜产品走入市场中的重要性，通过广大牧民的参与后形成规模，由专业合作社来推介打入市场形成优势。

（四）注重新型农牧民的培育

农牧民专业合作社健康稳定发展的瓶颈问题是人才资源，因此，要以提升合作社人员素质为切入点，提升合作社发展层次。同时，更要加强对合作社发起人、建设带头人和普通成员的教育和培养，以提升合作社的发展潜力。要建立业务培训制度，通过不同层面、多种形式的培训，使他们熟悉合作社理论和政策知识，增强管理意识、发展意识、创新意识，提高工作水平，减少经营决策的局限性和片面性，更好地引导广大牧民参与并办好合作社。

（五）强化契约精神完善互助机制

根据合作社运转中出现的问题，要及时制定或健全完善符合农牧民专业合作社要求的内部管理制度，保障其操作运行的规范化，处理好服务与盈利的关系，做到内部不乱、外部吸引力不减，风险共担、利益共享。通过积极引导合作社与企业等其他经济组织，合作社与合作社间的结对活动，寻求“以企带社、以社带社”的资金援助渠道，拓宽资金来源，增强发展动力。

王　琼　李　捷　合斯莱提·斯马依

2016 年 9 月

北疆农村牧区畜牧业发展现状及存在问题与工作建议

推动北疆牧区可持续发展，确立发展绿色有机畜牧业就是保护生态的理念，可以加快形成资源利用高效、生态系统稳定、产地环境良好、产品质量安全的牧区发展新格局。推进北疆牧区畜牧业的突破性发展是在新常态下供给侧结构改革中实现草地资源的高效利用、畜牧业生产、畜产品的加工、流通、农牧民增收等利润增值的有效途径，是拓展北疆畜牧业发展优势、增强畜牧业综合生产能力、提高牧区畜牧业生产效益的重要举措和保障。

一、北疆畜牧业生产与发展现状

根据 2011 年 12 月农业部制订、国家统计局批准的“畜牧业及畜牧业统计监测报表制度”中的分类，新疆共有牧区县 18 个，半牧区县 19 个，其中分布于北疆的牧区县和半牧区县见表 1。

表 1　新疆北疆牧区、半牧区县分布情况

分类	地州	县市
牧区县 15 个	昌吉州	木垒县
	伊犁州直	新源县、昭苏县、特克斯县
	阿勒泰地区	阿勒泰市、布尔津县、哈巴河县、吉木乃尔县、福海县、富蕴县、青河县
	塔城地区	托里县、裕民县、和布克赛尔县
	博州	温泉县
半牧区县 7 个	乌鲁木齐市	乌鲁木齐县
	昌吉州	奇台县
	伊犁州直	巩留县、尼勒克县
	塔城地区	塔城市、额敏县
	博州	精河县

1. 天然草原状况

新疆天然草原总面积 6.9 亿亩（地方），可利用草原面积 5.6 亿亩。北疆地区为乌鲁木齐、昌吉州、伊犁州直、塔城地区、阿勒泰地区、博尔塔拉蒙古自治州等地。北疆地区集中了全疆 69.4% 的草原面积，以阿勒泰地区和塔城地区最多（表 2）。

表 2　新疆北疆地区分地州草原面积分布状况　（单位：万亩、%）

地区	草原总面积	比重	可利用草原面积	比重	打草场面积	放牧草场面积
乌鲁木齐市	498.88	0.95	446.79	1.08	5.62	441.17
伊犁州直	4 080.84	7.75	2 946.76	7.14	945.61	2 001.15
塔城地区	7 178.90	13.63	5 621.89	13.62	142.33	5 479.56
阿勒泰地区	14 763.00	28.04	10 857.70	26.31	99.36	10 758.34
博州	1 888.19	3.59	1 737.88	4.21	6.21	1 731.66
昌吉州	2 723.76	5.17	1 907.10	4.62	4.64	1 902.47
合计	36 572.87	69.46	28 665.56	69.45	1 220.98	27 444.59

资料来源：新疆维吾尔自治区畜牧兽医局。

2. 主要畜种年末存栏情况

2010—2014 年，北疆牧区 2014 年牲畜年底存栏数量较 2010 年有所增加；2014 年北疆牧区牛存栏数为 194.39 万头，较 2010 年增加了 2.46%；2014 年北疆牧区马存栏数为 57.41 万匹，较 2010 年增加了 8.04%；2014 年北疆牧区羊存栏数为 1 067.41 万只，较 2010 年增加了 11.11%；详见表 3 和图 1。

表3　2010年和2014年北疆牧区牲畜年底存栏情况

［单位：万头（匹、只）］

地　区	牛		马		羊		合　计	
	2014 年	2010 年	2014 年	2010 年	2014 年	2010 年	2014 年	2010 年
乌鲁木齐市	3.08	3.13	1.30	1.32	23.15	20.41	27.53	24.86
昌吉回族自治州	12.37	11.97	1.49	1.25	125.99	109.98	139.85	123.20
伊犁州直属县（市）	87.36	83.49	33.34	31.33	316.04	269.88	436.74	384.70

（续表）

地　区	牛		马		羊		合　计	
	2014 年	2010 年	2014 年	2010 年	2014 年	2010 年	2014 年	2010 年
塔城地区	31.52	30.82	9.26	7.45	277.73	260.74	318.51	299.01
阿勒泰地区	52.51	53.62	10.58	10.29	224.29	203.28	287.38	267.19
博尔塔拉蒙古自治州	7.55	6.69	1.44	1.50	100.21	96.42	109.20	104.61
合计	194.39	189.72	57.41	53.14	1 067.41	960.71	1 319.21	1 203.57

数据来源：2011—2015 年新疆统计年鉴。

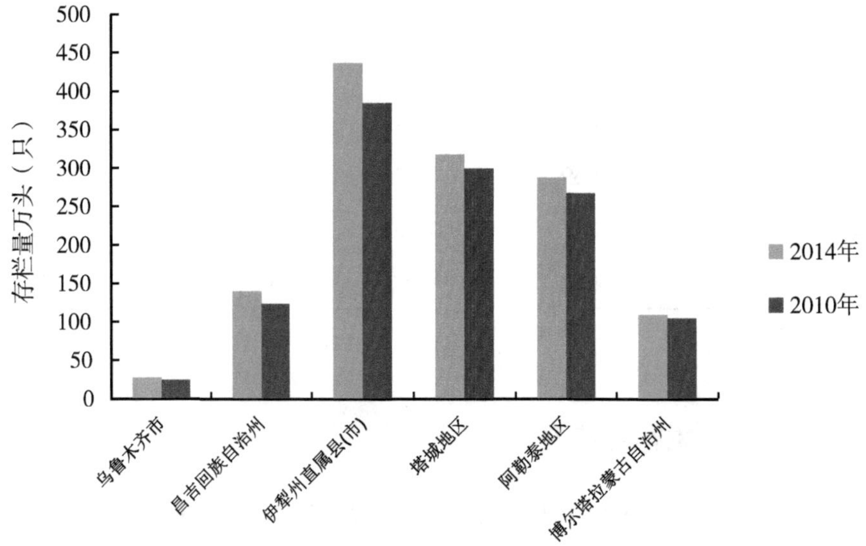

图 1　2010 年和 2014 年北疆牧区主要畜种年底存栏状况

3. 主要畜种肉产量情况

2010—2014 年北疆牧区主要牲畜肉产量呈增长趋势。2014 年北疆牧区主要牲畜肉产量为 38.40 万 t，比 2010 年增加了 15.64%。其中，牛肉 2014 年较 2010 增长了 31.49%，马肉增长了 20.61%，羊肉增加了 3.98%，禽肉增加了 7.85%；详见表 4 和图 2。

表 4　2010 年和 2014 年北疆牧区主要畜种肉产量状况　（单位：t）

地　区	牛肉		马肉		羊肉		禽肉		合计	
	2014 年	2010 年	2014 年	2010 年	2014 年	2010 年	2014 年	2010 年	2014 年	2010 年
乌鲁木齐市	3 683	3 438	1 475	990	7 415	4 600	398	1 797	12 971	10 825
昌吉回族自治州	18 737	17 721	653	1 019	29 831	29 910	18 910	16 238	68 131	64 888
伊犁州直	65 086	46 423	21 792	16 145	41 535	37 783	9 350	8 461	137 763	108 812
塔城地区	28 148	20 400	5 225	5 957	38 981	38 550	2 390	2 252	74 744	67 159
阿勒泰地区	36 462	27 901	3 573	2 875	29 297	30 963	3 377	3 346	72 709	65 085
博尔塔拉蒙古自治州	4 906	3 530	406	478	10 449	9 674	1 890	1 579	17 651	15 261
合计	157 022	119 413	33 124	27 464	157 508	151 480	36 315	33 673	383 969	332 030

数据来源：2011—2014 年新疆统计年鉴。

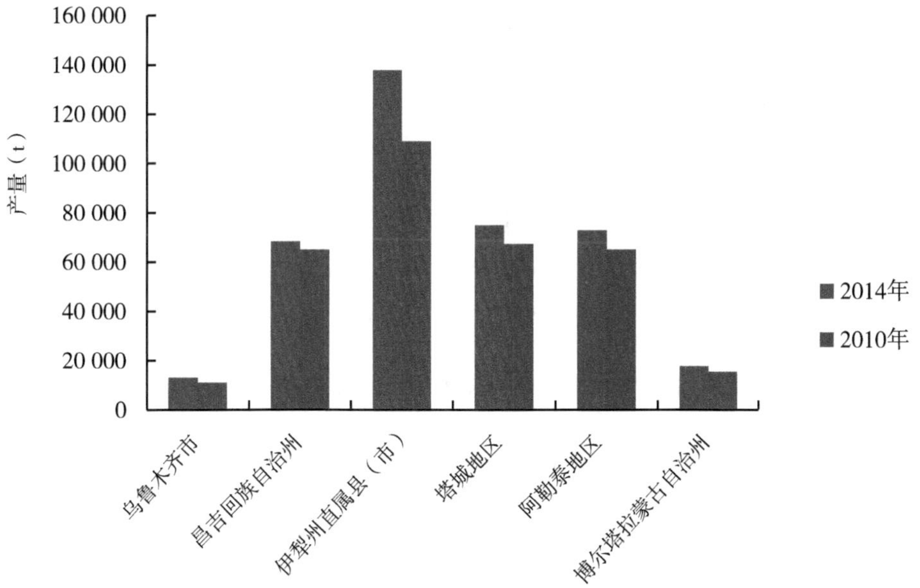

图 2　2010 年和 2014 年北疆牧区主要畜种肉产量状况

4. 新疆畜牧业组织化程度

随着新疆草原畜牧业的转型发展，农牧民生产目标、生活方式也随之发生了改变，形成合作社、养殖大户、龙头企业等多种经济体，但多以单独经营为主，存在小而散、市场信息不对称、辐射带动能力弱等现象，特别是北疆牧区传统的生产生活方式和习俗，难以适应新常态下全产业链市场化发展要求。同时因为畜牧业生产的特殊性和高风险性，畜牧业专业合作社或合作联社在发展速度、组织化程度和发展规模上都相对滞后于种植业和农区。要顺应新疆草食畜牧业的发展，就必须解决目前生产力与生产关系不适应、单户与大市场对接的组织化程度低等现实难题。

二、北疆畜牧业生产与发展面临的问题

（一）草地资源承载力不足，生态环境形势严峻

随着气温持续上升，尤其是春、夏季气温升高加快蒸发，干燥指数增大，生产季节有效降水明显减少，致使表土干燥、植物根系层土壤水分减少，干旱缺水草地面积不断扩大，植被因干旱而退化严重。虫鼠害和毒害草发生面积不断增加。以昭苏县为例通过检测数据显示，各类型草地均出现了不同程度退化，退化草地面积已达 741.64 万亩，占可利用草场总面积的 91.23%，产草量比 20 世纪 80 年代减少 17.76%～44.56%（春秋草场产量下降 41.96%，夏草场下降 19.50%；冬草场下降 21.12%）。虽然实施了退牧还草工程，但因畜牧业基础设施建设薄弱、天然草地退化严重、饲草料基地建设不足等原因，畜牧业生产方式转变较慢，牧民转产难度大，草畜平衡难以落实，致使生态维护与牧民增收矛盾突出。草地生态仍存在“局部改善、整体退化”的局面，退化范围与程度仍在不断扩大，依靠草原为生的广大牧民面临着牧业经济发展滞后的突出问题，并严重制约着区域社会经济全面健康可持续发展与进步。

（二）牲畜良种化程度不高，畜群畜种结构不合理，个体生产水平较低

目前，新疆北疆牧区肉羊养殖主要是传统型养殖方式，引进的适应当地环境的新品种较少；从肉羊生产可知，肉羊品种退化，造成生产性能下降，一胎羊占的比重较大。因此肉羊的出栏数基本保持一个稳定的水平，同时，羊肉供给量在很长一段时间居于平稳状态。北疆牧区畜群畜种结构不合理，个体生产水平较低，饲养管理方式落后；肉羊品种改良配套技术措施和管理没有完全到位。在引进新品种试验推广方面，存在着“重引进、轻利用、急功近利、忽视选育”的误区，在引种、育种、地方特有品种种质资源

保护以及畜种商用、种用方面缺乏长远的规划和选育措施。

（三）牧民缺乏扩大再生产技能，难以适应生产方式的转变

随着牧民定居工程的实施，牧民适应新的生产方式转变需要生产环节的技术支持和知识支持。事实上，习惯于草场放牧的大部分牧民严重缺乏农作物种植、人工种草、舍饲和半舍饲的经验和技术，在从事各种生产活动时效果往往不如预期，牧民收入难以增加，造成开发建设的草料地转包、出租，人工草料地种植面积较小，难以有效满足牲畜舍饲圈养的草料需求，牧区的大部分牲畜依然在草原上转场放牧，传统畜牧业生产方式仍然没有改变，在一定程度上影响草原畜牧业生产发展。

（四）畜牧业产业化程度较低，畜产品市场化发展能力不强

畜牧业组织化程度低，规模化养殖少，技术水平低，生产规模小，产业化利益链接机制缺乏有效载体，中介组织功能弱。畜牧业产业化是以市场为导向，以经济效益为中心，以骨干企业为龙头，以社会服务为纽带组成产、加、销一体化的经营体制。受传统小农经济意识的影响，北疆牧区牲畜品种绝大多数是在粗放的繁育放牧的形式下驯养、培育出的原始品种，产量不高，产业链条短，产值上不去；畜产品龙头企业数量少，辐射面窄。因此，北疆牧区在产业化发展进程中面临着畜牧产品加工业基础薄弱、市场体系不够完善、畜产品品牌建设滞后等诸多困难与障碍。

（五）缺少规范的畜牧业产业化经营与社会化服务体系

目前北疆牧区成立的多数合作社，都是生产经营性合作组织，服务型的合作组织缺失，服务体系缺失。偶尔有些养殖小区附近有多家联合组建的“饲料生产合作社”已经算是服务性合作组织。但大多数都处于“养殖”类型，而上游“繁育”到下游“销售”专业类型的服务型合作社很少，专门的“技术服务”“技能性服务”合作社更是少之甚少。服务体系构建的缺失，很大程度上是不利于在规模化、集约化方式下降低生产成本、提升市场竞争力的。合作社空壳现象较为普遍。农村牧区畜牧业组织化程度很低，农民合作社的实际组织作用没有发挥出来，企业与合作社的合作模式也仅仅停留在买卖关系上。产业化的龙头企业质量不高、带动能力不足或甚微，产业龙头的投资融资能力小，产业化发展资本投入太少，难以依托品牌、市场运作和产业化运营模式发展畜牧产业。分散养殖仍是无奈之举。

总体来看，在新疆畜牧业发展转型的关键时期，北疆地区拥有得天独厚的自然资源优势与良好的产业发展基础，但依然面临很多困难和挑战。不仅要面对生态环境压力加

大、畜牧业投融资体系和现代服务体系不完善、畜牧业发展体制和机制相对滞后、畜牧业的综合发展水平与“丝绸之路经济带”核心区的发展要求仍有很大差距的现实问题；同时也面临着当前畜产品消费增长动力减弱、牛羊养殖利润空间遭遇国内外同行价格挤压、畜牧业发展的资源环境压力持续加大、城乡居民对畜产品质量安全要求越来越高、各类突发事件冲击生产和消费以及非传统风险因素明显增加等一系列新问题。

北疆农村牧区是新疆草食畜牧业特别是牛羊产业的畜源供应区，其存栏是为来年繁育和发展所需，也是全疆畜群繁育的基础保障，而南疆存栏大多用于当年末和次年初的育肥生产。通过对新疆伊犁州直、阿勒泰地区、塔城地区、哈密市等地调研发现各地区牛羊生产仍存在规模相对较小、生产方式相对落后，饲养管理水平仍较低、良种繁育体系仍不健全，饲料品种仍较单一，精深加工产品缺乏，畜产品品牌打造力度薄弱、产业化经营水平和市场竞争力低等问题。随着全球经济一体化、自由贸易和关税协议的生效，外来活畜和畜产品进疆压力也将对新疆畜牧业生产带来更加严峻的挑战和冲击。

三、在牧区经济社会发展领域开展的相关研究工作

针对以上问题，新疆畜牧科学院畜牧业经济与信息研究所根据牧区经济社会发展研究工作职能，结合北疆地区自然资源禀赋条件、社会经济发展状况及产业结构布局特点，以牛羊肉全产业链的产业融合发展为切入点，以基于供给侧结构性改革下的畜牧业质量、规模、经济效益等关键因素分析为重点，先后开展了“新疆羊产业发展形势与特点”“基于产业集群理论的新型牧业经营体研究”“新疆畜牧业生产区域布局特性研究”“国内外草原保护建设对新疆草原保护的启示”“畜产品质量安全溯源关键技术研究”“畜牧业经济信息服务与文献资源共享平台建设”等研究与专题调研工作，同时承担着农业部市场信息司“牛羊肉全产业链农业信息分析预警的新疆羊肉全产业链分析预警”工作和中国农业科学院农村微观经济研究工作；目前拟结合“十三五”农业农村工作任务，重点开展“新疆畜产品品牌发展战略研究”“基于供给侧结构调整的畜牧业适度规模养殖研究”“新疆新型牧业经营主体发展政策研究”“基于大数据的新疆畜牧行业发展研究”“基于全产业链的畜产品质量安全溯源”“畜牧业＋互联网”等产业融合发展研究工作。

四、下一步调研工作建议

理清北疆农村牧区畜牧业产能总体状况；研究满足市场需求、稳定产品价格的适度养殖规模和畜群、畜种结构比例；提高北疆农村牧区产业供给结构对需求变化的适应性和灵活性；完善畜牧业社会化服务体系建设，加速适合产业和社会发展的新型牧业经营

主体的培育和发展；借助“一带一路”发展契机，扩大新疆畜产品品牌市场占有率，制定品牌发展战略；规范标准化体系建设内涵和指标，建立适度规模生产与经济效益协同发展的政策体系；从资源禀赋和资源承载力的视角，科学制定北疆农村牧区畜牧产业区域布局和创新、融合发展规划。

新疆畜牧科学院畜牧业经济与信息研究所

经济与产业政策研究团队

李　捷　王　惠　王　琼　合斯莱提·斯马依　王田田

2016 年 2 月

基于新型牧业经营体培育视角的促进新疆农牧民增收建议

为深入贯彻中央新疆工作座谈会和自治区第九届党代会精神，由新疆畜牧科学院畜牧业经济与信息研究所与新疆老科技工作者协会、新疆农业大学经济与贸易管理学院等单位结合课题研究任务，从畜产品市场和畜牧业供给侧结构调整入手，以自治区新型畜牧业经营主体培育、农牧民增收为主题，联合开展了专题调查研究。自 2016 年 6—11 月，课题组赴伊犁州、克州、喀什地区和哈密市 9 县市进村入户实地考察，查阅了大量资料，并赴内蒙古、青海两省区学习取经，现就自治区大力培育新型畜牧业经营主体和加快农牧民增收的建议汇报如下。

一、自治区畜牧业经营主体发展整体情况

（一）以民营、个体经营或松散型合作经营为主，主要从事传统的养殖、屠宰、零售和初加工行业

从实地调研、资料查询和数据分析发现，自治区企业大多以民营企业为主，养殖大户、家庭牧场及标准化、规模化养殖小区（场）也多为独立经营，合作社、合作联社等合作方式也相对较为松散。涉牧企业既是新型牧业经营主体的重要组成之一，也是新型牧业经营体系构建和牧业经营体制创新的关键，但目前自治区企业发展严重滞后。数据显示，现有的 1 019 个龙头企业中，年销售收入在 5 000 万元的企业占到 70% 以上，过亿的不足 10%。全区农牧户总数为 269.530 6 万户，举办家庭养殖场及从事畜禽养殖大户为 40 529 户，仅占总户数的 1.5%，与内蒙古的 12% 有很大差距。各类经营体的主要经营业务也多集中于传统养殖、批发零售和初级畜产品加工行业，基本没有实现跨行业或全产业链经营。

（二）初步建成标准化生产体系，质量管理体系建设相对滞后

对经营体的走访和数据分析中看到，多数企业都建立了企业标准化体系，无论是国

家标准、行业标准、企业标准还是地方标准都集中在活畜或胴体收购、养殖、产品加工和产品质量检测方面；合作社、养殖大户、家庭牧场、养殖小区（场）等标准化也多集中于棚圈等设施标准化建设、饲养规模和饲养管理方面。在废弃物处理方面基本做到无害化处理或达标排放。但在质量管理体系方面相对缺少完善的质量检验检疫机构和检测人员，同时企业生产加工标准与养殖户饲喂标准不匹配导致的活畜或胴体达不到企业收购标准的现象也普遍存在。

（三）产业化经营成效显著，带动农牧民增收明显

从产业化经营带动农牧民增收来看，经营体带动多为“公司 + 农户”“公司 + 合作社 + 农户”“公司 + 经纪人 + 农户”“合作社 + 经纪人 + 代收代销点”“合作社 + 电商”等形式。特别是在经营体与农牧民利益联接交换过程中，经纪人或代收代销点发挥了关键作用，有效降低了经营体与众多个体经营户间的交易成本。据调查，参加畜牧业经营合作组织的牧户在一次分红（原材料生产如财产和活畜交易等）、二次返利（在活畜交易后再次从畜产品销售中获得分红）和牧民就业中，户均增收 2 万～ 5 万元不等。伊犁福润德农牧业发展有限公司在特克斯县、巩留县建设规模化畜牧产业基地，吸收当地牧民 500 余人就业，人均年收入 3 万元左右；阿克陶县巴仁乡沙曼养殖专业合作社目前拥有社员 53 人，2015 年分红最多的户为 7 万元，最少的户为 2.5 万元。

（四）品牌建设初具成效，部分经营体已将产品定位于中高端市场

“西域春”乳业、“巴口香”牛肉、“萨帕乐”细羊毛、“长河肠衣”等一大批起点高、规模大、效益好、有品牌的畜牧龙头企业在全区范围内崛起，推动了新疆以畜产品深加工为主的畜牧业产业化发展进程。截至 2012 年年底，已取得国家级、自治区级畜牧业产业化重点龙头企业有 30 家；全区规模化乳品加工企业 52 家，年加工鲜奶能力达到 190 万 t；肉品加工企业 55 家，年分割加工牛、羊 120 万头（只），生猪 10 万头；种畜禽繁育企业达到了 215 家；饲料加工企业达到了 267 家。

2010—2015 年，共认定新疆农业名牌产品 254 个（仍在有限期内的 123 个），其中，获得中国驰名商标的 22 个，获得自治区著名商标的 64 个，获得新疆名牌新产品的 29 个，获得“三品一标”认证的 96 个；8 家企业获得国家级农业产业化重点龙头企业称号，76 家企业获得自治区级农业产业化重点龙头企业称号。据 2014 年度新疆商标发展报告统计，新疆畜产品著名商标有 31 个。

2016 年度 49 个认定的新疆农业名牌产品中，旺源驼乳（旺源）、利乐砖纯牛奶（西域春）、乳酸菌（小金牛）、阿勒泰羊冰鲜肉（大尾乌伦古）4 个畜产品品牌榜上有

名。基本形成了以加工企业为龙头，连基地、带农户的一体化经营模式，部分经营体也开始或计划开始网络营销，借助多样化品牌宣传，已创立了一批面向中高端市场的“西域春”“巴口香”“小巴郎”等知名畜产品品牌。

二、自治区畜牧业经营主体发展面临的现实困难

（一）融资难融资贵的现象依然存在

调研发现，大多经营体都存在融资难、融资贵的问题，部分企业也存在营改增后各种收费带来的成本增加问题。数据显示，2014—2015 年自治区财政利用中央财政支持合作社发展专项资金在昌吉等 5 个地州开展合作社贷款担保试点工作。至 2015 年年底，仅有昌吉州等 3 地州的 32 家合作社申请到了贷款，和田和巴州两地州没有一个合作社拿到贷款。全区两万多个合作社中，享受到贷款贴息的合作社 250 个，占合作社总数的 1%。融资难、融资贵的主要原因：一是农村特别是牧区，金融资本非牧化严重。县乡银行等涉农金融机构发展不足，银行基于资本逐利性和利润最大化考虑，也会将大部分信贷资金投放到比较利益相对较高的领域和行业，加之畜牧业生产周期长、风险大的特殊性，相应对涉牧企业信贷支持力度明显不足，加剧了经营体获得贷款的难度和成本。二是抵押担保物不足。基于畜牧业生产、经营的特殊性，部分企业、合作社难以拿出易变现的高价值自产进行抵押。三是由于信息不对称等因素，银行考察企业、合作社等经营体资信状况难度较大。基于风险防范考虑所采取的惜贷、慎贷或提高贷款利率的做法，也加剧了资金短缺或提高了融资成本。

（二）科技创新能力相对薄弱

一是经营体创新基础薄弱。受资金、观念和利润等因素影响，大多数经营体都缺少配套的研发机构或研发人员，虽然部分企业也聘用研发人员或与科研院所、大专院校签订联合开发协议，但大多数处于简单产品生产阶段，缺乏足够的技术积累、资金和人力进行科技创新。二是创新意识淡薄。多数经营体负责人不愿意承担创新活动的财务支出和不确定性风险，经营过程中对外部技术依赖性较强。三是创新资金投入不足。自有资金多被用于生产经营，而研发资金多来自依赖于政府科技、畜牧部门以科研项目等形式的资助，自有资金投入严重不足。四是创新人才缺乏。受发展空间、环境、待遇、语言、文字等因素制约，支撑经营体创新发展的人力资源储备特别是民汉双语人力资源明显不足。五是新技术、新业态培育尚待加强。打破产业界限、促进各产业间联动的关键技术研发和推广体系尚未建成，也缺少前瞻性研究。基于产业融合发展的“互联网 +”

畜牧业、电子商务畜牧业等各类新型产业形态还处于探索阶段，规模小、效益不明显、管理体制机制欠缺，亟须进一步发展壮大。

（三）品牌化经营意识欠缺

主要表现为一是品牌意识不强。经营模式小而散，产品生产重数量轻品牌观念比较严重。经营体负责人缺少注册商标、维护品牌价值的主观意识和内在动力，特别是在南疆地区，维吾尔族居民喜食生鲜肉的习俗和羊肉消费量大、大众消费市场紧俏等因素影响，畜产品加工业相对滞后，老百姓重品种不重品牌的现象较为突出。二是产业品牌化程度不高。经营产品多为原始畜产品或经过简单包装加工后的初级畜产品，有竞争力的市场品牌较少，在精深加工、包装、营销、品牌等方面需提升档次，提高品牌知名度和市场创汇能力。三是品牌管理能力亟待提升。品牌管理上只是单纯注册一个商标、设计一个简易包装，然后配以简单文字说明就进入消费市场，缺乏专业化品牌策划与宣传。四是品牌宣传方式有待改变。宣传内容局限于推销畜产品本身，缺乏对品牌内涵、文化、价值等内容的适度挖掘。宣传形式拘泥于参加产品展销会、发放宣传彩页或宣传册等文字材料。

（四）企业与养殖户间缺乏紧密的连接机制

一二三产融合发展所需的畜牧产业化组织和新型经营主体数量少、规模小、档次低、带动力弱等问题较为突出，也未形成明显的规模优势和集聚带动效益。数据显示全区现有农牧专业合作社 20 965 个，入社农牧户占总户数的 20%（在牧区更低），挂牌而未运行的合作社占到 30% 以上。多数企业本身的产业链延伸拓展领域比较窄，难以与养殖户结成以技术、资金、资产、服务为纽带的紧密型利益联接模式，更难以分享产业价值链的增值收益。虽然多数企业都与养殖户签订了购销合同，但企业带动养殖户是依靠现时市场交易而非履行合同实现。各类产业化组织利益联结机制也不够紧密、完善，遇到市场波动，违约现象仍时有发生。尚未建成基本的“经营主体 + 社会化服务体系 + 配套政策”的新型牧业经营体系，畜产品生产、加工和从事休闲畜牧业的企业、农户、合作社等大多数为孤立经营，欠缺基于各自优势和专业化分工基础上的合作；畜产品生产者与加工商、运销商、服务商等产业链的其他主体缺乏实质性深度合作，基本是市场买卖关系，存在利益冲突，难以实现一体化。调查中发现企业、养殖户都反映对方有过不同程度的违约情况。此外，畜产品加工企业普遍存在初级加工多、精深加工少、产品附加值低的现象，造成产品加工增值转化率低、带动农牧民增收有限。

（五）政府公共服务水平有待提升

第一需要改善公共设施环境，增强各地州、县市打造宣传推介、区域品牌培育等“软环境”实力。第二亟须加快农牧区信息化建设进程。各地政府在加快农牧业信息网络建设、培育打造畜牧业“淘宝村”、利用信息网络平台宣传推介和资金投入等方面认识度不高，资金投入明显不足。调查发现有部分企业、合作社已开展了畜产品网上营销和品牌宣传，但网上营销的网络环境、网络运行及冷链物流费用等因素一定程度上也制约着品牌发展和畜产品竞争力的提升。第三是需要优化使用支农资金。财政支农资金整合难度大，致使资金扶持分散、力度偏小，甚至出现扶持资金交叉重复或遗漏缺位等情况。第四是要进一步提升惠牧政策的落实效率。大多涉牧扶持政策存在经办时间长、实施成本偏高的现象，而且在政策落实上也有较明显的时间滞后性。

三、促进新型牧业经营主体发展，助力农牧民脱贫增收的政策建议

（一）结合畜牧产业特点，创新融资服务政策与模式

基于新疆南北疆畜牧业生产、市场等资源禀赋和生产生活与消费方式，一是加速推进农牧区金融体系建设。规范发展农牧区资金互助组织等新型金融机构，引导支持牧区内生金融组织发展，在执行《自治区财政扶持农民合作社发展贷款贴息资金管理办法（试行）》（新财农〔2015〕73 号）文件中，将 37 个牧业县和半农半牧县的养殖合作社纳入自治区农民合作社示范名录优先考虑，并适度放宽限制条件；鼓励面向地州、县市、乡镇扩展营业网点，重点向涉牧企业提供融资服务。二是拓宽畜牧业政策性金融的支持范围。采取政府引导、社会参与、市场化运作的模式，设立畜牧业产业发展基金或贷款担保公司，吸引鼓励企业、社会组织、民间资本、个人等多种形式的资金投入，确保资金投入和使用的长期性与连续性。三是扩大信贷担保融资。发挥好政策性涉牧担保机构担保增信职能，健全贷款贴息、担保费补贴及风险补偿基金等配套政策。四是加快研究探索“信贷 + 保险”的融资模式，对中小规模经营体在产草料作物、畜禽养殖动物等投保相应保险，以保单为凭证发放流动资金贷款。五是创新金融服务方式。探索建立以村镇银行、贷款公司和资金互助社 3 类农村金融机构为贷款供给方的新型农村金融机构服务模式。六是规范引导工商资本投资畜牧业。规范引导城市工商资本通过参股、控股、全资收购方式投资涉牧企业，并加强对工商资本投资畜牧业的事中事后监管。同

时建议国土部门在未来经营性建设用地规划时，向牧区产业融合型经营主体倾斜，优先考虑圈舍、加工厂房、餐饮、仓储等建设用地。

（二）助推企业创新能力提升

一要加大科研项目和成果转化扶持力度。面向畜牧业生产和市场，建立科技创新专项资金，引导企业等经营体参与或主持促进畜牧产业发展的科研、成果转化等项目，并以贴息、无偿资助等方式支持开展科技创新活动和成果转化力度，持续推进企业与科研院校的深度科技合作。二要加大财政扶持力度。政府以公共投资形式加大财政扶持力度，重点用于技术攻关、技术改造、技术推广体系建立等方面。三是制定一二三产业融合发展的政策支持标准，对吸纳当地农牧民就业数量和农牧民增收达到一定比例时，给予税收及相关费用的优惠减免政策，对养殖场等用水用电按农业电价水价给予支持，创新流通方式，支持发展直销、配送、电子商务等畜产品流通业态，从而带动当地农牧民就业和增收。四是强化税收落实力度。全面落实企业税收减免、研发费用加计扣除、高新技术企业所得税优惠等鼓励加大自有资金研发投入的税收政策。

（三）推动畜产品品牌影响力拓展

一是要引导企业树立品牌意识。充分利用多种媒介宣传畜产品品牌建设的政策法规、典型案例，营造品牌建设的舆论环境和产业氛围。二是要重视企业品牌建设。积极组织企业举办或参加各类农业品牌推广活动，加强畜产品品牌基地建设，共同做大地域品牌，实现地域品牌与企业品牌互动融合发展。三是要完善品牌扶持政策措施。建立自治区、地州、县市级品牌建设资金奖励的政策措施，并将此优惠政策扩展至所有牧业经营体。四是要加大品牌保护力度。职能部门要加大商标注册、知识产权保护、反不正当竞争方面法律法规的宣传与执行，从制度层面加大品牌侵权行为的整治力度。

（四）加快研究制定产业链各环节利益联结机制，试行经营体专项经费后补助办法

畜牧业全产业链涉及部门多、类别广，而企业和养殖户是连接链条从活畜禽到畜禽产品的重要环节。链条各环节利益分配不仅是产业链稳定发展的前提，也是实现农牧民增收的基础。因此首先要从自治区层面成立发展新型畜牧业经营主体的专项推进领导小组，顶层设计，统筹规划，多部门联合开展畜牧产业链各环节利益联结与分配机制研究，在保障前端养殖者能够获取终端市场利润的同时，提高养殖户的养殖积极性，确保新疆草食畜牧业的可持续发展和农牧民增收。其次针对当前“被社员”“僵尸合作

社”“空壳企业”等现象，探索试行经营体后补助办法。组成由畜牧部门牵头，工商、税务、银行、商务、统计等相关部门参加的专家组，对经营体上一年度或前3年利润、社会影响力、农牧民增收带动力等方面进行综合评价，对综合评价指标和利润最高的经营体进行专项资金扶持，或按照政策目标的实现程度给予相应的政策补贴或奖励，以保证扶持资金的效益最大化。

（五）促进畜牧业全产业链信息化水平提升

一是要完善畜牧业信息公共服务平台。依托科技兴农网、新疆畜牧厅网、新疆畜牧科学院院网等政府门户网站，加快信息更新速度和频率，丰富信息提供内容。设置专项资金，支持并强化定期监测、汇总、统计、分析工作，为企业、合作社等经营体和社会各界提供及时信息服务。二是要加快牧业物联网发展。综合运用财政、科技、信息政策和资金，试行牧业物联网示范区工程，建设全疆牧业经营体的牧业物联网平台及数据系统。三是结合新疆多民族聚居的特点做好民汉双语畜牧业公共服务平台的建设、运维以及数据、信息的及时翻译和发布。

新疆畜牧科学院畜牧业经济与信息研究所

新疆老科技工作者协会

新疆农业大学经济与贸易管理学院

2017年1月20日

关于促进新疆新型牧业经营体发展的政策建议

新型牧业经营主体是顺应现代畜牧业发展和产业结构调整需求而生的一种跨产业、跨行业的新型合作与融合，具有“集约化、专业化、组织化、社会化、信息化”相结合的主要特征。既涵盖了为产前、产中和产后提供专业化、市场化服务的专业服务公司、专业服务队、农民经济人等，也包括了畜牧业产中环节的生产经营组织。

面对新疆畜牧业生产中风险大、产业链长和发展中资源短缺、生态环境压力加大、畜牧业投融资体系和现代服务体系不完善、畜牧业发展体制和机制相对滞后等现实问题，依托新疆老科技工作者协会“新疆新型牧业经营体发展研究”项目共同开展了调查分析和研究工作。通过实地调研、文献分析和座谈讨论，在分析影响新疆新型牧业经营主体发展的制约因素的基础上，为促进新疆新型牧业经营主体发展、提高牧民收入、增长牧区经济和牧业转型提出以下政策建议。

一、建立行业管理部门沟通协调与信息共享机制，促进现代畜牧产业融合发展（外部环境）

（一）问题

从新型牧业经营体的特点来看，其培育与发展不是某一个部门或厅局独自可以完成的工作。在部门协调上，从肉羊到羊肉的产业链中，包含了畜牧、商务、工商、质检、交通、物流等多部门的管理、监督，同时也包括了养殖户、合作社、企业、商家、消费者等多环节的利益相关者。现代畜牧业从生产方式、生产目标和经营方式上都发生了巨大的转变，但各相关行业管理部门间的数据方法和标准还不统一，相关政策、生产、市场信息等发布平台也是各自为政，行业管理部门沟通协调与可公开信息资源整合难度大；标准化、规模化养殖与企业生产加工标准不一致，与市场联系不紧密；加之统计数据的严重滞后等因素，不仅增加了新型牧业经营体获取信息、数据的难度，也会影响经营体对生产和市场的判断。

（二）建议

由自治区党委、人民政府牵头，与新型牧业经营体培育和发展相关的各行业主管部门和科研单位参与，研究制定并完善与现代畜牧业发展相适应的数据统计标准、采集方法和共享发布方式，建立基于市场和产业融合的“新疆现代畜牧业全产业链信息服务”平台，创新管理和服务方式。通过平台实现各行业与归口管理部门政策、生产、市场等相关数据的融合、共享与及时发布，为产业链稳定循环提供政策保障和信息服务。一是各地州、县市要制定切合本地实际的多元化新型牧业经营体扶持与发展方案，在标准化、规模化养殖方面，要加大对饲养和饲喂管理标准化的关注力度，只有生产出适合企业加工标准需求的畜源，才能更好地保障养殖户活畜销售的收益；二是要建立行业与归口管理部门间联席工作制度，分析、研究产业和行业发展中的焦点、热点与难点问题，及时发现和解决影响经营体发展的问题，最大限度地降低因政策理解和落实不到位、数据误差等造成的产业形势预判失误和经济损失。

二、建立健全新型牧业经营体准入与考核制度，进一步规范和完善经营体内部管理机制（内部环境）

（一）问题

一是经营与管理人才短缺，成员对经营体带头人缺乏信任度，以及“空心”“挂牌”等“僵尸”合作社的存在等现实，影响了农牧民对新型牧业经营体的认知度和认可度；二是经营体内部管理制度松散，特别是在利益分配和风险保障方面，毁约风险较大。

（二）建议

由工商部门和农经部门联合建立准入登记和备案数据共享与发布机制；按照国务院《企业信息公示暂行条例》要求，制定经营体效益与带动影响力考核指标体系和年报制度，出台经营体财政年度绩效与利润考核办法，由工商部门牵头，与税务、银行、经营体注册地政府联合进行考核并通过“新疆现代畜牧业全产业链信息服务”平台对排名进行公示。可以对连续 3 年经营亏损或排名末尾的经营体实施注销，并限定被注销经营体负责人再次组建经营体的相关条件；对排名靠前的经营体可以在政策、项目和资金等方面予以优先支持。规范并细化经营体企业化管理、商业化运作和股权、红利分配机制，增强农牧民对经营体的信任度和各方合作意愿，在新型经营体市场竞争力和抗风险能力提升的同时，强化各方契约精神，确保各方合理收益的最大化，以制度的完善促进经营体内部的规范化运行和管理，用好的制度和机制来吸引并留住人才。

三、建立健全与新型牧业经营体发展相适应的社会化服务体系，保障新型牧业经营体的健康持续发展（扶持体系）

（一）问题

随着现代畜牧业的发展，畜牧业生产方式从传统转向现代、从分散转向集中，生产目标从满足自给转向供应市场；畜牧业生产的产业链也在不断延长，形成了在相关政治、法律、经济、文化、资源、技术环境下，与畜产品生产密切相关的关联产业群所组成的网络结构。畜牧业生产方式、目标、经营模式等都在发生变化，但缺少与之相适应的服务体系。滞后的统计方法和统计标准、落后的推广服务体系以及金融保险措施、缺失的产业链利益分配机制、信息的不及时和不对称等不仅影响经营体的健康持续发展，同时制约了新疆从畜牧业大省向现代畜牧业强省转型升级的进程。

（二）建议

教育培训与人才培养方面。由各行业主管部门牵头，以科研院所、大专院校、示范园区和基地等为依托，通过学历教育、远程教育、短期培训、参观考察、经验交流等多种培训形式，开展与生产、管理、经营、政策、金融、保险等相关内容的知识与技能培训，加大新型牧业经营体经营与管理人员的培训力度，通过不同层限、多种形式的培训，使他们熟悉新型牧业经营体理论和政策知识，增强管理意识、发展意识、创新意识，提高工作水平，减少经营决策的局限性和片面性，加快培养善经营、会管理、懂技术、有奉献精神和凝聚力的新型牧业经营体管理人才队伍，建立奖励激励机制，鼓励和吸引牧业科技人员和大中专毕业生参与新型牧业经营体运营和管理等工作。

在风险保障机制上。一是建立由政府、企业、牧民 3 家共同承担的畜牧业风险基金。二是要加大宣传力度、简化审批程序，做到科学查勘、快速理赔，改进和规范理赔、承保工作流程，以及保险条款；健全畜牧业保险制度，提高农牧民参保意识。三是鼓励畜牧业担保公司的发展，提高畜牧业融资效率。自治区各级政府应积极推动多元化、多层次畜牧业贷款担保中心的建立，为畜牧业发展融资提供更多的机会和更大空间。四是创新发展养殖业互助合作保险。可以参考国内外成功经验和做法，通过实施生产合同补贴、畜牧业灾害补贴等牧业补贴政策、开展经营体间合作来降低生产风险。通过补贴政策扶持经营体间的战略合作，可以在养殖户不能及时提供产品的情况下，及时从战略合作伙伴方采购产品，同时也有益于减少畜牧业季节因素影响，实现畜产品的均衡供给。

在金融扶持上。建立相关部门联合的经营主体综合信用评级制度，建立不同经营类型、不同规模经营体的信誉动态评价体系，加大对利润高、影响力大、带动效益强的合作社、龙头企业的支持力度，既可直接补助资金，也可通过支持开展培训活动增加对经营体的智力投资，还可根据畜牧业生产特性，为认定的、企业信誉和效益良好的企业研究制定灵活、多样的金融产品、贷款利率和服务方式，在保证企业利益的同时也保障养殖户的利益。探索研发以村镇银行、贷款公司和资金互助社 3 类农村金融机构为贷款供给方的新型农村金融机构服务模式，进一步拓宽畜牧业金融服务的广度和深度、延长产业链条、打造产业链服务模式。在具体做法上可以参考韩国“农业协同组合”的成功经验和做法。

全产业链发展服务体系建设方面。从现代畜牧业发展和新型牧业经营体培育的关键点位和环节入手，联合开展多部门跨产业的利益分配与风险共担机制研究，同时在现有服务体系中重点加强冷链物流、品牌效益和畜产品生产与流通的监测预警及数据分析工作。一是要降低运输流通特别是冷链物流成本。应根据家畜产品特点和畜牧业生产的风险，充分利用“鲜活农产品运输绿色通道政策”和“生鲜农产品流通环节税费减免政策”，一是在目录范围的鲜活农产品中增加冷鲜畜产品或分割肉产品的内容，二是在继续实行生鲜农产品流通环节税费减免政策的同时，加快制定对冷鲜畜产品和冷冻分割肉等流通环节的税费减免政策。同时要通过相关财政补贴、税收减免或与物流企业合作等方式降低生鲜畜产品冷链物流成本。二是要增强品牌效益，形成品牌合力。研究目标市场和消费者需求，拓宽畜产品消费渠道，集中打造新疆优势畜产品品牌，扩大品牌市场占有率和企业影响力，再好的品牌没有市场也只能是没有效益和利润的产品。在品牌宣传方面，政府应加强对合作社产品广告、营销、专卖店设置等方面的投入或相关费用的减免，鼓励合作联社参加农产品交易会、展销会等活动，并予以适当赞助。三是要加强基础数据共享和产业分析团队建设。准确的市场分析和预测来自及时、准确、连续的基础数据，因此有必要建立集统计、商务、检疫、工商、流通等生产与市场信息的数据库，以及基于数据库的“新疆畜产品生产与市场信息监测预警分析团队”，由团队成员根据各类信息和数据综合分析新型牧业经营体发展情况和产业发展趋势，为政府决策和产业发展提供理论依据。

李　捷　王　琼　王　惠

2016 年 12 月

新疆畜牧产业振兴中政策研究的想法和建议

畜产品生产和流通形式必然会随着经济社会的发展和改革而发生变化，而畜牧业供给侧结构性调整的目的，就是为了实现畜产品由低水平供需平衡向高水平供需平衡的跃升，因此推进供给侧结构调整，是大势所趋、形势使然，也是新疆畜牧业从数量向质量、从满足自给向商品化生产的高级形态演进的过程。在这个过程中，产业政策不仅是引导产业发展方向、推动产业结构升级、保障产业结构协调发展的保障机制，同时在弥补市场机制缺陷、引导资源配置、矫正收入分配、支持可持续发展等方面也有着双刃剑的作用。

长期以来农业产业政策在新疆畜牧业发展中发挥了重要的作用，但在政策实施效果方面的研究却不多，而且有些政策成效也不是很明显。究其原因主要表现在一是对政策研究工作的认识不足、重视不够，缺少对政策措施传导率以及执行到位率的跟踪分析；二是数据短缺以及数据准确性和共享性差，难以对畜牧业发展实践过程中出现的重点、热点、难点问题进行分析、预测和政策效果的事先、事后评估；三是对与畜牧业发展相关领域、行业政策措施关注不够，缺少对畜牧业全产业链协同发展的扶持政策和措施的研究与制定；四是经济与政策研究单位资金、技术工具与专业技术人员缺乏，数据来源渠道不畅。

畜牧业产业链长、涉及生产、管理等部门多是不争的事实。畜牧业生产特性决定了不仅种植业的政策措施和产业变化会影响到畜牧业的发展，而且人类社会经济活动、工业化、城镇化建设、自由贸易和关税等政策也会对畜牧业发展带来冲击和影响。畜牧产业发展中所面临的具体矛盾和任务与其他产业有很大的差异性，畜牧业不仅要关注供给侧的结构调整，也不能忽视需求侧的消费变化。因此畜牧业政策的制定，不仅要考虑畜牧业内部各地区、各产品、各产业的关系以及各种政策之间的相互支持和配套，还要考虑畜牧业与种植业及国民经济其他部门的关系，随着国际化（一带一路）、外向型畜牧业的发展，还要考虑国际市场的变化对新疆的影响以及新疆畜牧业对国内、周边国家、地区的影响。只有把握好供给侧政策与需求侧政策的关系，做好政策咨询研究工作，才有助于新疆畜牧业的可持续发展，更有助于从提高供给质量出发，用改革的办法推进结构调整，矫正要素配置扭曲，扩大有效供给，提高供给结构对需求变化的适应性和灵活性。

（一）工作建议

第一，建立内部互通互联和共享机制。做好局属相关部门和畜牧科学院畜牧业经济与信息研究所的资源、信息和数据共享，发挥各部门优势，联合开展相关调研和研究工作，夯实产业政策制定的前期基础，做好后续跟踪、评估与分析工作。

第二，建立外部与畜牧产业链相关机构、部门的信息沟通和数据互享机制，从全产业链的视角做好政策咨询与服务工作。

第三，加大对政策研究的资金、技术和人员支持力度，组建政策研究团队，构建服务全产业链的政策研究与服务智库。

（二）下一步工作计划

以适应经济发展新常态为基础，从实行宏观政策要稳、产业政策要准、微观政策要活、改革政策要实、社会政策要托底的总体思路出发，立足产业政策要准、微观政策要活，结合当前牧业经营体现状和产业发展需求，从资源禀赋的视角，下一步工作计划如下。

第一，开展适度规模生产与经济效益协同发展政策研究。重点关注供给侧结构调整的适度规模生产与经济效益协同发展的相关政策。

第二，开展新疆畜产品品牌发展政策研究。重点关注新疆畜产品品牌发展战略，研究有关地方品牌多，但知名品牌和品牌市场占有率少的政策扶持措施。

第三，开展新疆畜产品全产业链发展扶持政策研究。重点关注新疆牛羊肉全产业链发展所涉及领域的关联扶持政策。

新疆畜牧科学院畜牧业经济与信息研究所

李　捷　畜牧兽医局座谈会交流发言

2019 年 10 月 17 日

2015 年新疆羊肉市场形势分析

2015 年 10 月，新疆羊肉价格连续 10 个月下跌，较 1 月累计跌幅 21.8%，环比跌幅为 8.9%，同比跌幅为 25.1%；11 月新疆羊肉价格有所回升，环比增幅为 4.4%，但同比跌幅为 21.3%。

一、新疆羊肉价格 11 月有小幅回升

从月价看，羊肉价格继续下降，10 月跌至最低 42.49 元 /kg；11 月起有小幅回升，为 44.34 元 /kg，环比涨 4.4%，同比跌幅 21.26%；与 1 月相比，羊肉价差为 9.99 元 /kg，跌幅较大（图 1）。

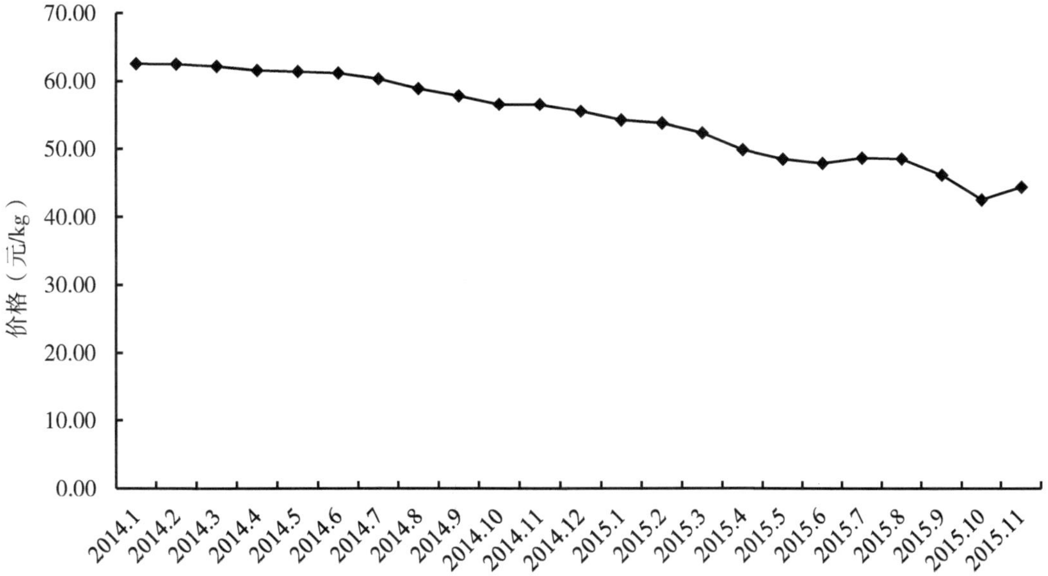

图 1　2014 年 1 月至 2015 年 11 月新疆羊肉集市月价

数据来源：新疆维吾尔自治区畜牧兽医局、新疆维吾尔自治区商务厅、新疆兴农网。

新疆南疆和北疆羊肉价格11月开始回升，与2014年同期相比跌幅较大。据监测数据显示，11月，南疆羊肉平均价格为53.5元/kg，环比涨幅为7%，同比跌幅为10.8%；北疆羊肉平均价格为35.25元/kg，环比涨幅为0.7%，同比跌幅为33.1%。

进入2015年以来，羊肉价格持续下跌，主要原因是：前几年羊肉价格飞涨导致一些养羊专业户和合作社不断涌现，羊存栏量迅速增加，根据2015年新疆统计年鉴数据可知（图2），2014年新疆羊存栏量较2010年增加了28.9%，羊肉产量较2010年增加了14.2%，而消费量较前几年相当，羊肉供大于求，导致羊肉价格下跌。新疆储备肉的投放，以及增加进口羊肉等政策，使得羊肉市场供应增加，导致羊肉价格连续下降。2015年11月羊肉价格小幅回升，但低于上年同期水平，仍处于较低的价位。从图2可见，虽然羊出栏数大幅增加，但羊肉产量增幅较小，一方面是因为羊个体单产水平未能得到有效提高，另一方面则是活畜的重复出栏导致羊肉产量统计的误差。

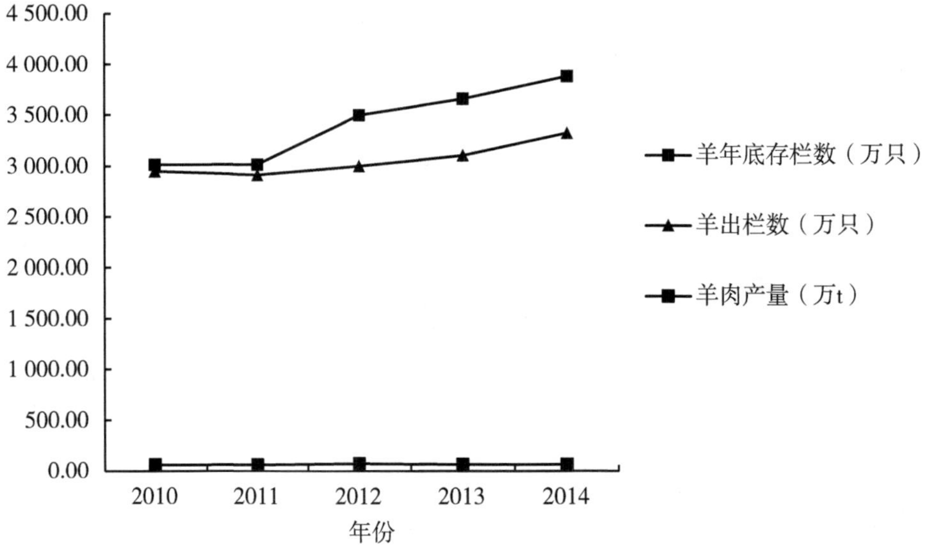

图2　新疆羊肉月度价格走势曲线

二、截至11月新疆活羊进疆量较去年增长65.0%，羊肉进疆量增长316.0%

截至2015年11月，新疆星星峡检查站数据显示：活羊及羊肉进增出减，进疆增幅大。进疆羊肉较去年同比增长316.0%，出疆为0。活羊进疆增长65.0%，出疆减少57.1%。

三、新疆羊肉形势分析

（一）产量

随着新疆《关于加快肉羊肉牛产业发展的意见》（新政发〔2013〕94号）文件的落实，特别是“新疆新增1 000万只出栏肉羊综合生产能力规划”的实施，新疆羊肉生产和供应得到了有力保障。2014年，新疆羊出栏3 327.60万只，增加220.11万只，增长7.1%，羊肉产量53.61万t，增加3.9万t，增长7.8%；平均单产16.11 kg / 只。新疆统计局数据显示，2015年前三季度，全疆羊出栏2 560.81万只，增长4.5%，羊肉产量42.15万t，增长6.5%；平均单产16.46 kg / 只。

总体来看，羊平均单产为16kg左右，提高羊单产水平是当前需要关注和解决的重要问题之一。

（二）价格

从2006年开始，新疆羊肉供应开始紧张，价格步入上升通道。2010年以来，羊肉价格呈加速上涨态势，2014年春天，羊肉价格最高时达到67元/kg。新疆畜牧厅提供的数据显示：新疆羊肉价格7年间增长了2.8倍。自2014年6月开始，羊肉价格出现拐点，开始持续下跌。

进入2015年以来，新疆羊肉价格总体呈平稳下行趋势，9、10月进入羊集中出栏时期，羊出栏数量增加，导致羊肉价格明显走低，10月环比下降8.9%，是今年11个月来最大跌幅；11月进入冬季，肉食消费旺季开始到来，同时出栏量逐渐平稳，羊肉价格环比有所上涨。

（三）影响因素

1. 储备肉投放影响

2015年中央、自治区、地州（市）三级储备肉的投放，在全区保障供应和满足民生需求方面发挥了重要作用。2015年2月期间，新疆共有3家中央储备肉承储企业参与投放中央储备冻羊肉1 000t；自治区商务厅会同各地商务主管部门，通过设置自治区地方储备肉直销点的方式在11个地州市的部分县市区面向各族居民直接销售进口冻羊肉约1 000t，投放价格为30～32元 / kg不等，与市场新鲜羊肉零售价价差为15～20元；同时乌鲁木齐市、昌吉州木垒县、巴州库尔勒市，克拉玛依市等地还组织投放了市级储备冻肉或由本地财政补贴的新鲜羊肉，各地投放价格也普遍比当地市场零售价低 5 ～ 10 元。储备肉的投放一方面抑制了羊肉价格的上涨，同时也造成养殖户存栏量的增加，而存栏期的延长也造成养殖成本的提高，使得部分养殖户不得不低价赔钱出售。因此市场储备肉的投放需与养殖生产各环节相适应，既要满足稳定市场的目的，也要保护养殖户的生产积极性。

2. 进疆羊肉量的冲击

截至 2015 年 11 月，仅从新疆哈密市星星峡检查站进疆的羊肉 387.5t，同比增长 316.0%；活羊进疆 1 341 765 只，同比增长 65.0%。进疆羊肉一方面可以缓解新疆羊肉短缺的局面，但另一方面也对当地养殖户的生产积极性造成一定影响。南疆调研发现，作为经纪人，很希望能从疆外调羊来弥补地方市场缺口，但养殖户则不希望有太多的羊进疆，认为进疆羊会影响当地养殖户的利益。

3. 人口与消费习惯影响

2014 年，新疆全年接待旅游总人数 4 952.69 万人次，同比下降 4.9%。受旅游人数减少影响，餐饮业效益不佳，饭馆和酒楼对于羊肉的需求减少，使得市场上羊肉的销量出现下降。乌鲁木齐市北园春市场商户的羊肉销量由 2014 年的每天 3 ～ 4 只下降到了现在的 2 ～ 3 只。2015 年上半年旅游经济形势数据分析显示：北疆各重点旅游景区旅游已全面恢复，游客量接近历史最高值，呈井喷式增长态势。南疆旅游蓄势待发，旅游氛围浓郁，特色旅游发展良好，重点旅游景区游客接待量大幅度提升。

根据第三方调查公司统计，2015 年上半年全疆共接待国内游客 1 568.42 万人次，同比增长 15.78%，其中过夜游客 950.20 万人次，一日游客 618.22 万人次；国内游客总消费 220.7 亿元。接待入境游客 66.77 万人次，同比增长 7.82%，入境旅游消费 18 360.75 万美元。

消费人口的增加势必导致市场羊肉的紧缺和价格的上涨，而储备肉的投放短期缓解了市场与价格问题，但增加了肉羊养殖周期，影响了正常的肉羊生产规律。

从消费习惯上，新疆少数民族很少吃冻肉，大多为热鲜肉，特别是南疆地区，也很少食用排酸肉。进口冻肉多为餐饮行业、非穆斯林群众和贫困、低收入人群消费。

四、展望

近年来羊肉消费已打破了地域和季节的限制，且受新疆少数民族的生活习惯、草地资源承载能力、畜牧业生产方式、饲养成本等多种因素的影响，短期内难以改变羊肉需求的快速增长趋势；虽然肉羊的存栏量较为稳定，但生产母羊存栏量不稳，养殖户的养殖成本也很难出现大幅下降，一定程度上难以满足日益增长的消费需求，因此，新疆羊肉价格将会呈现上涨态势，但大幅变动的空间有限。

新疆羊肉监测预警课题组

李 捷 马永仁 黎 霞 张玉华

2016 年 1 月

2016年10月新疆羊肉月度报告

从全疆整体水平来看，2016年10月羊肉及活羊价格继上月依然保持下降趋势，且低于去年同期水平（表1、图1、图2）。

表1 新疆羊肉集贸市场价格

日期（年.月）	羊肉价格（元/kg）	环比（%）	同比（%）	活羊价格（元/kg）	环比（%）
2015.1	54.33	-1.9	-13.10	—	—
2015.2	52.87	-2.7	-15.40	—	—
2015.3	51.77	-2.1	-16.80	—	—
2015.4	49.28	-4.8	-20.00	—	—
2015.5	48.09	-2.4	-21.60	—	—
2015.6	48.25	0.3	-20.50	—	—
2015.7	48.86	1.3	-18.00	—	—
2015.8	48.50	-0.7	-16.80	—	—
2015.9	46.67	-3.8	-18.00	—	—
2015.10	42.49	-8.9	-25.10	25.75	—
2015.11	44.34	4.4	-21.30	20.31	-21.1
2015.12	42.40	-4.4	-23.50	20.49	0.9
2016.1	41.39	-2.4	-23.80	19.89	-2.9
2016.2	42.59	2.9	-19.44	19.67	-1.1
2016.3	45.10	5.9	-12.88	20.10	2.2
2016.4	46.02	2.0	-6.62	20.23	0.6
2016.5	46.30	0.6	-3.72	20.15	-0.4
2016.6	46.03	-0.58	-4.60	20.21	0.3
2016.7	44.69	-2.9	-8.53	20.17	-0.2
2016.8	43.15	-3.4	-11.03	19.74	-2.2
2016.9	42.44	-1.6	-9.05	19.25	-2.4
2016.10	41.80	-1.5	-1.62	18.93	-1.7

数据来源：新疆维吾尔自治区畜牧兽医局畜牧业信息即时上报系统。

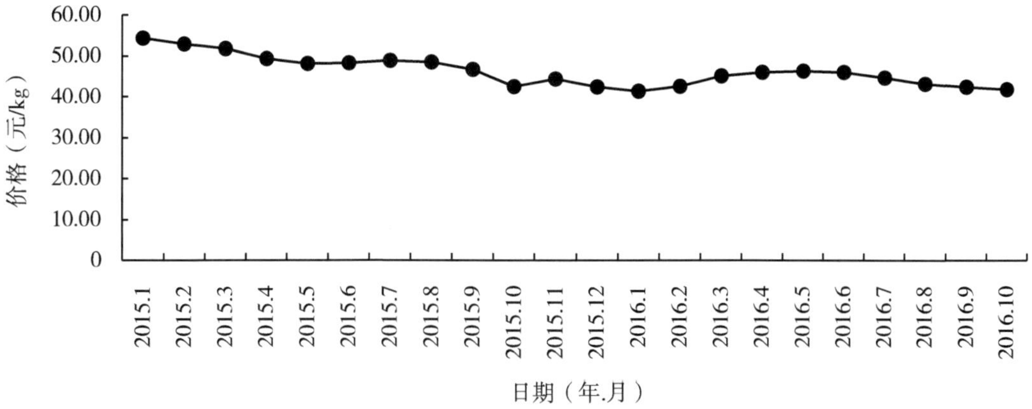

图 1　2015 年 1 月至 2016 年 10 月新疆羊肉集市月度价格走势曲线

数据来源：新疆维吾尔自治区畜牧兽医局畜牧业信息即时上报系统。

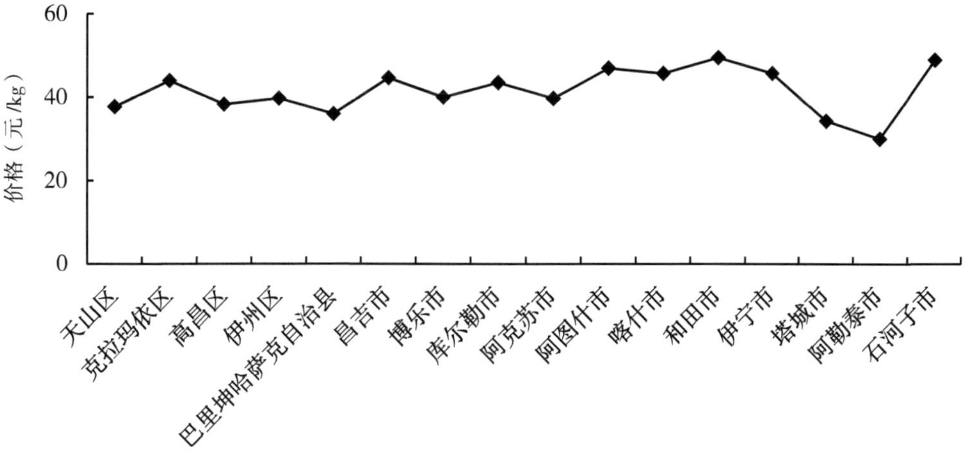

图 2　2016 年 10 月新疆南北疆不同县市羊肉价格走势曲线

从全疆平均水平看，本月羊肉及活羊价格继上月继续保持下跌趋势，居民羊肉消费需求稳定，羊肉市场供需处于平稳状态。2016 年 10 月新疆北疆天气转冷，羊群已转入冬牧场或进入冷季舍饲阶段，因本年度雨水偏多，草原牧区牧草长势良好，饲草料相对充裕，舍饲养殖成本不会有明显上升。农区舍饲特别是南疆地区饲草料短缺，多以饲料和秸秆为主，但饲草料价格并未明显增高，因此养殖成本也不会有大的波动。

一、羊肉价格走势

2016 年 10 月羊肉价格持续下降。

（一）运行特点

据新疆畜牧厅畜牧业信息即时上报系统数据显示，2016 年 10 月新疆羊肉集市价格为 41.80 元 /kg，环比下跌 1.5%，同比下跌 1.62%。

监测数据显示，2016 年 9 月阿勒泰市羊肉价格低于全疆平均价格，为 31.8 元 /kg，喀什市羊肉价格高于全疆平均价格，为 50 元 /kg。虽然大多数县市羊肉价格均高于全疆平均价，但总体较上月有所下降且远低于去年同期水平。

从且末县、霍城县和福海县 3 县点调数据显示，2016 年 9 月肉羊的屠宰加工情况来看，3 家企业共屠宰羊 5 121 只，胴体平均单价 702 元 / 只（且末县 975 元 / 只、霍城县 650 元 / 只、福海县 480 元 / 只），其中且末县羊肉价格为 45 元 /kg。

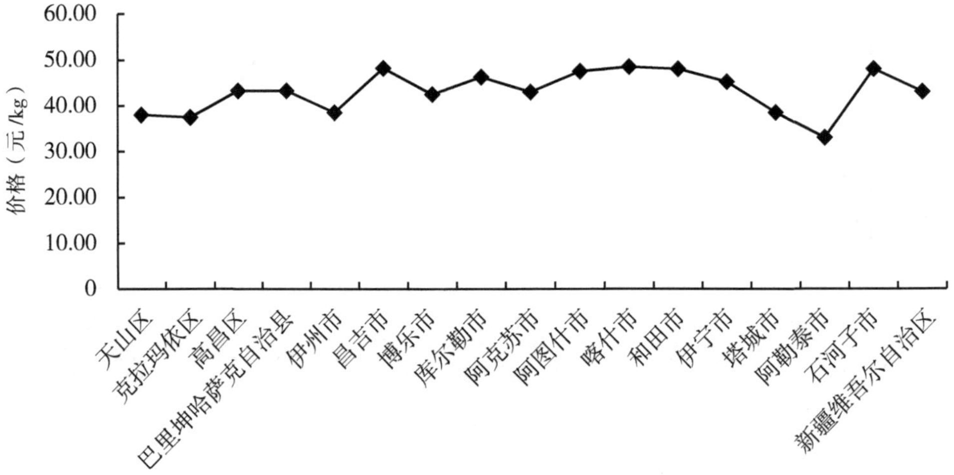

图 3　2016 年 9 月监测点羊肉价格情况

数据来源：新疆维吾尔自治区畜牧业信息即时采集上报系统。

活畜价格环比下跌 2.4%。根据新疆畜牧厅畜牧业信息即时上报系统数据显示，2016 年 9 月全疆活羊平均价格为 19.25 元 /kg，比上月减少 0.49 元 / kg，环比下跌 2.4%，呈小幅下跌（图 4）。

2016 年 9 月点调数据显示，新源县、北屯市和福海县 3 县（市）养殖户共购买活羊 8 700 只（新源县 780 元 / 只、北屯市 500 元 / 只、福海县 480 元 / 只），其中仅新源县以 1 200 元 / 只的均价育肥出栏 1 500 只；库尔勒市经纪人收购活羊 95 只（450 元 / 只），育肥出栏 140 只（400 元 / 只），且末县的经纪人按活重 13 元 / kg 收购活羊 86 只（392 元 / 只），育肥出栏 298 只（950 元 / 只），而霍城县则以 1 200 元 / 只的价格出栏羊 1 500 只。

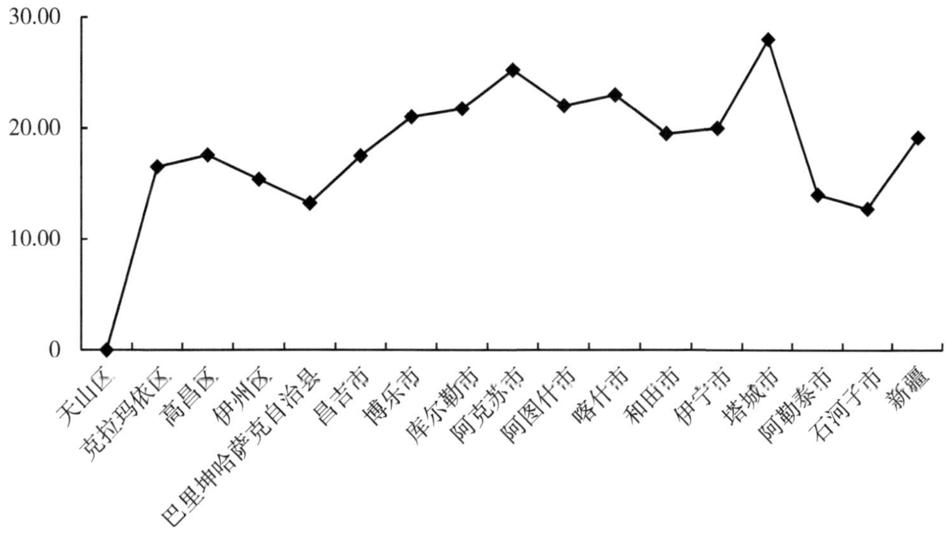

图 4　2016 年 9 月监测点活羊价格情况

数据来源：新疆维吾尔自治区畜牧业信息即时采集上报系统。

（二）成本收益情况

架子羊价格持续下跌。监测数据显示，2016 年 9 月全疆活羊均价为 19.25 元 / 只。新疆畜牧厅畜牧业信息即时上报系统数据显示，活羊收购价格阿克苏市、塔城市明显高于全疆平均水平，而阿勒泰市、石河子市、巴里坤县则明显低于全疆平均水平。点调数据也显示，牧区进入转场阶段，加之经纪人和屠宰企业压价收羊，导致养殖户养殖效益下降，特别是石河子市活羊仅 12.7 元 /kg。由于进入放牧转场期，牧区养殖饲草料生产成本不高，农区饲料集市价格与上月持平，因此，养殖户养殖成本相对较低，但受羊肉及活畜市场价格低迷影响，养殖户收益有所下降。

养殖效益：饲料价格与上月基本持平，饲料价格对牧区养殖效益影响不明显。2016 年 9 月玉米价格为 2.02 元 /kg，与上月持平，同比跌幅 9.82%；豆粕价格为 4.01 元 / kg，环比涨幅为 0.25%，同比涨幅为 0.12%；小麦麸价格为 1.79 元 / kg，与上月持平，同比跌幅为 5.04%。综合考虑饲料整体价格较上月无明显变化。

二、影响因素

2016 年 9 月适逢中秋、古尔邦节长假及新疆亚欧博览会的召开，同时临近国庆节假期，理论上旅游人口数量的增加会促进羊肉市场消费，但自治区、各地州市分别向古尔邦节和中秋节节日市场投放地方储备肉，其中仅乌鲁木齐市场就先后在 9 月 6—10 日、9 月 24—28 日两次以鲜羊肉价格 32 元 / kg，冻羊肉 22 元 / kg 投放储备肉（当月新疆统计局监测显示羊腿肉零售均价为 50.05 元 / kg，环比下降 3.95%；畜牧厅监测羊肉集市价格为 42.44 元 / kg，环比下降 1.6%）。储备肉的投放虽然增加了羊肉市场供给，但很大程度上也导致了羊肉价格的持续下跌。由此可见，本月储备肉的投放和秋季出栏对羊肉价格都有着直接的影响。

三、后期市场走势判断

由于 2016 年羊肉市场行情因素，上半年羊存栏较多，按常规以往年份 9 月羊群开始转场下山，淘汰羊数量的增多会进入一个屠宰高峰，同时牧区羊大批转场下山也会拉低活羊价格。10 月开始逐步进入新疆旅游淡季，加上 9 月底 10 月初新疆气温的快速下降，淘汰畜数量会有所增加，但活畜与羊肉价格不会有明显的上升趋势。

四、需要关注的问题及建议

应加大部门特别是商务、畜牧和统计部门对市场信息的沟通和共享力度，合理制定储备肉投放管理办法，在不影响养殖者生产积极性、保障农牧民养殖效益的同时，根据市场情况协商确定储备肉的投放时间、投放价格和投放量。

新疆羊肉监测预警课题组

鲁云峰　马永仁　黎　霞　李　捷

2016 年 11 月

2016 年 12 月新疆羊肉月度报告

从全疆整体水平来看，2016 年 12 月羊肉及活羊价格继上月有小幅回升，且高于去年同期水平（表 1）。

表 1 新疆羊肉集贸市场价格

日期（年.月）	羊肉价格（元/kg）	环比（%）	同比（%）	活羊价格（元/kg）	环比（%）	同比（%）
2015.1	54.33	-1.9	-13.1	—	—	—
2015.2	52.87	-2.7	-15.4	—	—	—
2015.3	51.77	-2.1	-16.8	—	—	—
2015.4	49.28	-4.8	-20	—	—	—
2015.5	48.09	-2.4	-21.6	—	—	—
2015.6	48.25	0.3	-20.5	—	—	—
2015.7	48.86	1.3	-18	—	—	—
2015.8	48.50	-0.7	-16.8	—	—	—
2015.9	46.67	-3.8	-18	—	—	—
2015.10	42.49	-8.9	-25.1	25.75	—	—
2015.11	44.34	4.4	-21.3	20.31	-21.1	—
2015.12	42.40	-4.4	-23.5	20.49	0.9	—
2016.1	41.39	-2.4	-23.8	19.89	-2.9	—
2016.2	42.59	2.9	-19.44	19.67	-1.1	—
2016.3	45.10	5.9	-12.88	20.10	2.2	—
2016.4	46.02	2.0	-6.62	20.23	0.6	—
2016.5	46.30	0.6	-3.72	20.15	-0.4	—
2016.6	46.03	-0.58	-4.60	20.21	0.3	—
2016.7	44.69	-2.9	-8.53	20.17	-0.2	—
2016.8	43.15	-3.4	-11.03	19.74	-2.2	—
2016.9	42.44	-1.6	-9.05	19.25	-2.4	—
2016.10	41.80	-1.5	-1.62	18.93	-1.66	-26.49
2016.11	41.22	-1.4	-7.04	18.86	-0.4	-6.40
2016.12	42.15	2.3	-0.59	19.25	2.1	-6.05

数据来源：新疆维吾尔自治区畜牧兽医局畜牧业信息即时上报系统。

从全疆平均水平来看，本月羊肉及活羊价格较上月呈小幅上涨趋势，随着冬季到来，居民羊肉消费需求略有上升，羊肉市场供需处于平稳状态。2016 年 12 月新疆气温变化较大，虽然受呼图壁县、且末县等地地震影响和北疆部分地区的雪灾影响，但对转场后的肉羊养殖并未带来重大影响。随着元旦的来临，乌鲁木齐市 76 个储备肉投放点于 12 月 24—28 日开始以低于市场 10 元左右的价格投放储备羊肉和冻肉，将进一步压低乌鲁木齐市场的羊肉价格。2016 年 12 月，玉米、小麦麸价格与上月持平、豆粕较上月略有上涨，因本年草料储备相对充分，除必需的生产母畜和冬羔存栏外，牧区活畜存栏量在减少，因此牧区短期内养殖成本不会有明显上升，但农区育肥户养殖成本会略有增加。

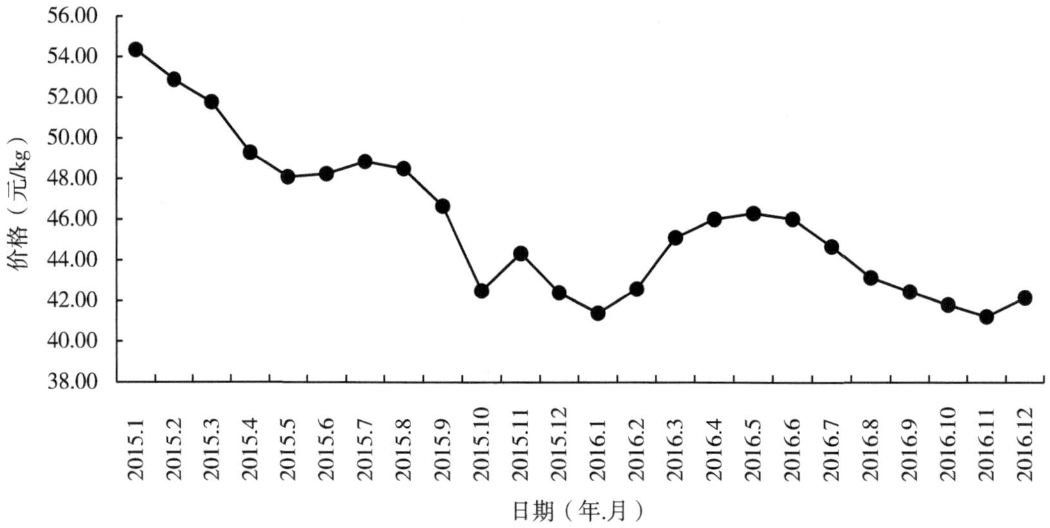

图 1　2015 年 1 月至 2016 年 12 月新疆羊肉集市月价走势曲线

一、2016 年 12 月羊肉价格小幅回升

（一）运行特点

1. 羊肉价格环比上涨 2.3%

据新疆畜牧厅畜牧业信息即时上报系统数据显示，2016 年 12 月新疆羊肉集市平均价格为 42.15 元 /kg，环比上涨 2.3%，同比下跌 0.59%。

监测数据显示，2016 年 12 月羊肉价格总体依然表现乌鲁木齐、克拉玛依市及南疆大部分县市羊肉价格明显高于全疆平均值，但和田市羊肉价格下降较为明显。北疆除阿勒泰市外，其余县市羊肉价格均低于全疆平均值。

点调数据显示 2016 年 12 月羊肉价格为：北疆阿勒泰地区福海县 35 元 /kg、布尔津县 37 元 /kg、吉木乃县羊肉批发价 38 元 /kg，而南疆巴州的且末县羊肉价格为 50 元 /kg，库尔勒市集市价格为 44.75 元 /kg（图 2）。

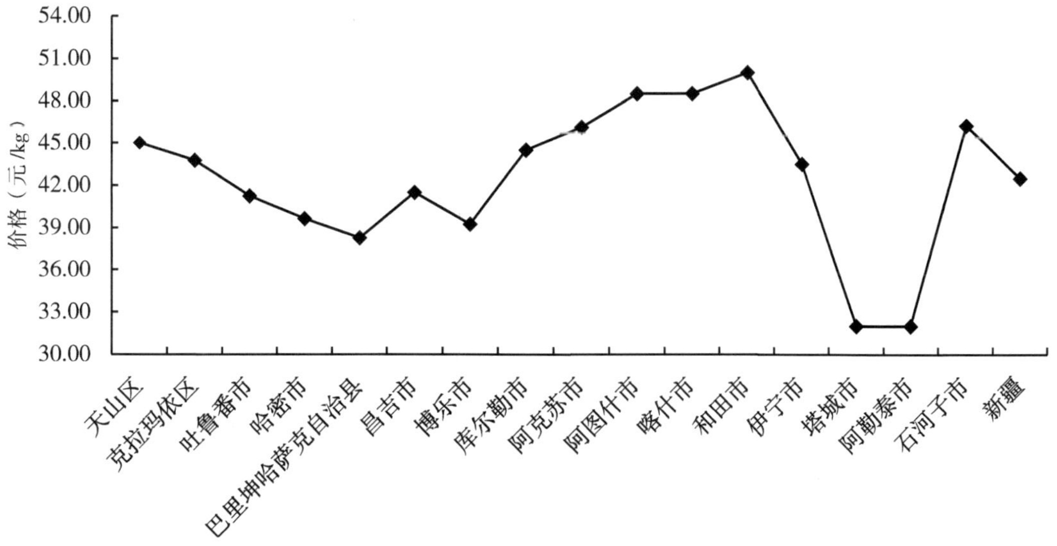

图 2　2016 年 12 月新疆南北疆不同县市羊肉价格走势曲线

数据来源：新疆维吾尔自治区畜牧兽医局畜牧业信息即时采集上报系统。

2. 活畜价格环比上涨 2.1%

据新疆畜牧厅畜牧业信息即时上报系统数据显示，2016 年 12 月全疆活羊平均价格为 19.25 元 /kg，环比上涨 2.1%，呈小幅回升趋势，较去年同比下跌 6.05%，跌幅较显。

2016 年 12 月点调数据显示，巴州库尔勒市活羊收购价格在 650 元 / 只、阿勒泰地区福海县为活重 22 元 /kg。北屯市育肥出栏羊 300 只，平均售价为 520 元 / 只。

从青河县、福海县监测点 2016 年 12 月调研情况来看，市场活羊交易量开始下降，加之冬季气温低，胴体储藏成本降低，所以育肥户屠宰量相对加大，依然根据市场和订单行情进行销售和加工。本月福海县大尾羊养殖合作社以活重 22 元 /kg 购进绵羊 4 000 只并全部屠宰售出；且末县昆其布拉克牧场售出 3 242 只山羊到广州，平均单价 636 元 / 只。屠宰加工情况来看，且末县昆其布拉克牧场屠宰 542 只、福海县大尾羊合作社屠宰 4 000 只，共计屠宰羊 4 542 只，胴体平均单价 894 元 / 只（且末县 1 018 元 / 只，福海县 770 元 / 只）。

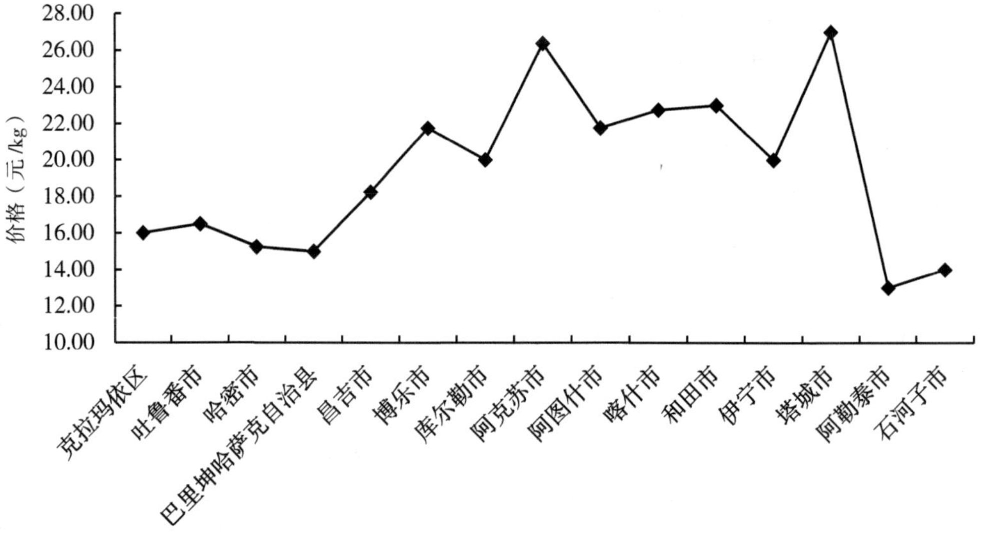

图 3　2016 年 12 月监测点活羊价格

数据来源：新疆维吾尔自治区畜牧兽医局畜牧业信息即时采集上报系统。

（二）成本收益情况

1. 活羊价格

12 月活羊价格较上月有所回升，监测数据显示，2016 年 12 月全疆活羊均价为 19.25 元 /kg。新疆畜牧厅畜牧业信息即时上报系统数据显示，伊宁市、库尔勒市、喀什市、阿图什市活羊价格明显高于全疆平均值，塔城、阿勒泰、石河子等地则明显低于全疆平均水平。从本月监测数据来看，羊群已进入冷季舍饲和产羔阶段，由于牧区饲草料储备相对富裕，农区饲料集市价格也与上月持平，活畜存栏数量有所降低，因此养殖成本相对稳定。随着屠宰量的增加，活羊数量趋于逐月减少的趋势，活羊价格略有上涨。

2. 养殖效益

饲料价格与上月相比变化不大，饲料价格对牧区养殖效益影响不明显。2016 年 12 月玉米价格为 1.87 元 /kg，与上月持平，同比跌幅 4.10%；豆粕价格为 4.10 元 /kg，环比涨幅为 2.24%，同比涨幅为 5.94%；小麦麸价格为 1.75 元 /kg，环比涨幅 0.57%，同比跌幅为 0.57%。综合考虑饲料整体价格较上月无明显变化。

二、影响因素

2016年12月全疆大部分地区平均气温偏高，除北疆阿勒泰地区、塔城北部及伊犁河谷偏高外，其余大部分地区偏低。本月羊已开始逐步进入产羔阶段，偏高的温度对新生羔羊和母畜越冬有较好的辅助作用。由于本年雨水充沛、饲草料存储量大，北疆个别地区出现饲草难卖的状况。本月虽然新疆多处发生地震，但对震区养殖生产影响不大，畜牧业生产相对稳定。

随着元旦的到来，居民羊肉消费量会有一定的上升，但因市场羊肉供应充足再加上储备肉的投放，羊肉价格不会有大幅上涨。

三、后期市场走势判断

2016年12月新疆进入旅游淡季，羊群已转入冬场，虽然有雪灾、降温及地震等自然灾害影响，但对目前冷季舍饲影响不大。随着屠宰高峰期的结束以及产羔和接羔育幼期的来临，牧区活羊出栏量会有所减少，活羊价格会有所回升，受季节和市场因素影响以及元旦和春节的到来，1月羊肉消费量将有所增加，活羊出栏数虽然不多，但入冬后屠宰冻存的胴体会弥补羊肉市场消费的缺口，同时市场储备肉的投放也会进一步充盈市场需求平抑羊肉零售价格，羊肉价格会有小幅上涨，但总体趋于稳定。

新疆羊肉监测预警课题组

鲁云峰　黎　霞　张玉华　李　捷

2017年1月

2017 年度新疆羊肉行情及 2018 年展望

2017 年新疆羊肉价格整体呈现出波段式震荡上行趋势，截至 2017 年 12 月底新疆羊肉均价达 54 元 /kg。创近两年来羊肉价格新高，实现了新疆羊肉价格的触底反弹。如表 1 所示。

表 1　2016—2017 年新疆羊肉和活羊价格

日期（年 . 月）	羊肉价格（元 /kg）	环比（%）	同比（%）	活羊价格（元 /kg）	环比（%）
2016.1	41.39	−2.4	−23.8	19.89	−2.9
2016.2	42.59	2.9	−19.4	19.67	−1.1
2016.3	45.10	5.9	−12.9	20.10	2.2
2016.4	46.02	2.0	−6.6	20.23	0.6
2016.5	46.30	0.6	−3.7	20.15	−0.4
2016.6	46.03	−0.6	−4.6	20.21	0.3
2016.7	44.69	−2.9	−8.5	20.17	−0.2
2016.8	43.15	−3.4	−11.0	19.74	−2.2
2016.9	42.44	−1.6	−9.1	19.25	−2.4
2016.10	41.80	−1.5	−1.6	18.93	−1.7
2016.11	41.22	−1.4	−7.0	18.86	−0.4
2016.12	42.15	2.3	−0.6	19.25	2.1
2017.1	44.03	4.5	6.4	20.90	4.4
2017.2	45.86	4.2	0.1	20.81	−0.4
2017.3	46.34	1.0	2.7	21.08	1.3
2017.4	46.22	−0.0	0.0	20.93	−0.7
2017.5	47.72	3.2	3.1	21.17	1.1
2017.6	48.21	1.0	4.7	21.48	1.5
2017.7	47.38	−1.7	6.0	21.28	−0.9
2017.8	46.80	−1.2	8.4	20.86	−1.9
2017.9	47.91	2.1	12.8	20.44	−2.0
2017.10	50.06	4.4	19.7	19.82	−3.0
2017.11	51.86	3.6	25.8	20.75	4.7
2017.12	53.75	3.6	27.5	23.23	12.0

数据来源：新疆维吾尔自治区畜牧兽医局畜牧业信息即时采集上报系统。

2017年新疆羊肉价格触底反弹，价格上涨明显。受2013年起羊肉价格持续下跌等因素影响，新疆羊养殖量不断减少，羊肉供给量缩减。同时，内蒙古等羊产地受天气影响羊肉产量大幅下降。新疆本地羊肉供给缩减和外地对新疆羊肉需求的增加，自2017年8月开始新疆羊肉价格逐渐出现反季节性上涨，并在接下来的几个月内保持小幅上涨。上半年羊肉价格和2016年价格趋势基本相同，保持在45元/kg左右。但从8月开始逆势上涨，12月达到54元/kg左右，2017年全年较2016年平均上涨4.44元/kg。如图1所示。

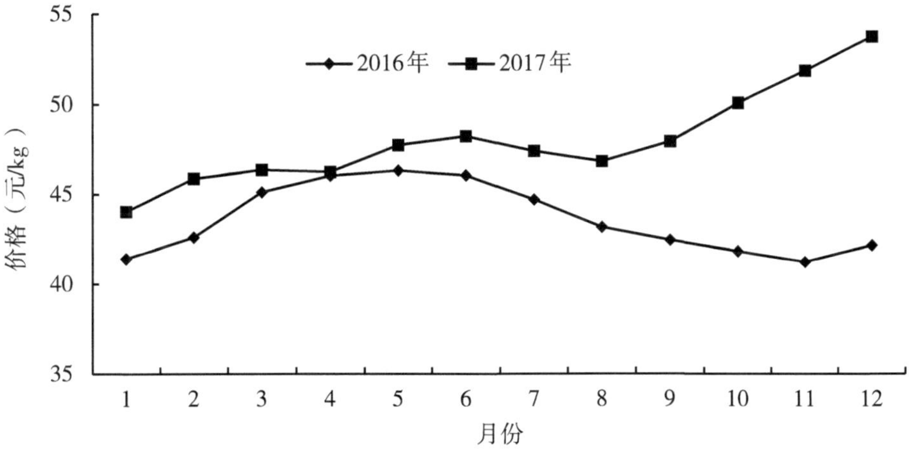

图1 新疆2016年和2017年羊肉价格

一、2017年价格走势

（一）运行特点

1. 羊肉价格

触底反弹，地区差异显著。据新疆畜牧厅畜牧业信息即时采集上报系统数据显示，截至2017年12月23日新疆羊肉均价53.76元/kg，环比上涨3.6%。创近两年来新疆羊肉价格新高，基本扭转了自2013年羊肉价格下跌趋势，实现了新疆羊肉价格的触底反弹。但是，由于新疆"南耕北牧"的农业发展格局，新疆羊肉价格也在南北疆呈现出显著差异。以2017年12月为例，北疆监测点羊肉价格51.83元/kg，南疆监测点羊肉均价55.62元/kg，喀什地区巴楚县羊肉零售价格为60元/kg。相较南疆，北疆地区平均价格较低，其中阿勒泰市羊肉均价44元/kg。

2. 活羊价格

稳中有涨，羊肉和活羊价差增大。据新疆畜牧厅畜牧业信息即时采集上报系统数据显示，2017 年新疆活羊平均价格受羊肉价格上涨影响明显。由 2017 年 1 月的活羊价格 20.9 元 /kg 开始呈现小幅度波段式上涨，截至 12 月 23 日新疆活羊平均价格达到 23.23 元 /kg，全年上涨 11.1%。但羊肉价格上涨速度快于活羊价格上涨速度，羊肉和活羊价格差不断拉大。价差由 1 月的 23.13 元 /kg 上升到 12 月的 30.52 元 /kg，上升 32.0%。如图 2 所示。

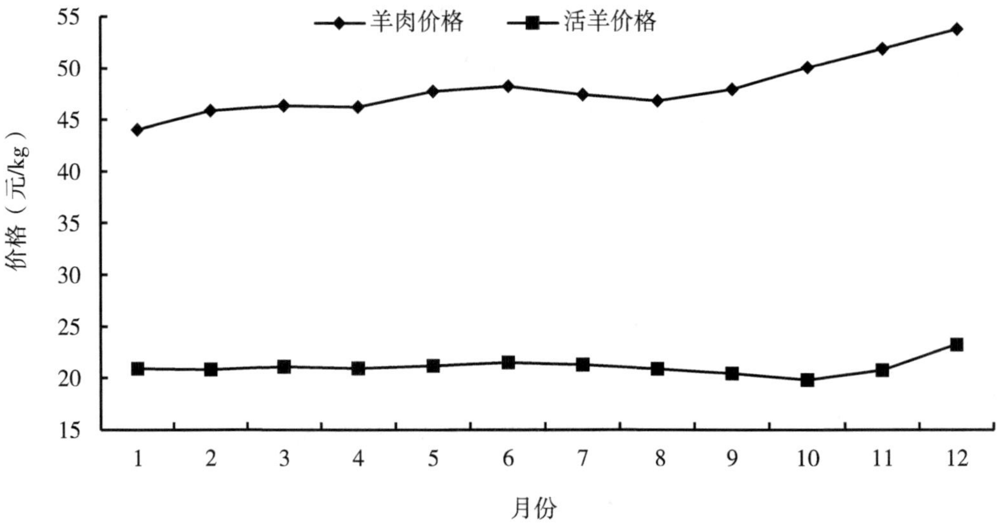

图 2　2017 年羊肉和活羊市场价格

（二）成本收益情况

1. 活羊成本：稳中有升，下半年变化明显

2017 年上半年活羊价格变化不大，下半年价格上涨明显。随着秋季的来临北疆牧区羊转入冷季舍饲阶段，出栏数量也不断上升，所以呈现出如图 2 所示活羊价格下降。然而，冬季进入舍饲和产羔阶段，由于 2017 年冬季降雪较晚温度下降缓慢，出栏率不断下降活羊价格又开始不断上涨。通过对比活羊和羊肉的价格变化趋势我们可以发现：新疆活羊价格受本地季节出栏数量影响明显，而受羊肉价格影响则相对较弱。

2. 饲草料成本：价格平稳，波动不大

据新疆畜牧厅畜牧业信息即时采集上报系统数据显示，新疆以圈舍喂养饲料玉米、豆粕、小麦麸为主的饲料价格比较稳定，波动不大。其中豆粕价格为 3.82 元 /kg，玉米价格为 2.02 元 /kg，小麦麸价格为 1.83 元 /kg，波动幅度较小，以上饲料价格波动不超过 0.1 元 /kg。如图 3 所示。

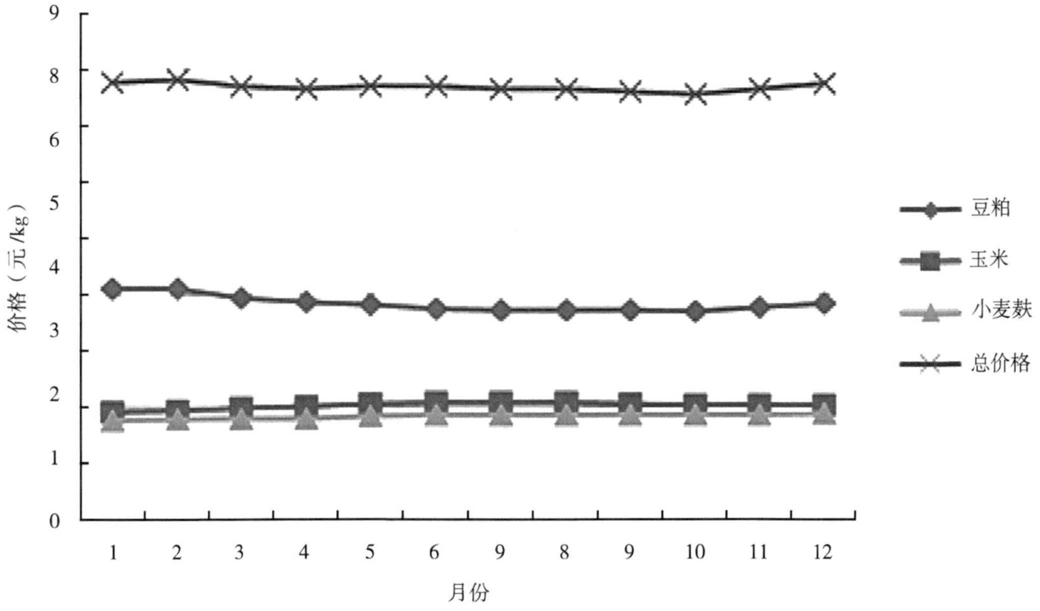

图 3　2017 年饲料市场价格

二、影响因素

（一）羊肉供给：稳中偏紧，外运增加

2017 年度新疆羊肉从下半年开始，羊肉供给呈现稳中偏紧态势。截至 2017 年第三季度，新疆活羊出栏量持续增长，出栏量分别为 1 128.73 万只、2 749.73 万只、3 244.69 万只。虽然前三季度出栏量增长迅速，但是根据往年经验第四季度出栏量会迅速下降。很多羊场收购活羊准备育肥在节假日屠宰，并没有成为羊肉输送到消费端。同时，内蒙古受自然天气影响羊肉供给的减少和内地消费者对新疆羊肉品质的认可，增加了新疆羊肉市场需求。根据新疆羊经纪人估计，2017 年新疆外运羊肉增长达 60% 以上，进一步削弱了对新疆市场的羊肉供给量。

（二）羊肉需求：本地需求稳定，外地需求增加

2017年度新疆本地对羊肉需求变化不大，外地对新疆羊肉需求增加。本地对羊肉的需求虽然会随季节和节假日进行波动，但对羊肉的需求整体上相比较稳定。同时，今年内地羊肉的相对短缺和新疆羊肉品质的不断被认可，外地尤其是以北上广为代表的经济发达地区对新疆羊肉需求增长明显。

三、后期市场走势判断

随着内地羊肉价格的不断上涨和冬季出栏量的不断减少，节假日的增多，预计新疆羊肉价格在2018年第一季度会有一个持续上涨过程。

四、需要关注的问题及建议

一是以市场为导向，根据市场需求和本地羊肉供给能力，制定适宜的储备肉或进出口管理措施。平抑羊肉市场价格波动幅度，保障消费需求的同时关注养殖企业和养殖户的养殖效益，使养殖户和消费者利益得到保障。

二是提高冷冻羊肉的流动能力，加强地区之间的活羊和羊肉的运输和流动，重点加强偏远和价格偏高地区的羊肉和活羊运输。

三是羊产业受自然环境和肉羊生长规律制约，需加强相关方面的研究和监测预警工作，结合肉羊生产特性和季节变化等自然因素，做好羊肉价格影响因素的分析与调控机制研究工作。

新疆羊肉监测预警课题组

鲁云峰　肖海龙　黎　霞　李　捷

2018年1月